The best Computer Visiion Class explaining Principles

원리를 설명하는 컴퓨터비전 최강의 수업

최형일 지음

도서출판 홍릉

저자소개

최형일

1987 미국 미시간대학교 전기전산공학과 공학박사
1987 ~ 2021 숭실대학교 컴퓨터학부/미디어학부 교수
2021 ~ 현재 숭실대학교 명예교수
숭실대학교 IT대학 학장, 정보과학대학원장 역임
email: hic@ssu.ac.kr
github: https://github.com/yahichoi

원리를 설명하는 컴퓨터비전 최강의 수업

인 쇄: 2023년 7월 19일 초판 1쇄
발 행: 2023년 7월 28일 초판 1쇄

저 자: 최형일
발행인: 송 준
발행처: 도서출판 홍릉
주 소: 01093 서울시 강북구 인수봉로 50길 10
등 록: 1976년 10월 21일 제5-66호

전 화: 02-999-2274~5, 903-7037
팩 스: 02-905-6729
e-mail: hongpub@hongpub.co.kr
http://www.hongpub.co.kr
ISBN: 979-11-5600-110-2(93000)

정 가: 35,000원

PREFACE

필자는 오래 전에 '컴퓨터 비전'이라는 책을 썼습니다. 그 당시 쉽게 써야겠다는 생각으로 책을 썼으나 결과적으로 읽기 어려운 책이 됐습니다. 디자인도 허접하고 표현도 거칠었지만 무엇보다 수식이 많고 그림이 적어서 컴퓨터 비전은 어려운 학문이라는 이미지를 독자들에게 심어준 것 같아 무척 아쉬움이 있었습니다. 그 후 세월이 많이 흘러 이제는 컴퓨터 비전 분야도 엄청난 변화를 맞이하고 있습니다. 딥러닝 기술은 영상 인식 분야에 획기적인 발전을 가져왔으며, 여러 유형의 오픈 소스 영상 데이터 셋이 만들어졌고, OpenCV, 텐서플로우(TensorFlow), 넘파이(NumPy), 판다스(Pandas), 그리고 맷플롯립(matplotlib) 등 사용하기 쉬운 패키지들은 컴퓨터 비전 알고리즘의 구현을 너무나 쉽게 허락하고, 특히 파이썬(Python) 언어와 쥬피터-노트북(Jupyter Notebook)과 같은 개발 환경은 이제 비전공자들도 컴퓨터비전 기술을 내 노트북에서 큰 어려움 없이 뚝뚝 뚝딱 구현할 수 있는 환경이 됐습니다. 특히, 디지털 전환(Digital Transformation)에 힘입어 컴퓨터비전 기술을 필요로 하는 수많은 응용분야의 창출은 이제 컴퓨터비전의 르네상스 시대를 열고 있습니다.

컴퓨터 비전 관련 자료들이 도서, 논문, 인터넷 등에 산재에 있으나, 대부분 너무 단편적이고, 일부는 구현 위주의 지식 형태로 되어 있거나 또는 이론에 치우쳐 있어 연구원 레벨의 전공자만 이해할 수 있는 상황이라고 생각됩니다. 필자는 좀 더 체계적이고 좀 더 쉽게 설명하는 도서가 있으면 대학에서 공부하는 학생들이나 또는 컴퓨터 비전 개발자에게 도움이 될 수 있겠다는 생각을 갖고 그동안 갖고 있던 자료들을 정리하여 이 책을 집필했습니다. 이 책의 특징은 다음과 같습니다.

컴퓨터비전 알고리즘의 철학적 원리 설명

영상 처리 그리고 영상 인식 작업을 컴퓨터가 수행하기 위해서는 그 작업 과정이 특정한 틀로 정형화되고 이어서 알고리즘 형태로 설계됩니다. 필자는 각 컴퓨터 비전 알고리즘의 기반을 구축하는 정형화 과정을 수식으로 이해하기 보다는, 왜 그리고 어떤 원리에 의해 이러한 알고리즘이 만들어지는지를 해설하는데 집중했습니다. 복잡한 수식은 과감히 생략하고, 알고리즘 처리 과정을 그림을 통해 설명하며, 알고리즘의 당위성에 대한 철학적 배경을 설명하는데 많은 지면을 사용했습니다.

많은 예제 프로그램 제공

각 챕터마다 파이썬으로 작성된 프로그램 예제를 제공하여, 본문 내용을 실습을 통해 직접 구현해 볼 수 있도록 구성했습니다. 모든 공학 분야가 그렇듯이 아무리 쉽게 이론을 설명하더라도 그 내용을 직접 구현해서 입력 데이터에 대하여 어떤 결과가 나오는지를 확인하는 것이 문제의 이해도를 높이는 가장 확실한 방법입니다. 본 교재에서 제공하는 예제 프로그램들은 유사한 문제들을 구현하는데도 활용될 수 있으리라 봅니다.

체계적이며 종합적인 구성

영상을 다루는 컴퓨터 비전은 종합적인 학문 분야로서, 빛의 특성이 영성이 형성되는데 미치는 영향에서부터 시작하여, 2차원 영상에서 3차원 장면에 대한 정보를 추론하는 과정까지 어찌 보면 인공지능 완성체 (AI Complete)를 구현하는 과정입니다. 더구나 최근에는 딥러닝(Deep Learning) 기술을 이용한 객체 검출 및 인식 기술이 컴퓨터 비전의 중심 기술로 자리 매김을 하고 있기 때문에 다양한 심층 신경망(Deep Neural Net)에 대한 이해는 필수적입니다. 이처럼 넓은 스펙트럼 (spectrum)을 가진 컴퓨터 비전을 한정된 지면에서 종합적이며 체계적으로 설명하기 위해 핵심적인 내용들을 간추려 구성했습니다.

이 책은 크게 4부로 구성되고 부록에는 많은 사람들이 참조하는 오픈 소스 영상 데이터 셋에 대해 설명합니다. 1부 '개요 및 설치'에서는 컴퓨터비전의 소개와 응용분야에 대한 설명, 그리고 컴퓨터비전 기술들을 구현하기 위한 도구들에 대한 핵심적인 내용 설명과 이들을 설치하는 방법에 대하여 기술합니다. 모든 패키지 또는 프로그래밍 언어가 그렇듯이 그 내용을 완벽하게 알고 나서 사용하는 것은 불가능하고 또 그럴 필요도 없습니다. 필요한 부분은 그 때 그 때 확인하고 찾아가며 사용하는 것이 합리적입니다. 이러한 맥락에서 1부에서 기술한 도구 및 파이썬 언어에 대한 내용은 컴퓨터비전 기술을 구현하는데 필요한 핵심적이고 제한적인 내용들입니다. 각 챕터에서 예제 프로그램을 소개할 때 필요하다고 판단되는 내용들을 추가로 설명합니다.

2부에서는 기본적인 영상처리 기법들과 영상인식에 필요한 특징들에 대한 설명을 기술합니다. 커널을 이용한 회선 연산 (convolution)을 수행하여 특징을 추출하는 방법이 소개되는데 이는 4부에서 설명될 합성곱 신경망의 핵심적인 요소로 사용됩니다. 에지 검출 방법이 소개되고, 입력 영상을 다양한 스케일로 표현하는 영상 피라미드 방법이 소개됩니다. 코너 및 SIFT 특징을 추출하는 방법이 소개되는데 이는 3부에서 설명될 컴퓨터비전 기술의 핵심적인 요소로 사용됩니다. 더불어서 OpenCV 함수들을 사용하여 이러한 방법들을 구현하는 예제 프로그램들을 소개합니다.

3부에서는 다양한 응용분야에서 사용되는 핵심적인 컴퓨터비전 기술을 설명합니다. 깊이 정보를 추출하기 위한 스테레오 비전이 소개되고, 움직이는 물체를 검출하고 속도를 측정하는데 사용되는 광류(optical flow)에 대한 소개, 그리고 영상 정렬과 파노라마(panorama) 영상을 생성하는데 사용되는 호모그래피 (homography)를 구하는 방법에 대하여 소개합니다. 카메라의 내부 및 외부 파라미터를 추정하는 카메라 캘리브레이션(calibration) 문제도 함께 다룹니다. 더불어서 OpenCV 함수를 사용하여 이러한 기술들을 구현하는 예제 프로그램들을 소개합니다.

4부에서는 딥러닝 기반 컴퓨터비전 기술을 설명합니다. 심층 신경망 구조에 대한 설명을 시작으로, 심층 신경망을 효율적으로 학습하는 방법에 대한 설명, 영상 인식에 높은 성능을 보이는 합성곱 신경망에 대한 설명, 이미 높은 성능이 인증되어 여러 응용분야에서 사용되고 있는 대표적인 심층 신경망들에 대한 소개, 그리고 이미 학습되어 있는 심층 신경망을 사용하는 전이학습(Transfer Learning)에 대해 설명합니다. 특히 여러 응용분야에 활용되는 대표적 객체검출 모델인 YOLO 모델의 동작원리 및 기능에 대해 자세히 설명합니다. 4부 마지막 장에서는 주어진 상황에 합당한 영상을 생성하는 생성 신경망의 기초가 되는 적대적 생성 신경망(Generative Adversarial Network)에 대해 설명합니다. 더불어서 케라스(keras)와 텐서-플로우(tensor flow)를 사용해 합성곱 심층 신경망을 구현하는 예제 프로그램, OpenCV에서 제공하는 심층 신경망 모듈을 사용하여 객체 검출 및 인식하는 예제 프로그램, 그리고 적대적으로 경쟁하며 영상을 생성하는 예제 프로그램을 소개합니다.

파이썬 언어를 잘 다루고 컴퓨터 비전 구현환경에 익숙한 독자들은 2장, 3장, 4장을 건너뛰고 컴퓨터 비전 중심 주제들을 학습하더라도 어려움 없이 효율적인 학습을 진행할 수 있겠지만, 2장에서 4장까지의 내용은 본 교재의 예제 프로그램을 이해하고 구현하는데 필요한 핵심적인 내용들을 담고 있으니 한 번 더 점검한다는 차원에서 빠뜨리지 않고 정리하시길 권합니다. 9.6절의 카메라 캘리브레이션 내용과 10.3절의 스테레오 영상 교정 부분은 최대한 수학적인 표현은 줄이고 원리를 설명하려고 노력하였으나 그래도 다른 챕터에 비해 수식을 많이 포함합니다. 대학의 저학년 과정 또는 수식을 해석하는데 부담을 갖는 독자들은 이 두 절을 스킵해도 전체적인 줄거리를 이해하는데 문제가 되지 않을 것입니다. 각 챕터에서 설명한 이론을 구현한 총 57개 예제 프로그램과 이들 프로그램에서 사용되는 65개의 데이터 파일들은 https://github.com/ya-hichoi/CV 에서 내려 받을 수 있습니다.

컴퓨터 비전의 오랜 꿈은 영상에 포함된 객체들을 인식하고 영상이 표현하는 상황을 설명하는 일이었습니다. 딥러닝으로 학습된 심층신경망 모델은 그 꿈을 현실로 만들었습니다. 물론 범용성과 안정성 측면에서 아직은 많이 보완되어야 하지만 컴퓨터 비전의 새로운 시대가 열리고 있다는 확신이 듭니다. 이제 곧 객체 검출 및 상황인식 뿐 아니라 사람과 농담을 즐기는 컴퓨터 비전이 탄생할거라는 생각을 해봅니다. 한 입 베어 먹은 애플을 보고 파인애플이라고 위트 있게 말하는 컴퓨터비전의 탄생을 기대해봅니다.

본 교재를 완성하기까지 자문, 추천, 격려 등으로 도움을 주신 분들께 감사드립니다. 특히 온-오프라인 인공지능 및 컴퓨터 비전 소사이어티에서 함께 활동하면 정보교류 그리고 지식 습득에 도움을 주신 분들께 감사드립니다. 도서출판 홍릉의 송준 대표님과 꼼꼼히 원고를 살피고 편집해 주신 박찬혁 실장님께 감사드립니다.

2023년 6월

저자 최형일

추천의 글

컴퓨터비전은 컴퓨터가 세상을 보고 사물과 상황을 이해하도록 하는 기술로서 인공지능의 핵심 영역입니다. 평생을 컴퓨터비전 분야를 연구하신 최형일 교수가 비전문가도 쉽게 이해할 수 있도록 체계적으로 기술을 소개하는 책을 출간하였습니다. 인공지능에 대한 일반인의 관심이 높아지는 시점에서 매우 시의적절한 업적이라고 생각합니다. 동료 교수로서 진심으로 축하드립니다. 이 책은 알고리즘이 설계되는 원리에 대한 설명과 이를 구현하는 프로그램 해설까지 꼼꼼한 구성과 쉽고 충실한 내용이 돋보입니다. 인공지능에 대한 일반인의 관심을 충족시킴은 물론 후학들에게도 큰 도움이 될 것으로 기대합니다.

KAIST 명예교수 김진형

저자는 오랫동안 대학에서 컴퓨터비전을 강의하여 왔습니다. 본 책은 그 경험을 바탕으로 인공지능과 영상 콘텐츠의 유통이 일상화된 요즘, 컴퓨터비전을 보다 손쉽게 이해하고 접할 수 있도록 체계적으로 설명하고 있습니다. 알고리즘 원리에 대한 해설에서부터 실제 프로그램 예제 구현에 이르기까지, 이론에 머물지 않고 실질적 지식을 습득할 수 있도록 압축적으로 핵심만 구성하여 컴퓨터 전공자는 물론 영상을 학습하고자하는 학도들에게 커다란 도움이 될 것입니다. 최신의 컴퓨터비전을 체계적으로 학습할 수 있는 책이 출간된 것에 대하여 기쁜 마음입니다.

안양대학교 명예교수 허문행

세간의 화두인 제4차 산업혁명의 가장 중심기술은 인공지능 기술이며, 컴퓨터비전 분야는 인공지능 기술개발의 도화선이 되었을 뿐 아니라, 현실에서도 수많은 영역에서 응용 적용되는 기술 분야입니다. 이 도서는 컴퓨터비전의 철학적 원리에서부터 OpenCV 등 컴퓨터비전 구현을 위한 개발 도구, 회선 연산 등 영상처리 기법, 다양한 응용에 사용되는 컴퓨터비전 기술, 현재 많은 주목을 받는 인공지능 기법인 딥러닝 기반 다양한 심층 신경망 구조를 소개하고 있고, 또한 학생과 개발자들이 실무적 체험을 할 수 있도록 많은 예제 프로그램과 데이터 파일을 제공하고 있습니다. 도서의 출간을 축하하며 적극 추천합니다.

연세대학교 명예교수 석정봉

존경하는 최형일 교수님은 그동안 컴퓨터 비전 분야에서의 업적과 지식으로 많은 학자들에게 영감을 주셨습니다. 이번에 출간하실 책은 컴퓨터 비전에 대한 폭넓고 깊이 있는 내용을 담은 훌륭한 자료일 것으로 기대됩니다. 선배님의 첨단 연구와 실무 경험을 바탕으로, 쉽게 접근할 수 있는 방법과 최신 동향을 포함한 실용적인 지침서로서 많은 독자들에게 도움이 될 것입니다. 컴퓨터 비전을 연구하는 학생들에게는 필독서가 될 것으로 생각됩니다. 이 책을 통해 선배님의 지식과 통찰력을 더 많은 사람들과 공유할 수 있기를 기대합니다.

이노베이션 아카데미 학장 전영표

CONTENTS

PART 1 개요 및 구현환경

PART 2 영상처리 및 특징추출

부록

예제 프로그램 리스트

CHAPTER 04

(예제 4.1-1) 프로그램 - 영상 출력
(예제 4.1-2) 프로그램 - 동영상 출력
(예제 4.1-3) 프로그램 - OpenCV 영상포맷 분석
(예제 4.1-4) 프로그램 - 웹캠 동영상 처리
(예제 4.1-5) 프로그램 - 동영상 저장(인코딩)
(예제 4.2-1) 프로그램 - OpenCV 영상 구조
(예제 4.2-2) 프로그램 - 넘파이 배열 구조
(예제 4.2-3) 프로그램 - 넘파이 브로드캐스팅 및 벡터화
(예제 4.2-4) 프로그램 – 넘파이 배열 인덱싱 및 슬라이싱
(예제 4.2-5) 프로그램 – 넘파이 배열 논리 인덱싱
(예제 4.3-1) 프로그램 - 판다스 시리즈 인덱스
(예제 4.3-2) 프로그램 - 판다스 시리즈
(예제 4.3-3) 프로그램 - 판다스 프레임 생성
(예제 4.3-4) 프로그램 – 판다스 프레임 인덱스
(예제 4.3-5) 프로그램 – 판다스 프레임 인덱싱
(예제 4.3-6) 프로그램 – 판다스 프레임과 csv 파일
(예제 4.4-1) 프로그램 - 맷플롯립 영상 출력 포맷팅
(예제 4.4-2) 프로그램 – 맷플롯립 영상 구조
(예제 4.4-3) 프로그램 – 맷플롯립 그래프 출력

CHAPTER 05

(예제 5.1-1) 프로그램 - 회선연산
(예제 5.2-1) 프로그램 - 가우시안 커널
(예제 5.3-1) 프로그램 - 미디언 커널
(예제 5.4-1) 프로그램 - 가우시안 피라미드
(예제 5.4-2) 프로그램 – 라플라시안 피라미드
(예제 5.4-3) 프로그램 - 스케일 공간

CHAPTER 06

(예제 6.1-1) 프로그램 - 히스토그램 평활화
(예제 6.2-1) 프로그램 - 임계작업
(예제 6.2-2) 프로그램 - 자동 임계작업
(예제 6.2-3) 프로그램 – 적응적 임계작업
(예제 6.3-1) 프로그램 - 모폴로지 연산
(예제 6.4-1) 프로그램 - 영역 레이블링

CHAPTER 15

(예제 15.1-1) 프로그램 - 전이학습을 이용한 숫자인식
(예제 15.3-1) 프로그램 - 전이학습을 이용한 객체인식

CHAPTER 16

(예제 16.4-1) 프로그램 - yolov3을 이용한 객체검출

CHAPTER 17

(예제 17.2-1) 프로그램 - GAN을 이용한 영상생성

CHAPTER 01

컴퓨터 비전 기초

1.1 컴퓨터 비전이란?

우리 인간은 눈을 이용하여 주변의 다양한 정보를 받아들여 사물을 인식하고 환경에 적응한다. 인간의 비전(human vision) 시스템은 눈을 통해 들어온 시각 정보를 분석하여 물체의 모양과 색상은 물론, 물체가 얼마나 멀리 떨어져 있는지 그리고 움직이는 물체의 이동 방향과 속도까지 감지할 수 있다. 이러한 작업들을 컴퓨터가 할 수 있다면 컴퓨터의 활용 범위는 더욱 넓어지고 다양해 질 것이다.

컴퓨터 비전(computer vision)은 카메라로부터 촬영된 영상을 컴퓨터가 분석하여 영상에 담겨있는 정보를 추출하는 작업을 말한다. 즉, 컴퓨터 비전은 단지 촬영된 영상을 적절히 처리하는 작업을 넘어, 촬영된 영상으로부터 장면에 대한 정보를 추론하는 과정을 포함한다. 인간의 눈에 해당하는 카메라가 영상을 촬영하는 작업을, 그리고 정보를 추출하는 두뇌, 특히 시각 피질(visual cortex),의 역할을 컴퓨터가 담당한다.

먼저, 우리 인간의 눈의 기능적인 측면을 살펴보자. 물체에 반사된 빛은 수정체(lens)에 의해 모아지고 망막(retina)의 표면에 투영된다. 홍체(iris)는 수정체를 통과하는 빛의 양을 조절하고, 각막(cornea)은 수정체를 보호하는 역할을 한다. 망막에는 투영된 빛의 양을 신경 신호로 변환하는 광수용기(photoreceptor)가 있다.

망막에 분포되어 있는 광수용기는 그 개수가 1억 개 이상이며, 막대 모양의 간상체(rod)와 원뿔 형태의 원추체(cone)들로 구성된다. 간상체는 빛의 강도에 따라 반응을 달리하고, 원추체는 빛의 색상에 따라 반응을 달리한다. 즉 간상체는 밝고 어두운 정도를 나타내는 역할을 그리고 원추체는 색상을 표현하는 역할을 한다. 광수용기는 망막의 중심 부위에 밀집되어 있는데, 이 부분을 중심와(fovea)라고 부른다. 광수용기에 의해 변환된 신경 신호는 시신경 안에 있는 신경 섬유들을 통해 눈으로부터 뇌의 시각 피질로 전달된다. 시각 피질은 도착한 신경 신호를 처리하여 입력된 영상에 대한 귀중한 정보를 추출한다.

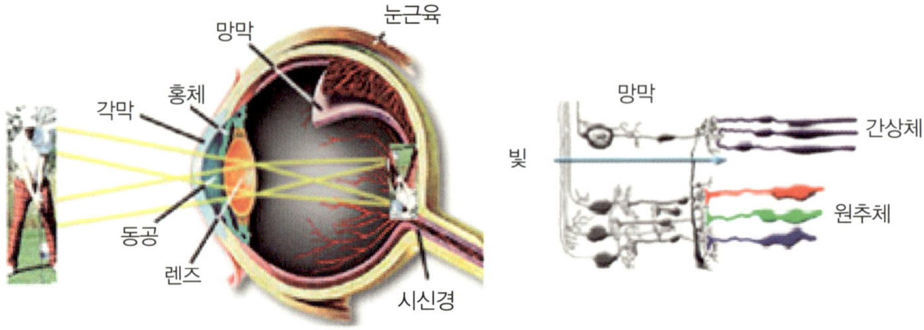

그림 1.1-1 인간의 비전 시스템

우리 인간의 비전 시스템은 망막에 투영된 영상 정보를 해석하기 위해 다양한 경험적 지식을 활용한다고 알려져 있다. 우리는 흔히 '마음의 눈으로 물체를 본다.'라는 말을 하는데, 이는 영상에 대한 해석이 매우 주관적이며 주변 환경과 관찰자의 지식 정도에 따라 달라질 수 있음을 의미한다. 아래 그림에서 첫 번째 단어는 'THE'로 해석하고 두 번째 단어는 'CAT'으로 해석할 수 있는 이유는 우리가 이미 THE와 CAT이라는 단어를 경험을 통해 이미 알고 있기 때문이다. 그렇다면 컴퓨터에게도 인간이 생활 속에서 익힌 경험적 지식을, 바꾸어 말해 생활 속에서 학습한 경험들을 어떠한 형태로든 컴퓨터에게 학습시킬 수 있다면 인간과 유사한 수준의 또는 이를 능가하는 인지 능력을 갖춘 컴퓨터 비전은 가능하지 않을까?

그림 1.1-2 경험적 지식을 이용한 영상 해석의 예제

컴퓨터 비전을 통해 구해지는 정보의 유형은 크게 두 가지로 구분할 수 있다. 하나는 측정 정보이고 다른 하나는 의미 정보이다. 측정 정보란 말 그대로 물체의 길이, 크기 등을 측정한 정보이다. 즉 컴퓨터 비전을 측정 장치로 활용하여 부품의 크기와 형태가 원하는 기준에 맞는지를 검사하는 작업을 한다든지, 화성 탐사선 로버(Rover)가 지표면의 높이를 측정하며 안전 운행하는 작업을 한다든지 여러 각도에서 촬영한 2차원 영상들을 모아서 물체의 3차원 구조를 만드는 작업을 수행할 수 있다.

그림 1.1-3 측정 장치로 사용되는 컴퓨터 비전

의미정보는 영상에 포함된 물체들의 이름 및 이들이 속한 클래스 이름 그리고 영상을 통해 장면에서 벌어지고 있는 상황에 대한 설명을 말한다. 예를 들어, (그림 1.1-4) 영상은 우리가 뒤에서 공부할 YOLO 프로그램으로 영상에 포함된 개, 자전거, 트럭을 인식한 결과이다. 영상에서 사람

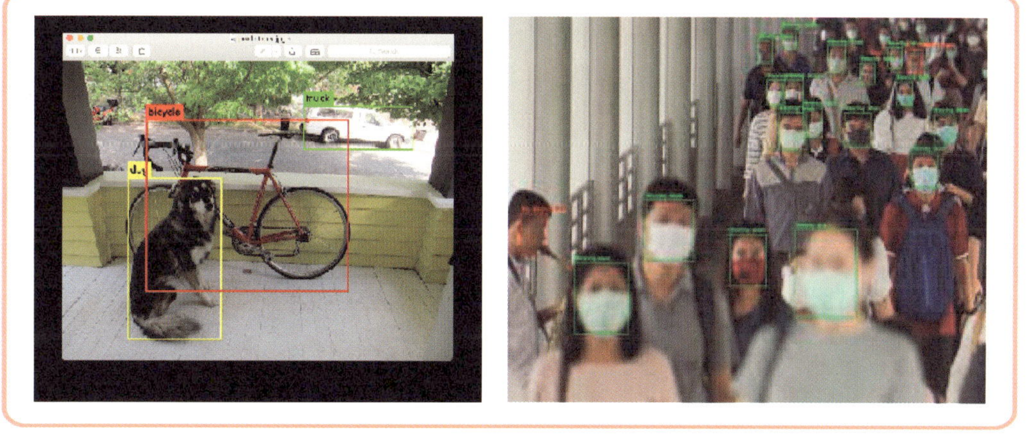

그림 1.1-4 의미정보를 추론하는 컴퓨터 비전

얼굴을 검출하고 검출된 얼굴이 누구인지를 확인하는 작업 역시 의미정보를 추론하는 작업이다. 이처럼 탐지와 인식 기능를 통해 구해지는 의미정보가 컴퓨터 비전을 통해 얻어지는 두 번째 유형의 정보이다.

컴퓨터 비전 기술은 그동안 비약적인 발전을 했으며 이제는 우리 생활 곳곳에서 활용되고 있는 컴퓨터 비전 시스템들을 흔히 볼 수 있다. 센서 기술이 발전했고 컴퓨터의 성능이 높아졌으며, 딥러닝 등 인식 알고리즘의 개발에 힘입어 가히 컴퓨터 비전의 르네상스 시대를 맞이하고 있다. 얼굴을 인식하는 스마트폰, 스스로 주행하는 자율주행 자동차, 선박의 위치를 추적하는 위성까지 컴퓨터 비전의 활용 범위는 무궁무진하다.

컴퓨터 비전 시스템의 구조는 어떤 용도로 사용될지에 따라 그 구조를 달리할 수 있으나, 일반적으로 지도 학습을 통하여 예측 모델을 구축한다. 지도학습이란 영상과 그 영상이 속한 클래스(class), 즉 레이블이 학습과정에 함께 사용된다는 의미이다. 물론 컴퓨터 비전 시스템의 용도에 따라 레이블은 적절한 형태로 정의될 수 있다. 영상과 영상의 레이블(label)이 입력 데이터로 주어지면, 적절한 영상처리 과정을 거치고 특징 추출 과정을 거쳐 응용 목적에 맞는 학습 알고리즘에 의해 예측 모델이 만들어 진다. 완성된 예측 모델을 사용하여 임의의 입력 영상에 대한 예측 작업이 진행될 때 역시 입력 영상은 먼저 특징 추출 단계를 거쳐 예측 모델에 전달된다. 이는 머신 러닝의 지도 학습 과정에 해당된다. 단지, 컴퓨터 비전 시스템에서는 입력이 영상이라는 점이고, 입력 영상을 획득하는 과정이 카메라를 통해 실시간으로 이루어질 수 있다.

심층 신경망(deep neural net)을 컴퓨터 비전 시스템의 기본 구조로 사용할 경우에는 카메라를 통해 촬영된 영상이 입력층에 입력되면, 은닉층에서 특징 추출하는 단계와 예측 모델을 만드는 단계가 수행되고, 출력층에서 각 클래스에 속할 확률값이 출력되는 형태를 갖는다. 심층 신경망의 학습 단계는 영상과 영상의 레이블 정보를 사용하여 각 층을 연결하는 연결 가중치(connection weight)를 구하는 과정이다. 학습 과정에서 영상은 심층 신경망의 입력층에 그리고 레이블은 심층 신경망의 출력층에서 그 역할을 수행한다. 심층 신경망 구조와 학습 방법에 대해서는 뒤에서 자세히 다루기로 한다.

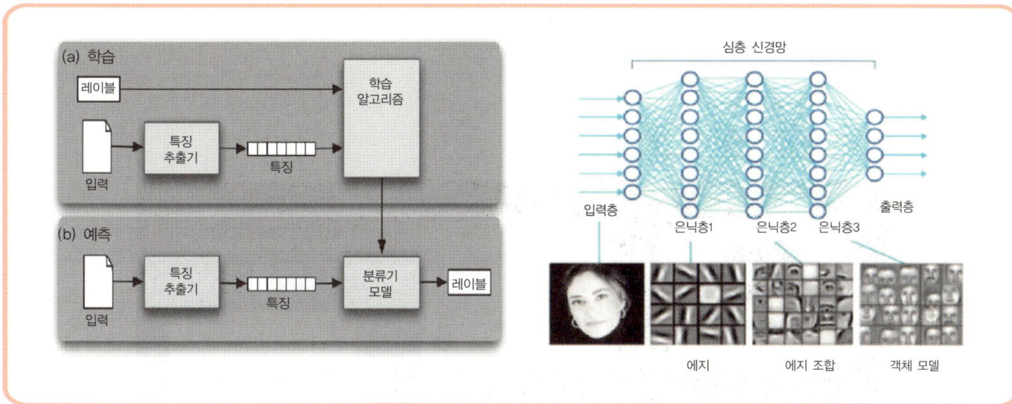

그림 1.1-5 컴퓨터 비전 시스템의 일반적인 구조

1.2 컴퓨터 비전의 응용 분야

최근 컴퓨터 성능 및 속도의 향상 그리고 딥러닝 기술과 같은 소프트웨어 기술의 개발에 따라, 이제는 컴퓨터 비전 기술이 일반인에게도 친숙하게 되었다. 가트너의 애널리스트 투옹 뉴옌은 "컴퓨터 비전의 가능성은 어마어마하다. 컴퓨터 비전은 기본적으로 기계가 세상을 이해하도록 돕는다. 그리고 적용할 수 있는 애플리케이션은 무한하며, 무엇이든 가능하다"라고 강조했다. "시장이 너무 빠르게 성장하고 있기 때문에 따라가기가 어렵다"라고 많은 전문가들이 얘기하고 있다. 컴퓨터 비전 기술의 대표적인 응용 분야로는 방송, 영화, 의료, 제조, 자동차, 농업, 물류, 보안, 출판 등이 있으며, 대표적인 예로는 광학 문자 인식, 자율 주행, 얼굴 및 지문 인식, 객체 검출 및 분류 등이 있다.

문자인식

문자 인식은 매우 전형적인 컴퓨터 비전의 응용분야로서, 문서에서 개별 문자 영역을 추출하고 추출된 영역의 문자의 인식하거나, 자동차에 대한 영상에서 번호판 부분을 추출하고 추출된 번호판의 문자를 인식하는 시스템이 이미 상용화 되어 있다. 최근에는 교통 표지판 인식 및 실내외의 입간판에 새겨진 문자를 인식하는 시도가 이루어지고 있다.

스마트 폰과 같은 단말기의 문자 입력 장치에 필기체 문자 인식 모듈을 장착하여 손으로 쓴 글씨가 자동으로 인식되는 시스템이 이미 상용화되어 있으며, 인식된 문자를 음성 신호로 변환하여 출력하는 예도 볼 수 있다.

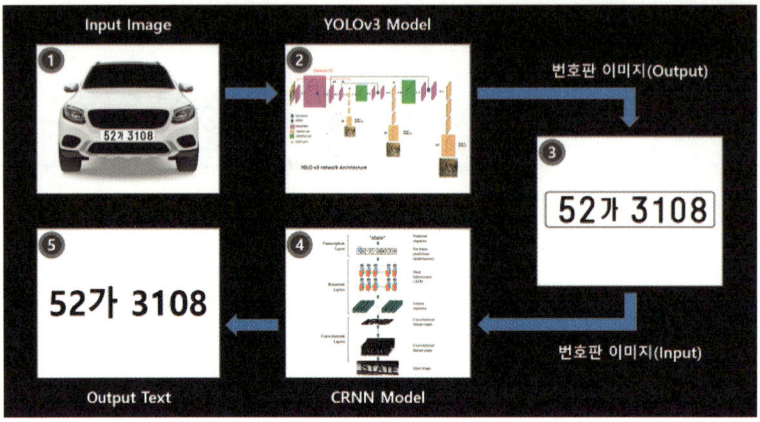

그림 1.2-1 문자 인식(번호판 인식) 예제

생체 인식

생체 인식은 컴퓨터 비전 분야에서 매우 활발히 연구되고 있는 기술로서 그 응용 분야가 매우 다양하다. 입력된 영상에서 얼굴 영역을 확인하여 카메라의 초점 거리를 자동으로 조정하거나, 또는 얼굴, 홍체, 지문 등을 인식하여 출입 통제하거나 은행의 ATM 단말기에서 본인을 확인하는 보안 시스템에 생체 인식 기술이 적용되고 있다. 또한 얼굴 표정을 인식하여 사용자의

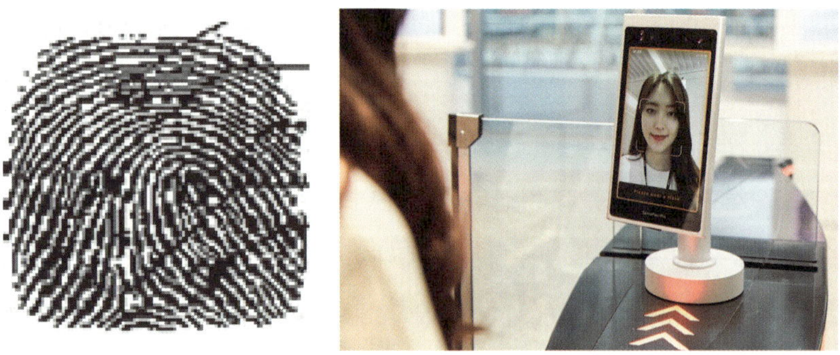

그림 1.2-2 생체 인식(얼굴인식, 홍체 인식, 지문 인식) 예제

감정 상태에 따라 적절히 반응하는 사용자 인터액티브 시스템 등 다양한 응용 분야가 계속해서 만들어 지고 있다.

생체 인식을 통해 각 개인의 ID가 확인되면, 백화점 및 쇼핑 센터 그리고 각종 서비스 기관에서 개인 취향에 맞는 맞춤형 서비스가 실시간으로 가능해지며 우리 생활의 많은 부분이 혁신적으로 변화될 것이다.

의료

의료 부문에서 컴퓨터 비전은 진단 분야에서 광범위하게 사용되고 있다. 또한 환자의 안전을 모니터링하고 의료 활동을 개선하기 위해 사용되고 있다. X-선 가슴 사진 분석, CT, MRI 사진 분석, 특히 성형과 관련된 모의 시술에 컴퓨터 비전 기술이 증강 현실 기술과 함께 사용될 수 있으며, 염색체의 해석 및 세포의 자동 분류 등 기초 의학 분야에서도 컴퓨터 비전 기술이 사용된다.

의료 장비들이 촬영한 영상을 분석하여 환자의 상태를 진단하는 과정에서 컴퓨터 비전 기술은 의사들의 판단을 돕는 중요한 역할을 한다. 최근 공개된 의료 종사자들에 대한 설문 조사에서 의료 기관의 98%가 "이미 인공 지능을 포함한 컴퓨터 비전 기술의 사용에 대한 전략을 수립하고 있으며, 의료 영상 해석 기술이 환자의 예후를 개선하는데 도움을 주고 있다"라고 응답했다. 의료 영상 분야는 그 규모가 매우 빠른 속도로 성장하고 있으며 컴퓨터 비전의 중요한 응용 분야로 자리 매김하고 있다.

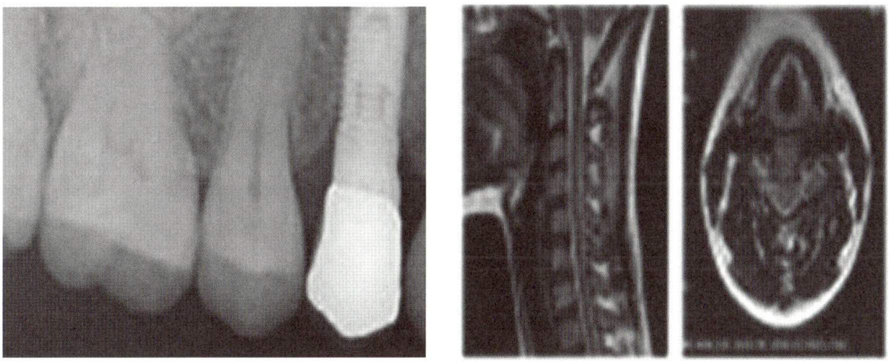

그림 1.2-3 의료 영상 분석(MRI 사진 분석, 모의 시술) 예제

제조 공정 검사

제조는 컴퓨터 비전과 밀접하게 통합되고 있는 또 하나의 산업이다. 컴퓨터 비전 기술이 제품 검사, 프로세스 자동화, 생산성 최적화 등의 용도로 생산 현장에서 광범위하게 사용되고 있다. 부품 제조 과정에서 부품의 불량 유무를 자동으로 검사를 위해 컴퓨터 비전 기술이 사용되는 예로서 PCB 기판의 불량 유무 검사, 제품에 붙어진 라벨(label)의 이상 유무 등을 생각할 수 있다. 또한 부품의 자동 조립을 위해 그리고 공정 자동화를 위해 컴퓨터 비전 기술이 널리 사용되고 있다.

제품의 생산 공정이 자동화되면서 공정 전 과정을 모니터링하고 각 단계에서의 생산 과정을 검사하고 제어하는 작업에 영상 인식 기술이 필수적으로 사용되고 있으며, 그 응용 범위는 더욱 확대될 것으로 기대된다.

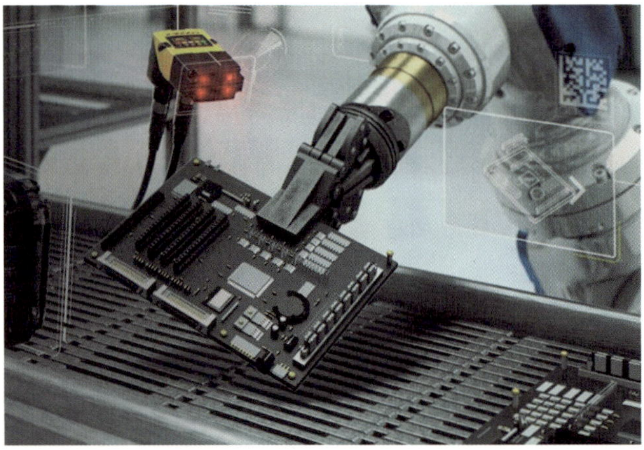

그림 1.2-4 제조 공정 자동화 예제

지능형 자동차

자동차가 점차 지능화되면서 컴퓨터 비전 기술이 이용이 늘고 있다. 자동차의 전후방 및 측면에 카메라를 설치하여 촬영된 영상을 분석하여 횡단보도를 인식하거나, 앞 차와의 일정 간격 유지, 차선 감지, 자동 주행, 자동 주차 등을 수행하는 지능형 자동차의 구축을 위해 컴퓨터 비전 기술이 활용된다.

그림 1.2-5 비전 기능을 갖춘 지능형 자동차

안전 운행이라는 측면과 운전자의 편의성 도모라는 두 가지 관점에서 영상 인식 기술의 도입이 점진적으로 확대되고 있으며, 차량 흐름을 파악하여 교통 신호를 통제하는 등 교통 제어 과정에서도 컴퓨터 비전 기술은 중요한 역할을 한다.

영화 및 엔터테인먼트

영화 제작에 컴퓨터비전 기술의 사용은 매우 일반화되어 있다. 대표적인 예로서 편집 과정에서 물체 인식 기술을 이용한 지능형 편집을 생각할 수 있다. 위험한 장면을 촬영하는 과정에서 배우가 장착한 와이어를 제거하기 위해 물체 인식 기술이 활용된다. 또한 특정 동작을 추적하기 위해 컴퓨터 비전 기반 모션 캡쳐 기술이 사용된다.

게임 제작에 있어서도 사용자와 인터랙션 기능을 구현하기 위해 제스쳐 인식과 같은 컴퓨터 비전 기술이 사용된다. 사용자의 제스쳐를 인식하여 가상 물체를 제어하는 탁구, 야구 게임 등을 생각할 수 있으며, 스포츠 분야에서 선수의 기량을 향상시키기 위해 컴퓨터 비전 기술을 이용한 동작 분석 등을 생각할 수 있다.

예술 분야의 창작 활동에 있어서도 컴퓨터 비전이 사용된다. 신경망 모델을 사용하여 기존 화가의 화풍을 모방한 그림을 생성하는 작업은 이제 그리 어려운 작업이 아니다. 영상이 담은 상황을 문장으로 설명하고(image captioning), 문장으로 상황을 설명하면 그 상황을 담은 영상을 생성하는(image generating) 작업, 저해상도 영상을 고해상도 영상으로 변환하는 작업 등은 새로운 산업 분야를 만들어 내고 있다.

그림 1.2-6 영상 캡션 자막 생성 및 문장에서 영상 생성 예제

증강현실

컴퓨터 비전 기술과 컴퓨터 그래픽스 기술을 접목한 증강 현실 기술은 스포츠 분야, 의료 분야, 웹 검색 분야, 방송 분야 등 다양한 분야에 적용되고 있다. 운동장에 가상 광고판 설치, 공과 같은 물체를 인식하여 경기 내용을 분석하는 예를 생각할 수 있다.

인식 기술을 컴퓨터 그래픽스 기술과 접목하여 다양한 응용 분야가 만들어 진다. 특히 모바일 폰을 이용한 모바일 환경에서 그 응용이 점차 확대되고 있다. 모바일 폰에 장착된 카메라에서

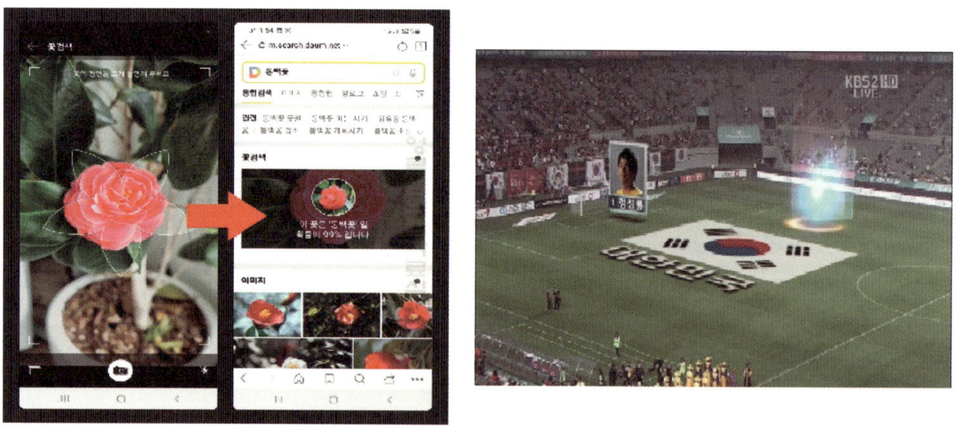

그림 1.2-7 증강 현실(스포츠 및 모바일 검색) 예제

촬영된 영상을 인식하여 얻은 정보와 맵(map) 정보를 결합하여 내비게이션 분야 및 검색 분야 등에서 새로운 형태의 서비스를 제공할 수 있다.

이미 많은 응용 분야에서 컴퓨터 비전 기술을 사용하고 있지만, 아직 컴퓨터 비전의 응용 가능성은 무궁무진하다. "컴퓨터 비전 기술의 응용은 여전히 초기 단계다. 이 영역에서 더 많은 솔루션 업체가 등장해 가치사슬의 다양한 요소를 해결할 것으로 기대하고 있다. 기술이 발전하고 비용이 합리화되고 접근성이 높아지면서 많은 기회가 오고 있으며, 모든 곳에서 사용되는 모습을 볼 것이다"라고 많은 전문가들이 얘기하고 있다.

컴퓨터 비전과 인접한 학문 분야로서 인공지능, 영상 처리, 컴퓨터 그래픽스, 패턴 인식, 머신러닝 등을 생각할 수 있다. 컴퓨터 비전은 영상을 입력받아 실세계의 장면에 대한 설명(descriptions)을 출력으로 만들어낸다. 예들 들어, CCTV 영상을 입력받아 '00시 00분에 왼쪽 출입문으로 이동 물체 침입'과 같은 메시지를 출력한다. 반면에 영상 처리는 입력된 영상에 적절한 연산을 수행하여 좀 더 개선된 영상을 출력으로 만들어 낸다. 예를 들어, 입력된 영상의 잡음을 제거하거나, 명암 대비를 높이는 작업 등을 생각할 수 있다. 컴퓨터 그래픽스는 컴퓨터 비전과는 입출력이 반대다. 장면에 대한 기술을 입력으로 받아 이에 대한 영상을 출력으로 만든다. 패턴 인식은 입력된 데이터(영상 데이터, 혹은 음성 데이터)가 어느 부류(class)에 속하는가를 결정한다. 컴퓨터 비전은 영상 처리와 패턴 인식을 혼합한 분야라고 생각할 수 있으며, 이에 더하여 머신 러닝의 기술을 필요로 한다.

1.3 영상이 만들어지는 원리

우리 인간은 어두운 곳에서는 물체를 볼 수가 없다. 즉 빛이 있어야 비로소 주위를 식별할 수 있다. 빛이란 무엇인가? 빛은 일종의 전자기파(electromagnetic wave)로서, 전자기파는 파장(wave length)에 따라 세분되어 진다. 파장이 가장 긴 라디오파(1mm 이상)부터 시작하여 전자레인지에 쓰이는 마이크로파(1mm-1m), 물리 치료나 탐사 장비에 쓰이는 적외선(750nm-1mm), 우리가 평소에 빛이라고 부르는 우리 눈에 보이는 가시 광선(400nm-760nm), 피부를 그을리는 주요원인인 자외선(100nm-380nm), 병원에서 진단을 목적으로 쓰는 X-레이

(37.5nm-0.051nm) 및 원자 핵 반응에서 생성되는 감마선 등으로 전자기파를 세분할 수 있다.

파장이 짧을수록 높은 에너지를 갖고 동시에 높은 침투율을 갖는다. 반면에 파장이 길수록 에너지는 작아지지만 멀리까지 잘 전달된다. 소리도 마찬가지로 고음은 파장이 짧아서 높은 직진성을 갖지만 멀리 못가고, 저음은 파장이 길어서 지향성이 매우 낮지만 멀리까지 전달된다.

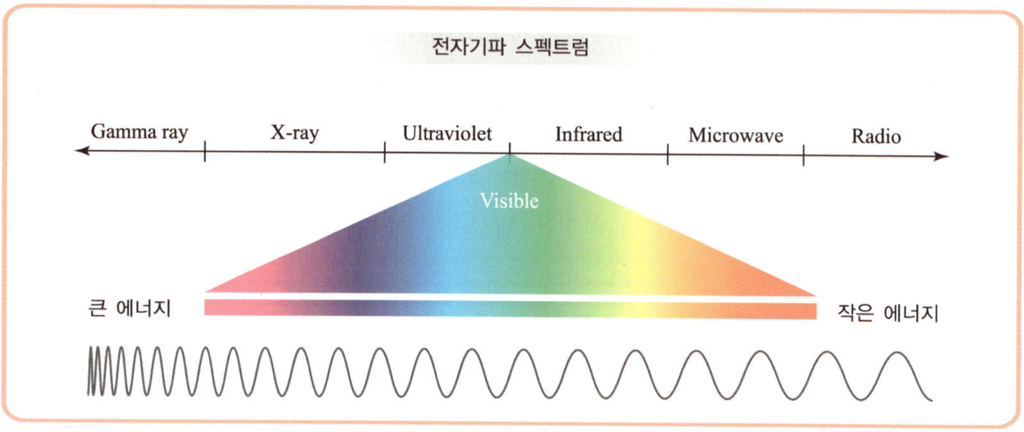

그림 1.3-1 전자기파의 파장

가시 광선을 프리즘을 통과시키면 무지개 색이 나타난다. 이처럼 가시 광선(400nm-760nm)의 파장을 세분화하면 다양한 색상을 나타낼 수 있다. 우리 인간의 광수용기에는 3가지 유형의 원추체가 있고, 이들은 각각 455nm(파랑), 535nm(녹색), 570nm(빨강) 주위에서 강한 반응을 보인다고 알려져 있다. 즉 각 광수용기가 수집한 특정한 파장 범위의 빛 에너지가 색상 정보의 기본 요소가 된다.

빛에 의해 만들어지는 영상은 밝기의 변화를 나타내는 2차원 패턴이다. 영상은 어떻게 만들어지는가? 광학 시스템에서 영상이 만들어지는 과정은 두 가지 측면에서 설명될 수 있다. 첫째, 실세계의 공간상의 한 점이 영상의 한 화소로 어떻게 투영되는 가를 나타내는 기하학적인 대응 관계에 대한 설명이고, 둘째 영상의 한 화소의 밝기를 결정하는 요소들이 무엇인가에 대한 설명이다.

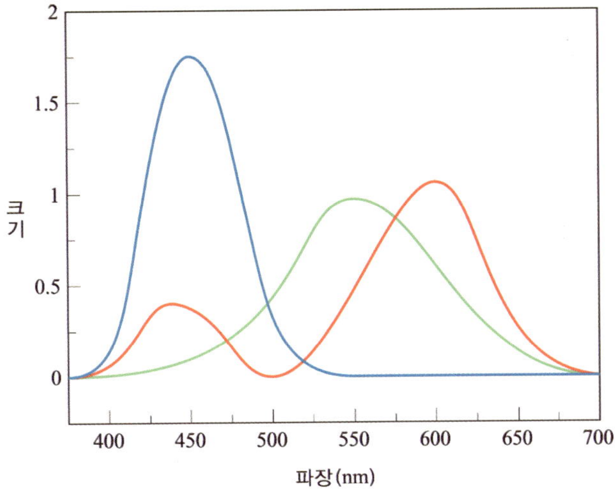

그림 1.3-2 3가지 유형의 원추체의 반응 범위

영상 평면(image plane) 앞의 일정한 거리에 있는 핀 홀(pin hole)을 생각하자. 핀 홀을 통해 들어오는 빛만이 영상 평면에 도달될 수 있도록 주위가 검은 상자로 둘러 싸여 있다고 가정하자. 빛은 직진하기 때문에 영상 평면의 한 점은 핀 홀을 통해 들어오는 빛에 의해 만들어진 특정 방향에 대응된다. 이와 같은 투영 방법을 원근 투영(perspective projection)이라 한다. 원근 투영의 의미는 멀리 있는 물체는 작게 보이고, 가까이 있는 물체는 크게 보인다는 의미이다. 영상 평면은 핀 홀의 뒤에 위치하고 만들어진 영상은 위아래가 뒤집힌 형태가 될 것이다.

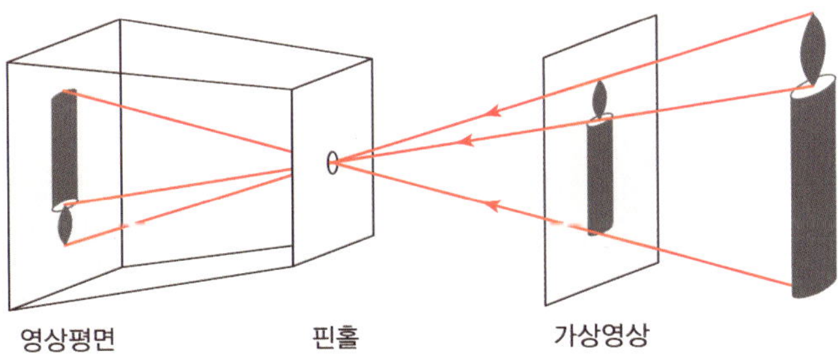

그림 1.3-3 핀 홀 카메라의 원리

편의상 영상 평면을 핀 홀의 앞에 위치시켜 투영된 영상이 위아래가 뒤집혀지지 않은 형태가 되도록 하자. 먼저 실세계 좌표계 (X, Y, Z)와 영상 평면 좌표계 (x, y)를 정의한다. 핀 홀에서 영상 평면에 수직인 광학축(optical axis)과 영상 평면이 만나는 점을 두 좌표계의 원점으로 하고, 광학축을 Z축으로 그리고 이에 직교하는 X축과 Y축을 갖는 실세계 좌표계를 정의한다. 영상 평면의 x축은 실세계 좌표계의 X축 그리고 영상 평면의 y축은 실세계 좌표계의 Y축과 일치하도록 정의한다. 핀 홀에서 영상 평면까지의 거리는 초점 거리 f 로 한다. 실세계의 한 점 $P(X, Y, Z)$이 영상 평면에 투영된 점 $p(x, y)$의 위치는 삼각형의 닮은꼴의 원리를 이용하여 계산될 수 있다. 그림에서 투영된 점의 높이 y 와 폭 x 는 (식 1.3-1)에 의해 구해진다.

$$f+Z : X = f : x \qquad f+Z : Y = f : y$$

$$x = \frac{f \cdot X}{f+Z} \qquad y = \frac{f \cdot Y}{f+Z} \tag{식 1.3-1}$$

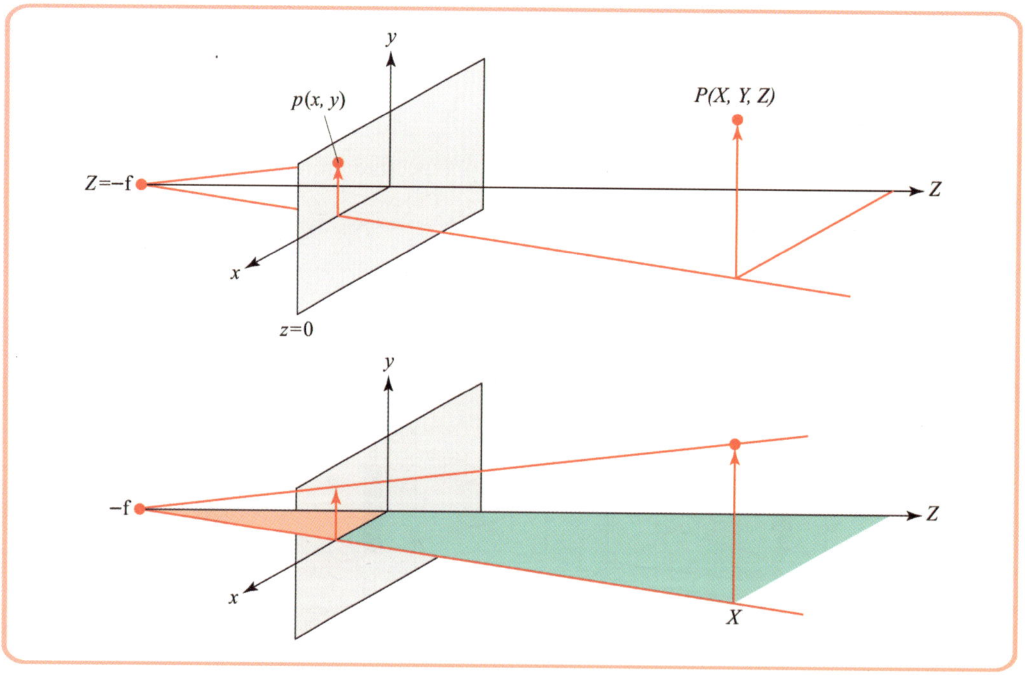

그림 1.3-4 원근 투영의 기하 구조

이제 실세계의 한 점과 영상 평면의 한 화소간의 대응 관계는 구해졌다. 다음으로 살펴볼 문제는 화소의 밝기 값이 어떻게 결정되는가 하는 문제이다. 광원에서 나온 빛이 물체의 표면에 반사되어 카메라의 센서에 투사된다. 물체 표면에서 방출되는 빛 에너지의 크기를 방사도(radiance)라고 하는데, 이는 광원의 세기, 물체 표면과 광원간의 각도 그리고 물체 표면 재질에 의하여 결정된다. 반면에 영상 표면에 입사되는 빛 에너지의 크기를 조사도(irradiance)라고 하는데, 이는 방사도와 카메라 광학 시스템에 의하여 결정된다.

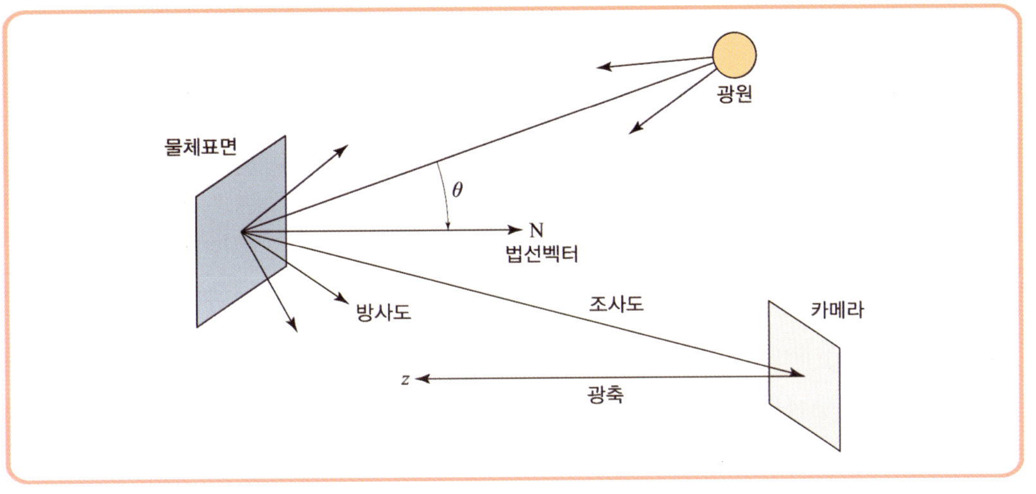

그림 1.3-5 방사도(radiance)와 조사도(irradiance)의 관계

렌즈의 중심을 통과하는 빛은 굴절되지 않으나 다른 빛들은 굴절된다. 만약 렌즈에서 물체까지의 거리와 렌즈에서 영상 평면까지의 거리가 소위 말하는 렌즈 방정식을 만족하면, 물체점에 대한 영상은 초점이 잘 맞은 한 점으로 투영된다.

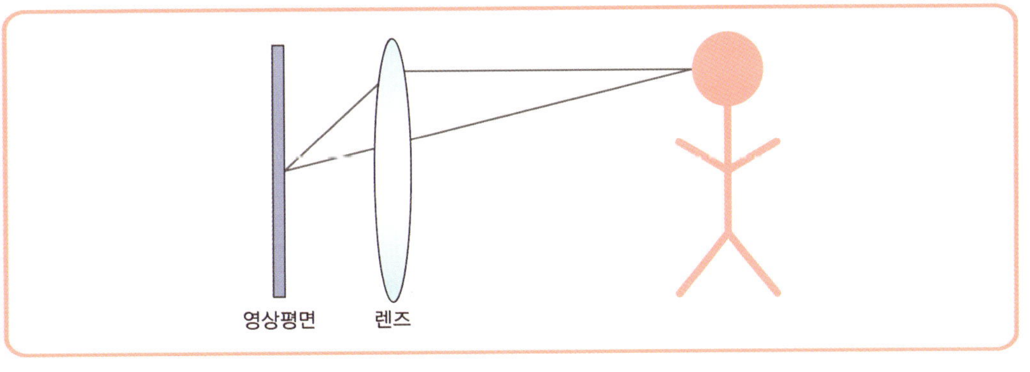

그림 1.3-6 렌즈 방정식을 만족하는 경우

$$\frac{1}{z_o} + \frac{1}{z_i} = \frac{1}{f} \qquad \text{(식 1.3-2)}$$

렌즈 방정식에서 z_o는 렌즈에서 물체점까지의 거리, z_i는 렌즈에서 영상 평면까지의 거리, 그리고 f는 초점 거리로서 렌즈에 의해 결정되는 상수이다. 만약 물체가 렌즈 방정식을 만족하는 못하는 거리에 있으면, 물체점은 영상에서 한 점이 아닌 작은 원의 형태로 투영될 것이다. 물체가 렌즈에서 무한히 먼 거리에 위치하면($z_o \to \infty$) 초점 거리 f는 렌즈에서 영상 평면까지의 거리 z_i와 같게 된다. 일반적으로 z_i와 f는 z_o에 비해 상대적으로 매우 작은 값을 가지므로 우리는 편의상 렌즈의 초점 거리 f를 렌즈에서 영상 평면까지의 거리로 취급한다.

영상 평면에 상이 선명하게 만들어지지 못하는 다른 이유로는 렌즈 이탈(lens aberration) 현상을 생각할 수 있다. 렌즈 이탈 현상은 크게 두 가지 이유, 즉 렌즈의 구면 수차(spherical aberration)와 색 수차(chromatic aberration)에 의하여 만들어 진다. 이상적인 렌즈의 경우에 광학축에 평행인 광선들은 렌즈를 통과한 후 한 점에 모여야 하지만 실제로는 그렇지 못하고, 렌즈 중심에서 좀 더 멀리 떨어진 광선이 좀 더 짧은 초점 거리를 그리고 렌즈 중심에 가까운 광선은 좀 더 긴 초점 거리를 만든다. 이로 인하여 생기는 해상도 저하 현상을 구면 수차라고 한다.

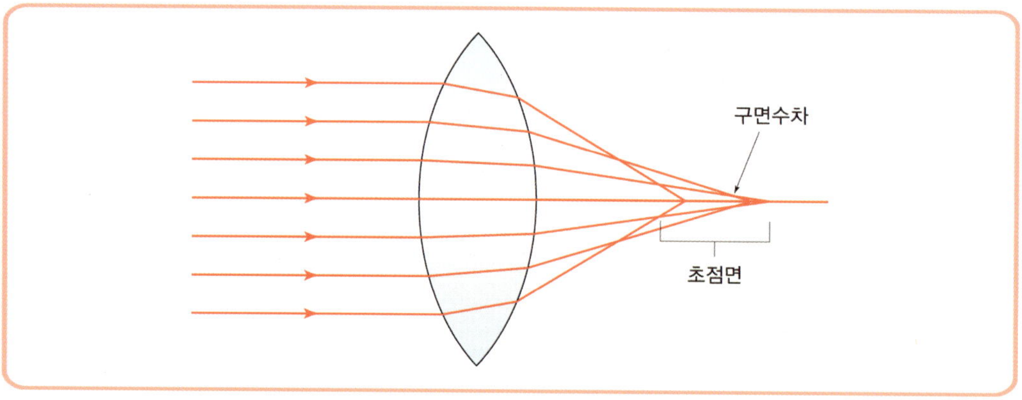

그림 1.3-7 구면 수차의 예제

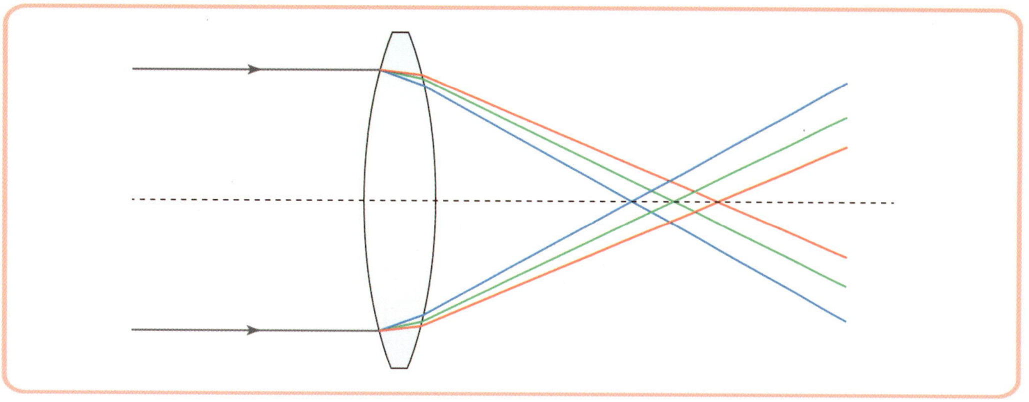

그림 1.3-8 색 수차의 예제

렌즈의 초점 거리는 빛의 굴절 정도에 의하여 결정된다. 빛의 굴절 정도는 파장에 따라 차이가 있으며, 청색의 굴절 정도가 가장 심하며 적색의 굴절 정도가 가장 약하다. 이처럼 빛의 파장 성분들에 의하여 만들어지는 해상도 저하 현상을 색 수차라고 한다. 렌즈 이탈 현상을 방지하기 위해 일반적으로 사용하는 방법은 여러 개의 렌즈를 결합하고 거울을 부착한 렌즈 시스템을 사용하는 방법이다.

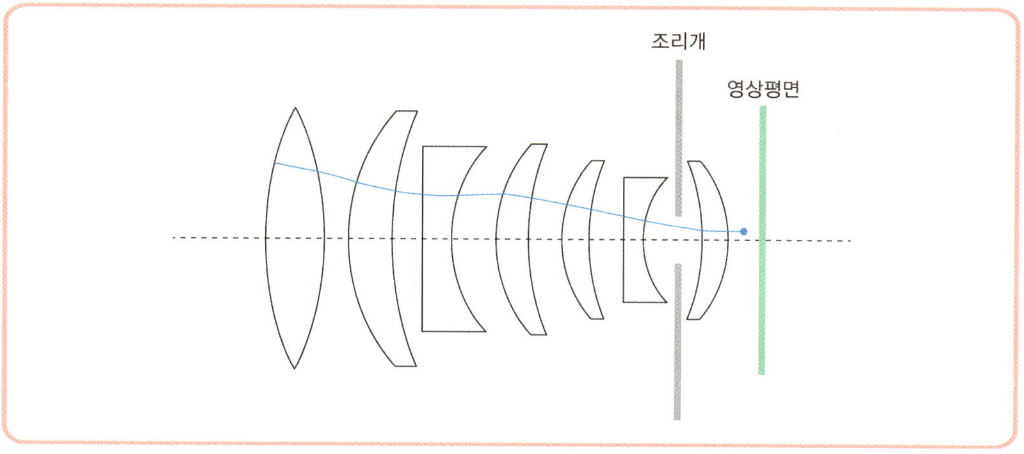

그림 1.3-9 렌즈 이탈 현상을 방지하기 위한 렌즈 시스템

1.4 디지털 영상 및 칼라 영상

디지털 카메라는 빛 에너지를 전기적인 신호로 변환하여 영상을 프레임(배열) 형태로 저장한다. 일반적으로 많이 사용되는 CCD 카메라에는 축전기(condenser)들이 상호 연결되어 배열 형태의 회로를 갖고 있으며, 각 축전기는 자신 주변에 투영된 빛 에너지를 전기적인 에너지의 형태로 바꾸어 저장한다. CCD 카메라에는 시프트 리지스터(shift register)가 축전기와 결합되어 있어 변환된 전기 신호들을 프레임의 형태로 버퍼(buffer)에 전달하는 역할을 한다.

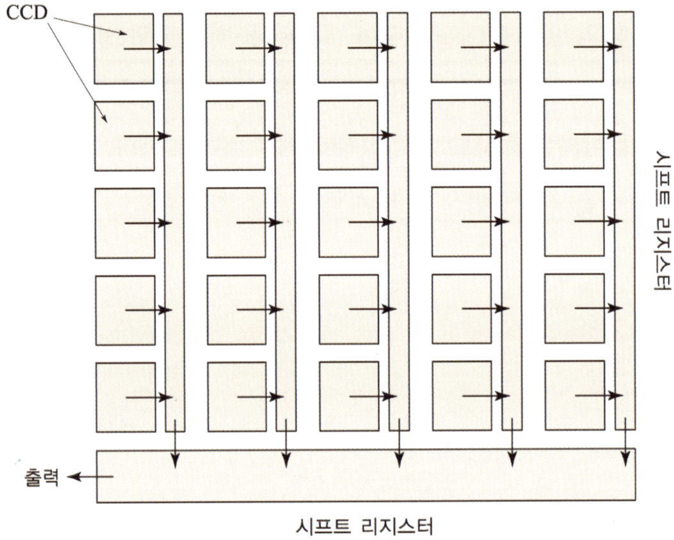

그림 1.4-1 CCD 카메라의 구조

센서를 통해 만들어진 영상은 함수 $f(\boldsymbol{x})$로 표현되며 $\boldsymbol{x}=(x,y,t)$에서 특정 값을 갖는다. 여기서 x와 y는 공간 변수이고, t는 시간 변수이다. 영상을 획득하는 시간 t가 특별한 의미를 갖지 않는다면 이 시간 변수는 무시하고 $\boldsymbol{x}=(x,y)$로 표시한다. 함수 $f(\boldsymbol{x})$는 영상이 흑과 백만을 나타내는 이진 영상(binary image)인 경우는 이진 값을 갖고, 명암 영상(gray image)인 경우는 명암 값, 그리고 칼라 영상에 대하여는 벡터 값을 갖는다. 예를 들어 칼라 영상에 대하여 $f(\boldsymbol{x})$는 다음과 같이 표현된다.

$$f(\boldsymbol{x}) = (f_r(\boldsymbol{x}), f_g(\boldsymbol{x}), f_b(\boldsymbol{x})) \quad \text{(식 1.4-1)}$$

영상은 컴퓨터에서 처리되기 위해 이산적인 형태(discrete form)로 바뀌어 지며 화소(pixel)라고 불리는 작은 영상 요소들의 배열 $\{f_{ij}\}$로 표현된다. 일반적으로 영상은 규칙적인 공간 간격에서의 샘플링(sampling)을 통해 밝기 값의 분포를 나타낸다. 영상이 샘플링 될 때, 각 화소 값 역시 특정한 범위의 정수 값만 가질 수 있도록 양자화(quantization)된다. 즉 샘플링은 배열 $\{f_{ij}\}$에서 i와 j의 값의 범위를 결정하고, 양자화는 f_{ij}의 값의 범위를 결정한다. 샘플링이 촘촘히 될수록 i와 j는 넓은 범위의 값을 갖게 되고, 양자화 레벨이 클수록 f_{ij}는 좀 더 다양한 값을 가질 수 있다. (그림 1.4-2)는 빨강 점 위치에서 샘플링을 한 영상을 보여준다. 샘플링을 촘촘히 한 경우와 듬성듬성 한 경우에 영상의 공간 해상도의 변화를 확인할 수 있다. 마찬가지로 양자화의 정도가 밝기 해상도에 영향을 주는 것을 아래 (그림 1.4-3)에서 확인할 수 있다. 각 색상 성분이 4개의 레벨로 양자화 되는 경우(왼쪽 그림)와 16개의 레벨로 양자화 되는 경우(오른쪽 그림)의 화질을 차이를 선명하게 볼 수 있다.

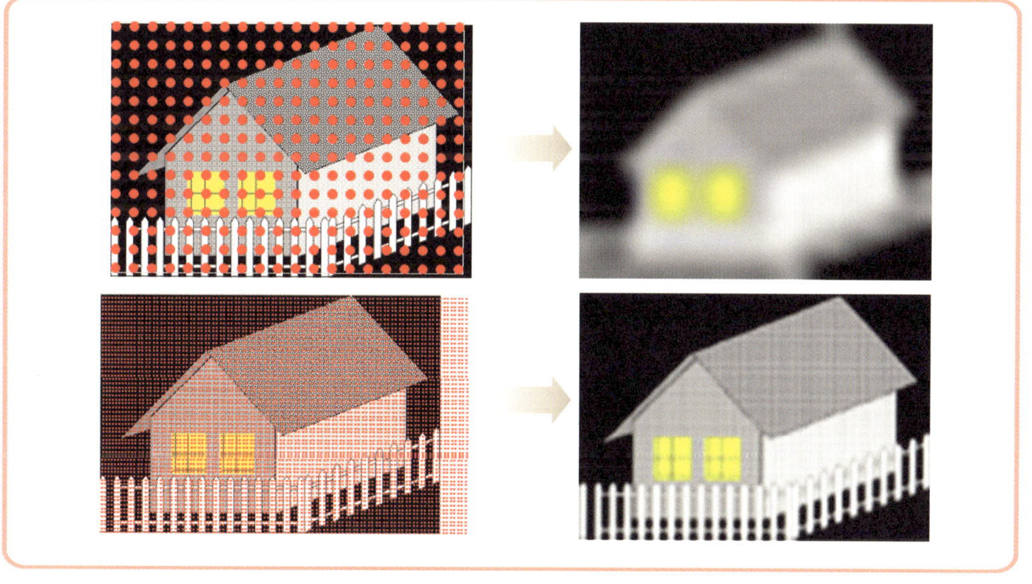

그림 1.4-2 샘플링 간격의 변화에 따른 공간 해상도의 변화

그림 1.4-3 양자화 정도의 변화에 따른 밝기 해상도의 변화

일반적으로 각 화소의 좌표 값과 밝기 값은 정수로 표현한다. 샘플링을 촘촘히 할수록 공간 해상도는 증가하고 더 많은 레벨 수를 갖는 양자화를 할수록 밝기 해상도는 증가하지만, 영상 저장을 위해 더 많은 기억 장소가 필요하고 영상 처리 시간 역시 증가한다. 따라서 해상도와 비용(저장 공간 및 처리 시간)간에 적절한 균형을 이루는 노력이 필요하다.

배열 $\{f_{ij}\}$의 각 요소를 공간상의 한 점으로 생각할 수 있지만, 일반적으로 각 요소를 영상을 분할하는 한정된 크기의 화소(pixel; picture cell)로 보는 것이 좀 더 적합하다. 영상 평면이 화소들에 의해 나누어지는 형태를 모자이크(tesselation)라 부르며 평면에서 만들어질 수 있는 모자이크 형태를 아래 그림에서 보여준다.

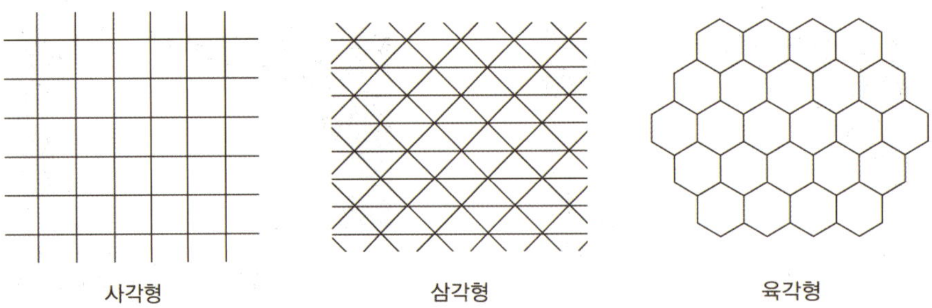

그림 1.4-4 모자이크 형태

사각형 형태의 모자이크가 컴퓨터 비전에서 일반적으로 사용되지만, 이 구조는 연결성 모순(connectivity paradox)으로 알려진 문제를 갖는다. 사각형 모자이크에서 한 화소가 주어지면

그 화소와 연결된 다른 화소들을 어떻게 정의할 것인가? 이를 위한 두 가지 방법이 4-연결성과 8-연결성이며 아래 그림과 같다.

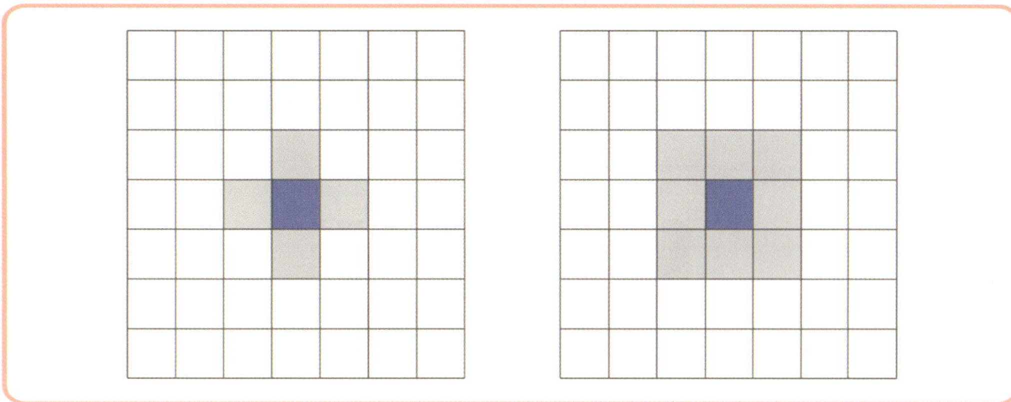

그림 1.4-5 4-연결성과 8-연결성

(그림 1.4-5)에서 4-연결 이웃 화소들은 변을 통하여 이웃한 화소들을 말하고, 8-연결 이웃 화소들은 변 또는 꼭지점을 통하여 이웃한 화소들을 말한다. 그러나 사각형 모자이크는 다음과 같은 문제를 가지고 있다. (그림 1.4-6)에서. 4-연결성을 사용하면 이 그림은 4개의 연결된 조각과 하나의 구멍(hole) 그리고 배경으로 구성된다. 반면에 8-연결성을 사용하면 하나의 연결된 조각과 하나의 배경으로 구성된 그림이 된다. 즉 구멍이 없어진다. 이러한 모순은 앞으로 소개될 여러 알고리즘에서 기하학적인 문제를 야기한다. 따라서 전경(foreground)은 8-연결성을 그리고 배경(background)은 4-연결성을 적용하는 것이 일반적인 통례이다. 이처럼 전경과 배경에 연결성 정의를 달리하면 아래 그림은 1개의 조각, 1개의 배경 그리고 1개의 구멍으로 구성된 그림이 된다.

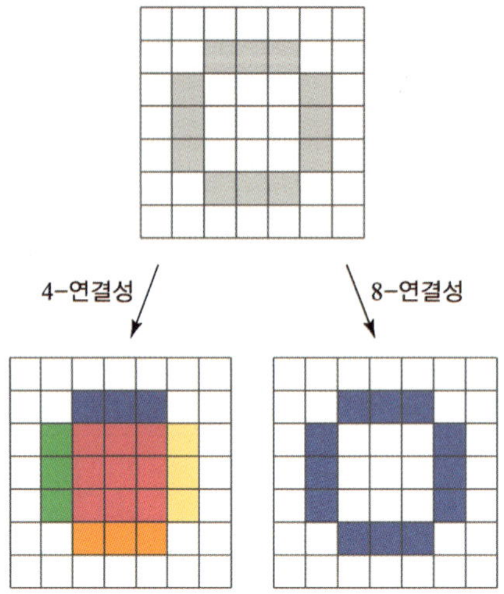

그림 1.4-6 연결성 모순의 예제

영상에서 두 화소간의 거리는 앞으로 다룰 여러 알고리즘에서 사용되는 중요한 측정치이다. 일반적으로 거리 척도는 다음과 같은 3개의 조건을 만족하여야 한다.

(1) $D(\boldsymbol{x},\boldsymbol{y}) \geqq 0$

(2) $D(\boldsymbol{x},\boldsymbol{y}) = D(\boldsymbol{y},\boldsymbol{x})$

(3) $D(\boldsymbol{x},\boldsymbol{z}) \leqq D(\boldsymbol{x},\boldsymbol{y}) + D(\boldsymbol{y},\boldsymbol{z})$

첫 번째 조건은 거리 척도는 항상 양의 값을 가져야 한다는 조건이고, 두 번째 조건은 대칭 조건이며, 세 번째 조건은 삼각형의 두 변의 합의 길이가 다른 한 변의 길이보다 같거나 커야한다는 조건이다. 화소간의 간격이 균일한 정방형 모자이크에서 두 화소 $\boldsymbol{x}=(x_1,y_1)$와 $\boldsymbol{y}=(x_2,y_2)$간의 거리 측정 방법은 일반적으로 다음과 같은 세 가지 방법이 흔히 사용된다.

(1) 유클리디안 거리(euclidean) : $D_e(\boldsymbol{x},\boldsymbol{y}) = \sqrt{(x_1-x_2)^2+(y_1-y_2)^2}$

(2) 도시 블록 거리(city block) : $D_c = |x_1-x_2|+|y_1-y_2|$

(3) 장기판 거리(chessboard) : $D_{cb}(\boldsymbol{x},\boldsymbol{y}) = \max\{|x_1-x_2|,|y_1-y_2|\}$

명암 영상의 경우에는 각 화소 값이 밝기 정도를 나타내는 하나의 값으로 표현되지만 칼라 영상의 경우에는 각 화소 값이 벡터 값으로 표현된다. 칼라를 표현하는 다양한 방법들이 있는데, 컴퓨터 그래픽스에서는 RGB 칼라 모델을 주로 사용하고, 컴퓨터 비전에서는 HSI 칼라 모델을, 출판 및 인쇄 분야에서는 CMY 칼라 모델을, 영상 압축 분야에서는 YCbCr 칼라 모델을, 그리고 YIQ 또는 YUV 칼라 모델은 방송 분야에서 주로 사용된다.

RGB 칼라 모델은 빛의 삼원색인 빨강(red), 초록(green), 파랑(blue)으로 구성된다. 각 요소가 적절히 더해져서 하나의 칼라를 생성한다. 아래 그림과 같은 3차원 좌표계에서 각 축은 빨강, 초록, 파랑색을 나타낸다. 정육면체는 가능한 모든 색을 나타내며, 3차원 좌표 (1,1,1)에 해당되는 점은 세 가지 색이 최대로 더해지는 흰색을 나타낸다. 원점에서 (1,1,1) 을 연결하는 대각선 위의 점들은 세 가지 색들이 같은 비율로 더해진 점들로서 명암 값을 나타낸다.

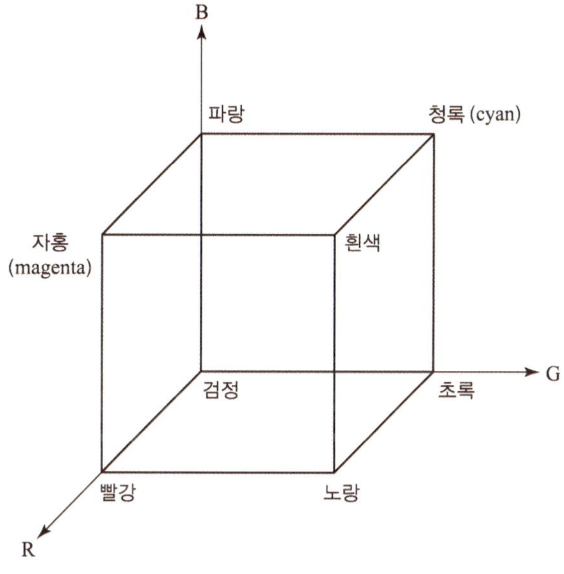

그림 1.4-7 RGB 칼라 모델

CMY 칼라 모델은 청록색(cyan), 자홍색(magenta), 노랑색(yellow)으로 구성된다. 칼라 모니터에서는 검정색 모니터 바탕위에 빛의 삼원색인 빨강, 초록, 파랑 빛을 더하여 원하는 칼라를 만들어 내지만, 프린터와 같은 인쇄 시스템에서는 하얀 색 종이에 잉크나 토너를 칠하여 칼라를 만들어 낸다. 태양 빛 또는 형광등과 같은 광원은 모든 색 성분을 포함하고 있다. 광원에서 나온 빛은 종이에 반사되어 우리 눈에 들어오게 되는데, 종이가 모든 빛을 반사하면 흰색으로 모든 빛을 흡수하면 검은색으로 보인다. 즉 광원이 갖고 있는 특정 색성분이 종이에 흡수되고 나머지 성분이 우리 눈이 보이게 된다.

CMY 칼라 모델은 하얀 색으로부터 색을 빼는 개념을 사용한다. 청록색, 자홍색, 노랑색 잉크를 흰색 종이에 칠하면 이들은 각각 보색 성분의 빛을 흡수하게 된다. 예를 들어 청록색 잉크를 흰색 종이에 칠하면 청록색의 보색인 빨강색 빛이 흡수되어, 즉 흰색에서 빨강색을 뺀 청록색으로 보인다. 청록색, 자홍색, 노랑색 잉크를 모두 칠하면 빨강색, 초록색, 파랑색 빛을 모두 흡수하므로 검정색이 되고, 청록색과 자홍색 잉크를 칠하면 빨강색과 초록색 빛을 흡수하므로 파랑색이 된다. RGB와 CMY는 서로 보색 관계에 있기 때문에 두 모델 사이의 변환은 다음과 같이 된다.

RGB → CMY	CMY → RGB
C = 1.0 - R	R = 1.0 - C
M = 1.0 - G	G = 1.0 - M
Y = 1.0 - B	B = 1.0 - Y

HSI 칼라 모델은 색상(hue), 채도(saturation), 명도(intensity)로 구성된다. 색상은 그 색의 원색을 나타낸다. 채도는 색의 순수도를 나타내며, 원색에 어느 정도의 흰색이 혼합되었는지를 나타낸다. 예를 들어 빨강의 채도는 분홍의 채도보다 높다. 명도는 밝기를 나타낸다. HSI 칼라 모델은 색의 변환을 용이하게 해준다. 예를 들어 빨강색을 분홍색으로 변환하기 위해서는 채도만 조절하면 된다. 또한 어두운 색을 밝게 하려면 명도를 높여주면 된다. HSI 모델은 색상과 명도가 분리되어 있으므로, 명암 값만을 처리하거나 또는 색상과 명암을 분리해서 처리하는 영상 처리 및 컴퓨터 비전 분야에서 주로 사용된다.

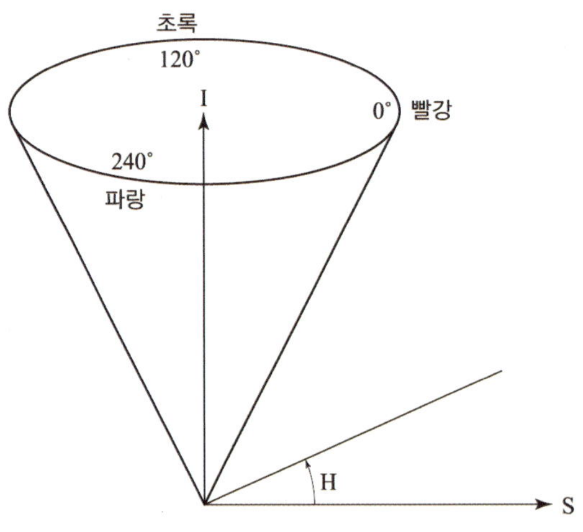

그림 1.4-8 HSI 칼라 모델

HSI 칼라 모델은 (그림 1.4-8)과 같이 원뿔 모양의 좌표계로 표현된다. 색상은 원뿔 둘레를 따라 0도에서 360도의 범위를 갖는 각도로 표현된다. 예를 들어 0도는 빨강색 120도는 초록색 그리고 240도는 파랑색을 나타낸다. 채도는 원뿔 중심에서의 수평 거리로 표현되고 0에서 1까지의 값을 갖는다. 원뿔 중심에서의 채도는 0으로 흰색 성분이 100 퍼센트 포함되어 있음을 나타내고, 원뿔 가장자리에서의 채도는 1이며 흰색이 전혀 포함되지 않은 순수한 원색을 나타낸다. 명도는 수직축으로 표현되며 0에서 1 사이의 값을 갖는다. 수직축의 하단은 명도 0으로 검정색을 나타내고 수직축의 상단은 명도 1로서 흰색을 나타낸다. RGB 칼라 모델에서 HSI 칼라 모델로의 변환은 다음 식에 의하여 수행된다.

$$H = \cos^{-1}\left(\frac{\frac{1}{2}((R-G)+(R-B))}{\sqrt{(R-G)^2+(R-B)(G-B)}}\right)$$

$$S = 1 - \frac{3 \cdot \min(R, G, B)}{(R+G+B)}$$

$$I = \frac{(R+G+B)}{3}$$

참고문헌

- Forsyth, Computer Vision: A Modern Approach, Pearson, 2011
- Joseph Howse, OpenCV Computer Vision with Python, Packt publishing, 2013
- Mohamed Elgendy, Deep Learning for Vision Systems, Manning, November, 2020
- 최형일, 컴퓨터비전, 홍릉과학출판사, 2012

CHAPTER 02

컴퓨터 비전 구현 환경

2.1 OpenCV 및 파이썬 개요

OpenCV(Open Source Computer Vision Library)는 실시간 컴퓨터 비전의 구현을 목적으로 만들어진 오픈소스 라이브러리이다. 윈도우, 리눅스 등에서 사용 가능한 크로스 플랫폼 라이브러리이며, 오픈소스 BSD 라이센스 하에서 무료로 그리고 상업적으로 사용할 수 있는 라이브러리이다. 1999년 인텔에서 기존의 IPL(Image Processing Library)을 기반으로 개발 작업을 시작했다. 2000년에 일반에게 공개하고 오픈소스로 전환했으며, 2006년 버전 1.0이 발표되었다. 그 후 지속적으로 새로운 버전이 발표되었고 2022년 6월에 버전 4.6이 공개되었다. OpenCV는 기본적으로 C/C++ 언어로 작성되었지만, 현재 널리 사용되고 있는 파이썬(Python) 및 자바(Java)와 같은 언어도 지원한다.

OpenCV 라이브러리는 컴퓨터 비전 및 머신 러닝에 필요한 2500 개 이상의 프로그래밍 함수들을 포함한다. 영상 파일 입출력 및 영상의 화질 향상 등과 같은 기본적인 영상 처리 함수들을 포함하고, 특징 추출, 객체 검출과 인식, 움직임 추적, 그리고 스테레오 카메라를 이용한 깊이 정보를 추출하는 함수들을 포함한다. k 최근접 이웃(kNN, k-Nearest Neighbor)을 추출하는 함수와 서포트 벡터 머신(SVM, Support Vector Machine) 같은 머신 러닝에 활용되는 함수들도 포함한다. 버전 3.3 부터는 이미 잘 학습되어 있는 기존의 심층 신경망(DNN, Deep Neural Network) 모델을 가져와서 실행하는 기능 및 기존의 심층 신경망에 새로운 층(layer)을 추가하는 기능도 제공되어 OpenCV 라이브러리의 활용도가 더욱 높아지고 있다.

OpenCV는 1900만 이상의 누적 다운로드 횟수를 기록하고 있고, 구글, 인텔과 같은 기업 및 관련 연구소 등 전 세계에 5만 명 이상의 사용자 그룹을 보유하고 있다. 페이스북의 얼굴 탐지 등

수많은 분야에서 관련 회사들이 OpenCV를 사용하여 새로운 응용 분야를 만들어내고 있다. OpenCV의 공식 웹 사이트 주소는 https://opencv.org/이고, 이곳에서 OpenCV 라이브러리 설치 파일 및 소스 파일을 다운 받을 수 있다.

| 표 2.1-1 | OpenCV 버전별 주요 특징

OpenCV 1.x	· C 기반으로 만들어진 API · 영상 데이터 처리를 위한 IplImage 구조체 지원
OpenCV 2.x	· C++ 기반으로 만들어진 API · 영상 데이터 처리를 위한 Mat 클래스 지원 · 기존의 5개 라이브러리를 12개 모듈로 재구성 · GPU 처리 지원
OpenCV 3.x	· dnn 모듈 추가 및 기능 확대 · opencv-contrib 모듈 추가 · 속도 가속화 · 파이썬 및 자바 바인당 강화
OpenCV 4.x	· C++11 지원 · dnn 모듈 개선 · 키넥트 퓨전 알고리즘 지원 · 속도 가속화

파이썬(Python)은 최근 컴퓨터 비전 및 머신 러닝 분야에서 가장 많이 사용되는 언어이다. 1991년 귀도 반 로섬(Guido van Rossum)에 의해 개발된 대화형 고급 프로그래밍 언어이다. 플랫폼에 독립적이고, 객체 지향적이며, 동적 타입(dynamic typed)의 대화형 인터프리터 언어이다. 파이썬이라는 이름은 귀도가 좋아하는 영국의 BBC 코미디 프로그램 '몬티 파이썬의 날아다니는 서커스(Monty Python's Flying Circus)'에서 따왔다고 한다. 파이썬을 많은 사람들이 사용하는 이유는 배우기 쉽고 사용하기 쉽기 때문이다. 인터프리터 언어이기 때문에 자신이 작성한 명령문의 실행 결과를 즉시 확인할 수 있다. 파이썬은 컴퓨터 시스템 간에 이식성이 뛰어나다. 동일한 파이썬 프로그램이 다양한 시스템, 예를 들어, 윈도우즈, 리눅스, IOS 등에서 변경 없이 실행될 수 있다. 파이썬은 컴퓨터 비전, 머신 러닝, 데이터 시각화 등에 유용한 많은 라이브러리들과 매우 쉽게 연동된다. 예를 들어, 넘파이(NumPy), 판다스(Pandas), 맷플롯립(Matplotlib), 텐서플로우(TensorFlow), OpenCV와 같은 라이브러리들을 pip 도구를 사용하여 간단히 설치할 수 있다. 이 책에서는 파이썬과 OpenCV 그리고 기타 필요한 라이브러리를 사용하여 컴퓨터 비전 알고리즘들을 구현한다.

2.2 OpenCV-Python 설치

기본 파이썬에는 간단한 개발 도구인 idle(Integrated Development Environment)와 패키지 관리자인 pip(Preferred Installer Program)만 포함되어 있다. 컴퓨터 비전 프로그래밍을 위해서는 다양한 라이브러리들을 함께 사용해야 한다. 아나콘다(Anaconda)는 유용한 기본 라이브러리들이 파이썬과 함께 패키징 되어 있으며, 추가로 필요한 라이브러리 설치를 매우 쉽게 할 수 있는 오픈 소스 배포판이다. 아나콘다는 파이참(PyCharm), 스파이더(Spyder)와 같은 개발 환경 뿐 아니라, 웹 환경에서 쉽게 사용할 수 있는 쥬피터 노트북(Jupyter-notebook)과 같은 개발 환경도 제공한다.

아나콘다 다운로드

http://www.anaconda.com/distribution/ 사이트에 접속하여 파이썬 3.9 64비트 버전 설치 파일을 다운로드 한다.

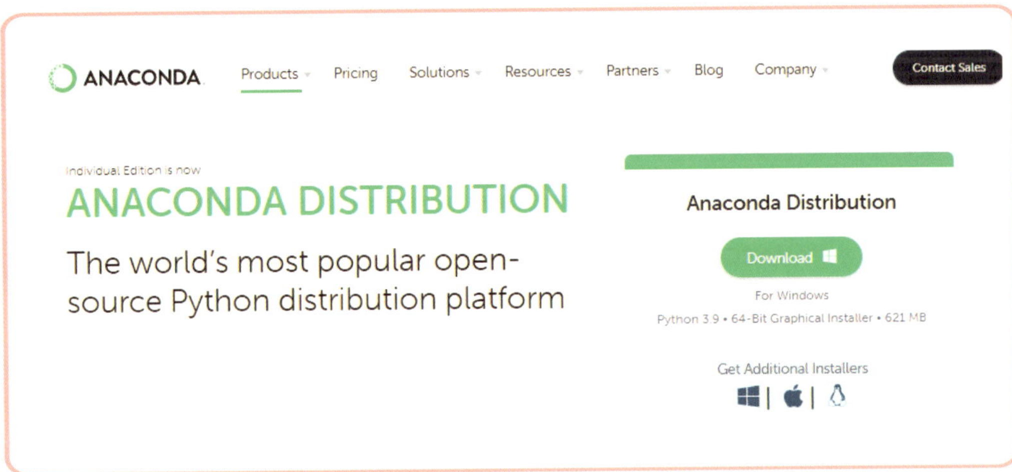

그림 2.2-1 아나콘다 웹 사이트

아나콘다 설치

설치 파일을 실행하여 다음과 같은 화면이 나타나면 Next 버튼을 클릭한다.

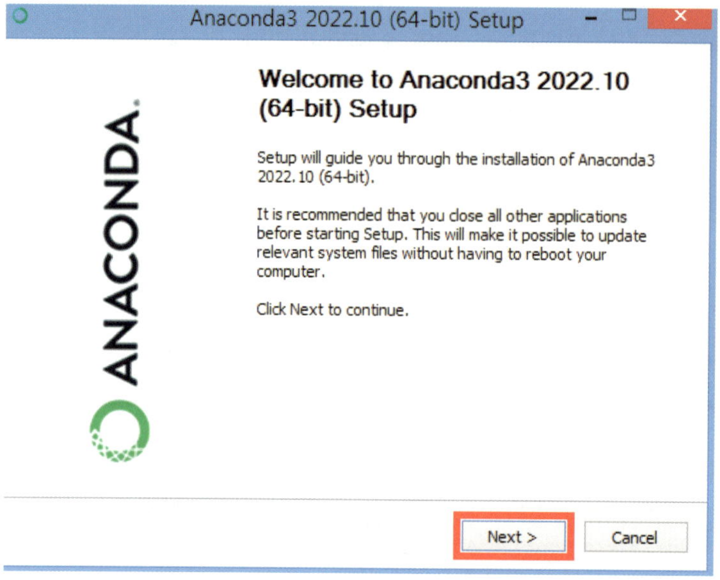

사용권에 대한 동의를 한 후

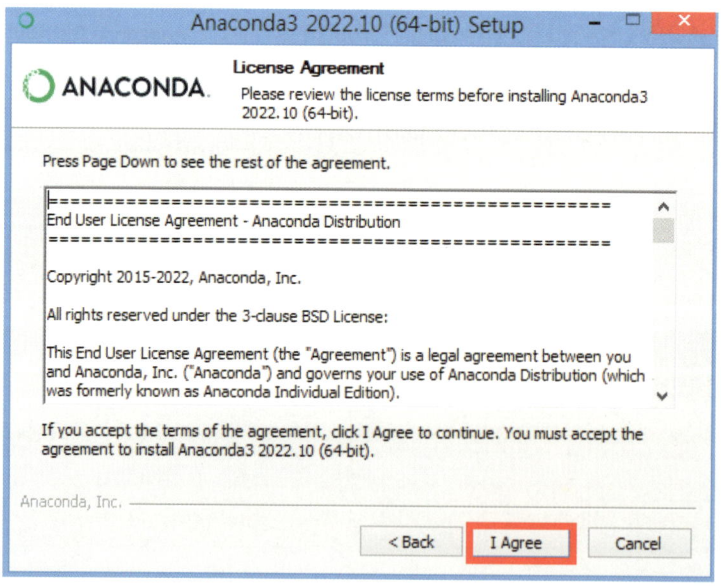

사용자 환경에 맞는 권한을 선택하고

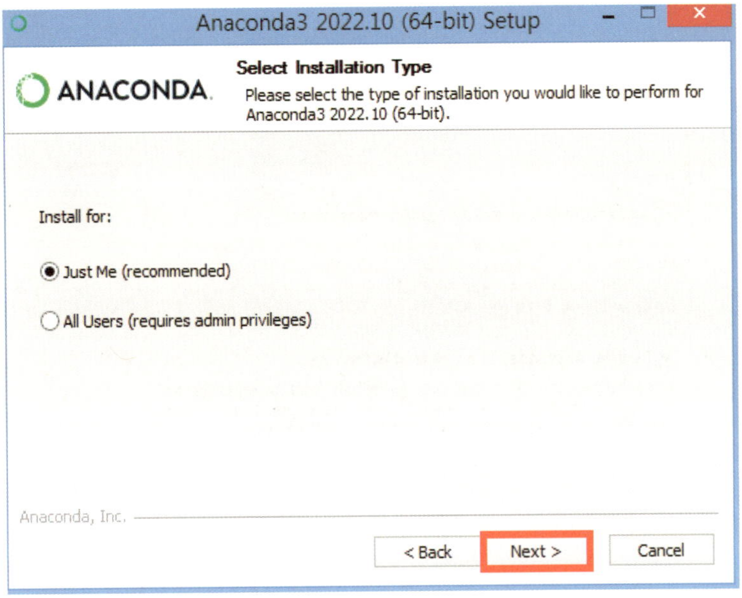

아나콘다가 설치될 경로를 선택한 후

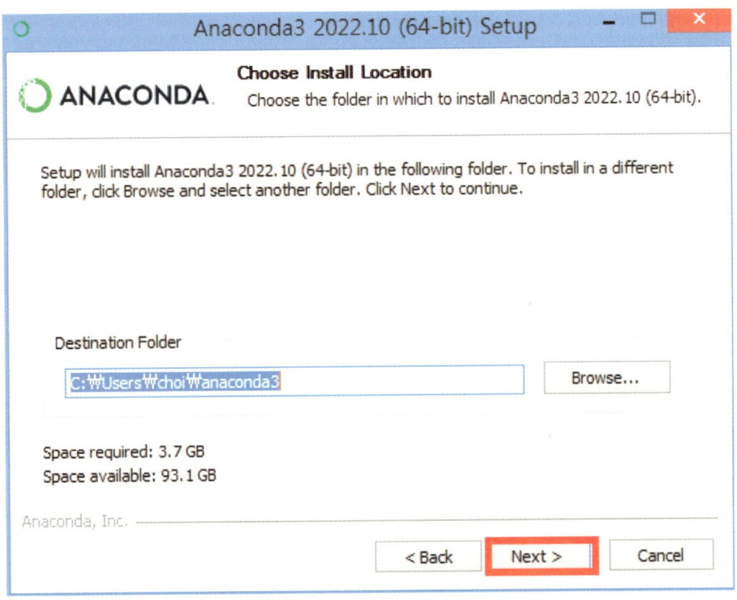

아나콘다 환경 변수를 자동으로 선택할 수 있도록 체크한 후

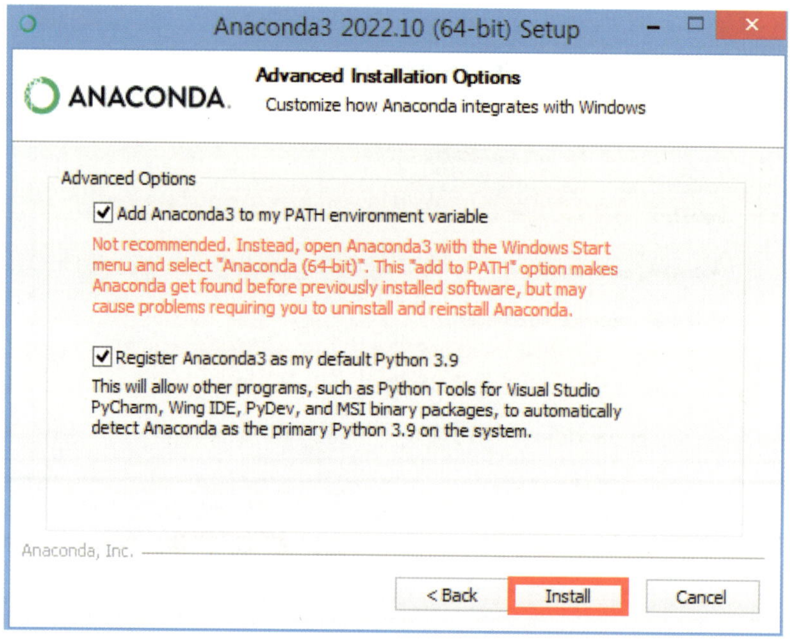

설치가 완료되면 finish 버튼을 눌러 창을 닫는다.

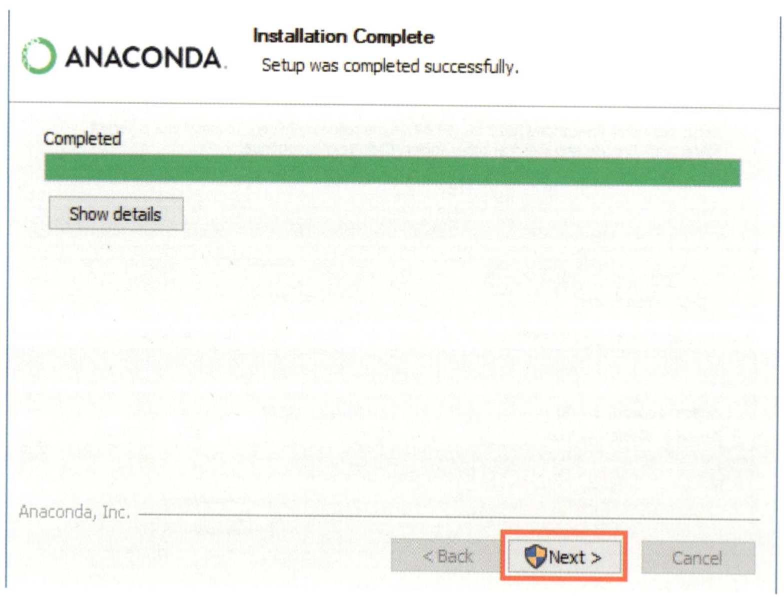

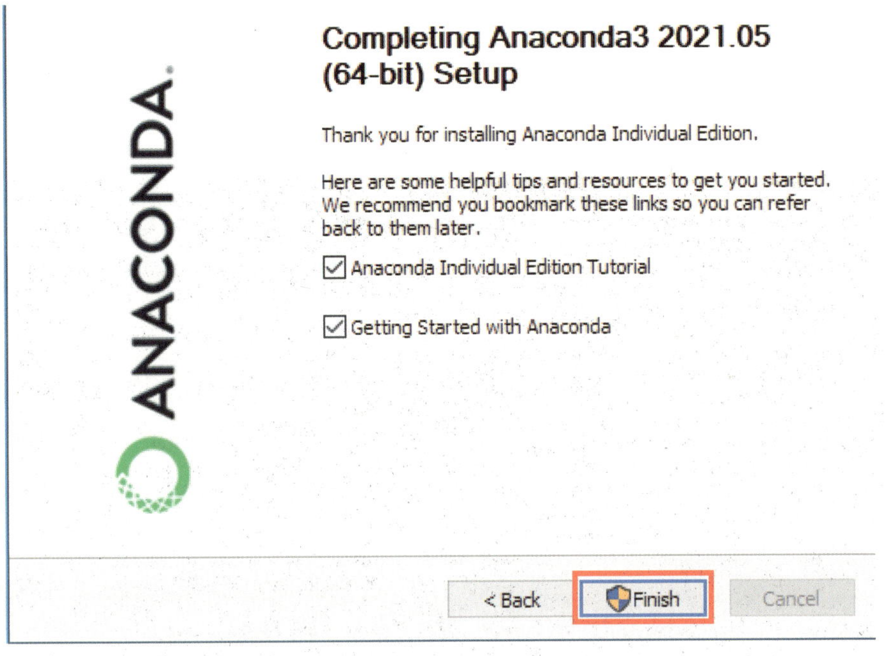

아나콘다 네비게이터를 보면 쥬피터-노트북이 설치된 것을 확인할 수 있다.

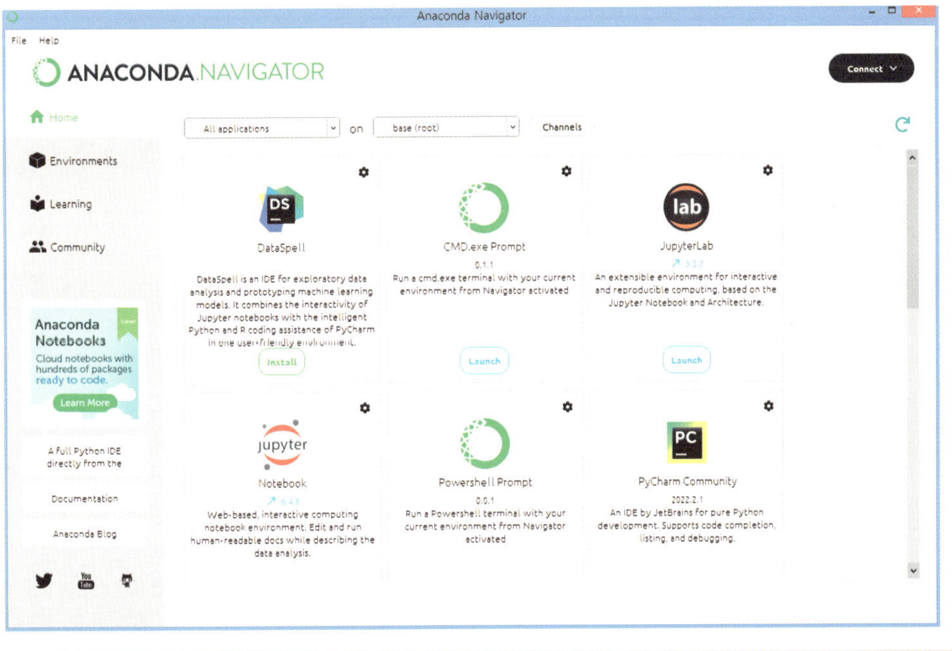

쥬피터 노트북을 실행시키면 아나콘다 프롬프트 창이 뜨고 웹 브라우저에서 쥬피터 노트북이 실행되는 것을 확인할 수 있다.

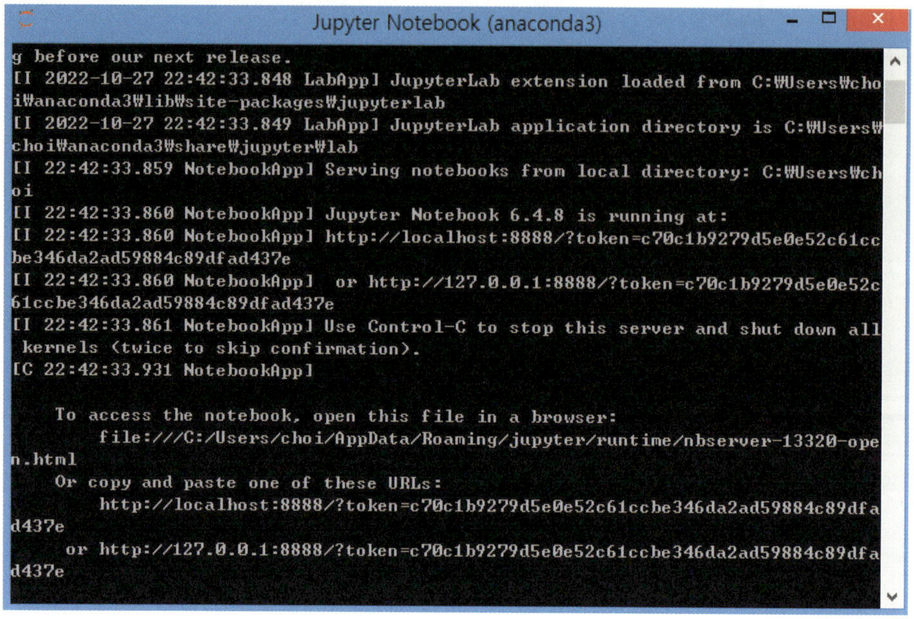

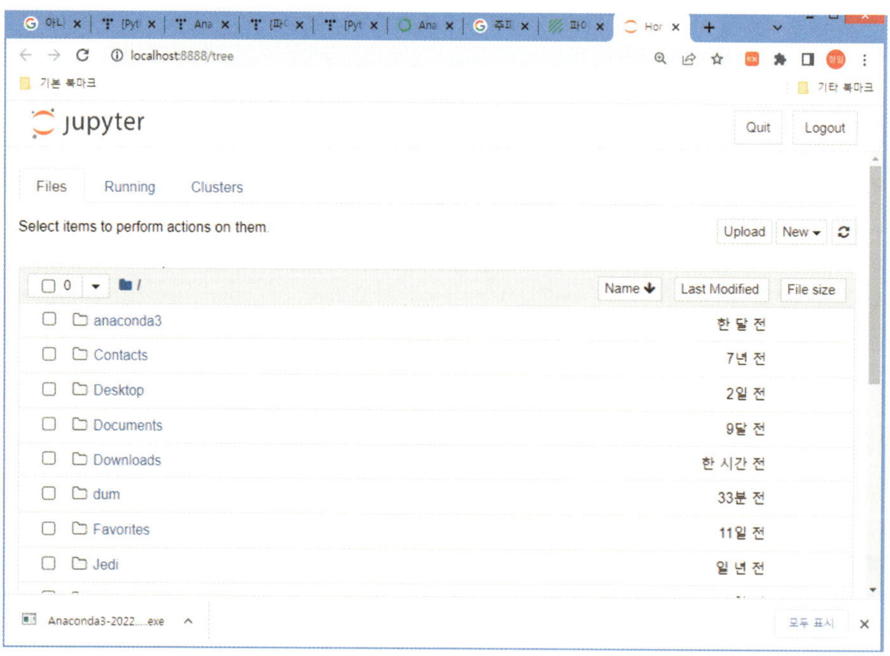

OpenCV 설치

파이썬에서 OpenCV를 사용하려면 아나콘다를 통해서 OpenCV 관련 라이브러리를 설치해야 한다. 아나콘다 명령 프롬프드를 실행하여 "pip install opencv-python" 명령어를 입력한다. opencv-python 모듈의 설치가 완료되면, 아나콘다 프롬프드에 "pip install opencv-contrib-python" 명령어를 입력하여 OpenCV 추가 모듈인 contrib-python 모듈도 설치한다.

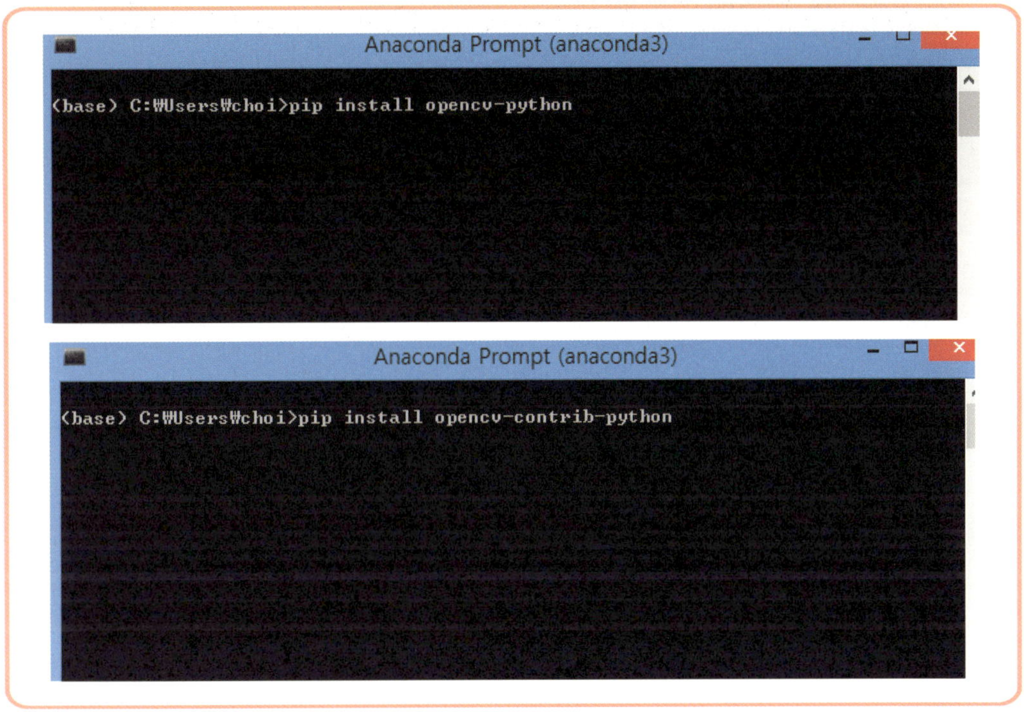

OpenCV의 설치가 제대로 잘 되었는지 확인하기 위해 아나콘다 명령 프롬프트에서 "python"을 입력하여 파이썬을 실행시키고, "import cv2" 명령을 입력하여 OpenCV 모듈을 가져온 후, "print(cv2.__version__)" 명령을 입력하여 설치된 OpenCV 버전이 4.6.0 임을 확인한다.

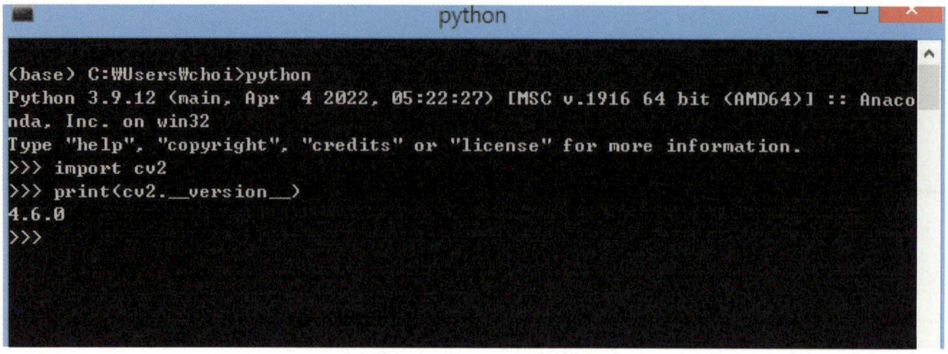

2.3 쥬피터 노트북 및 코랩에서 프로그래밍

쥬피터 노트북은 오픈 소스 기반의 웹 플랫폼으로, 웹에서 파이썬을 비롯한 다양한 다양한 프로그래밍 언어로 코드 작성 및 실행을 지원하는 개발 환경이다. 쥬피터 노트북이 컴퓨터 비전 및 머신 러닝 분야 알고리즘의 구현에 많이 사용되는 이유는, 첫째 그래프 또는 마크다운 기능을 이용하여 시각화에 매우 유용하고, 둘째 다양한 프로그램 언어를 지원하며, 셋째 개발 중간 중간에 프로그램을 실행하며 결과를 확인할 수 있기 때문이다.

파이썬 노트북 만들기

쥬피터 노트북을 실행하는 방법은 윈도우에서 쥬피터 노트북 앱을 클릭하거나 또는 시작 〉 Anaconda3(64-bit) 〉 Jupyter Notebook을 클릭하여 실행한다. 명령을 실행하여 웹 브라우저에 쥬피터 노트북이 표시되면 오른쪽 New 버튼을 클릭한 후 Python3 버튼을 클릭하여 새 노트북을 생성한다.

쥬피터 노트북은 말 그대로 노트북을 사용하듯이 코드 작성과 필요한 설명 작성 또는 그림 추가를 같은 작업을 노트북에서 할 수 있다. 예를 들어, 메뉴의 드롭다운 목록에서 마크다운(Markdown)을 선택한 후 해당 셀(cell)에 # 표시와 함께 적절한 문장을 입력한 후 메뉴의 런(run) 버튼을 누르면 원하는 문장이 원하는 형태로 출력된다. 마크다운 셀에서 #은 제목을 ##은 하위 제목을 나타낸다.

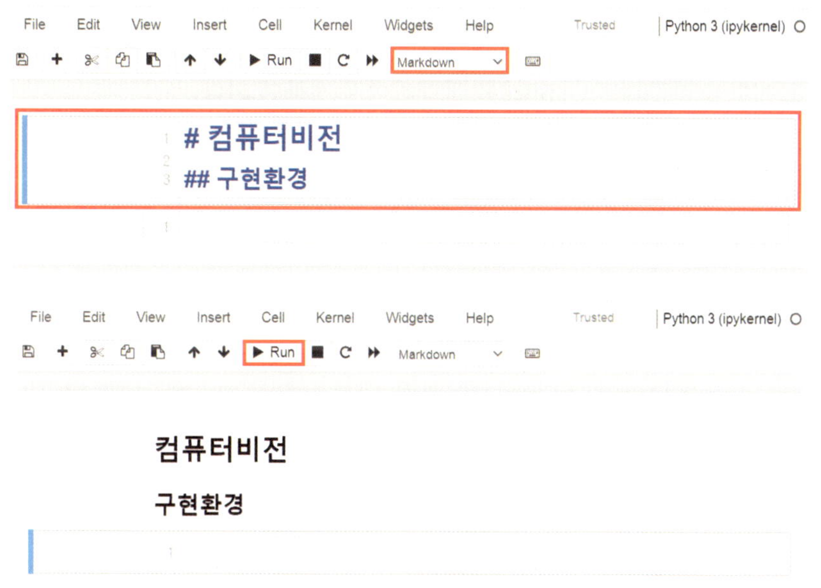

메뉴의 드롭다운 목록에서 코드(Code)을 선택한 후 해당 셀(cell)에 적절한 파이썬 명령문을 입력한 후 메뉴의 런(run) 버튼을 누르면 해당 명령이 수행되고 실행 결과는 해당 셀 아래에 나타난다. 예를 들어 간단한 print('컴퓨터 비전') 문의 수행 결과를 볼 수 있다.

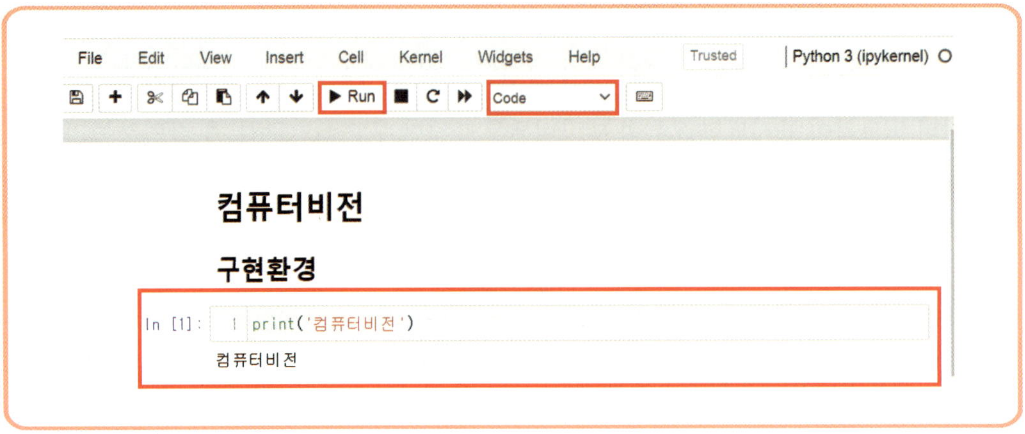

셀의 실행 순서는 셀에 표시된 숫자 순서를 따르며, 순서를 바꾸려면 메뉴의 ↑ ↓ 버튼을 이용하여 셀의 위치를 조정하면 된다. 노트북의 파일 이름은 디폴트 파일 이름인 Untitled.ipynb로 되어 있는데, 이름을 바꾸려면 Untitled를 클릭하여 수정하면 된다.

쥬피터 노트북을 실행하는 또 다른 방법은 구글 코랩(Colaboratory)을 사용하는 방법이다. 코랩은 클라우드 환경에서 쥬피터 노트북을 사용한 개발 환경을 제공한다. 사용자는 구글 서버에 접속하여 구글 서버에서 쥬피터 노트북을 구동시킨다. 코랩의 장점은 첫째, 파이썬을 설치하지 않고도 웹 환경에서 쥬피터 노트북의 사용이 가능하고, 둘째 다른 사람들과 파일 공유 및 협업이 가능하고, 셋째 넘파이, 판다스, 사이킷런, 텐서플로우 등의 패키지가 미리 설치되어 있는 환경을 제공하고, 넷째 서버가 제공하는 GPU와 TPU를 사용할 수 있다는 점이다.

코랩을 사용하려면 먼저 웹 사이트 http://colab.research.google.com/에 접속하여 구글 계정으로 로그인하면 사용할 수 있다. 시작하기 창이 뜨면 **파일** 메뉴의 드롭다운 목록에서 **새노트** 버튼을 눌러 새 노트북을 생성한다.

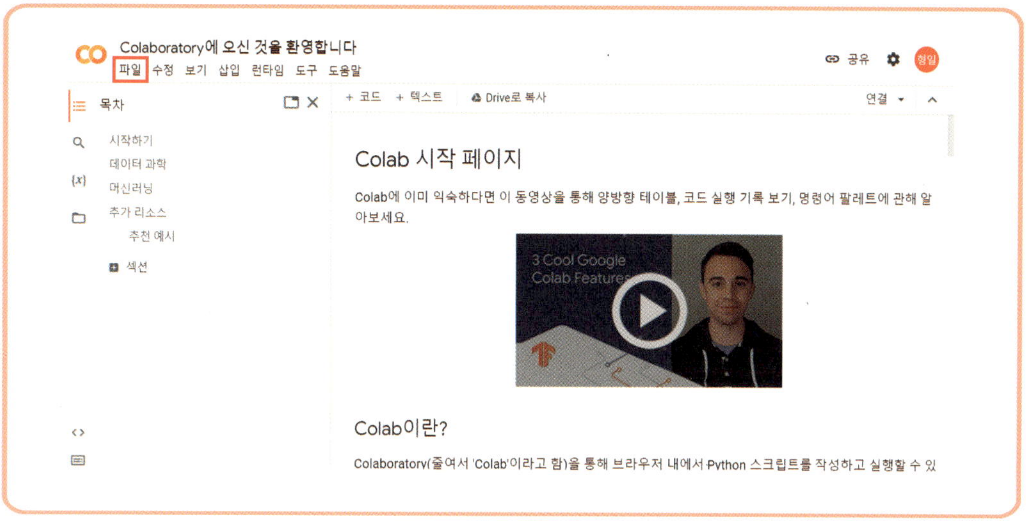

+코드 버튼을 눌러 코드 셀을 **+텍스트** 버튼을 눌러 텍스트 셀을 생성한 후, 코드 셀에는 적절한 코드를 텍스트 셀에는 원하는 문장을 삽입할 수 있다. 셀에 코드를 입력한 후, 셀 왼쪽의 버튼을 누르면 파이썬 코드가 웹 환경에서 실행된다. 실행 결과는 셀 아래쪽에 나타나며 새로운 셀이 만들어 진다. 텍스트 셀의 경우는 다음 셀을 선택하면 자동으로 실행된다.

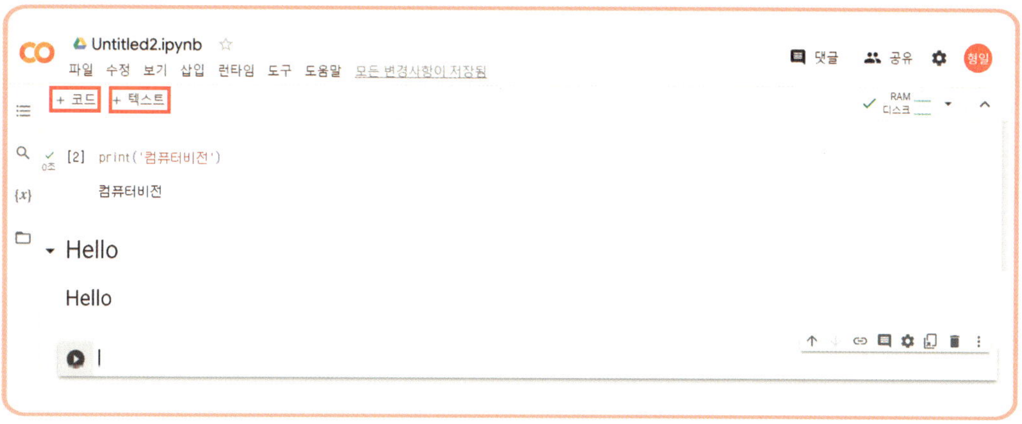

코랩에서 개인 드라이브에 있는 내용을 활용하는 방법 및 기타 자세한 활용 방법은 다른 참고문헌을 활용하기 바란다.

참고문헌

- Joseph Howse, OpenCV Computer Vision with Python, Packt publishing, 2013
- https://docs.opencv.org/4.x/d6/d00/tutorial_py_root.html
- 이세우, 파이썬으로 만드는 OpenCV 프로젝트, 프로그래밍인사이트, 2019
- 천인국, 파이썬 EXpress, 생능출판, 2020

CHAPTER 03

파이썬 핵심 둘러보기

3.1 파이썬 자료형

클래스와 객체

파이썬 언어의 특징 중에 하나는 모든 데이터는 객체(object)라는 점이다. 정수, 실수, 문자열과 같은 기본 자료형도 특정한 형태의 클래스(class)들이고, 변수는 특정 클래스에 속하며 메모리에 상주하는 객체들이다.

```
In [1]: a = 3
        print(type(a))

        <class 'int'>

In [ ]:
```

변수 a에 3을 할당하고 변수 a의 타입을 출력해 보면 정수를 의미하는 'int' 외에 class라는 정보가 출력된다. 이는 파이썬의 특징 중의 하나인데, 파이썬의 모든 변수는 객체이다. 위 코드에서 변수 a는 int라는 클래스의 객체이다. 동일한 클래스에 속하는 변수들은 그 클래스의 기능을 사용할 수 있다. 즉, 변수는 객체이기 때문에 소속 클래스가 갖는 메소드를 사용하여 다양한 처리가 가능하다. 예를 들어, 변수 a에 'computer vision'이라는 문자열을 할당하고 문자 'i'가 몇 번 나오는지를 확인하려면, 문자열 클래스의 메소드 count를 사용하면 된다.

```
In [3]: .a = 'computer vision'
        print(a.count('i'))

        2

In [ ]:
```

파이썬 언어는 기본 자료형 외에도 여러 개의 기본 자료형을 함께 묶어 사용하는 복합 자료형을 제공한다. 리스트(List), 튜플(Tuple) 그리고 딕셔너리('Dictionary) 자료형이 이에 해당된다. 복합 자료형도 미리 정의된 특정 클래스이고 복합 자료형을 갖는 변수는 그 클래스에 속하는 객체이다.

리스트 자료형

리스트는 항목들을 저장하는 컨테이너와 같은 복합 자료형이다. 리스트의 항목들은 순서를 가지며 항목의 개수는 늘거나 줄 수 있다. 리스트의 항목은 어떤 데이터형도 될 수 있다. 리스트의 항목에 접근하려면 인덱스를 사용하면 된다. 리스트는 append()라는 메소드를 사용하여 항목을 추가할 수 있다.

```
In [4]: a = [1,2,3,4,5]
        a.append(5)
        print(a)
        print(a[2])

        [1, 2, 3, 4, 5, 5]
        3

In [ ]:
```

리스트에서 한 번에 여러 개의 항목을 추출하기 위해 슬라이싱(slicing) 기법을 사용한다. 리스트[start : stop] 형태로 슬라이싱하면 start 인덱스 항목부터 stop-1 인덱스 항목까지 추출된다. 리스트[start :] 형태로 슬라이싱하면 start 인덱스 항목부터 마지막 항목까지 추출되고, 리스트[: stop] 형태로 슬라이싱하면 처음 항목부터 stop-1 인덱스 항목까지 추출된다. 인덱스는 0부터 시작한다.

```
In [5]: a = [1,2,3,4,5]
        b = a[1:3]
        c = a[1:]
        d = a[:3]
        print('b =',b)
        print('c =', c)
        print('d =', d)

        b = [2, 3]
        c = [2, 3, 4, 5]
        d = [1, 2, 3]
```

튜플(tuple)

튜플 자료형은 리스트 자료형과 마찬가지로 여러 항목을 저장하는 복합 자료형이다. 리스트와 마찬가지로 슬라이싱, 인덱싱 기능을 갖지만, 항목 변경이 불가능하다. 항목 변경이 불가능하기 때문에 append()라는 메소드를 지원하지 않는다. 리스트는 대괄호 [ ]를 사용하여 표시하지만, 튜플은 소괄호 ( )를 사용하여 표시한다. 튜플에 슬라이싱과 인덱싱을 할 때에는 대괄호 [ ]를 사용한다. 리스트에서 튜플로 그리고 튜플에서 리스트로 자료형 변환도 가능하다.

```
In [1]: a = (1,2,3,4,5)
        b = a[1:3]
        c = list(a)
        print('b =',b)
        print('c =', c)

        b = (2, 3)
        c = [1, 2, 3, 4, 5]

In [7]: a.append(6)

        ---------------------------------------------------------------
        AttributeError                            Traceback (mos
        Input In [7], in <cell line: 1>()
        ----> 1 a.append(6)

        AttributeError: 'tuple' object has no attribute 'append'
```

딕셔너리(dictionary)

딕셔너리 자료형에서는 각 항목이 키(key)와 값(value)을 갖는다. 일반 사전에서 각 항목은 키와 키에 대한 값을 갖고 있음을 생각하면 이해하기 쉽다. 예를 들어, 각 도시의 날씨를 딕셔너리에 저장하는 경우에, 키는 도시 이름이 되고 값은 날씨가 된다. 항목을 검색할 때에는 키를 사용하여 해당되는 값을 추출할 수 있다. 딕셔너리는 중괄호 { }를 사용하여 표시하지만, 검색할 때는 대괄호 [ ]를 사용한다. dict() 함수는 키와 값을 입력받아 딕셔너리 자료형을 리턴하는 함수이다.

```
In [8]: a = {'서울':'맑음', '부산':'흐림', '대구':'비', '광주':'흐림'}
        b = a['부산']
        print('부산 날씨 =', b)

        부산 날씨 = 흐림

In [11]: a = dict(서울='맑음', 부산='흐림', 대구='비', 광주='흐림')
         b = a['부산']
         print('부산 날씨 =', b)

         부산 날씨 = 흐림
```

3.2 조건문과 반복문

조건에 따라 처리를 달리하는 대표적인 구조가 if-else 문이다. if-else 문장은 조건이 참일 때 실행되는 명령문과 조건이 거짓일 때 실행되는 명령문을 달리한다. if-else 조건문의 기본 형식은 다음과 같다.

```
if 조건1 :
        명령문1
        명령문2
elif 조건2 :
        명령문1
        명령문2
else :
        명령문1
        명령문2
```

예를 들어, 사용자로부터 숫자를 입력받아 입력된 숫자가 미리 정한 입계값 보다 크면 '큰 숫자'를 출력하고, 아니면 '작은 숫자'를 출력하는 문제를 파이썬 코드로 작성하자.

```
In [12]: # 사용자로 부터 숫자를 입력 받는다
         number = int(input('숫자를 입력하세요: '))
         print()

         threshold = 100  # 미리 정한 임계값

         if number > threshold  :
             print('입력된 문자는 ', number, '입니다')
             print('입력된 문자는 큰 숫자 입니다')
         else :
             print('입력된 문자는 ', number, '입니다')
             print('입력된 문자는 작은 숫자 입니다')

         숫자를 입력하세요: 130

         입력된 문자는  130 입니다
         입력된 문자는 큰 숫자 입니다
```

위 프로그램에서 input() 명령문 안의 문자열은 화면에 출력되는 안내 문자열이다. input() 명령문은 사용자의 입력을 문자열로 처리하기 때문에, 이를 숫자로 바꾸기 위해 캐스팅 연산자 int()를 사용했다. if문에서 조건식 다음에 콜론 :은 아직 문장이 끝나지 않았음을 인터프리터에게 알리는 기호이다. 조건에 영향을 받는 문장들은 반드시 들여쓰기를 해야 한다. 조건에 영향을 받는 문장이 여러 개인 경우는 같은 들여쓰기를 통해 이들이 같은 블록에 속함을 나타낸다.

같은 블록에 속함을 표시하기 위해 괄호 { }를 사용하지 않는다.

조건 연산자를 사용하여 간단한 조건문을 만들 수 있다. 조건 연산자는 표현이 간결하여 매우 자주 사용되는 연산자이다. 조건 연산자의 기본 형식은 다음과 같다.

```
(a if 조건 else b)
```

조건이 참이면 a, 조건이 거짓이면 b가 결과 값이 된다. 다음 예제 프로그램은 조건 연산자를 사용하여 두 숫자 중에서 큰 숫자를 출력하는 예를 보여준다. 즉, a가 b보다 크면 a를 출력하고, 아니면 b를 출력한다.

```
In [13]: a = 10
         b = 20
         number = (a if a > b else b)
         print('max of (a,b) =', number)

         max of (a,b) = 20

In [ ]:
```

반복은 동일한 처리 과정을 여러 번 되풀이하는 작업이다. 반복문은 컴퓨터 비전 알고리즘을 구현할 때 자주 사용된다. 예를 들어, 동일한 처리 과정을 영상의 모든 화소에 적용하는 경우에 반복문이 사용된다. 반복 작업을 구현하기 위해 for문 또는 while문을 사용할 수 있다. for문은 정해진 횟수만큼 반복하는 경우에, while문은 특정한 조건이 만족되는 동안 반복 작업을 수행한다. 먼저 for문에 대하여 살펴본다. for문의 기본 형식은 다음과 같다.

```
for 변수 in 리스트 :
    명령문1
    명령문2
```

for문에서 반복 작업은 리스트 안의 값들이 변수에 하나씩 할당되면서 수행된다. 예를 들어, '생일 축하합니다.'라는 문자열을 5번 반복하는 경우를 생각하자.

```
In [14]: for i in range(5) :
             print('생일 축하합니다')

         생일 축하합니다
         생일 축하합니다
         생일 축하합니다
         생일 축하합니다
         생일 축하합니다

In [ ]:
```

range(start=0, stop, step=1) 함수는 start 부터 stop-1 까지 step 간격의 숫자를 생성한다. start의 디폴트 값은 0이고, step의 디폴트 값은 1이다. 따라서, 위 프로그램에서 range(5)는 숫자 0, 1, 2, 3, 4를 생성하고, for문에 의해 '생일 축하합니다' 문자열이 5번 출력된다. for문에서 반복 작업을 수행할 때 반복에 사용되는 요소 값과 함께 요소의 인덱스 값을 필요로 하는 경우가 종종 있다. 이런 경우에 enumerate() 함수를 사용하면 요소 값과 요소의 인덱스 값을 동시에 추출할 수 있다.

```
In [15]: cities = ['서울', '부산', '대구', '광주']

         for index, city in enumerate(cities) :
             print(index,city)

         0 서울
         1 부산
         2 대구
         3 광주

In [ ]:
```

조건 반복을 수행하는 while문에서는 반복 여부를 결정하는 조건식을 사용한다. 조건식이 참이면 반복이 계속되고 조건식이 거짓이면 반복은 종료된다. while문의 기본 형식은 다음과 같다.

```
while 조건식 :
        명령문1
        명령문2
```

예를 들어, 1에서 10까지 더한 값을 구하는 문제를 while문을 이용하여 구현하자. i 값이 0에서 출발하여 while 반복문 안에서 1씩 증가하다가 10을 넘어서면 while 반복문을 빠져나와 print()문을 수행한다.

```
In [17]: i = 1
         sum = 0
         while i <= 10 :
             sum = sum + i
             i = i + 1

         print('1에서 10까지 더한 값은', sum)

         1에서 10까지 더한 값은 55

In [ ]:
```

3.3 함수

프로그램을 작성하다 보면 특정한 작업을 반복해야 하는 경우가 있다. 함수는 특정 작업을 수행하는 명령문들을 모아 놓은 단위이다. 함수는 헤더와 몸체로 구성되며, 헤더는 키워드 def로 시작되며 함수 이름과 매개변수를 갖는다. 함수 몸체는 명령문들의 집합이다. 함수의 기본 형식은 다음과 같다.

```
def 함수 이름(매개변수1, 매개변수2, ...):
        명령문1
        명령문2
          ......
        return 변수
```

함수 호출은 함수 이름과 함수에 전달될 매개변수들을 사용하여 이루어진다. 함수가 호출되면 함수 몸체에 있는 명령문들이 수행되고 return문에 있는 변수 값이 반환된다. 함수는 일단 작성되고 나면 필요할 때마다 호출될 수 있다. 함수 몸체에서 다른 함수를 호출할 수도 있다. 다음 프로그램은 함수 안에서 다른 함수 호출이 이루어지는 예를 보여준다. 인터프리터가 say()문을 만나 say() 함수가 호출되면 say() 함수 안에서 input() 명령문이 두 번 수행되고 birthday() 함수가 호출된다. 제어가 birthday() 함수로 옮겨진 후 print()문이 수행된다.

```
In [20]: def birthday(name, msg) :
             print()
             print('사랑하는', name + ', ' + msg)

         def say() :
             name = input('이름을 입력하세요 :')
             msg = input('축하 메시지를 입력하세요 :')
             birthday(name, msg)

         say()

         이름을 입력하세요 :철수
         축하 메시지를 입력하세요 :생일 축하합니다!!

         사랑하는 철수, 생일 축하합니다!!
```

3.4 클래스

파이썬은 대표적인 객체지향 프로그래밍 언어로서 모든 내부 구성요소가 객체로 정의되어 있다. 객체(object)는 다소 추상적인 용어로서 사물 또는 개념 등 모든 것을 총칭하며 함수와 변수로 구성된다. 객체 내에서 정의된 변수를 멤버변수라 하고 함수는 메소드(method)라 부른다. 멤버변수는 객체의 특성 또는 성격을 나타내고 메소드는 멤버변수 값을 변경하기 위해 적절한 작업을 수행한다.

클래스(class)는 객체를 만들어내는 '기본 틀'이라고 해석할 수 있다. 클래스는 객체가 어떤 멤버변수와 어떤 메소드를 가지는지를 정의한다. 인스턴스(instance)는 클래스 정의로부터 실제 만들어진 객체를 의미한다. 즉 특정 객체를 인스턴스라 한다. 클래스를 바탕으로 객체를 실체화한 것을 인스턴스라고 해석할 수 있다. 파이썬에서 클래스를 정의하는 방법은 다음과 같다.

```
class 클래스-이름 :
      멤버변수
      def __init__(self, ...) :
            ... ...
      def 메소드-1(self, ...) :
            ... ...
      def 메소드-2(self, ...) :
```

클래스 선언은 키워드 'class'와 클래스 이름 그리고 콜론(:)으로 구성되는 문장으로 시작한다. 이어서 적절한 들여쓰기를 해서 멤버들을 정의하고, 생성자(constructor) 함수와 메소드들을 정의한다. 생성자는 객체를 초기화하는 특별한 메소드로서 클래스 인스턴스가 만들어지자마자 실행된다. 생성자와 메소드는 일반적인 함수와 같은 형식으로 작성되지만 첫 번째 인자는 반드시 self 이어야 한다. self는 인스턴스 자신을 의미한다. 인스턴스 자신을 참조하는 역할을 한다. 클래스 멤버인 멤버변수와 메소드의 사용은 클래스 객체 변수에 마침표(.)를 붙인 후 멤버를 호출하면 된다.

다음 프로그램은 MyFriend 클래스를 정의한 후 객체 x와 y를 생성하고, 각 객체의 멤버변수와 메소드를 호출한 결과를 보여준다. MyFriend 클래스는 한 개의 멤버변수 name을 갖는다. trait 메소드가 만드는 self.hobby는 클래스 내에서는 멤버변수처럼 다른 메소드에서 사용될 수 있다. 생성자 __init()는 객체가 만들어질 때 호출되어 입력받은 name 값을 self.name에 할당하고 self.hobby 값을 'baseball'으로 설정한다. 객체 x의 경우처럼 객체를 생성할 때 특별한 값을 생성자의 매개변수로 전달하지 않으면 멤버변수 name의 값은 바뀌지 않고 단지 메소드 trait()를 호출해서 self.hobby 값을 'baseball'로 설정한다. 객체 x의 멤버변수 name을 출력하면 'Kim Chul Soo'가 출력된다. 반면에 객체 y.의 메소드 print를 호출하연 이번에는 멤버변수 name의 값이 'Hong Gil Dong'으로 바뀌어 출력됨을 확인할 수 있다.

```
In [22]: class MyFriend:
                 name = 'Kim Chul Soo'
                 def __init__(self, name):
                     self.name = name
                     self.trait()
                 def print(self, str):
                     print(str +'of '+ self.name + ": " + self.hobby)
                 def trait(self) :
                     self.hobby = "baseball"
                     return self.hobby

         x = MyFriend
         print(x.name, '\n')
         y = MyFriend("Hong Gil Dong")
         y.print("Hobby ")

         Kim Chul Soo

         Hobby of Hong Gil Dong: baseball
```

참고문헌

- 이세우, 파이썬으로 만드는 OpenCV 프로젝트, 프로그래밍인사이트, 2019
- 천인국, 파이썬 EXpress, 생능출판, 2020

CHAPTER 04

유용한 패키지 둘러보기

4.1 OpenCV 함수를 이용한 영상 입출력

컴퓨터 비전에서 수행되는 대부분의 작업은 카메라로 촬영된 영상 또는 파일로 저장되어 있는 영상을 읽어 적절한 연산을 수행하고 그 결과를 파일로 저장하거나 화면에 출력하는 작업이다. 이를 위해 OpenCV에서 제공하는 함수들을 이용하여 영상 입출력 작업을 수행한다. 먼저 파일로 저장되어 있는 영상을 읽어 화면에 출력하는 문제를 살펴보자.

예제 4.1-1 프로그램

```
import cv2

image = cv2.imread('lena.jpg',1)
cv2.imshow('lena', image)

key = cv2.waitKey(0)
cv2.destroyAllWindows()
```

(예제 4.1-1) 프로그램에서 'import cv2'는 OpenCV 모듈을 import 한다. import의 역할은 이미 만들어져 있는 모듈을 가져와서 현재 모듈에서 사용할 수 있게 한다. cv2는 OpenCV 모듈 이름이다. 이 명령문이 수행되기 위해서는 아나콘다 프롬프트 창에 "pip install opencv-contrib-python" 명령어를 입력하여 OpenCV 모듈 cv2가 설치되어 있어야 한다. cv2.imread() 함수는 첫 번째 파라미터의 영상 파일을 읽어 뒤에서 설명할 넘파이(Numpy) 배열을 반환한다. imread() 함수의 두 번째 파라미터는 영상을 읽을 때 어떠한 형태로 읽을 것인지를 결정한다. 이 값이 -1이면 원 영상 형

태 그대로 읽고, 1이면 칼라 영상으로 그리고 0이면 그레이(gray) 영상으로 읽는다.

cv2.imshow() 함수는 영상을 화면에 출력한다. 첫 번째 파라미터는 영상이 출력될 창의 이름을 나타내는 문자열이고, 두 번째 파라미터는 출력할 영상 데이터를 나타낸다. 영상 데이터의 타입은 넘파이 배열임을 확인할 수 있다. cv2.waitKey() 함수는 키 입력을 기다리는 대기 함수이다. 파라미터로 전달된 시간(millisecond) 안에 키보드에서 입력된 키의 아스키코드 값을 반환하다. 파라미터가 0이면 키가 입력될 때까지 무한 대기한다. cv2.destroyAllWindows() 함수는 열려있는 모든 창을 닫는다. 위 예제 프로그램을 실행하면 (그림 4.1-1)과 같이 lena 영상이 칼라 영상으로 출력된다.

그림 4.1-1 lena 영상

카메라로부터 영상을 읽어 화면에 보여주는 작업은 다음과 같은 단계를 거쳐 진행된다. (1) VideoCaptuer 객체(object)를 생성한다. (2) 루프를 돌면서 프레임(frame)을 읽어 들인다. (3) 읽은 프레임에 적절한 연산을 수행하여 원하는 작업을 한다. (4) 작업이 끝나면 VideoCapture 객체 자원을 반납하고(release) 열려있던 모든 창을 닫는다.

예제 4.1-2 프로그램

```
cap = cv2.VideoCapture(0)

if cap.isOpened() :

    while(True):
        ret, frame = cap.read() #Capture frame-by-frame
        cv2.imshow('frame',frame)  #동영상 출력

        #'q'입력시 종료, waitKey()로 재생속도 조절
        if cv2.waitKey(2) & 0xFF == ord('q'):
            break

else :
    print('can not open camera')

cap.release()
cv2.destroyAllWindows()
```

(예제 4.1-2) 프로그램에서 cv2.VideoCapture() 생성자 함수는 VideoCapture 객체를 생성한다. 파라미터에 동영상 파일 이름을 지정하면 동영상 파일에 저장된 프레임을 처리하고, 카메라 장치 번호를 지정하면 지정된 카메라에서 캡처된 프레임을 처리한다. 카메라 장치 번호는 0부터 시작하고 시스템에 연결된 카메라가 한 개인 경우는 장치 번호는 0이 된다. cap.IsOpened() 함수를 이용하여 파일 또는 카메라 장치 연결이 정상적으로 되어있는 지를 확인한다. 연결이 정상이 아닌 경우는 'can not open camera' 메시지를 출력하고, 정상인 경우는 while문을 수행한다.

while 루프 안에 들어가자. cap.read()는 프레임을 순차적으로 읽어 frame 변수에 반환한다. 이때 프레임이 정상적으로 읽혀지는 경우에는 ret 값은 True, 아니면 False 값을 갖는다. 읽혀진 frame을 imshow() 함수를 사용하여 화면에 출력한다. 다음에 나오는 if문은 사용자가 키보드에서 'q' 키를 입력하면 break문을 수행하여 프로그램 수행을 종료한다. if문의 조건을 좀 더 자세히 살펴보자. cv2.waitKey(2) 함수는 2/1000 초 동안 키 입력을 대기하며 입력된 키의 아스

키코드 값을 반환한다. 이 시간 동안에 입력이 없으면 '-1'을 반환한다. 즉 한 프레임을 읽고 다음 작업을 하기까지 2/1000 초 대기하는 효과를 갖는다. 0xff를 2진수로 변환하면 '11111111'이다. 이 숫자를 waitKey(2)가 반환하는 값과 비트 단위 AND 연산을 한다. waitKey() 함수는 32 비트 정수를 반환하고 아스키코드 값은 8 비트 정수로 표현되기 때문에 32 비트 정수의 하위 8 비트를 제외한 모든 비트를 0으로 셋팅하기 위해 0xff와 비트 단위 AND 연산을 수행한다. AND 연산을 수행한 값이 ord('q') 값과 같으면 if문의 조건은 참이 된다. ord('q') 함수는 문자 'q'의 아스키코드 값을 반환한다. 종합하면 사용자가 'q' 키를 입력하면 즉시 프로그램을 종료하고, 아니면 2/1000 초 대기한 후 while문이 반복된다. 마지막으로 cap.release() 함수가 자원을 반납하고, cv2.destroyAllWindows() 함수가 열려있던 모든 창을 닫는다.

영상 또는 동영상을 파일에 저장하는 작업 역시 OpenCV 함수를 사용하여 간단히 수행할 수 있다. (예제 4.1-3) 프로그램은 칼라 영상을 입력 받아 칼라의 순서를 바꾸어 출력하고, 순서가 바뀐 칼라 영상 데이터를 파일로 저장하는 예를 보여준다.

예제 4.1-3 프로그램

```
import cv2

# rgb 순서로 저장된 lena를 읽어 bgr 순서로 결합된 칼라영상 데이터 생성
img = cv2.imread('lena.jpg', 1)
b,g,r = cv2.split(img) # img 칼라영상 데이터를 b, g, r로 분리
img1 = cv2.merge([r,g,b])  # rgb 순서로 결합된 칼라영상 데이터 생성

# img 데이터의 채널1을 b, 채널2를 g, 채널3을 r로 간주하여 영상출력
cv2.imshow('lena', img)

# img1의 경우 채널1의 r을 b로 읽어들임
cv2.imshow('order-reversed lena', img1)

# bgr 순서로 저장된 BGRlena 파일 생성
cv2.imwrite('BGRlena.jpg', img1)
# img2 데이터의 채널1은 r, 채널2는 g, 채널3은 b 저장
img2 = cv2.imread('BGRlena.jpg', 1)
#채널1을 b, 채널2를 g, 채널3을 r로 간주하여 영상출력
```

```
cv2.imshow('BGRlena', img2)

cv2.waitKey(0)
cv2.destroyAllWindows()
```

(예제 4.1-3) 프로그램에서 먼저 lena.jpg 영상을 읽어 메모리 내의 img 배열에 저장한다. lena.jpg 영상의 각 화소는 RGB 순서로 칼라 값을 갖고 있다. OpenCV imread() 함수는 RGB 순서의 칼라 영상을 읽어 배열에 값을 할당할 때 BGR 순서로 할당한다. 즉 img 배열의 각 원소는 B 값 8 비트, G 값 8 비트, 그리고 R 값 8 비트 순서로 구성된다. OpenCV imshow() 함수는 메모리 내의 배열을 화면에 보여주고, imwrite() 함수는 메모리 내의 배열을 파일로 저장한다. 이 함수들은 메모리 내의 배열의 각 원소가 BGR 순서로 구성된 칼라 값을 갖고 있다고 가정한다. 이러한 이유 때문에 img 배열의 출력 결과와 img1 배열의 출력 결과가 전혀 다른 색감을 보인다.

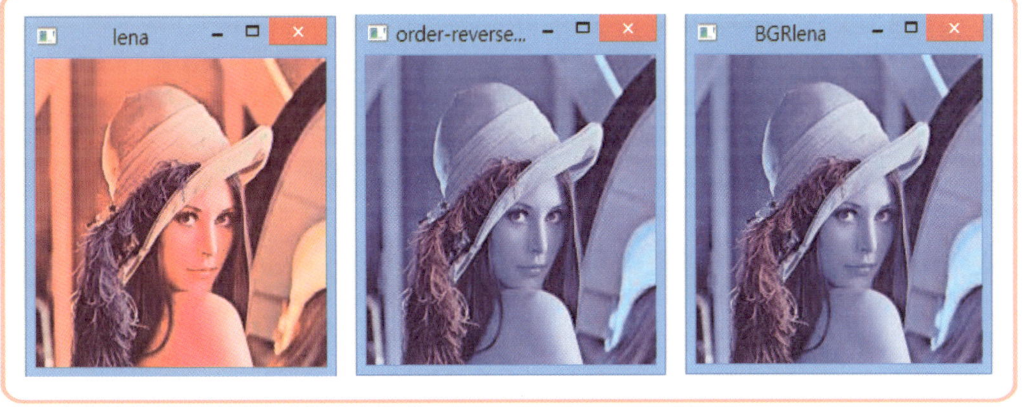

그림 4.1-2 (예제 4.1-3) 프로그램 출력 결과

(예제 4.1-3) 프로그램 내부를 좀 더 자세히 분석하자. cv2.split() 함수는 img 배열을 각 원소의 칼라 값 순서대로 b 배열, g 배열, 그리고 r 배열로 분리한다. cv2.merge() 함수는 분리된 3개의 배열을 하나의 배열 img1으로 통합한다. 통합된 img1 배열의 각 원소은 이제 r, g, b 순서의 칼라 값을 갖는다. 따라서 imshow() 함수가 img1을 출력할 때 실제는 r 값인데 이를 b 값으로 간주하고, b 값을 r 값으로 간주하여 처리한다. cv2.imwrite() 함수는 배열 데이터를 파일로 저장

한다. img1을 BGRlena.jpg로 저장하면, 저장된 파일의 각 화소는 b, g, r 순서로 칼라 값을 갖는다. 이러한 이유 때문에 이 파일을 읽어 화면에 출력하면 (그림 4.1-2))와 같은 결과를 갖는다.

카메라로 캡쳐된 동영상을 파일로 저장하는 문제 역시 OpenCV 함수를 사용하면 쉽게 해결할 수 있다. 먼저 동영상의 특정 프레임을 파일로 저장하는 경우는 cv2.imwrite() 함수를 사용한다. (예제 4.1-4) 프로그램에서 cv2.VideoCapture() 생성자 함수가 cap 객체를 생성한다. isOpened() 함수를 호출하여 카메라가 정상적으로 연결되었는지를 확인한다. read() 함수가 읽은 프레임을 imshow() 함수가 화면에 출력한다. if문의 조건이 충족되는 경우 프레임을 camera-shot.jpg 파일에 출력하고 프로그램을 종료한다. if문의 조건을 좀 더 자세히 살펴보자. waitKey(1) 함수는 1/1000 초를 대기하면서 키보드에서 입력되는 키의 아스키코드 값을 반환한다. 만약 1/000 초가 지나도록 키가 입력되지 않으면 -1을 반환한다. if문의 조건은 -1을 반환하지 않는 경우에 참이 된다. 즉 사용자가 1/000 초 대기시간 안에 아무 키나 입력하면 해당 프레임을 파일에 저장하고 프로그램을 종료한다. 키가 입력되지 않으며 단지 다음 프레임의 출력이 1/000 초 지연되는 효과를 갖는다.

예제 4.1-4 프로그램

```
import cv2

cap = cv2.VideoCapture(0)

if cap.isOpened() :
    while True :
        ret, frame = cap.read()
        if ret :
            cv2.imshow('camera', frame)
            if cv2.waitKey(1) != -1 :
                cv2.imwrite('camera-shot.jpg', frame)
                break
        else :
            print('no frame')
            break
```

```
else :
    print('no camera')

cap.release()
cv2.destroyAllWindows()
```

동영상 전체를 저장하는 경우는 cv2.VideoWriter() 객체를 생성할 때 동영상 인코딩 형식 등을 지정해 주어야 한다. (예제 4.1-5) 프로그램에서 사용된 cv2.VideoWriter() 생성자 함수의 첫 번째 파라미터는 동영상을 저장할 파일 이름, 두 번째 매개변수는 동영상 인코딩을 수행할 코덱 정보, 세 번째 매개변수는 초당 저장될 프레임 수, 네 번째 매개변수는 프레임의 (가로, 세로) 크기를 나타낸다. 세 번째 파라미터 fourcc는 Four Character Code를 의미하며, 말 그대로 데이터 포맷을 지정하는 즉 비디오 코덱 정보를 나타내는 연속된 4개의 문자를 의미한다. 예제 프로그램에서는 cv2.VideoWriter_fourcc() 함수에 4개의 인코딩 포맷 문자 'D', 'I', 'V', 'X'를 전달하여 윈도우 환경에서 지원되는 디빅스(DIVX) 코덱을 사용하도록 한다. 이러한 내용을 갖는 객체 out이 생성된다.

(예제 4.1-5) 프로그램의 while 반복문 내부를 살펴보자. cap.read() 함수가 읽어온 프레임을 cv2.flip() 함수가 상하 반전 연산을 수행한다. out.write() 함수가 반전된 프레임을 지정된 파일(output.avi)에 저장하고, cv2.imshow() 함수는 화면에 출력한다. 이러한 일련의 작업은 사용자가 문자 'q'를 입력하면 종료된다. 마지막으로 cap 자원과 out 자원을 반납하고 열려있던 모든 창을 닫는다.

예제 4.1-5 프로그램

```
cap = cv2.VideoCapture(0)

fourcc = cv2.VideoWriter_fourcc('D','I','V','X')
out = cv2.VideoWriter('output.avi',fourcc,25.0,(640,480))

while(cap.isOpened()) :
    ret, frame = cap.read()
    if ret :
```

```
        # 이미지 반전, 0:상하, 1:좌우
        frame = cv2.flip(frame, 0)
        out.write(frame)
        cv2.imshow('flipped camera', frame)
        if cv2.waitKey(1)&0xff == ord('q') :
            break
    else :
        break

cap.release()
out.release()
cv2.destroyAllWindows()
```

4.2 넘파이 배열

넘파이(Numpy)는 숫자 데이터를 다루는 매우 강력한 파이썬 라이브러리이다. Nympy는 Numerical Python의 약자이다. 넘파이의 핵심적인 객체는 다차원 배열이다. 파이썬의 리스트는 다양한 형태의 자료형을 저장할 수 있어 활용도가 높지만, 처리 속도가 느리고 다양한 연산 기능이 부족한 단점이 있다. 이러한 이유 때문에 많은 연구 개발자들은 넘파이의 배열을 선호한다. 컴퓨터 비전 및 머신 러닝 분야의 프로젝트 수행을 위해서는 넘파이에 대한 이해가 필수적이다. 이유는 OpenCV 함수들이 다루는 영상이 넘파이 배열로 표현되고, 데이터 분석 패키지인 판다스(Pandas), 머신 러닝을 위한 사이킷런(scikit-learn), 텐서프로우(tensorflow) 등이 넘파이 위에서 동작하기 때문이다. 파이썬에서 넘파이를 사용할 때는 numpy 모듈을 import하고 as 키워드를 사용하여 np라는 별칭을 지정한다.

OpenCV 영상

OpenCV에서 영상을 읽어 들이는 cv2.imread() 함수는 넘파이 배열을 반환한다. OpenCV-Python의 초기 버전에서는 독자적인 자료형으로 영상을 표현했지만, OpenCV-Python 버전 2.0 부터는 영상을 넘파이 다차원 배열(ndarray)로 표현한다. (예제 4.2-1) 프로그램에서 읽어 들인 영상의 속성을 자세히 살펴보자.

예제 4.2-1 프로그램

```
import cv2

image = cv2.imread('lena.jpg', 1)

print(type(image))
print(image.dtype)
print(image.shape)
```

```
<class 'numpy.ndarray'>
uint8
(225, 225, 3)
```

(예제 4.2-1) 프로그램에서 사용된 image 객체의 타입(type)은 넘파이가 제공하는 다차원 배열(ndarray)임을 확인할 수 있다. 배열 원소의 데이터 타입(dtype)은 부호 없는 8 비트 정수(uint8)다. 0부터 255 사이의 값을 갖는 정수다. 배열의 형태(shape)는 3차원 배열이고, 배열의 각 축(axis)은 높이, 폭, 깊이를 나타낸다. '높이 x 폭 x 깊이'가 225 x 225 x 3인 배열이다.

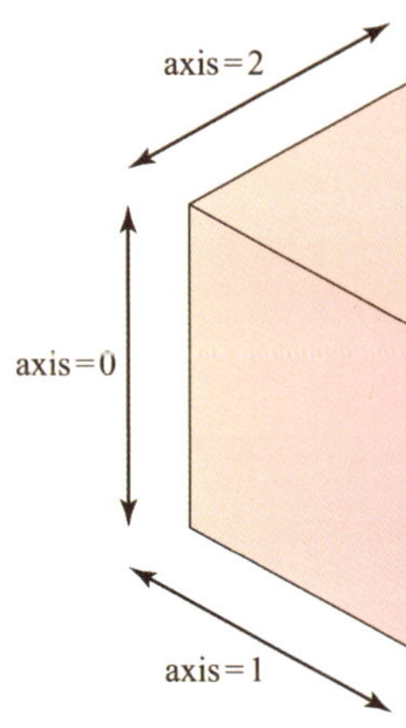

그림 4.2-1 3차원 배열의 축(axis)

배열 생성

넘파이 배열을 만드는 가장 기본적인 방법은 np.array() 함수를 이용하여 배열 원소 값을 지정하는 방법이다. np.arrange() 함수를 이용하여 연속적인 정수 값을 갖는 배열을 만들 수도 있다. 그 외에 난수를 갖는 배열을 만드는 방법, 모든 원소 값을 특정한 값으로 초기화하며 배열을 만드는 방법 등 다양한 방법이 있다. (예제 4.2-2) 프로그램에서 np.array() 함수를 이용하여 1차원 배열과 2차원 배열을 생성한 예를 보여준다. 배열 a의 원소들은 32 비트 정수 값을 갖고, 형태는 0번째 축의 크기가 4인 1차원 배열임을 알 수 있다. np.arange() 함수의 기본 형식은 다음과 같다.

```
np.arange([start=0, stop, step=1])
```

start부터 stop-1까지 step 간격을 갖는 연속적인 정수 배열을 생성한다. np.random.rand() 함수는 0에서 1 사이의 값을 갖는 난수 배열을 생성하고 np.random.randn() 함수는 평균이 0이고 분산이 1인 정규분포를 갖는 난수 배열을 생성한다. np.ones() 함수는 모든 원소가 1인 배열을 np.zeros() 함수는 모든 원소가 0 값을 갖는 배열을 생성한다.

예제 4.2-2 프로그램

```
import numpy as np

a = np.array([5,6,7,8])
b = np.array([[1,2,3,4],[5,6,7,8]])

print(a,a.dtype, a.shape)
print(b, b.shape)
```

```
[5 6 7 8] int32 (4,)
[[1 2 3 4]
 [5 6 7 8]] (2, 4)
```

```
c = np.arange(4,8)
d = np.random.rand(3)
e = np.ones([3,3])

print(c)
print(d)
print(e)
```

```
[4 5 6 7]
[0.17507245 0.2723473  0.2504392 ]
[[1. 1. 1.]
 [1. 1. 1.]
 [1. 1. 1.]]
```

브로드캐스팅 및 벡터화 연산

넘파이는 배열의 처리 속도를 높이기 위해 동일한 자료형의 원소들을 사용한다. 더불어서 브로드캐스팅(broadcasting) 및 벡터화(vectorization) 기법을 사용하여 배열 원소들에 대한 연산 처리 속도를 현저히 향상시킨다.

예제 4.2-3 프로그램

```
import numpy as np

a = np.array([100, 200, 300])
b = np.array([10,20,30])
c = a + 100
d = a + b

print(c)
print(d)
```

```
[200 300 400]
[110 220 330]
```

(예제 4.2-3) 프로그램에서 배열 a의 각 원소에 100을 더하기 위해 원소 개수만큼 반복문을 사용할 필요 없이 배열에 직접 100을 더하면 이 값이 각 원소에 전파(broadcating)되어 덧셈 작업이 수행된다. 배열 a에 배열 b를 더하는 연산 역시 두 배열의 원소 단위 덧셈을 수행할 필요 없이 벡터화(vectorization) 기법을 사용하여 동일한 연산을 대응되는 원소들에게 동시에 수행한다.

인덱싱 및 슬라이싱

파이썬의 리스트에서 사용하는 인덱싱과 슬라이싱을 그대로 넘파이 배열에 적용할 수 있다.

예제 4.2-4 프로그램

```
import numpy as np

a = np.array([1,2,3,4,5])
b = a[2:]
print(b)

c = np.array([[1,2],[3,4],[5,6]])
d = c[2][0]
print(d)
```

```
[3 4 5]
5
```

(예제 4.2-4) 프로그램에서 배열 b는 슬라이싱 연산에 의해 배열 a의 2번째 원소부터 마지막 원소까지를 포함하고, 배열 c의 2번째 행의 0번째 열에 해당되는 원소가 인덱싱 되어 변수 d의 값이 된다.

예제 4.2-5 프로그램

```
import numpy as np

a = np.array([1,2,3,4,5])
b = a > 3
a = a[ b ]

print(b)
print(a)
```

```
[False False False  True  True]
[4 5]
```

배열 인덱싱에서 조건을 만족하는 원소들만을 선택하는 문제를 살펴보자. (예제 4.2-5) 프로그램에서 a > 3 조건을 배열 a의 원소들에게 적용하여 만족하는 원소는 참(True) 값을 만족하지 못하는 원소는 거짓(False) 값을 갖는 불리언(boolean) 배열 b를 생성한다. 불리언 배열을 인덱스로 사용하여 참 값으로 인덱싱 되는 원소들만 뽑아낼 수 있다 이러한 인덱싱 기법을 논리(logical) 인덱싱이라 한다.

4.3 판다스 데이터프레임(dataframe)

판다스(pandas)는 강력한 데이터 구조를 바탕으로 데이터 조작 및 분석에 유용한 오픈 소스 파이썬 라이브러리이다. 내부적으로 넘파이를 사용하기 때문에 처리 속도가 매우 빠르다. 일반적으로 가장 많이 처리되는 데이터의 형태는 2차원 배열 즉 행열 형태이다. 넘파이는 2차원 행열을 지원하지만 각 행과 열의 속성을 나타내는 레이블을 갖고 있지 않다. 반면에 판다스는 각 행과 열에 레이블을 할당한다. 할당된 레이블을 이용하여 원하는 행과 열에 쉽게 접근할 수 있다. 파이썬에서 판다스를 사용할 때는 pandas 모듈을 import하고 as 키워드를 사용하여 pd 라는 별칭을 지정한다.

판다스 시리즈

판다스가 제공하는 시리즈(series) 클래스는 넘파이의 1차원 배열과 비슷하지만 배열의 각 원소에 의미를 부여하는 인덱스를 붙일 수 있다. 즉 시리즈는 데이터 리스트와 인덱스 리스트가 결합된 형태이다.

예제 4.3-1 프로그램

```
import pandas as pd

a = pd.Series([100, 80, 60, 50], index=['서울','부산','대구','광주'])

print(a, '\n')
print('a[0] =', a[0])
print("a['서울'] =", a['서울'])

a.name = '인구'
a.index.name = '도시'
print('\n', a)
```

```
서울    100
부산     80
대구     60
광주     50
dtype: int64

a[0] = 100
a['서울'] = 100

 도시
서울    100
부산     80
대구     60
광주     50
Name: 인구, dtype: int64
```

(예제 4.3-1) 프로그램은 판다스 시리즈를 생성하는 예를 보여준다. pd.Series() 생성자 함수에 데이터 리스트와 index 리스트를 전달하여 시리즈 객체 a를 생성한다. 시리즈를 인덱싱하는 방법은 리스트를 인덱싱하는 방법으로 할 수도 있고, 또 인덱스를 이용하여 인덱싱 할 수 있다. (예제 4.3-1) 프로그램에서 a[0] 또는 a['서울']를 사용하여 데이터 리스트의 0번째 원소에 접근한다. 시리즈 데이터에 레이블을 붙이기 위해 name 속성을 이용한다. index.name 속성을 이용하여 인덱스에도 레이블을 붙일 수 있다. (예제 4.3-2) 프로그램처럼 index 리스트를 지정하지 않고 시리즈 생성하면, 인덱스는 0부터 시작하는 정수가 된다.

예제 4.3-2 프로그램

```
import pandas as pd

a = pd.Series([100, 80, 60, 50])

print(a, '\n')
```

```
0    100
1     80
2     60
3     50
dtype: int64
```

판다스 데이터프레임

판다스가 제공하는 데이터프레임(dataframe) 클래스는 행과 열에 레이블이 붙여진 2차원 배열이다. 행에 붙여진 레이블을 인덱스(index) 라고 하고 열에 붙여진 레이블을 컬럼스(columns) 라 한다. 데이터프레임은 시리즈 데이터가 여러 개 모여 2차원 구조를 갖춘 모습이다. 즉 배열의 각 열이 시리즈 데이터에 해당된다. 데이터 프레임을 생성하는 가장 쉬운 방법은 딕셔너리 데이터를 생성한 후, 이를 데이터 프레임 생성자 함수에 전달하는 방법이다.

(예제 4.3-3) 프로그램은 데이터프레임을 생성하는 예를 보여준다. 예를 들어, pd.DataFrame() 생성자 함수에 딕셔너리 데이터 a와 인덱스 index를 전달하여 데이터프레임 객체 df를 생성한

다. print()을 통해서 각 행에 대한 인덱스와 열에 대한 레이블을 확인할 수 있다. 반면에, 데이터프레임 객체 df1은 인덱스 index를 설정하지 않고 생성한다. print()문을 통해서 보듯이, 인덱스를 설정하지 않으면 0부터 시작하는 숫자가 각 행에 붙여진다.

예제 4.3-3 프로그램

```
import pandas as pd

a = {'name':['kim','lee','park','choi'], 'grade':['A','B','C','A']}
index = ['001','002','003','004']

df = pd.DataFrame(a, index)
df1 = pd.DataFrame(a)

print(df,'\n')
print(df1,'\n')
```

```
    name  grade
001  kim    A
002  lee    B
003 park    C
004 choi    A

  name  grade
0  kim    A
1  lee    B
2 park    C
3 choi    A
```

데이터프레임에서는 행과 열에 붙인 레이블이 매우 유용하게 사용된다. 이러한 이유에서, 행에 붙은 레이블을 나타내는 객체 index와 열에 붙인 레이블을 나타내는 객체 columns를 정의하여 사용한다. (예제 4.3-4) 프로그램에서 df.index 객체는 각 행에 붙은 레이블을 나타내는 객체이고, df.columns 객체는 각 열에 붙은 레이블을 나타내는 객체이다. print()문에서 보듯이, index와 columns 객체를 이용하여 행과 열의 레이블을 검색할 수 있다.

예제 4.3-4 프로그램

```
import pandas as pd
a = {'name':['kim','lee','park','choi'], 'grade':['A','B','C','A']}
index = ['001','002','003','004']

df = pd.DataFrame(a, index)


print(df.index)
print(df.columns,'\n')
print(df.index[0], df.columns[1])
```

```
Index(['001', '002', '003', '004'], dtype='object')
Index(['name', 'grade'], dtype='object')

001 grade
```

(예제 4.3-5) 프로그램은 행과 열에 붙은 레이블을 이용하여 데이터 검색하는 예를 보여준다. 예를 들어, df['grade'] 명령문은 레이블 'grade'를 사용하여 특정 열에 대한 시리즈 데이터를 검색한다. df['grade]['001'] 명령문은 데이터프레임 df의 'grade' 열과 '001' 행에 있는 데이터를 검색한다. 마찬가지로 df.values[0,1] 명령문은 데이터프레임 df의 0번째 열과 1번째 행의 데이터를 검색한다. 특정 조건을 만족하는 데이터를 검색하기 위해서 df 객체의 loc 메소드를 사용한다. loc 메소드의 첫 번째 파라미터에 주어진 조건을 만족하는 데이터를 두 번째 파라미터에 전달된 열에서 검색한다. df.loc[df['grade']=='A']['name'] 명령문은 'grade'가 'A'인 조건을 만족하는 데이터를 'name' 시리즈에서 검색한다.

예제 4.3-5 프로그램

```
import pandas as pd
a = {'name':['kim','lee','park','choi'],
     'grade':['A','B','C','A']}
index = ['001','002','003','004']
df = pd.DataFrame(a, index)
```

```
print('특정 열만 선택:')
print(df['grade'],'\n')

print('특정 열과 특정 행 선택:')
print(df['grade']['001'])
print(df.values[0][1],'\n')

print('특정 열에서 조건을 만족하는 데이터 선택:')
print(df.loc[df['grade']=='A', ['name']])
```

```
특정 열만 선택:
001    A
002    B
003    C
004    A
Name: grade, dtype: object

특정 열과 특정 행 선택:
A
A

특정 열에서 조건을 만족하는 데이터 선택:
001     kim
004    choi
Name: name, dtype: object
```

CSV 파일 읽기

판다스 데이터프레임은 직접 생성하여 사용하기 보다는 cvs와 같은 외부 파일에서 가져와 사용하는 경우가 더 많다. 이를 위해 판다스는 read_csv() 함수를 제공한다. csv 파일에서 데이터를 읽어 적절한 처리를 수행하는 예를 살펴보다. 먼저, excel을 사용하여 (그림 4.3-1)와 같은 문서를 만들고 저장을 example.csv (comma separated values) 파일로 저장한다. 이 파일은 4개의 열을 갖고 있고, 각 열의 이름이 주어졌다. 이 csv 파일이 데이터프레임이 되기 위해서는 각 행은 같은 구조를 가져야 하고, 각 열은 동일한 자료형을 가져야 한다.

A1 ▾ fx ID

	A	B	C	D	E
1	ID	NAME	AGE	HEIGHT	
2	1	KIM	26	180	
3	2	LEE	25	175	
4	3	PARK	37	165	
5	4	CHOI	19	185	
6	5	CHA	44	169	
7	6	JUNG	21	178	
8					

그림 4.3-1 example.csv

(예제 4.3-6) 프로그램은 example.csv 파일을 읽어 데이터프레임 객체 df를 만든다. print()문을 사용하여 df 객체를 출력하면 example.csv 파일에 있는 내용이 잘 읽혀졌음을 확인할 수 있다. 객체 a는 객체 df에서 'NAME'과 'HEIGHT' 레이블을 갖는 열로 만들어진 객체이고, 객체 b는 객체 df에서 처음 2개의 행으로 만들어진 객체이다. print()문 출력 결과가 이를 보여준다. 슬라이싱 연산을 사용하여 객체 df의 2번째 3번째 행을 추출하여 객체 c를 생성하고, 객체 df에서 'AGE' > 30 조건을 만족하는 데이터의 'ID'와 'NAME'을 검색하여 객체 d를 생성한 결과 역시 print()문 통해 확인할 수 있다.

예제 4.3-6 프로그램

```
import pandas as pd

df = pd.read_csv('example.csv')

a = df[['NAME','HEIGHT']]
b = df.head(2)
c = df[2:4]
```

```python
d = df.loc[df['AGE'] > 30,['ID','NAME']]

print(df,'\n')
print(a,'\n')
print(b,'\n')
print(c,'\n')
print(d,'\n')
```

```
   ID  NAME  AGE  HEIGHT
0   1   KIM   26     180
1   2   LEE   25     175
2   3  PARK   37     165
3   4  CHOI   19     185
4   5   CHA   44     169
5   6  JUNG   21     178

   NAME  HEIGHT
0   KIM     180
1   LEE     175
2  PARK     165
3  CHOI     185
4   CHA     169
5  JUNG     178

   ID NAME  AGE  HEIGHT
0   1  KIM   26     180
1   2  LEE   25     175

   ID  NAME  AGE  HEIGHT
2   3  PARK   37     165
3   4  CHOI   19     185

   ID  NAME
2   3  PARK
4   5   CHA
```

4.4 맷플롯립(matplotlib)

맷플롯립(matplotlib)은 데이터 시각화를 위한 오픈소스 파이썬 모듈이다. 이 모듈을 이용하면 영상, 도표, 차트 등을 손쉽게 그릴 수 있다. 특히 여러 장의 영상 및 도표를 한 화면에 원하는 형태로 정렬하여 그릴 수 있다. 이 모듈을 이용하기 위해서는 아나콘다 명령 프롬프드를 실행하여 'pip install matplotlib' 명령어를 입력하여 모듈 설치를 수행한다. 파이썬에서 맷플롯립을 사용할 때는 matplotlib.pyplot 모듈을 import하고 as 키워드를 사용하여 plt라는 별칭을 지정한다.

영상 출력

한 화면에 여러 영상을 출력하는 문제를 생각하자. 이를 위해 plt.subplot() 함수를 사용한다. plt.subplot(p1,p2,p3) 함수는 p1개의 행과 p2개의 열로 한 화면을 나누고, 나누어진 각 구간에 하나의 영상을 출력한다. 총 p1xp2개의 영상을 출력한다. 세 번째 파라미터 p3는 현재 구간이 몇 번째 구간인지를 알려준다.

예제 4.4-1 프로그램

```
import cv2
import matplotlib.pyplot as plt

img1 = cv2.imread('lena.jpg')
img2 = cv2.imread('chessboard.jpg')
img3 = cv2.imread('sample.jpg')

plt.figure(figsize =(5,5))
plt.subplot(2,2,1)

plt.imshow(img1)
plt.xticks([]), plt.yticks([])

plt.subplot(2,2,2)
plt.imshow(img2)
plt.xticks([]), plt.yticks([])
```

```
plt.subplot(2,2,3)
plt.imshow(img3)
plt.xticks([]), plt.yticks([])

plt.show()
```

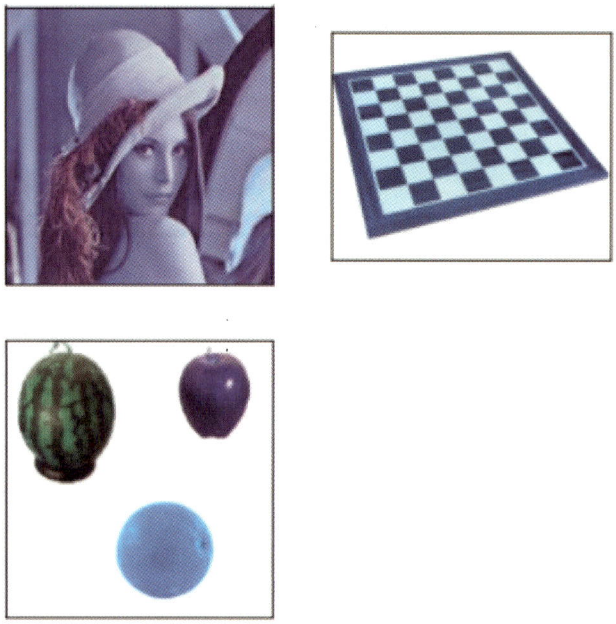

(예제 4.4-1) 프로그램은 화면을 4개의 구간으로 나누어 3개의 영상을 출력하는 프로그램이다. 이 프로그램에서 plt.xticks() 함수와 plt.yticks() 함수는 x-축 그리고 y-축 눈금을 표시하는 함수이다. plt.imshow() 함수를 이용하여 영상을 출력할 때 주의할 점은 칼라 채널 순서이다. cv2.imread() 함수는 칼라영상 파일을 읽어서 칼라영상 데이터 객체 imgx에 b, g, r 순서로 저장한다. 반면에 plt.imshow() 함수는 출력할 칼라영상 데이터가 r, g, b 순서로 저장되어 있다고 생각한다. 이러한 이유 때문에 (예제 4.4-1) 프로그램에서 출력된 영상의 색상이 어색하게 보인다. (예제 4.4-2) 프로그램에서는 영상 데이터 객체 imgx의 칼라 채널 순서를 b, g, r에서 r, g, b로 바꾸었다. 출력된 영상을 보면 칼라가 예상했던 대로 출력됨을 확인할 수 있다.

예제 4.4-2 프로그램

```
import cv2
import matplotlib.pyplot as plt

img1 = cv2.imread('lena.jpg')
img2 = cv2.imread('chessboard.jpg')

b,g,r = cv2.split(img1)
img1 = cv2.merge([r,g,b])
b,g,r = cv2.split(img2)
img2 = cv2.merge([r,g,b])

plt.figure(figsize =(5,2.5))

plt.subplot(1,2,1)
plt.imshow(img1)
plt.xticks([]), plt.yticks([])

plt.subplot(1,2,2)
plt.imshow(img2)
plt.xticks([]), plt.yticks([])

plt.show()
```

그래프 출력

그래프를 그리는 가장 쉬운 방법은 plt.plot 함수를 사용하는 방법이다. plt.plot 함수는 x 축을 독립 변수로 그리고 y 축을 종속 변수로 하여 그래프를 생성한다. x 값은 없고 y 값만 주어지는 경우는 y 값의 인덱스를 x 값으로 간주한다. (예제 4.4-3) 프로그램은 3개의 그래프를 생성한다. 그림의 전체 크기를 가로=9, 세로=3로 설정하고, 각 그래프의 가로:세로 비율을 1:1 정도로 한다. 첫 번째 그래프는 plt.plot() 함수에 y축 값만 전달하여 생성한다. 즉, y 값의 인덱스를 x축 값으로 사용한다. 두 번째 플롯은 두 개의 그래프를 동시에 생성하고, x축 레이블과 y축 레이블을 추가한다. 세 번째 플롯은 plt.bar() 함수를 사용하여 막대그래프를 생성한다.

예제 4.4-2 프로그램

```
import matplotlib.pyplot as plt
import numpy as np

y1 = np.array([2, 3.5, 1, 6, 3, 9])

x = ['Mon','Tue','Wed','Thur','Fri','Sat','Sun']
y2 = [10, 12, 11, 13.5, 17, 15.5, 16.7]
y3 = [21, 19.5, 23, 24, 15, 17.5, 24]

plt.figure(figsize=(9,3))

plt.subplot(1,3,1)
plt.plot(y1)

plt.subplot(1,3,2)
plt.plot(x,y2,x,y3)
plt.xlabel('day')
plt.ylabel('temperature')

plt.subplot(1,3,3)
plt.bar(x,y3)

plt.show
```

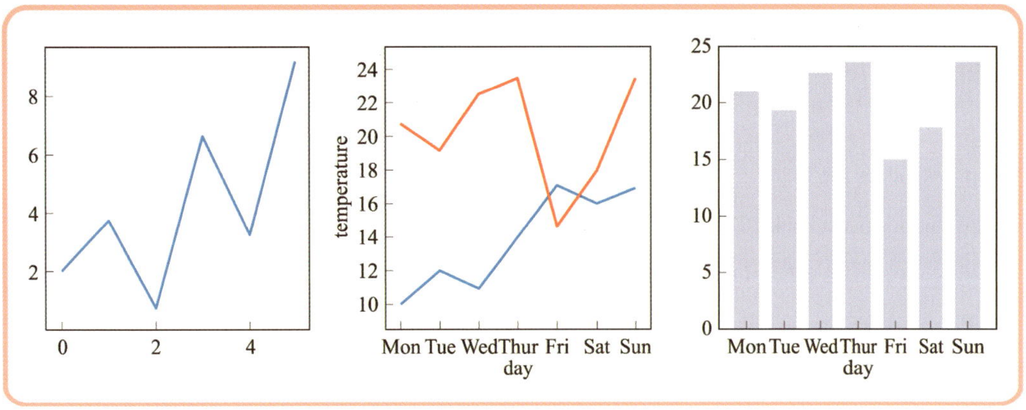
temperature
Mon Tue Wed Thur Fri Sat Sun
day

참고문헌

- https://wikidocs.net/14569
- https://wikidocs.net/book/5011
- 이세우, 파이썬으로 만드는 OpenCV 프로젝트, 프로그래밍인사이트, 2019
- 천인국, 파이썬 EXpress, 생능출판, 2020

CHAPTER 05

커널 기반 영상처리

5.1 회선 연산

영상처리는 새로운 영상을 얻기 위해 또는 영상에서 특징을 추출하기 위해 영상에 특정한 연산을 적용하는 과정이다. 영상에 적용되는 연산의 유형은 크게 세가지 유형으로 분류될 수 있는데, 첫째 각 화소의 값에 특정 값을 더하거나 빼는 또는 각 화소의 값을 특정 값과 비교하여 다른 값으로 치환하는 화소 단위의 연산, 둘째 각 화소를 중심으로 하는 일정 영역(작은 영역) 안에 포함된 화소 값들을 종합하여 중심 화소 값을 다른 값으로 치환하는 영역 단위 연산, 세째 한 영상과 다른 영상을 더하거나 빼는 등 영상 단위로 수행되는 연산이다. 본 절에서는 영역 단위의 연산으로서 특정 화소를 중심으로 하는 작은 영역 안에 포함된 화소들에 가중치를 곱한 값들의 합으로 중심 화소의 값을 치환하는 회선 연산에 대하여 살펴본다.

(그림 5.1-1)은 회선 연산에 대한 개념을 잘 보여준다. 회선 마스크의 중심을 입력 영상의 각 화소에 위치시킨다. 마스크 안에 포함된 화소 값과 회선 마스크의 가중치를 곱한 후, 곱해진 값들을 더하여 이를 중심 위치의 화소 출력값으로 한다. 회선 마스크는 회선 커널이라고도 부르며 작은 행렬의 형태로 표현된다. 회선 마스크의 크기는 통상적으로 홀수 값을 가지며 마스크의 중심을 처리하고자 하는 화소에 위치시킨다. 마스크의 가중치는 다양한 값을 가질 수 있다. 어떤 가중치를 사용하는 가에 따라 회선 연산의 결과가 정해진다. 가중치의 합을 1이 되도록 정규화 하면, 처리된 영상의 평균 밝기값은 처리 전 영상의 평균 밝기값과 같게 된다. 에지 검출을 위해 사용되는 마스크의 가중치는 음수 값을 가질 수 있다. 이 경우 회선 연산의 결과 값이 음수가 될 수도 있다. 이런 경우에 회선 연산을 수행 한 후, 결과 영상의 화소값을 적절히 조절하여 각 화소가 0에서 255 사이의 값을 갖도록 하는 정규화 작업을 진행하기도 한다.

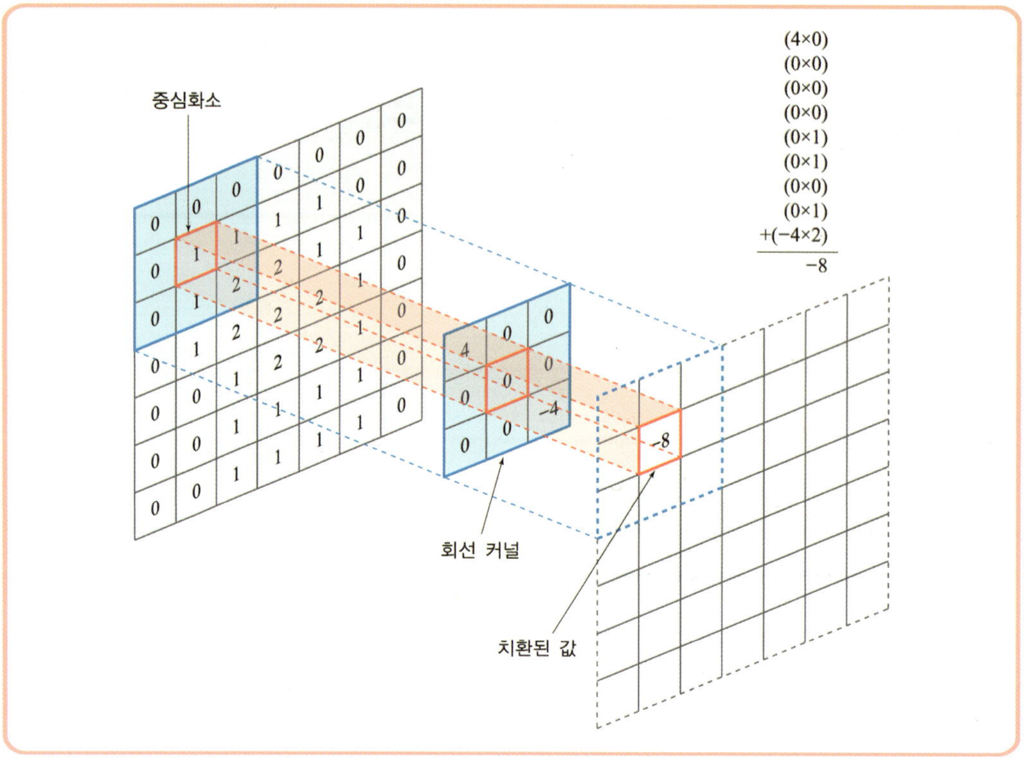

그림 5.1–1 회선 연산에 대한 개념

회선 마스크를 영상의 좌측 상단에서 출발하여 영상의 우측 하단으로 슬라이딩 방식으로 진행하며 각 화소에 대하여 회선 연산을 진행한다. (그림 5.1-2)에서처럼 영상의 경계 화소에 회선 마스크의 중심이 위치하는 경우에 마스크 안의 일부 셀들은 영상 화소와 중첩되지 않는다.

이러한 슬라이딩 방식의 회선 연산을 구현할 때 영상의 경계 화소를 어떻게 처리할 것인가 하는 문제를 해결해야 한다. 첫 번째 해결 방법은 마스크 안의 빈 셀들의 화소 값을 0으로 가정하는 방법이다. 결과 영상의 경계 화소들이 부정확한 값을 갖게 되지만, 이 방법은 구현을 단순하게 하는 장점이 있다. 두 번째 방법은 마스크가 영상과 중첩되는 첫 위치에서 회선 연산이 시작되도록 하는 방법이다. 예를 들어, 회선 마스크의 크기가 3x3인 경우 (0,0) 위치의 화소에 마스크의 중심 셀을 놓는 대신에 (1,1) 위치의 화소에서 회선 연산이 시작되도록 하는 방법이다. 이 방법은 구현이 단순하지만, 결과 영상의 크기가 줄어드는 단점이 있다. 세 번째 방법은 마스크의 빈 셀에 인접 화소값을 복사하는 방법이다.

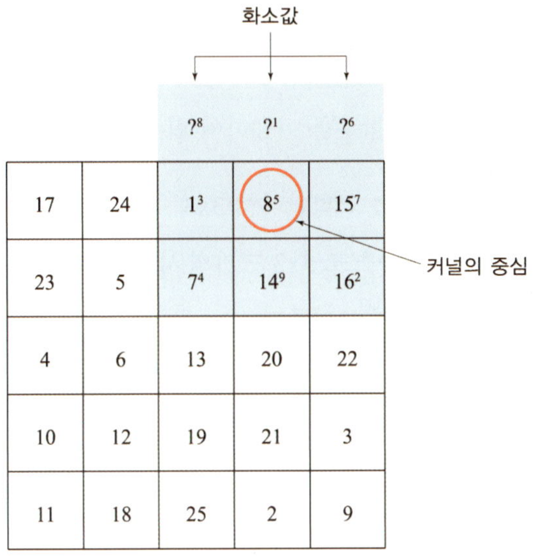

그림 5.1-2 경계 화소에 위치한 회선 윈도우

```
cv2.filter2D(src, ddpeth, kernel, borderType)
```

src: 입력 영상
ddepth: 출력 영상 데이터 타입. -1을 지정하면 입력 영상과 같은 타입의
　　　　출력 영상을 생성한다. CV_8U, CV_32F, CV_64F
kernel: 회선 마스크 행렬
borderType: 경계 화소 처리 방식

BorderTypes 상수	처리방식 설명
BORDER_CONSTANT	0 0 0 a b c d e f g h
BORDER_REPLICATE	a a a a b c d e f g h
BORDER_REFLECT	c b a a b c d e f g h
BORDER_REFLECT_101	d c b a b c d e f g h
BORDER_REFLECT101	BORDER_REFLECT_101과 같음
BORDER_DEFAULT	BORDER_REFLECT_101과 같음

회선 연산을 구현할 때 고려하여야 또 하나의 사항은 계산시간 이다. 회선 마스크의 크기가 증가함에 따라 계산 시간이 폭발적으로 증가한다. 일반적으로 3x3 크기의 마스크를 주로 사용하지만, 경우에 따라서는 5x5 또는 7x7 마스크를 사용하기도 한다. (예제 5.1-1) 프로그램은 OpenCV가 제공하는 cv2.filter2D() 함수를 이용하여 회선 연산을 수행하는 예를 보여준다.

(예제 5.1-1) 프로그램은 lena 영상을 입력받아서 3x3 크기 영역의 평균값을 구하는 마스크, 5x5 크기 영역의 평균값을 구하는 마스크, 3x3 크기의 샤프닝 마스크를 사용하여 회선 연산을 수행한다. (그림 5.1-1)은 수행 결과를 보여준다.

예제 5.1-1 프로그램

```
import cv2
import numpy as np

image = cv2.imread('lena.jpg')
img = cv2.cvtColor(image, cv2.COLOR_BGR2GRAY)

# 평균값 마스크
average1 = np.array([[1, 1, 1],[1, 1, 1], [1, 1, 1]])*(1/9)
avg1_img= cv2.filter2D(img, -1, average1)

average2 = np.array([[1, 1, 1, 1, 1],
                     [1, 1, 1, 1, 1],
                     [1, 1, 1, 1, 1],
                     [1, 1, 1, 1, 1],
                     [1, 1, 1, 1, 1]])*(1/25)
avg2_img= cv2.filter2D(img, -1, average2)

# 샤프닝 마스크
sharpening = np.array([[0, -1, 0], [-1, 5, -1], [0, -1, 0]])
sharp_img= cv2.filter2D(img, -1, sharpening)

# 결과 출력
print('입력영상 크기:', img.shape)
print('결과영상 크기:', avg1_img.shape)

cv2.imshow('input image', img)
```

```
cv2.imshow('blurred 3x3', avg1_img)
cv2.imshow('blurred 5x5', avg2_img)
cv2.imshow('sharpened', sharp_img)

cv2.waitKey(0)
cv2.destroyAllWindows()
```

그림 5.1-3 회선 연산 수행 결과

(예제 5.1-1) 프로그램에서 사용된 lena 영상의 크기는 256X256 이다. 회선 연산을 수행한 결과 영상의 크기 역시 256X256이다. 경계 화소에 대하여 회선 연산을 수행하기 위해 인접 화소 값을 사용하였다. 평균값을 구하기 위한 3X3 마스크를 사용한 결과 영상과 5X5 마스크를 사용한 결과 영상을 비교해 보면 블러링 정도의 차이를 확인할 수 있다. 또한, 회선 마스크 가중치에 따라 다양한 형태의 영상 처리 결과를 얻을 수 있음을 확인할 수 있다.

5.2 가우시안 커널

가우시안 커널을 설명하기 위해 먼저 가우시안 분포에 대해 설명한다. 가우시안 분포는 정규 분포라고도 하며 평균 근처에 모여 있는 값들의 개수가 많고 평균에서 멀어질 수로 그 개수가 줄어드는 분포를 말한다. 예를 들어, 어떤 학교에서 학생들의 키를 조사해서 평균을 구해보니 170cm 인데, 키가 170cm인 학생 수가 상대적으로 많고 170cm에서 멀어질수록 그 키에 해당되는 학생 수가 점차로 줄어든다면 학생들의 키 분포는 가우시안 분포를 갖는다고 할 수 있다. (그림 5.2-1)은 가우시안 분포를 보여준다. 봉우리 모양의 형태를 갖고 있다.

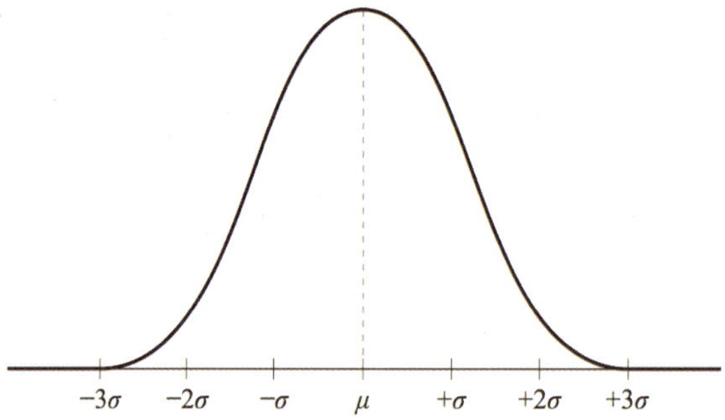

그림 5.2-1 가우시안 분포

가우시안 분포에서 평균은 μ로 표시하고 뮤라고 읽는다. 평균에서 얼마나 떨어져 있는지를 나타내는 것을 표준편차라 한다. 표준편차는 σ로 표시하고 시그마라고 읽는다. 일반적으로 (μ-2 σ, μ+2σ) 범위에 전체 데이터의 95%가 포함된다.

(그림 5.2-2)에서 보듯이 표준 편차가 크면 가우시안 분포의 봉우리가 낮아지고 그 폭이 넓어진다. 반대로 표준 편차가 작으면 가우시안 분포의 봉우리가 높아지고 폭이 좁아진다. 결국, 가우시안 분포는 평균과 표준 편차에 의해 결정됨을 확인할 수 있다. 따라서 가우시안 분포를 표시할 때 N(μ,σ)로 표시하기도 한다. 예를 들어, N(3,1)은 평균이 3이고 표준 편차가 1인 가우시안 분포를 나타낸다. 가우시안 분포를 수식으로 표현하면 (식 5.2-1)과 같다.

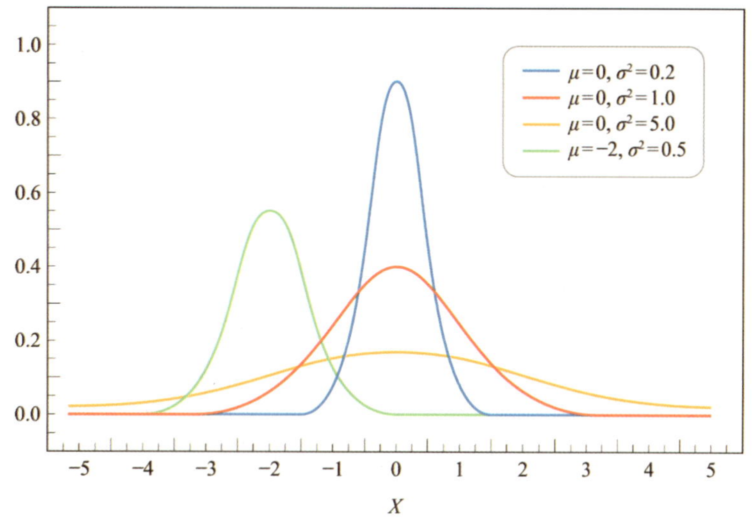

그림 5.2-2 표준변차 크기와 가우시안 분포

$$N(x;\mu,\sigma) = \frac{1}{\sqrt{2\pi\sigma^2}} exp\left(-\frac{(x-\mu)^2}{2\sigma^2}\right) \quad \text{(식 5.2-1)}$$

2차원 가우시안 분포는 변수가 2개인 경우이다. 예를 들어, 어떤 학교에서 학생들의 키와 몸무게를 조사해서 평균을 구해보니 키 평균은 170cm이고 몸무게 평균은 60kg인데, 키가 170cm이고 몸무게가 60kg 학생 수가 상대적으로 많고 170cm과 60kg에서 멀어질수록 그 키와 몸무게에 해당되는 학생 수가 점차로 줄어드는 경우에 학생들의 키와 몸무게 분포는 가우시안 분포를 갖는다고 할 수 있다. (그림 5.2-3)은 2차원 가우시안 분포를 보여준다. 종 모양의 형태를 갖는다.

2차원 가우시안 분포에서도 1차원의 경우처럼 각 차원의 평균과 표준 편차를 사용하여 가우시안 분포의 형태를 나타낼 수 있다. 즉, 종의 높이와 폭이 각 차원의 평균과 표준 편차에 의해 결정된다. 2차원 가우시안 분포를 수식으로 표현하면 (식 5.2-2)와 같다.

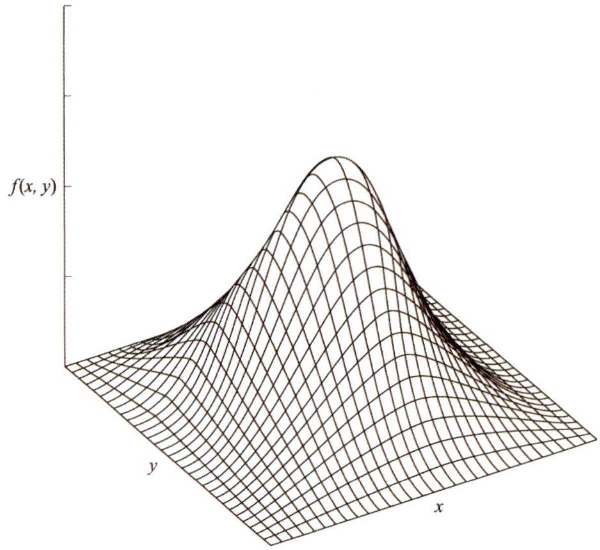

그림 5.2-3 2차원 가우시안 분포

$$N(x,y;\mu_x,\sigma_x,\mu_y,\sigma_y) = \frac{1}{\sqrt{2\pi\sigma_x^2}}\frac{1}{\sqrt{2\pi\sigma_y^2}}exp\left(-\frac{(x-\mu_x)^2}{2\sigma_x^2}-\frac{(y-\mu_y)^2}{2\sigma_y^2}\right) \quad \text{(식 5.2-2)}$$

(식 5.2-2)을 잘 살펴보면, 2차원 가우시안 분포는 각 차원의 가우시안 분포를 곱한 형태를 가짐을 확인할 수 있다. 즉, (식 5.2-2)는 (식 5.2-3)으로 표현된다.

$$N(x,y;\mu_x,\sigma_x,\mu_y,\sigma_y) = N(x;\mu_x,\sigma_x) \text{ x } N(y;\mu_y,\sigma_y) \quad \text{(식 5.2-3)}$$

가우시안 커널은 회선 마스크의 가중치가 가우시안 분포를 갖는다. 앞 절에서 살펴본 평균값을 계산하는 회선 마스크는 모든 셀이 동일한 가중치 1/n 값을 갖는 반면에, 가우시안 커널의 셀들은 서로 다른 가중치를 갖는다. 커널의 중심 셀은 상대적으로 큰 값을 갖고 중심에서 떨어진 셀들은 상대적으로 작은 가중치를 갖는다. 따라서 가우시안 커널 역시 영상을 블러링 시키는 효과, 즉 잡음을 제거하는 효과를 갖지만 동시에 에지와 같은 영역간의 경계를 좀 더 보존하는 효과도 갖는다.

가우시안 커널의 또 다른 중요한 특성은 (식 5.2-3)에 의해 만들어지는 특성이다. 2차원 가우시안안 분포가 각 차원 분포의 곱으로 정의되기 때문에, 2차언 가우시안 커널을 영상에 적용한 결과는 x 방향의 1차원 가우시안 커널을 적용한 후 y 방향 1차원 가우시안 커널을 적용한 결과와 동일하다. 즉, 2차원 커널을 적용하는 대신에 1차원 커널을 두 번 적용하여 계산 시간을 현저히 줄일 수 있다.

(예제 5.2-1) 프로그램은 OpenCV가 제공하는 cv2.getGaussianKernel() 함수를 사용하여 가우시안 커널을 생성한 후, 회선 연산을 수행하는 예를 보여준다. 이 함수는 커널 크기와 표준 편차를 전달받아 1차원 가우시안 커널을 반환한다.

```
cv2.getGaussianKernel(ksize, sigma)

ksize: 커널 크기, 홀수
sigma: 표준 편차
```

(예제 5.2-1) 프로그램에서 cv2.getGaussianKernel() 함수는 1차원 커널을 반환하므로, 반환된 커널과 자신의 전치(transpose) 커널을 곱하여 2차원 가우시안 커널을 생성한다. 표준 편차가 0.5인 경우와 표준 편차가 3.5인 경우 가우시안 분포는 현저한 차이가 있음을 확인할 수 있다. 표준 편차가 작을수록 좀 더 뾰쪽한 종 모양을 갖는다. (예제 5.2-1) 프로그램의 실행 결과를 (그림 5.2-4)가 보여준다. 큰 표준 편차를 갖는 커널로 회선 연산을 수행한 결과 영상이 좀 더 블러링된 것을 확인할 수 있다.

예제 5.2-1 프로그램

```
import cv2
import numpy as np

image = cv2.imread('lena.jpg')
img = cv2.cvtColor(image, cv2.COLOR_BGR2GRAY)

# 가우시안 커널을 사용하여 블러링
kernel1d = cv2.getGaussianKernel(3, 0.5)
kernel2d = kernel1d*kernel1d.T
print(kernel2d, '\n')
```

```
blur1= cv2.filter2D(img, -1, kernel2d)

kernel1d = cv2.getGaussianKernel(3, 3.5)
kernel2d = kernel1d*kernel1d.T
print(kernel2d,'\n')

blur2= cv2.filter2D(img, -1, kernel2d)

# 결과 출력
cv2.imshow('input imae', img)
cv2.imshow('blurred 1', blur1)
cv2.imshow('blurred 2', blur2)

cv2.waitKey(0)
cv2.destroyAllWindows()
```

```
[[0.01134374 0.08381951 0.01134374]
 [0.08381951 0.61934703 0.08381951]
 [0.01134374 0.08381951 0.01134374]]

[[0.10808824 0.11259128 0.10808824]
 [0.11259128 0.11728192 0.11259128]
 [0.10808824 0.11259128 0.10808824]]
```

그림 5.2-4 표준편차 0.5와 3.5인 가우시안 커널을 이용한 회선 연산 결과 영상

5.3 미디언 커널

미디언(median)은 중간 값을 의미한다. 각 화소를 중심으로 일정한 크기의 영역 안에 포함된 화소 값들을 오름차순 또는 내림차순으로 정렬하여 중간에 있는 값으로 중심 화소의 값을 대체하는 연산을 미디언 연산 또는 미디언 필터링이라 한다. 미디언 연산은 커널의 가중치와 화소 값을 곱하여 선형 합을 계산하는 회선 연산이 아니기 때문에 비선형 연산으로 분류된다. (그림 5.3-1)은 3x3 크기의 영역을 사용한 미디언 연산의 개념을 잘 보여 준다.

미디언 연산은 소금 후추 잡음(salt and pepper noise)을 제거하는데 매우 효과적이다. 소금은 흰색 그리고 후추는 검은색으로서 가장 큰 화소 값과 가장 작은 화소 값에 해당된다. 이처럼 주변 화소 값과 뚜렷한 차이를 보이는 잡음을 소금 후추 잡음이라 하는데, 미디언 연산은 주변 영역 안에 포함된 화소들의 중간 값만 채택하기 때문에 비록 주변 영역 안에 소금과 후추가 포함되더라도 이들이 연산 결과 값에 영향을 미치지 않기 때문이다.

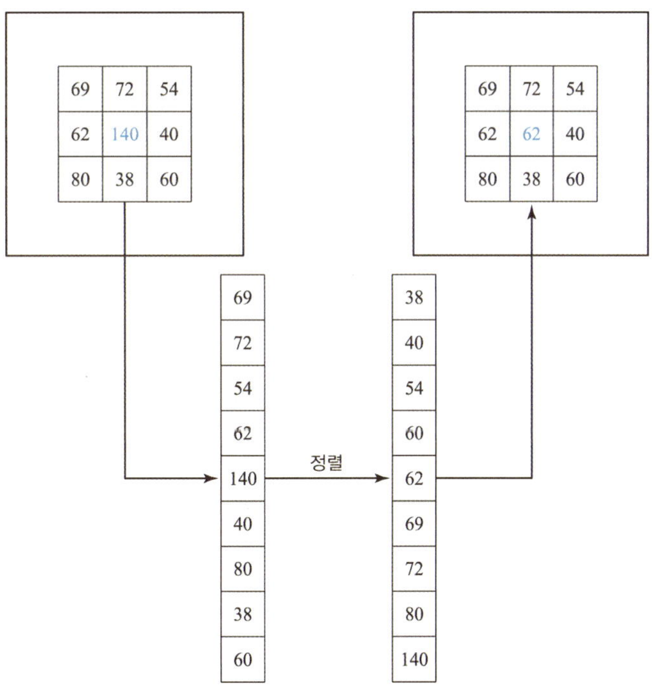

그림 5.3-1 미디언 연산 처리 과정

(예제 5.3-1) 프로그램은 OpenCV가 제공하는 cv2.medianBlur() 함수를 사용하여 소금 후추 잡음이 포함된 영상을 입력받아 미디언 연산을 수행하는 예를 보여준다. cv2.medianBlur() 함수는 입력 영상과 커널 영역 크기를 입력받아 미디언 연산이 수행된 결과 영상을 반환한다. (그림 5.3-2)는 소금 후추 잡음이 추가된 lena 영상에 대해 미디언 연산을 두 번 수행한 결과 영상을 보여준다. 대부분의 소금 후추 잡음이 제거됨을 확인할 수 있다.

예제 5.3-1 프로그램

```
import cv2
import numpy as np

img = cv2.imread("lena-salt-pepper.ppm",cv2.IMREAD_GRAYSCALE)

# 미디언 블러 적용
blur1 = cv2.medianBlur(img, 3)
blur2 = cv2.medianBlur(blur1, 3)

# 결과 출력
cv2.imshow('input', img)
cv2.imshow('median once', blur1)
cv2.imshow('median twice', blur2)

cv2.waitKey(0)
cv2.destroyAllWindows()
```

그림 5.3-2 소금 후추 잡음 추가된 영상과 미디언 연산 수행 결과 영상

5.4 영상 피라미드 및 스케일 공간

컴퓨터 비전에서 스케일은 매우 중요한 개념이다. 일반적으로 멀리 있는 물체를 볼 때는 개략적인 구조와 틀을 보지만, 가까이 있는 물체를 볼 때는 세세한 구조와 디테일한 형태를 확인하게 된다. 가까이서 세세한 부분을 보는 것은 작은 스케일로 보는 것이고, 멀리서 전체적인 구조와 틀을 보는 것을 큰 스케일로 본다고 한다. 즉 큰 스케일로 볼 때 만들어지는 영상과 작은 스케일로 볼 때 만들어지는 영상은 서로 다른 관점을 보여준다. 유사한 맥락으로 영상에서 특징을 추출할 때 어떤 스케일로 표현된 영상에서 특징을 추출하는 가에 따라 결과가 달라진다. 예를 들어, (그림 5.4-1)에서 코너를 검출하기 위해 녹색 마스크를 사용하는 경우에 큰 스케일로 만들어진 인쪽 영상에서는 코너를 찾기가 비교적 수월하지만, 작은 스케일을 가진 오른쪽 영상에서 마스크 안의 구조는 코너 보다는 완만한 곡선으로 판단될 것이다.

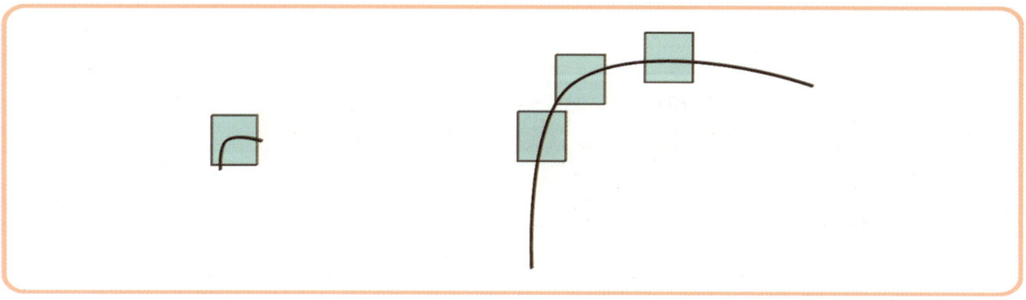

그림 5.4-1 스케일과 코너 특징

우리가 장면을 볼 때 장면의 전체적인 구조에 대한 정보도 필요하고 상황에 따라서는 세부적인 디테일한 정보도 필요한 경우가 있다. 비슷한 맥락으로 컴퓨터 비전에서 다양한 스케일로 표현된 영상을 분석하여 원하는 정보를 추론하기 위해 도입된 개념이 영상 피라미드(image pyramid)와 스케일 공간(scale space) 이다. 영상을 여러 스케일에 걸쳐서 분석하는 가장 쉬운 방법은 영상의 크기를 단계적으로 축소시켜 가면서 분석하는 방법이다. 이러한 과정을 거쳐 생성된 일련의 영상 집합을 영상 피라미드라 한다.

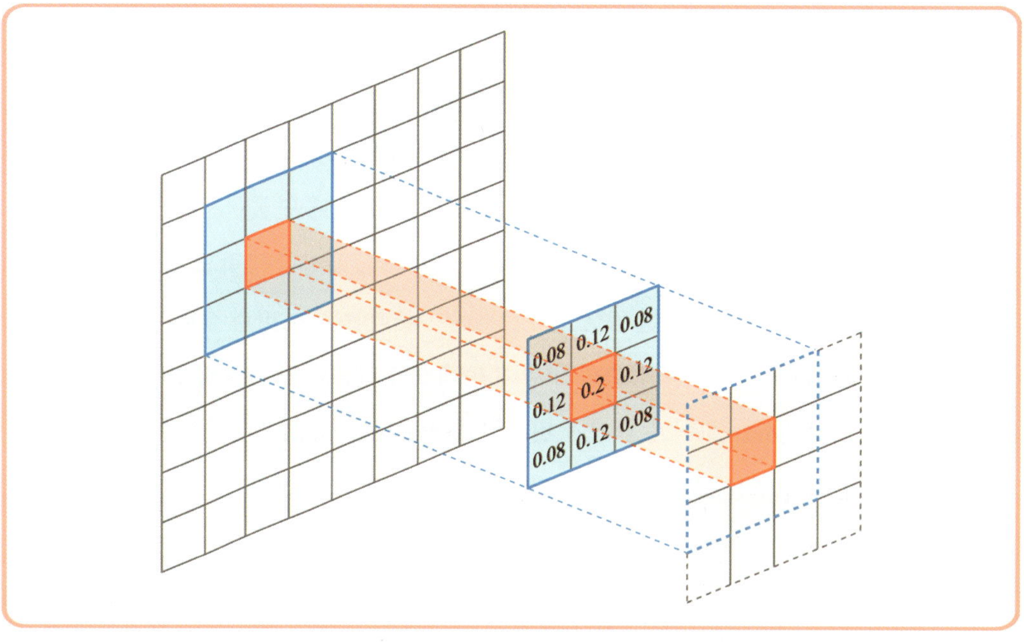

그림 5.4-2 블러링과 다운 샘플링 과정

영상 피라미드를 생성할 때 블러링(blurring)과 다운 샘플링(down sampling) 작업을 수행하여 영상 크기를 1/4 씩 줄여간다. 가우시안 피라미드를 생성할 때 블러링 과정에서 가우시안 커널을 사용하고 다운 샘플링 과정에서 블러링된 홀수 번째 화소만을 취한다. (그림 5.4-2)는 3x3 가우시안 커널을 사용하여 영상 크기를 1/4로 줄이는 일련의 과정을 보여준다.

(예제 5.4-1) 프로그램은 OpenCV가 제공하는 cv2.pyrDown() 함수를 사용하여 가우시안 피라미드를 생성하는 예를 보여준다. cv2.resize() 함수를 사용하여 입력 영상 크기를 256x256로 조정한 후, cv2.pyrDown() 함수를 두 번 사용한다. (그림 5.4-3)은 만들어진 가우시안 피라미드를 보여준다. 256x256 영상이 128x128 영상으로 그리고 64x64 영상으로 줄어들었다. 스케일은 2배 그리고 4배로 늘어나고, 공간 해상도는 점진적으로 줄어든다. 가우시안 피라미드는 축소된 영상에서 빠르게 원하는 특징이나 대상을 검출한 후에 점진적으로 원래의 스케일에서 보다 정확한 특징을 계산하고 대상을 검출하는 방식(coarse-to-fine 방식)으로 문제를 해결하는데 사용된다.

예제 5.4-1 프로그램

```
img = cv2.imread('lena.jpg')
img = cv2.resize(img, dsize=(256,256))

# 가우시안 이미지 피라미드 축소
small1 = cv2.pyrDown(img) # img x 1/4
small2 = cv2.pyrDown(small1)

# 결과 출력
print('shape of input =', img.shape)
cv2.imshow('img', img)

print('shape of small1 =', small1.shape)
cv2.imshow('pyrDown-1', small1)

print('shape of small2 =', small2.shape)
cv2.imshow('pyrDown-2', small2)

cv2.waitKey(0)
cv2.destroyAllWindows()
```

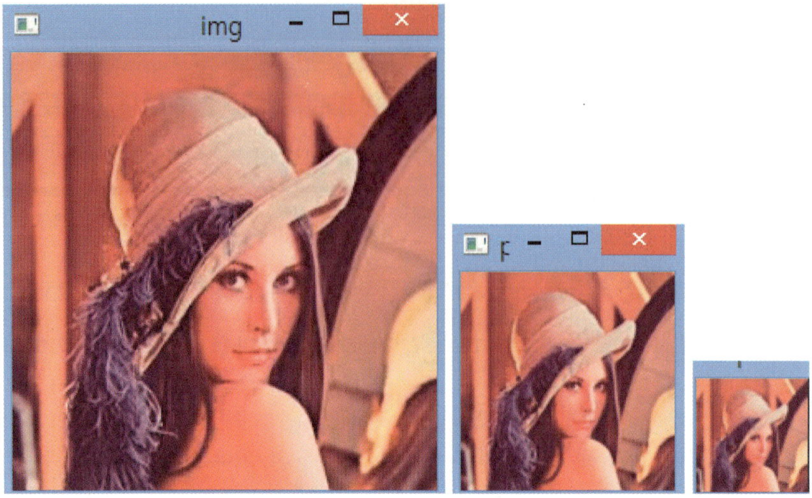


```
shape of input = (256, 256, 3)
shape of small1 = (128, 128, 3)
shape of small2 = (64, 64, 3)
```

그림 5.4-3 가우시안 피라미드

블러링과 다운 샘플링을 수행하여 영상의 크기를 줄이는 작업과는 반대로, 업 샘플링과 블러링을 수행하여 영상의 크기를 확대할 수 있다. (그림 5.4-4)는 OpenCV가 제공하는 cv2.pyrUp() 함수가 영상을 확대하는 과정을 보여준다. 업 샘플링 과정은 영상에 화소값 0을 갖는 짝수 행과 열을 삽입하는 과정이다. 영상의 크기가 4배로 확대된다. 블러링 과정은 추가된 화소들이 주변 화소 값과 유사한 값을 갖도록 하는 과정이다. 추가된 화소들을 두 가지 유형으로 분류할 수 있다. 첫 번째 유형은 대각선 4 방향에 원 화소가 존재하는 유형이다. (그림 5.4-4)에서 청색 화살표로 둘러싸인 화소들이다. 이 유형의 화소는 대각선 4 방향의 원 화소들로부터 각 화소값에 0.25배 한 값을 할당 받는다. 두 번째 유형은 원 화소가 좌우 또는 상하 방향과 비스듬한 대각선 방향들에 존재하는 경우이다. (그림 5.4-4)에서 빨강색 화살표와 녹색 화살표로 둘러싸인 화소들이다. 이 유형의 화소는 주변의 6개 원 화소들로 부터 일정 부분의 값을 할당 받는다. 녹색 화살표 방향의 원 화소들로부터 각 화소값에 0.4배 한 값과 빨강색 화살표 방향의 원 화소들로부터 각 화소값에 0.05배 한 값을 할당 받는다.

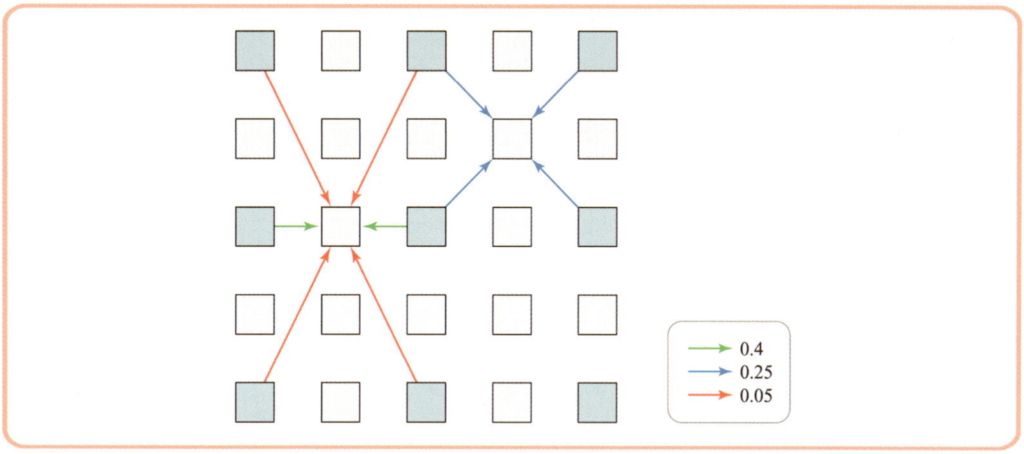

그림 5.4-4 블러링과 업 샘플링 과정

OpenCV가 제공하는 cv2.pyrUp() 함수를 사용하여 영상 크기를 확대한 후, 확대된 영상을 축소하기 전 영상과 비교하면 해상도가 많이 떨어짐을 확인할 수 있다. 이는 영상을 축소하는 과정에서 이미 블러링 작업을 수행하였고, 블러링된 영상을 확대하는 과정에서 다시 블러링하기 때문이다. 블러링 작업은 영상의 세세한 부분 즉 디테일한 부분을 파손시킨다. 파손된 디테일한 부분만을 모아 만들 영상을 라플라시안 영상(Laplacian image)이라 한다. 즉 축소하기 전 영상에서 축소 후 확대된 영상을 뺀 영상을 라플라시안 영상 또는 라플라시안 이라고 부른다.

라플라시안 피라미드는 영상을 점진적으로 확대하면서 만들어진 라플라시안 영상들의 집합이다. 라플라시안 피라미드를 만드는 과정을 정리하면 다음과 같다.

```
단계-1. 가우시안 피라미드를 만든다, (G(0), G(1), ..., G(n))
단계-2. 라플라시안 영상을 생성한다, Lap(n-1) = G(n-1) - expand(G(n))
단계-3. n = n-1, 단계-2 반복한다.
```

(예제 5.4-2) 프로그램은 OpenCV가 제공하는 cv2.pyrDown()과 cv2.pyrUp() 함수를 사용하여 라플라시안 피라미드를 만드는 과정을 보여준다. 먼저 가우시안 피라미드를 레벨-2까지 만든다, 라플라시안 레벨-2 영상은 가우시안 레벨-2와 동일하다. 라플라시안 레벨-1은 가우시안 레벨-1에서 확장된 가우시안 레벨-2를 뺀 영상이다. 같은 방법으로 라플라시안 레벨-0은 가우시안 레벨-0에서 확장된 가우시안 레벨-1을 뺀 영상이다.

예제 5.4-2 프로그램

```
import cv2
import numpy as np

img = cv2.imread('lena.jpg')
gaussian0 = cv2.resize(img, dsize=(256,256))

# 가우시안 피라미드
gaussian1 = cv2.pyrDown(gaussian0) # img x 1/4
gaussian2 = cv2.pyrDown(gaussian1)

# 라플라시안 피라미드
laplacian2 = gaussian2.copy()
laplacian1 = gaussian1 - cv2.pyrUp(gaussian2)
laplacian0 = gaussian0 - cv2.pyrUp(gaussian1)

# 확대 한 영상에 라플라시안 영상 더해서 영상 복원
restored1 = laplacian1 + cv2.pyrUp(laplacian2)
restored0 = laplacian0 + cv2.pyrUp(restored1)

# 영상 출력
cv2.imshow('Laplacian0', laplacian0)
cv2.imshow('Laplacian1', laplacian1)
cv2.imshow('Laplacian2', laplacian2)

cv2.imshow('Restored0', restored0)
cv2.imshow('Original',gaussian0)

cv2.waitKey(0)
cv2.destroyAllWindows()
```

(그림 5.4-5)는 (예제 5.4-2) 프로그램을 실행하여 만들어진 라플라시안 피라미드를 보여준다. 라플라시안은 원 영상의 디테일한 정보(고주파 성분)를 보존하고 있음을 레벨-0와 레벨-1 영상에서 확인할 수 있다. 라플라시안 피라미드는 영상 압축 및 영상 복원 등 여러 응용분야에서 활용된다. 예를 들어 가우시안 피라미드를 저장하는 대신에 라플라시안 피라미드를 저장한다.

이유는 라플라시안 피라미드를 사용하여 가우시안 피라미드를 복원할 수 있고, 따라서 원 영상을 복원할 수 있고, 가우시안 피라미드보다 훨씬 적은 양의 메로리를 사용하여 라플라시안 피라미드를 저장할 수 있기 때문이다.

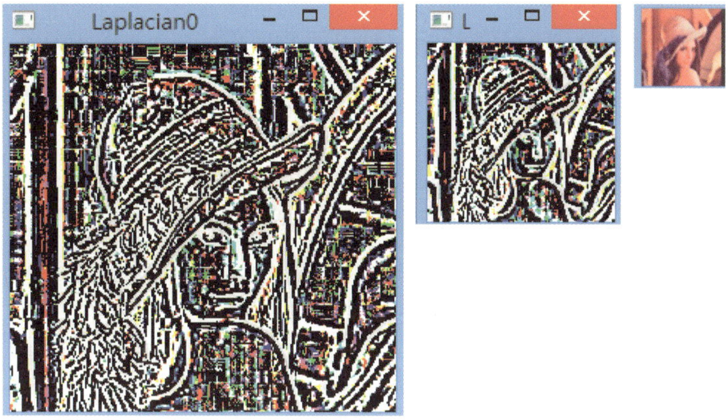

그림 5.4-5 라플라시안 피라미드

(그림 5.4-6)은 라플라시안 피라미드를 사용하여 복원된 영상과 원 영상을 보여준다. 거의 완벽하게 복원되었음을 확인할 수 있다.

그림 5.4-6 라플라시안 피라미드를 사용하여 복원된 영상

영상의 스케일을 변화시키는 방법은 영상을 확대시키거나 축소시키는 것이다. 영상이 축소되면 스케일은 커지고 영상이 확대되면 스케일은 작아진다. 스케일이 커지면 디테일한 면을 줄

어들고 스테일이 작아지면 전체적이 구조나 틀에 대한 정보가 줄어든다. 이러한 특성을 이용하여 영상을 직접 확대하거나 축소하지 않고 영상 크기는 그대로 유지하면서 스케일을 변화시키는 방법이 영상을 블러링 시키는 것이다. 영상을 블러링 시킬수록 세부적인 디테일한 부분은 사라지고 보다 큰 스케일에서의 영상의 구조와 틀을 파악할 수 있게 된다.

블러링 과정에서 원래 영상에 없던 새로운 구조가 나타난다면 이러한 현상은 바람직하지 않다. 큰 스케일에서의 영상 구조는 원래의 작은 스케일에 있던 영상 구조에 대한 단순화된 형태이어야 한다. 이러한 조건을 만족하는 커널은 가우시안 커널이 유일하다. 따라서 블러링에 가장 적합한 커널은 가우시안 커널이다. (식 5.2-1)로 정의되는 가우시안 커널은 블러링 정도를 σ 값으로 결정한다. σ가 클수록 더 블러링이 일어나고, 영상 스케일은 더 커진다. 이러한 이유에서 σ를 스케일 파라미터라 부른다. σ 값을 점진적으로 증가시키면서 블러링된 신호(영상 신호를 포함하여)들을 모아놓은 공간을 스케일 공간이라고 한다.

(그림 5.4-7)의 왼쪽 그림은 점진적으로 σ 값을 키우면서 가우시안 블러링된 파형들을 보여준다. 즉, 파형의 스케일 공간을 보여준다. σ 값이 커짐에 따라 점진적으로 큰 스케일의 구조만 남게 됨을 확인할 수 있다. 오른쪽 그림은 왼쪽 파형의 곡률(curvature)이 양에서 음으로 또는 음에서 양으로 변화는 위치(변곡점의 위치)를 보여준다. 블러링의 정도에 따라 그 위치가 변하지 않고 같은 위치를 유지하다가 사라짐을 확인할 수 있다. 가우시안 블러링에 의해 스케일이 변화더라도 파형의 기본 구조는 보존됨을 보여준다.

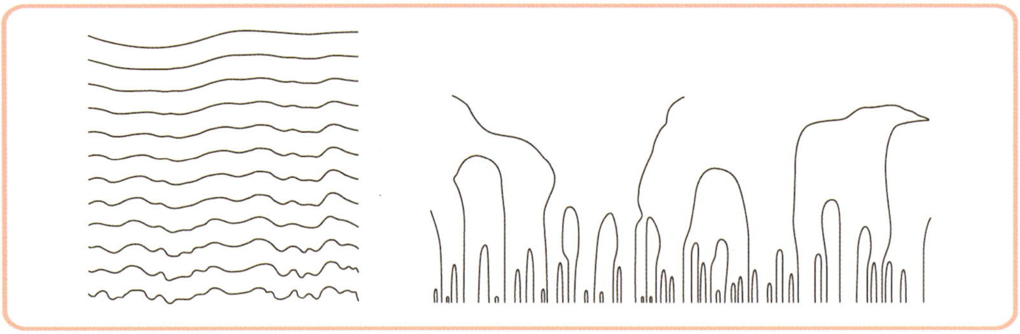

그림 5.4-7 가우시안 블러링에 따른 파형의 기본 구조

가우시안 커널은 영상의 기본 구조를 유지시키는 특성 외에도 스케일 공간 생성에 도움이 되는 매우 중요한 성질을 갖고 있다. σ 값이 작은 가우시안 커널을 중첩하여 회선 연산하면 σ 값

이 큰 가우시안 커널을 적용한 것과 동일한 효과를 갖는다.

$$\begin{aligned} g_{\sigma_1}(x,y)*\left(g_{\sigma_2}*I(x,y)\right) &= \left(g_{\sigma_1}(x,y)*g_{\sigma_2}(x,y)\right)*I(x,y) \\ &= g_{\sigma}(x,y)*I(x,y) \\ &= L(x,y,\sigma) \end{aligned}$$

$$\sigma_1^2 + \sigma_2^2 = \sigma^2 \qquad (식\ 5.4\text{-}1)$$

예를 들어, σ 값을 갖는 가우시안 커널로 블러링된 영상을 다시 같은 σ 값을 갖는 가우시안 커널로 블러링해서 만들어진 영상은 원 영상을 $\sqrt{2}\sigma$ 값을 갖는 가우시안 커널로 블러링한 것과 동일하다. 이러한 특성은 영상의 스케일 공간을 만들 때 매우 효과적으로 활용될 수 있다. 즉 같은 가우시안 커널을 반복적으로 사용하여 스케일이 큰 영상들을 순차적으로 만들 수 있다.

(예제 5.4-3) 프로그램은 σ=1.6인 가우시안 커널을 반복적으로 사용하여 스케일 공간을 만드는 과정을 보여준다. σ=1.6인 3x3 크기의 가우시안 커널 kernel2d로 lena.jpg 영상을 블러링하여 blur1 영상을 만들고, 블러링된 blur1을 같은 커널로 다시 블러링하여 $\sqrt{2}\sigma$ 커널로 블러링한 것과 동일한 결과를 만들고, 이를 다시 kernel2d로 블러링하여 2σ로 블러링한 것과 동일한 결과를 만든다. (그림 5.4-8)은 이처럼 만들어진 영상 스케일 공간을 보여준다.

예제 5.4-3 프로그램

```
import cv2
import numpy as np
import matplotlib.pyplot as plt

image = cv2.imread('lena.jpg',0)
img = cv2.resize(image, dsize=(256,256))

# 가우시안 커널로 블러링
kernel1d = cv2.getGaussianKernel(3, 1.6)
kernel2d = kernel1d*kernel1d.T

blur1 = cv2.filter2D(img, -1, kernel2d)
```

```
blur2 = cv2.filter2D(blur1, -1, kernel2d)
blur3 = cv2.filter2D(blur2, -1, kernel2d)

# 결과 출력
titles =['Original','simga1=1.6','sigma2=2.26','sigma3=3.2']
images = [img, blur1, blur2,blur3]

plt.figure(figsize=(6,6))
for i in range(4) :
    plt.subplot(2,2,i+1)
    plt.imshow(images[i],'gray') # 각 이미지 출력
    plt.title(titles[i]) # 제목 부착
    plt.xticks([])
    plt.yticks([]) # x, y축의 수치 제거
plt.show
```

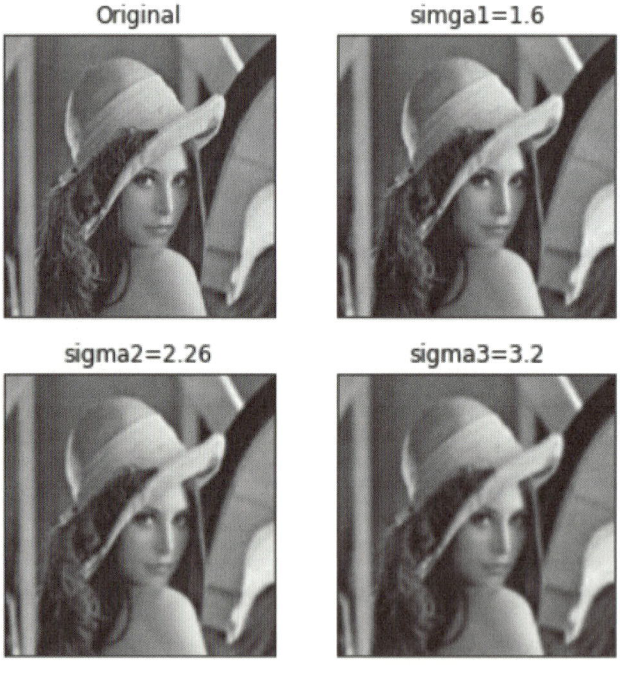

그림 5.4-8 가우시안 커널로 블로링된 스케일 공간

스케일이 2배가 되는 지점은 특별한 의미를 갖는다. 스케일을 2배로 하여 블러링을 수행한 후 다운 샘플링을 수행하여 크기를 1/4로 축소하면, 다운 샘플링에 의한 정보의 손실을 최소화하면서 해당 스케일의 구조를 유지할 수 있다. 따라서 영상 스케일 공간을 생성할 때 메모리의 효율성과 연산의 효율성을 위해서 가우시안 블러링과 다운 샘플링을 혼용하여 스케일 공간을 생성하는 것이 일반적이다. 가우시안 커널을 점진적으로 적용하여 영상의 스케일을 증가시켜 가다가 스케일이 2배가 되는 시점에서 영상의 크기를 1/4로 다운 샘플링한다. 이후 다운 샘플링된 영상에 다시 가우시안 커널을 적용해 가며 스케일을 증가시킨다. 다운 샘플링으로 영상의 크기를 줄이기 전까지 가우시안 블러링으로 만들어지는 영상들로 이루어진 공간을 옥타브(octave)라 부른다.

(그림 5.4-9)는 2개의 옥타브로 영상 스케일 공간을 생성하는 예를 보여준다. 첫 번째 옥타브에서는 아래에서부터 위로 $\sigma = 1.6, 2.26, 3.2$ 로 블러링된 256x256 영상을 보여주고, 두 번째 옥타브에서는 아래에서부터 위로 $\sigma = 3.2, 4.53, 6.4$로 블러링된 128x128 영상을 보여준다.

그림 5.4-9 가우시안 블로링과 다운 샘플링을 혼용한 스케일 공간

참고문헌

- Forsyth, Computer Vision: A Modern Approach, Pearson, 2011
- Tony Lindeberg, "Scale-space theory: A basic tool for analyzing structures at different scales," Journal of Applied Statistics, 1994
- https://docs.opencv.org/4.x/d4/d13/tutorial_py_filtering.html
- https://en.wikipedia.org/wiki/Pyramid_(image_processing)
- https://www.kaggle.com/code/nicw102168/blob-detection
- 이세우, 파이썬으로 만드는 OpenCV 프로젝트, 프로그래밍인사이트, 2019

CHAPTER 06

이진 영상

6.1 히스토그램

히스토그램은 영상의 밝기값이 어떻게 분포되어 있는가를 보여주는 그래프로 영상 분석을 위한 중요한 도구이다. 가로축은 화소 값을 나타내고 세로축은 각 화소 값의 빈도수를 나타낸다. 히스토그램을 통해 영상의 명암 대비(contrast) 및 명암 분포에 대한 정보를 얻을 수 있으며, 이러한 분석정보를 이용하여 영상개선 및 화질 향상을 위한 출발점으로 사용할 수 있다. (그림 6.1-1)은 간단한 5x5 8 비트 영상에 대한 히스토그램을 보여준다.

40	40	40	40	40
50	50	50	60	60
60	60	60	60	60
60	70	70	70	80
80	80	90	100	100

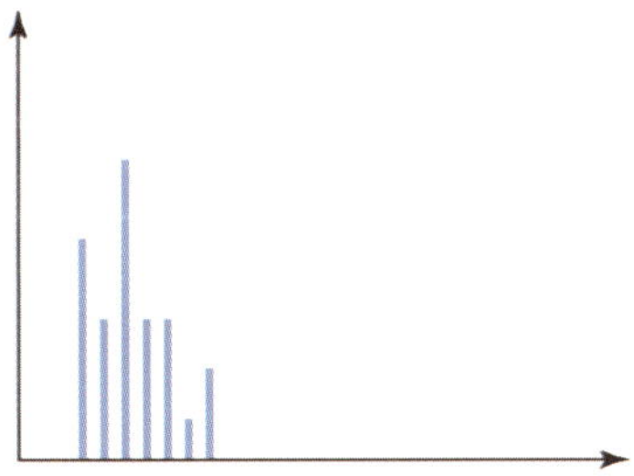

그림 6.1-1 5x5 8비트 영상에 대한 히스토그램

히스토그램을 통해 영상의 화소 값들이 어떻게 분포되어 있는지를 알 수 있다. 어두운 영상은 화소 값 분포가 왼쪽으로 편중된 히스토그램을 가지고 밝은 영상은 화소 값 분포가 오른쪽으로 편중된 히스토그램을 갖는다. 한 쪽으로 편중된 히스토그램을 갖는 영상은 낮은 명암 대비를 갖고, 반면에 비교적 균일한 히스토그램을 갖는 영상은 상대적으로 높은 명암 대비를 갖는다. 히스토그램의 조작을 통해 사람이 훨씬 알아보기 좋은 선명한 화질의 영상을 만드는 것이 가능하다. 사람의 눈은 영상의 밝기보다 명암 대비에 훨씬 민감하다는 특징을 이용하여 히스

토그램이 화소 값 전 구간에 걸쳐 고른 분포를 갖도록 하면 선명한 영상을 만들 수 있다.

히스토그램 평활화(equalization)는 영상의 명암 대비를 높이기 위해 화소 값 분포를 재분배하는 작업을 수행한다. 히스토그램 평활화의 궁극적인 목표는 균일한 분포를 갖는 히스토그램을 생성하는 것이다. 그러나 실제에 있어서 히스토그램 평활화가 완전히 균일한 분포를 갖는 히스토그램을 만들지는 못한다. 주어진 영상의 히스토그램이 봉우리(peak)와 골짜기(valley)을 갖는 경우에, 평활화 작업은 봉우리는 낮추고 골짜기를 높이는 방향으로 화소 값을 재분배하여 상대적으로 균일한 히스토그램을 생성한다. 즉 봉우리에 속하는 화소 값은 주변의 화소 값들로 재분배되어 이 부근에서는 히스토그램의 높이가 상대적으로 낮아지고, 골짜기 주변의 화소 값들은 하나의 화소 값으로 모아져서 이 부근에서는 히스토그램의 높이가 상대적으로 높아진다.

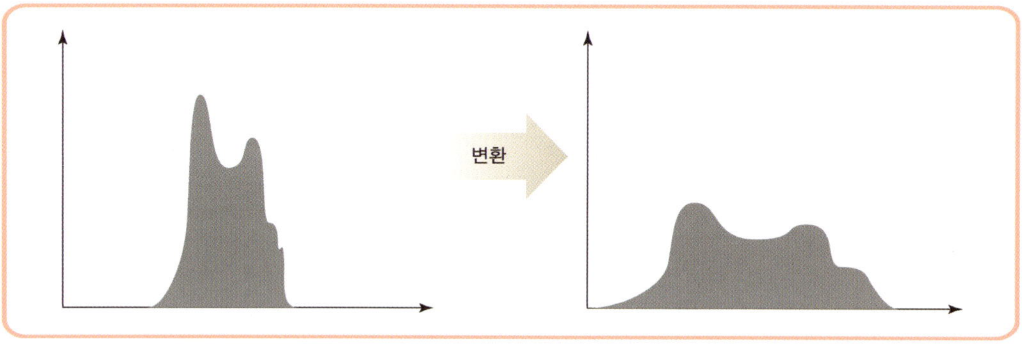

그림 6.1-2 히스토그램 평활화의 원리

히스토그램 평활화는 다음과 같은 3 단계 작업을 통해 수행된다.

(1) 영상의 히스토그램을 생성한다.
(2) 생성된 히스토그램으로 누적 히스토그램을 만들고 이를 정규화 한다.
(3) 정규화 된 화소 값으로 출력 영상을 생성한다.

(그림 6.1-3)은 (그림 6.1-1) 5x5 영상의 히스토그램을 평활화해서 새로운 출력 영상을 생성하는 과정을 보여준다. 첫 번째 단계는 영상에서 각 화소 값의 빈도수를 카운트한다. 이 단계에서는 히스토그램을 구현하기 위해 0으로 초기화된 배열을 이용할 수 있다. 화소 값이 8 비트로 표

현되는 경우, 배열의 크기는 256이 될 것이다. 영상을 읽어가면서 각 화소의 화소 값에 해당되는 배열 요소의 값을 증가시키면 된다. 두 번째 단계에서는 히스토그램의 누적 합을 저장할 또 하나의 배열이 필요하다. 즉 배열 요소 1은 히스토그램 0과 1의 누적 합을, 배열 요소 2는 히스토그램 0에서 2까지의 누적 합을, 그리고 배열 요소 255는 히스토그램 0에서 255까지 누적 합을 저장한다. 누적 합 배열의 각 요소에 상수를 곱하여 정규화 한다. 곱해질 상수는 최대 밝기 값을 전체 화소 수로 나눈 값으로서, 8 비트 5x5 영상인 경우 상수 값은 255/(5x5)가 된다. 상수를 곱하여 정규화 된 값이 정수가 되도록 반올림하거나 소수점 이하 자리를 버린다. 세 번째 단계에서는 정규화 된 배열을 룩업 테이블(look-up table)로 사용하여 영상의 화소 값을 변환한다. 즉 영상의 i-번째 화소 값을 정규화 된 배열의 i-번째 화소 값으로 치환한다.

화소값	빈도수	누적 빈도수	정규화 값
40	5	5	51
50	3	8	81
60	8	16	163
70	3	19	193
80	3	22	224
90	1	23	234
100	2	25	255

51	51	51	51	51
81	81	81	163	163
163	163	163	163	163
163	193	193	193	234
224	224	234	255	255

그림 6.1-3 히스토그램 평활화 과정

(예제 61-) 프로그램은 OpenCV가 제공하는 cv2.calcHist() 함수를 이용하여 입력 영상에 대한 히스토그램을 작성하는 예를 보여준다.

```
cv2.calcHist(image, channels, mask, histSize, ranges)

image: 입력 영상
channels: 히스토그램을 작성할 채널 번호, 그레이 영상은 [0]
mask: 히스토그램을 작성할 범위, 영상 전체는 None
histSize: 빈 개수
ranges: 화소 값 범위, 일반적으로 [0, 255]
```

(예제 6.1-1) 프로그램은 히스토그램의 빈 개수를 128개로 하고, 입력된 그레이 영상 전체에 대하여 히스토그램을 작성한다. 입력 영상에 대한 평활화 작업은 cv2.equalizeHist() 함수가 수행한다. 프로그램 수행 결과 영상을 (그림 6.1-4)에서 보여준다. (그림 6.1-4)에서 상단 그림은 입력영상과 히스토그램을 하단 그림은 히스토그램 평활된 영상과 히스토그램을 보여준다. 히스토그램 평활화 작업이 명암 대비를 현저하게 개선함을 확인할 수 있다. 입력 영상의 히스토그램을 살펴보면 화소값이 25x2=50 이하인 화소 개수와 화소값이 100x2=200 이상인 화소 개수가 상대적으로 많다, 즉, 어두운 영역과 밝은 영역이 많고 중간 밝기 영역은 상대적으로 적다.

예제 6.1-1 프로그램

```
import cv2
from matplotlib import pyplot as plt

# 이미지를 grayscale로 로드, 히스토그램 작성, 빈개수=128
img1 = cv2.imread('scene.png',0)
hist1 = cv2.calcHist([img1],[0],None,[128],[0,255])

# 히스트그램 평활화, 평활화된 영상 히스토그램 작성
img2 = cv2.equalizeHist(img1)
hist2 = cv2.calcHist([img2],[0],None,[128],[0,255])

plt.figure(figsize=(7,7))
plt.subplot(2,2,1)  # 2행 2열 구조의 1번 subplot
plt.imshow(img1, 'gray') # 이미지를 grayscale로 출력
plt.title('input image') # 제목 지정

plt.subplot(2,2,2)  # 2행 2열 구조의 2번 subplot
plt.plot(hist1,color='Black')   # 히스토그램 출력
plt.xlim([0,128])  # x축을 0부터 128까지로 제한

plt.subplot(2,2,3)  # 2행 2열 구조의 3번 subplot
plt.imshow(img2, 'gray') # 이미지 출력
plt.title('H-equalized image') # 제목 지정

plt.subplot(2,2,4)  # 2행 2열 구조의 4번 subplot
```

```
plt.plot(hist2,color='Black')  # 히스토그램 출력
plt.xlim([0,128])  # x축을 0부터 128까지로 제한

plt.show() # 생성된 subplot 창 띄우기
```

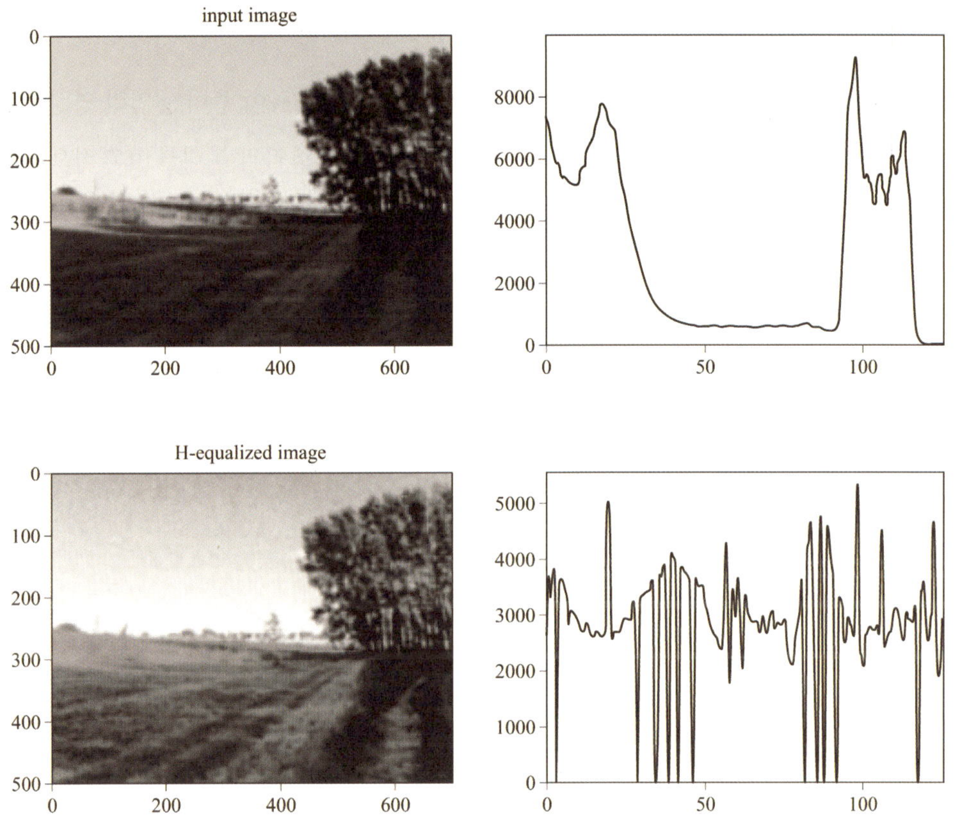

그림 6.1-4 히스토그램 평활화된 영상 및 히스토그램

반면에 결과 영상의 히스토그램에서는 화소값 범위 0에서 128x2=255 전 구간에 걸쳐서 고르게 분포되어 있음을 확인할 수 있다. 물론 중간 중간에 특정 화소 값에서 빈도수가 0인 경우와 빈도수가 높은 경우가 발생하지만 이러한 경우들을 제외하고는 전 구간에서 빈도수 3000 근처를 유지하고 있다.

6.2 임계 작업

히스토그램의 또 다른 용도는 생산 공정 자동화를 위한 활용이다. 공정 자동화 과정은 조명을 제어하기가 용이하다. 조명이 제어된 환경에서 촬영된 영상의 히스토그램을 분석하여 물체와 배경을 분리하는 임계 작업을 수행한다. 임계 작업을 통해 물체 영역과 배경 영역을 분리하고, 분리된 물체 영역을 검사하여 물체의 결함 여부를 판단하거나 물체의 형상을 인식한다.

임계 작업(thresholding)은 특정 임계값(threshold value)을 사용하여 주어진 입력 영상을 물체 영역과 배경 영역으로 분리하는 작업이다. 물체 영역과 배경 영역의 분리를 효과적으로 하기 위해서는 물체와 배경이 충분한 명암 대조를 이루고 있어야 한다. 배경 영역은 어두운 화소 값을 갖고 물체 영역은 밝은 화소 값은 갖는다고 가정하여 화소 값 $f(x,y)$이 특정 임계값 T 보다 클 경우는 물체 영역에 속하는 화소로, 반대로 화소 값 $f(x,y)$이 T 보다 작은 경우에는 배경에 속하는 화소로 결정한다. 임계 방법에 의하여 만들어지는 영상은 이진 영상(binary image) $B(x,y)$이 된다. 이진 영상 $B(x,y)$의 값은 통상적으로 1 또는 0 으로 표시하지만, 8 비트 화소 값을 갖는 배열로 구현할 때는 255 또는 0의 값을 갖는다.

$$B(x,y) = \begin{cases} 1, & \text{if } f(x,y) > T \\ 0, & \text{if } f(x,y) < T \end{cases} \tag{식 6.2-1}$$

찾고자 하는 물체의 화소 값이 특정 범위, 예를 들어 T_1에서 T_2 사이 값을 갖는 경우 또는 물체에 속하는 화소 값들의 집합 Z이 주어지는 경우에는 임계 작업은 다음과 같이 수행된다.

$$B(x,y) = \begin{cases} 1, & \text{if } \quad T_1 \le f(x,y) \le T_2 \\ 0, & otherwise \end{cases} \tag{식 6.2-2}$$

$$B(x,y) = \begin{cases} 1, & \text{if } \quad f(x,y) \in Z \\ 0, & otherwise \end{cases} \tag{식 6.2-3}$$

적절한 임계값을 찾는 것은 매우 중요하고도 어려운 문제이다. (그림 6.2-1)은 임계값을 171로 했을 경우와 202로 했을 경우 만들어지는 이진 영상을 보여준다.

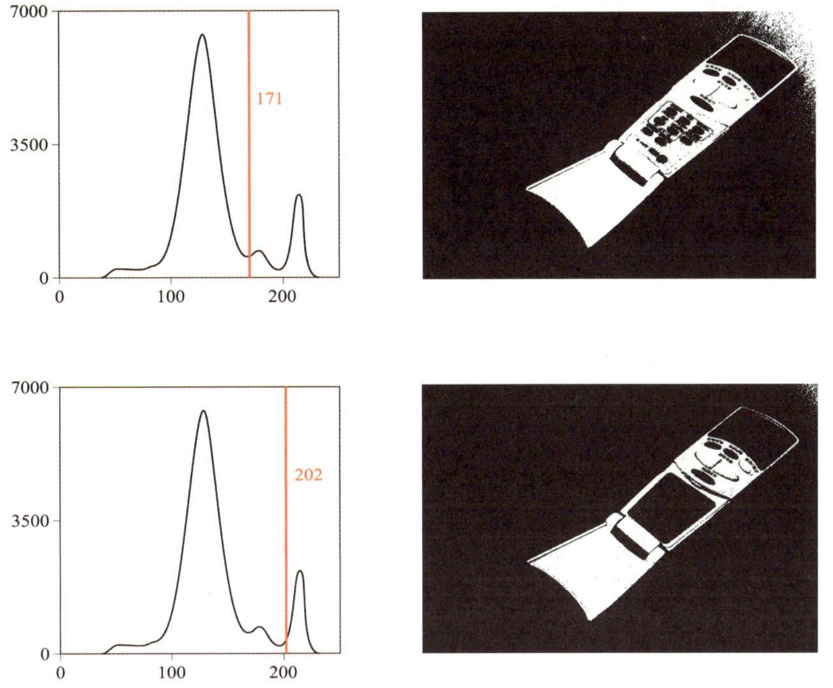

그림 6.2-1 임계값 변화에 따른 결과 영상의 차이

(예제 6.2-1) 프로그램은 OpenCV가 제공하는 cv2.threshold() 함수를 이용하여 임계 작업을 수행하는 예를 보여준다.

```
cv2.threshold(img, threshold, value, flag)

img: 입력 영상
threshold: 임계값
value: 화소값이 임계값보다 클 때 치환되는 값
flag: 임계 방법을 정하는 플래그

cv2.THRESH_BINARY: threshold보다 크면 value로 아니면 0으로 치환
cv2.THRESH_BINARY_INV: threshold보다 크면 0으로 아니면 value로 치환
cv2.THRESH_TRUNC: threshold보다 크면 value로 아니면 기존값 사용
cv2.THRESH_TOZERO: treshold보다 크면 기존값 그대로 작으면 0으로 치환
cv2.THRESH_TOZERO_INV: threshold보다 크면 0으로 작으면 기존값 사용
```

예제 6.2-1 프로그램

```
import cv2
from matplotlib import pyplot as plt

# 원본 영상을 grayscale로 load
img = cv2.imread('gradient.jpg',0)

# 원본 영상에 128을 임계 값으로, 할당 값을 255로 이진화
# ret 에는 정상 작동여부가 boolean 형태로 들어감
ret, thresh1 = cv2.threshold(img,128,255,cv2.THRESH_BINARY)
ret, thresh2 = cv2.threshold(img,128,255,cv2.THRESH_BINARY_INV)

titles =['Original','BINARY','BINARY_INV']  # 각 제목을 입력
images = [img, thresh1, thresh2]  # 원본 영상과 이진화된 영상

plt.figure(figsize = (8,3))
for i in range(3):
    plt.subplot(1,3,i+1)
    plt.imshow(images[i],'gray') # 각 이미지 출력
    plt.title(titles[i]) # 제목 부착
    plt.xticks([])
    plt.yticks([]) # x, y축의 수치 제거
plt.show()
```

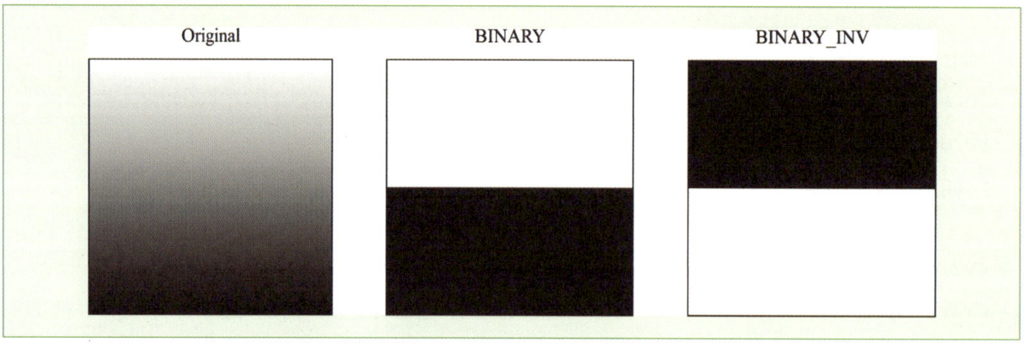

(예제 6.2-1) 프로그램에서 임계값 128을 사용하였다. 화소값이 임계값보다 큰 경우에 화소값을 255로, 작은 경우에 0으로 치환하는 예와, 반대로 화소값이 임계값보다 큰 경우에 화소값을

0으로, 작은 경우에 255로 치환하는 예를 보여준다.

임계값 T 는 일반적으로 히스토그램 분석에 의해 결정된다. 히스토그램이 (그림 6.2-2)와 같이 2개의 모드(mode)를 갖는 경우에는 두 개의 봉우리(peak)를 분리하는 골짜기(valley)를 찾아 이를 임계값으로 한다. 이상적인 경우에는 봉우리와 골짜기를 찾는 것이 쉽지만, 히스토그램이 완만하지 않으면 봉우리와 골짜기을 찾는 작업은 그리 쉽지 않다. 히스토그램을 스므딩(smoothing) 해서 골짜기를 찾는 것이 일반적인 방법이지만 이것만으로는 정확한 골짜기를 찾는 것을 보장할 수 없다.

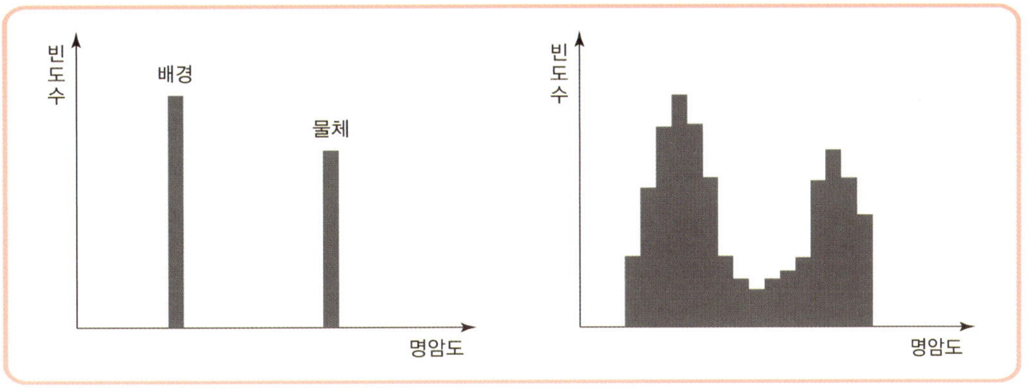

그림 6.2-2 두 개의 모드를 갖는 히스토그램

두 개의 모드를 갖는 히스토그램을 처리하는 가장 좋은 방법은 히스토그램이 두 개의 정규 분포(normal distribution)의 합으로 구성된 합성 정규 분포(composite normal distribution)를 갖는다고 가정하고 각 정규 분포의 매개 변수(normal parameters)들로부터 골짜기를 찾는 방법이다. 즉 히스토그램이 두 개의 정규 확률 분포 (μ_1, σ_1)과 (μ_2, σ_2)의 합으로 구성된다고 가정하고 이 두 정규 분포가 만나는 교점을 임계값 T 로 결정하는 방법이다. 두 정규 분포가 만나는 교점 T 를 찾는 문제는 수학적으로 EM(expectation-maximization) 기법을 이용하여 풀 수 있다.

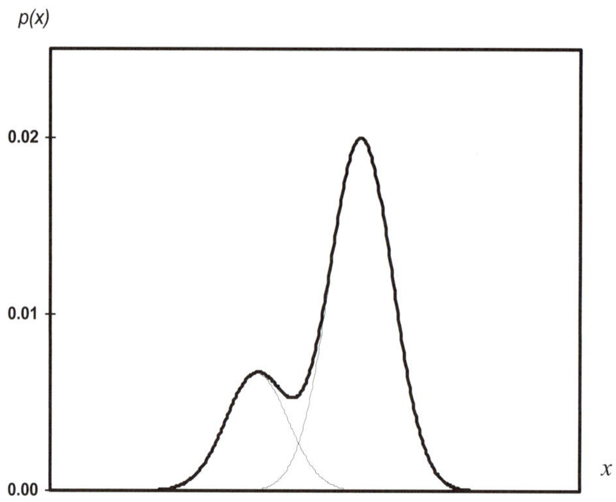

그림 6.2-3 두 개의 정규 분포를 갖는 히스토그램

이상적인 임계값을 찾기 위한 많은 방법들이 문헌에 소개되어 있다. 한 가지 방법은 그룹-내 분산(within group variance) 또는 그룹-간 분산(between group variance)을 이용하는 방법이다. 이 방법은 임의의 임계값 T에 의해 히스토그램을 두 그룹 G_1과 G_2으로 나눌 때, 각 그룹에 속하는 화소 값들의 분산을 구하고 이들로부터 구해진 그룹-내 분산 $\sigma^2_{within}(T)$이 최소가 되는 T^*을 임계값으로 정하는 방법이다.

$$\sigma^2_{within}(T) = n_1(T)\sigma^2_1(T) + n_2(T)\sigma^2_2(T) \qquad \text{(식 6.2-4)}$$

$n_1(T)$ = T 에 의해 결정된 G_1 의 화소 수

$n_2(T)$ = T 에 의해 결정된 G_2 의 화소 수

$$T^* = \arg\ \min_T\left[\sigma^2_{within}(T)\right] \qquad \text{(식 6.2-5)}$$

그룹-내 분산은 각 그룹 분산의 평균으로 정의된다. 따라서 그룹-내 분산이 최소가 되는 적절한 T값는 결국 각 그룹의 분산을 최소화 시킨다. 즉 두 개의 모드를 가장 명확히 정의하는 T값이 된다. 그룹-내 분산이 최소가 되는 경우에 그룹-간 분산 $\sigma^2_{between}(T)$ 이 최대가 된다. 따라서 다음과 같이 그룹-간 분산이 최대가 되는 T을 임계값으로 정하면 된다.

$$\sigma_{between}^2(T) = \sigma^2 - \sigma_{within}^2$$
$$= n_1(T)n_2(T)[\mu_1(T) - \mu_2(T)]^2 \quad \text{(식 6.2-6)}$$

$$T^* = \arg\ \max_T[\sigma_{between}^2(T)] \quad \text{(식 6.2-7)}$$

(예제 6.2-2) 프로그램은 OpenCV가 제공하는 cv2.threshold() 함수에 플래그 cv2.THRESH_BINARY와 cv2.THRESH_OTSU를 사용하여 그룹-간 분산이 최대가 되는 T을 임계값으로 정하는 방법을 적용한 예를 보여준다. 이러한 임계 방법을 OTSU 임계 방법이라고도 부른다. 함수가 반환하는 th와 dst는 값은 OTSU 알고리즘을 적용하여 구한 임계값과 이 임계값을 적용하여 얻은 결과 영상을 나타낸다. 플래그 cv2.THRESH_OTSU를 사용하여 임계값을 구하는 경우에는 threshold 값으로 0을 전달하면 된다. 원 영상은 동전 영역에서 상당한 양의 명암 변화를 보이고 있으나, 이진화된 결과 영상은 비교적 깨끗하게 동전과 배경을 분리하고 동전의 형태도 잘 나타내고 있음을 확인할 수 있다.

예제 6.2-2 프로그램

```
import cv2
from matplotlib import pyplot as plt

# 원본 영상을 grayscale로 load
img = cv2.imread('otsu-img.jpg',0)

# OTSU 알고리즘 적용하여 임계값 계산
th, dst = cv2.threshold(img,0,255, cv2.THRESH_BINARY|cv2.THRESH_OTSU)

titles =['Original','OTSU-BINARY']  # 영상 제목
images = [img, dst]  # 원본 영상과 이진화된 영상

plt.figure(figsize = (6,3))
for i in range(2):
    plt.subplot(1,2,i+1)
    plt.imshow(images[i],'gray') # 각 이미지 출력
    plt.title(titles[i]) # 제목 부착
    plt.xticks([])
```

```
    plt.yticks([]) # x, y축의 수치 제거
plt.show()
```

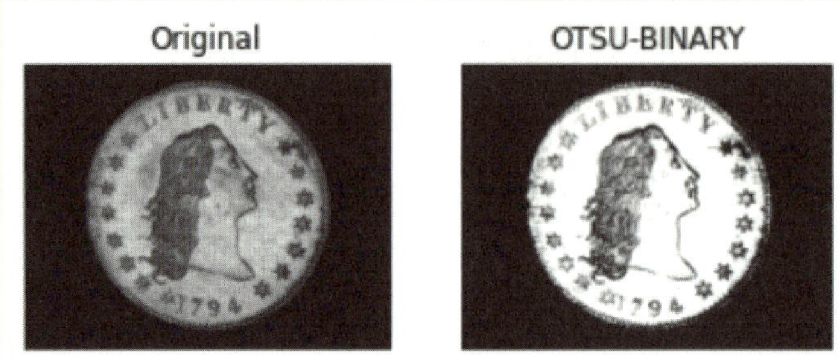

히스토그램에서 임계값을 결정하는 다른 방법은 인접한 두 봉우리와 그 사이의 골짜기에 대해 봉우리 크기(peakiness)를 계산하고 이를 활용하는 방법이다. 봉우리 크기를 사용하여 임계값을 정하는 여러 방법이 있는데, 비교적 효율적인 방법은 다음과 같다.

(1) 히스토그램에서 적어도 T_{adj} 만큼 거리가 떨어진 2개의 로컬 최대치를 찾는다. 찾은 로컬 최대치의 화소 값을 Z_i 와 Z_j 라 하자.
(2) Z_i 와 Z_j 사이의 로컬 최소치(local minimum)를 찾는다. 찾은 로컬 최소치의 화소 값을 Z_k 라 하자.
(3) 봉우리 크기를 계산한다.

$$Peakiness(Z_i, Z_k, Z_j) = \frac{\min(H(Z_i), H(Z_j))}{H(Z_k)}$$

$H(Z_i)$ 는 화소 값 Z_i 에서 히스토그램 빈도수를 나타낸다.
(4) 가장 큰 봉우리 크기를 갖는 (Z_i, Z_k, Z_j) 조합을 찾아 Z_k 을 임계값으로 한다.

이 방법에서 T_{adj} 는 서로 다른 두 물체의 화소 값은 어느 정도 차이를 가져야 하는 조건을 나타낸다. 봉우리 크기를 계산하기 전에 먼저 히스토그램을 스므딩하여 로컬 최대치의 개수를 줄이는 작업이 필요할 수 있다. 이 방법은 서로 다른 화소 값을 갖는 여러 물체를 찾기 위해서도 사용될 수 있다. 만약 n 개의 물체를 찾는 경우에는 위의 방법을 사용하여 n 개의 임계값, $T_1, \ldots, T_n$ 을 찾으면 된다. T_1 은 어두운 배경과 조금 더 밝은 물체를 분리하는데 사용하고, T_2

는 첫 번째 물체와 그 보다 좀 더 밝은 다음 물체를 분리하는데 사용한다.

적적한 임계값을 찾기 위해 문제 영역에 관한 지식을 사용할 수 있다. 예들 들어 P-타일(p-tile) 방법에서는 임계값을 결정하기 위해 찾고자하는 물체의 크기에 대한 사전 지식을 이용한다. 주어진 영상에서 물체에 해당되는 부분이 영상의 약 p% 영역을 차지함을 미리 알고 있다고 가정하자. 이러한 상황에서는 입력 영상의 히스토그램을 분석하여 (그림 6.2-4)에서와 같이 높은 화소 값을 갖는 p% 이상의 화소들을 물체에 속하는 화소들로 분류한다.

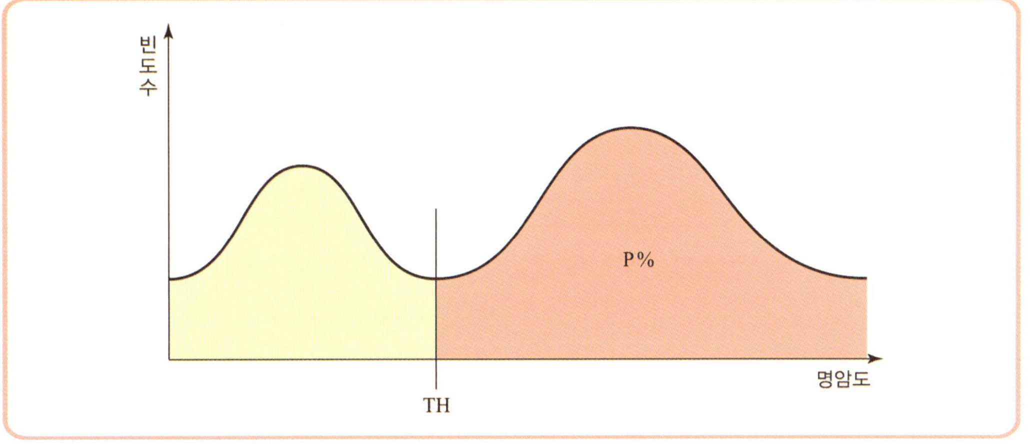

그림 6.2-4 P-타일 임계 작업

영상 전체에 하나의 임계값을 사용하여 이진 영상을 만드는 방법은 영상이 비교적 단순하고 조명이 영상 전체에 균일하게 비춰지는 경우에는 유용하나, 영상이 복잡하고 조명의 밝기가 영상 내에서 동일하지 않은 경우에는 좋은 결과를 기대할 수 없다. (그림 6.2-5)는 이러한 예를 보여준다. 이를 해결하기 위해 제안된 방법이 적응적 임계 작업(adaptive thresholding)이다. 적응적 임계 작업은 각 화소를 중심으로 주변의 작은 영역 안에 포함된 화소 값들을 평균 또는 가중 평균을 계산한 후, 이 값을 적절히 보정하여 임계값을 결정한다. 즉, 각 화소마다 다른 임계값을 사용하여 이진 영상을 생성한다. (식 6.2-8)은 화소 (x,y)를 중심으로 blockSize x blockSize 크기의 영역 안에 포함된 화소 값들의 평균에서 C를 뺀 값을 이 화소의 임계값으로 설정하는 예를 보여준다.

$$T(x,y) = \frac{1}{blockSize^2}\sum_{i,j} I(x+i, y+j) - C \qquad \text{(식 6.2-8)}$$

(예제 6.2-3) 프로그램은 OpenCV가 제공하는 함수 cv2.adaptiveThreshold()를 사용하여 적응적 임계 작업을 수행하는 예를 보여준다.

```
cv2.adaptiveThreshold(src, value, adaptiveMethod, flag, blockSize, C)

    src: 입력 영상
    value: 치환되는 값
    adaptiveMethod: 임계값을 결정하는 방법(mean, gaussian 방식)
    flag: 임계 방법을 정하는 플래그
    blockSize: 임계값을 결정할 때 사용되는 영역 크기, 홀수(3, 5, 7, ...)
    C: 계산된 평균 또는 가중 평균에서 차감될 값
```

적응적 임계값을 결정하는 방식은 주변 영역에 포함된 화소값들의 평균을 사용하는 방식과 가우시안 분포에 따른 가중치를 적용한 가중 평균을 사용하는 방식을 선택할 수 있다. 임계 방식을 정하는 플래그는 cv2.threshold() 함수에서 사용된 플래그와 동일하다. value는 임계 방법에 의해 치환되는 화소값을 나타낸다.

예제 6.2-3 프로그램

```
import cv2
import matplotlib.pyplot as plt

block_size = 9
C = 5
img = cv2.imread('adaptive-img.png', 0)

ret, th1 = cv2.threshold(img, 0, 255, cv2.THRESH_OTSU)
th2 = cv2.adaptiveThreshold(img,255,cv2.ADAPTIVE_THRESH_MEAN_C,
                            cv2.THRESH_BINARY,block_size,C)
th3 = cv2.adaptiveThreshold(img,255,cv2.ADAPTIVE_THRESH_GAUSSIAN_C,
                            cv2.THRESH_BINARY,block_size,C)
```

(그림 6.2-5)는 (예제 6.2-3) 프로그램의 수행 결과를 보여준다. 조명이 균일하지 않은 상태로 촬영된 입력 영상 전체에 대해 하나의 임계값을 사용한 OTSU 방식은 매우 좋지 않은 결과를 보여준다. 반면에 적응적 임계 방법은 평균을 사용한 방식과 가중 평균을 사용한 방식 모두 매우 훌륭한 결과를 보여준다. 조명이 점진적으로 변환 경우에 두 방식은 큰 차이를 보이지 않지만, 잡음이 포함된 영상인 경우에는 가중 평균 방식이 좀 더 나은 결과를 보여줄 것으로 예상된다. 주변 영역의 크기가 클수록 계산 시간이 많이 소요되며, 주변 영역의 크기가 너무 크거나 너무 작으면 적응적 임계 작업의 효과과 줄어든다.

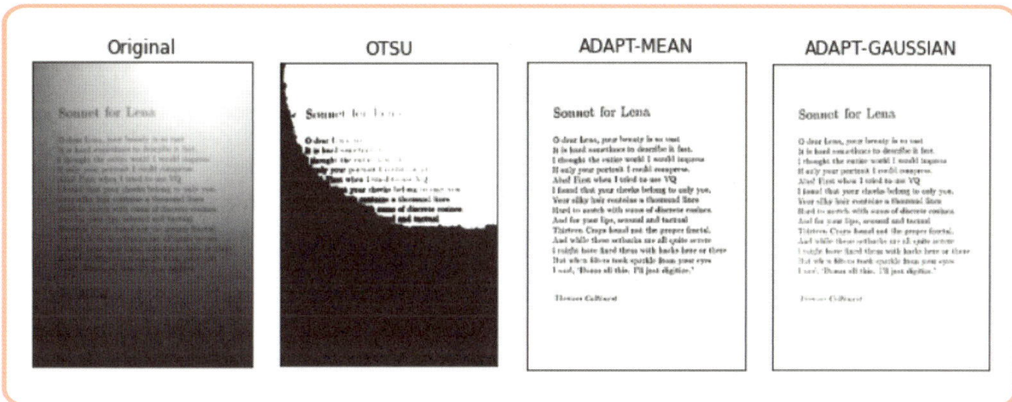

그림 6.2-5 적응적 임계 작업 수행 결과

6.3 모폴로지 연산

임계 작업을 수행하면 매우 작은 영역들이 많이 만들어질 수 있다. 따라서 이 영역들을 정제(refine)하거나 또는 재구성하는 방법이 필요하다. 이를 위해 여러 유형의 형태 연산자(morphological operator)를 사용할 수 있다. 대표적인 연산자로서 인접한 작은 영역들을 합치거나 영역 안에 형성된 작은 홀(hole)을 채우기 위한 팽창 연산자(dilation operator)와 작은 영역들을 제거하거나 삐쭉 튀어나온 자잘한 가지 형태의 영역을 제거하기 위한 침식 연산자(erosion operator)가 있다.

팽창 연산은 0 값을 갖는 화소가 1(255) 값을 갖는 이웃 화소를 갖는 경우 해당 화소의 화소 값을 1(255)로 바꾸고, 침식 연산은 1(255) 값을 갖는 화소가 0 값을 갖는 이웃 화소를 갖는 경우 해당 화소의 화소 값을 0으로 바꾼다. 이웃 화소를 정의하기 위해 구조 요소(structuring element)를 사용한다. 구조 요소는 임의의 형태와 임의의 크기가 가질 수 있으며, 일반적으로 사용되는 구조 요소는 (그림 6.3-1)과 같이 정사각형, 십자, 또는 디스크 형태를 갖는다.

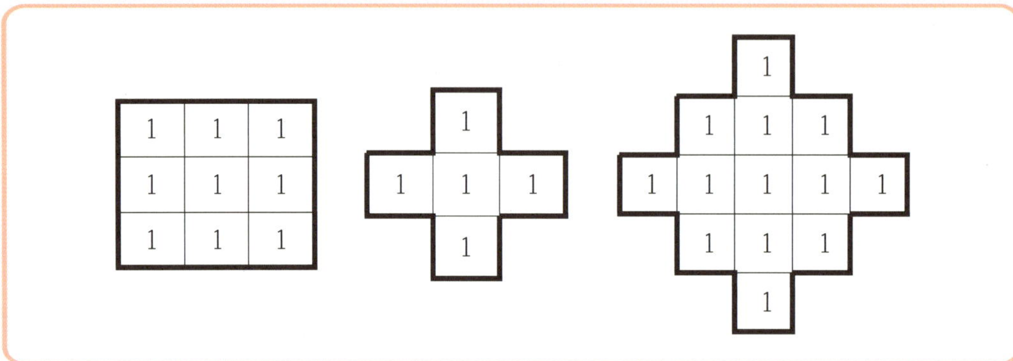

그림 6.3-1 형태 연산에 사용되는 구조 요소

팽창 연산은 구조 요소 S을 가지고 이진 영상 B를 스캔하면서 적어도 S의 한 화소가 이진 영상의 물체 영역 B(화소 값이 1인 영역)에 걸치게 될 때, 구조 요소 S의 중심에 위치하는 화소 값을 1로 변환한다.

$$B \oplus S = \begin{cases} 1 & \text{if } S \ hits \ B \\ 0 & otherwise \end{cases} \quad \text{(식 6.3-1)}$$

침식 연산은 구조 요소 S을 가지고 이진 영상 B를 스캔하면서 S의 모든 화소가 이진 영상의 물체 영역 B(화소 값이 1인 영역)에 포함될 때, 구조 요소 S의 중심에 위치하는 화소 값을 1로 하고 그 외의 경우는 화소 값을 0으로 변환한다.

$$B \ominus S = \begin{cases} 1 & \text{if } S \in B \\ 0 & otherwise \end{cases} \quad \text{(식 6.3-2)}$$

(그림 6.3-2)는 십자형의 구조 요소로 팽창 연산과 침식 연산을 수행한 결과를 보여준다. 팽창 연산을 수행하여 물체가 팽창되고 그 크기가 커졌음을 알 수 있다. 팽창 연산을 여러 번 반복하여 수행하면 그 효과는 더욱 커진다. 침식 연산을 수행하여 물체의 크기가 줄어들었음을 알 수

있다. 침식 연산을 여러 번 반복하여 수행하면 그 효과는 더욱 커진다.

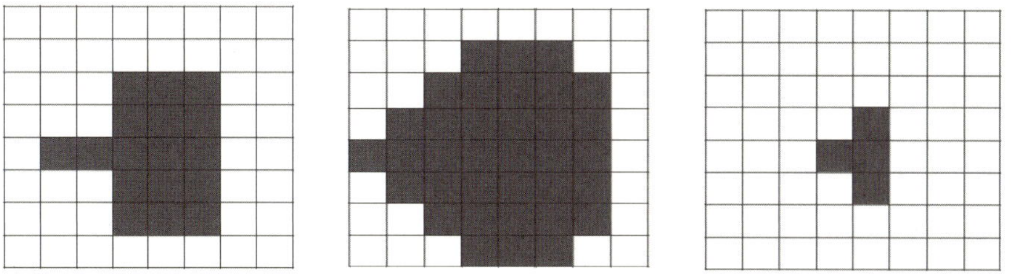

그림 6.3-2 십자형 구조 요소를 이용한 팽창 연산과 침식 연산 결과

팽창 연산과 침식 연산의 결과는 구조 요소의 형태와 크기에 의해 달라지며, 또 이들 두 연산을 적절히 결합하여 이진 영상의 구조를 정제하는 다양한 연산자를 개발할 수 있다. 팽창 연산 후에 침식 연산을 수행하는 연산자를 닫침 연산자(closing operator)라 하고, 침식 연산을 먼저 수행한 후 팽창 연산을 수행하는 연산자를 열림 연산자(opening operator)라 한다.

$$B \bullet S = (B \oplus S) \ominus S \qquad \text{(식 6.3-3)}$$

$$B \circ S = (B \ominus S) \oplus S \qquad \text{(식 6.3-4)}$$

닫침 연산은 물체의 원형은 유지하면서 물체 내의 빈 홀을 채우거나 매우 인접한 끊어진 물체들을 연결하는 효과를 갖고, 열림 연산은 매우 작은 물체를 제거하거나 물체의 원형은 유지하면서 삐쭉 튀어나온 자잘한 가지 형태를 제거하는 효과를 갖는다.

(예제 6.3-1) 프로그램은 Opencv가 제공하는 cv2.morphologyEX() 함수를 이용하여 닫힘 연산과 열림 연산을 사용하는 예를 보여준다.

```
cv2.morphologyEx(img, operation, kernel, iterations)

img: 입력 영상
operation: 연산 유형
  cv2.MORPH_OPEN - 열림 연산 수행
  cv2.MORPH_CLOSE - 닫힘 연산 수행
  cv2.MORPH_GRADIENT - 팽창된 영상과 침식된 영상 차이 계산
kernel: 구조 요소 커널
  cv2.getStructuringElement()함수를 사용하여 커널 생성
iterations: 연산 반복 횟수
```

연산에 사용될 구조 요소는 cv2.getStructuringElement() 함수가 생성한다. 3x3 크기의 정사각형 구조 요소를 사용하였다. (예제 6.3-1) 프로그램은 cv2.erode() 함수와 cv2.dilate() 함수의 사용 예도 보여준다. (그림 6.3-3)은 프로그램 수행 결과를 보여준다. 원 영상은 작은 잡음 영역들과 작은 홀(hole) 영역들을 포함하고 있다. 침식 연산을 수행하여 작은 잡음 영역들이 제거됨을 확인할 수 있고, 팽창 연산을 수행하여 작은 홀 영역들이 채워짐을 확인 할 수 있다.

열림 연산을 수행하여 작은 잡음 영역들이 제거되고, 닫힘 연산을 수행하여 작은 홀 영역들이 제거됨을 확인할 수 있다. 침식 연산 결과와 열림 연산 결과를 비교해 보면, 침식 연산은 잡음은 제거하지만 홀 영역의 크기는 확대시킨다. 물체 영역의 크기는 줄어든다. 반면에 열림 연산은 잡음을 제거하면서 동시에 물체 영역의 크기와 홀 영역의 크기는 그대로 유지한다. 비슷한 결과를 팽창 연산 결과와 닫힘 연산 결과에서도 확인할 수 있다.

예제 6.3-1 프로그램

```
img = cv2.imread('morph_hole.jpg', 0)

# 임계값을 이용해 이진화 수행
ret, thresh = cv2.threshold(img, 0, 255,
                            cv2.THRESH_BINARY|cv2.THRESH_OTSU)

kernel = np.ones((3,3),np.uint8) # 3 x 3 크기의 커널

dilate = cv2.dilate(thresh, kernel, iterations=5)
erode = cv2.erode(thresh, kernel, iterations=5)
opening = cv2.morphologyEx(thresh, cv2.MORPH_OPEN, kernel, iterations=7)
closing = cv2.morphologyEx(thresh, cv2.MORPH_CLOSE, kernel, iterations=7)

images1 = [img,dilate,erode]
titles1 = ['original','dilate','erode']

plt.figure(figsize=(9,3))
for i in range(3) :
    plt.subplot(1,3,i+1)
    plt.imshow(images1[i],'gray')
    plt.title(titles1[i])
    plt.xticks([]), plt.yticks([])
plt.show()

images1 = [img,closing,opening]
titles1 = ['original','close','open']
plt.figure(figsize=(9,3))
for i in range(3) :
    plt.subplot(1,3,i+1)
    plt.imshow(images1[i],'gray')
    plt.title(titles1[i])
    plt.xticks([]), plt.yticks([])
plt.show()
```

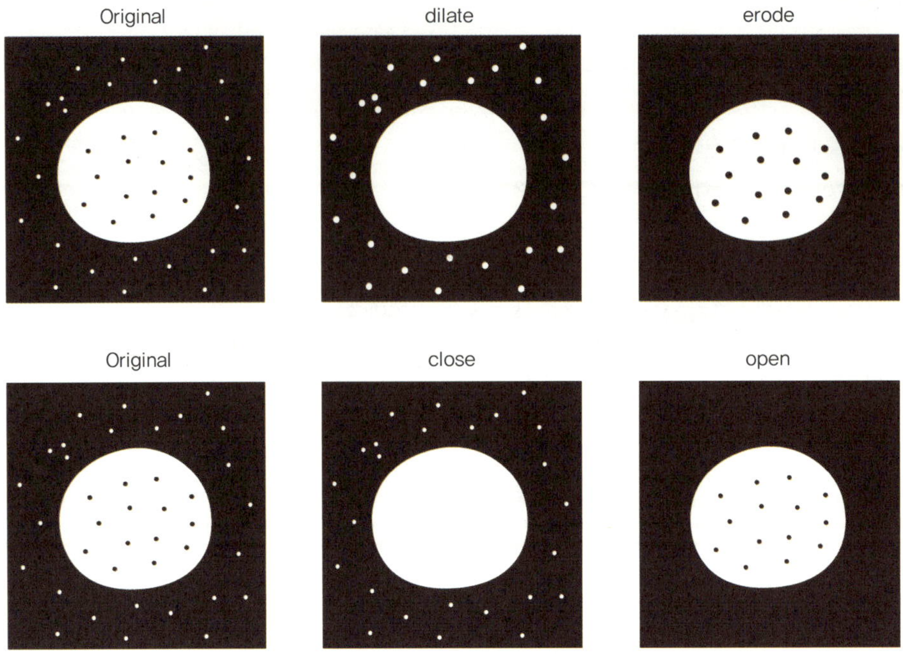

그림 6.3-3 모폴로지 연산 수행 결과

6.4 영역 레이블링

임계 작업을 수행하여 배경 영역과 물체 영역이 분리된다. 영상에 하나의 물체가 있는 경우에는 하나의 연결된 영역(connected region)이 만들어져 큰 문제가 없지만, 여러 물체가 있는 경우에는 여러 개의 영역이 만들어 질 수 있다. 따라서 각 연결된 영역을 하나의 단위로 추출하여 그 특성을 파악하기 위해서, 각 연결된 영역에 고유의 레이블을 할당하는 영역 레이블링(labeling) 작업을 수행한다. 같은 레이블을 갖는 화소들로 구성된 영역을 하나의 물체 단위로 처리한다. (그림 6.4-1)은 영역 레이블링의 예를 보여준다.

영역 레이블링 알고리즘은 각 화소를 방문하면서 작업이 진행되므로 시간이 매우 많이 걸리는 작업이다. 각 화소를 방문하면서 하나의 연결된 영역에 속하는 화소들에게 동일한 레이블을 할당한다. 물론 서로 다른 영역에 속하는 화소들에게는 다른 레이블이 할당된다. 영역 레이블링을 위한 여러 방법들이 문헌에 소개되어 있는데, 가장 간단한 방법은 2-패스 순차 레이블링 (2-pass sequential labeling) 방법이다.

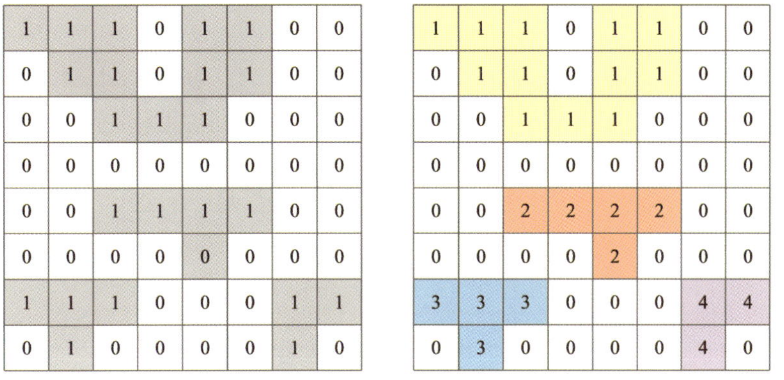

그림 6.4-1 영역 레이블링의 예

2-패스 순차 레이블링 알고리즘은 두 단계로 진행된다. 첫 번째 단계에서는 영상을 위에서 아래로 왼쪽에서 오른쪽으로 스캔하면 1의 값을 갖는 화소를 찾는다. 1의 값을 갖는 화소를 만나면, 연결성을 4-연결성으로 가정하여, 왼쪽 화소와 위쪽 화소의 레이블을 확인한다.

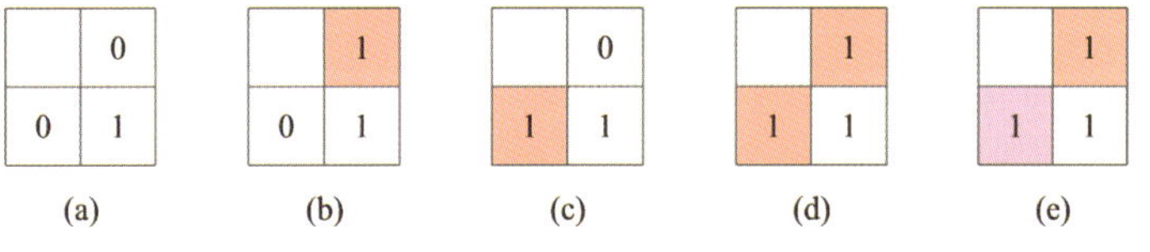

그림 6.4-2 4-연결성에 의한 레이블 할당 과정

(그림 6.4-2)의 (a)와 같이 왼쪽과 위쪽 화소에 레이블이 할당되지 않은 경우에는 새로운 레이블을 할당한다. (b)와 같이 위쪽 화소에만 레이블이 할당된 경우에는 위쪽 화소에 할당된 레이블을 할당한다. (c)와 같이 왼쪽 화소에만 레이블이 할당된 경우에는 왼쪽 화소에 할당된 레이블을 할당한다. (d)와 같이 왼쪽과 위쪽 화소에 같은 레이블이 할당되어 있는 경우에는 동일한 레이블을 할당한다. 그러나 (e)와 같이 왼쪽과 위쪽 화소에 레이블이 할당되어 있으나 이들이 서로 다른 경우에는 왼쪽 화소에 할당된 레이블을 할당하고 등가 테이블(equivalence table)에 왼쪽 화소에 할당된 레이블과 위쪽 화소에 할당된 레이블이 동일한 레이블임을 표시한다.

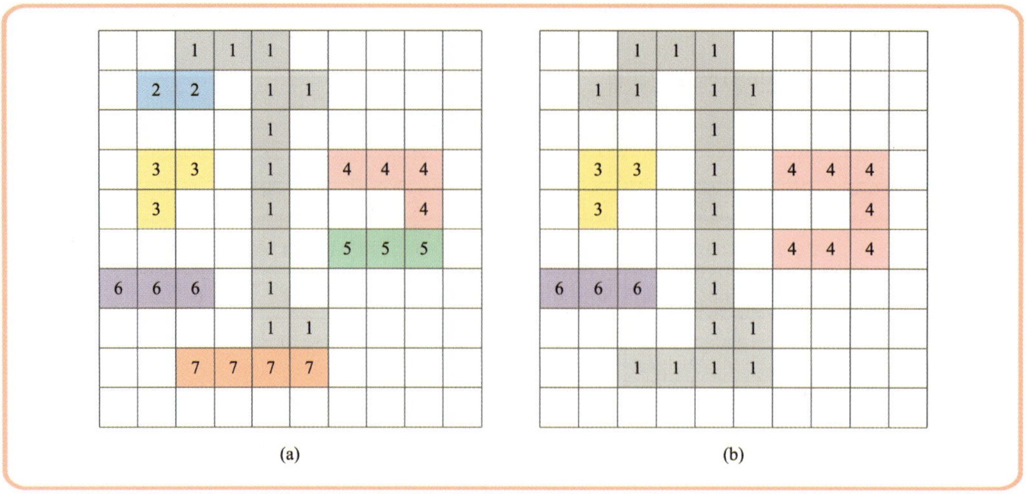

그림 6.4-3 2-패스 순차 레이블링 알고리즘 처리 과정

(그림 6.4-3)은 2-패스 순차 레이블링 알고리즘의 처리과정을 보여준다. 예를 들어, 첫 번째 단계에서 (a)와 같이 레이블링이 진행되면서 동시에 ((1,2,7),(3),(4,5),(6))와 같은 등가 테이블이 만들어진 경우에, 두 번째 단계에서는 영상을 다시 스캔하면서 등가 테이블을 참조하여 레이블을 (b)와 같이 재조정한다. 레이블 2와 7을 갖고 있는 화소에는 레이블 1을 할당하고 레이블 5를 갖고 있는 화소에는 레이블 4를 할당한다.

(예제 6.4-1) 프로그램은 Opencv가 제공하는 cv2.connectedComponentsWithStats() 함수를 이용하여 영역 레이블링을 수행한 예를 보여준다.

```
cv2.connectedComponentsWithStats(img, connectivity=None)

img: 입력 영상
connectivity: 화소 연결성, 4 또는 8, default=8
```

이 함수는 ret, lables, stats, centroids를 반환한다. ret는 연결된 영역 수에 1을 더할 값(배경 포함), labels는 연결된 영역에 레이블 번호가 할당된 맵, stats는 각 연결된 영역을 포함하는 경계상자(bounding box)의 좌상단 좌표와 가로 및 세로 크기 그리고 경계상자에 포함된 연결 영역의 면적, centroids는 연결된 영역의 중심 좌표를 나타낸다. (예제 6.4-1) 프로그램은 입력 영상을 OTSU 방식으로 이진화를 수행한 후, 만들어진 이진 영상 thresh에 연결된 영역을 찾는 함수를 적용한다. 만들어진 이진 영상이 잡음 또는 홀을 포함하는 경우에는 모폴로지 연산을 수행하여 이진 영상을 정제한 후에 연결된 영역을 찾는 함수를 적용하는 것이 바람직하다.

예제 6.4-1 프로그램

```
import cv2
import numpy as np

img = cv2.imread('connected.png')
img1 = np.zeros_like(img)
gray = cv2.cvtColor(img, cv2.COLOR_BGR2GRAY)

# 임계값을 이용해 이진화 수행
ret, thresh = cv2.threshold(gray,0,255,
                cv2.THRESH_BINARY|cv2.THRESH_OTSU)

# 연결된 영역 찾기
ret,labels,stats,centroids=cv2.connectedComponentsWithStats(thresh)

# 실수 출력 포맷 셋팅
float_formatter = "{:5.0f}".format
np.set_printoptions(formatter={'float_kind':float_formatter})

# bounding box, area, centroids
print('stats: (xmin,ymin,w,h,area)'), print(stats), print()
print('centroids: (x,y) '), print(centroids)

# 연결된 영역에 색 입히기
for i in range(ret) :
    color = [int(j) for j in np.random.randint(0,255,3)]
    img1[labels == i] = color

cv2.imshow('Original', img)
cv2.imshow('labeled', img1)
cv2.waitKey(0)
cv2.destroyAllWindows()
```

(그림 6.4-4)는 (예제 6.4-1) 프로그램을 실행한 결과를 보여준다. 왼쪽 입력 영상에서 배경 그리고 5개의 연결된 영역을 찾은 결과를 오른쪽 영상에서 확인할 수 있다. (그림 6.4-5)는 각 영역에 대한 통계를 보여준다. 배열의 첫 번째 행은 배경 영역에 대한 자료를 나타낸다. 배경을 포함하는 경계 상자는 좌상단 화소에서 시작해서 폭이 256 화소, 높이가 256 화소, 그리고 면적이 45452 화소인 상자, 즉 영상 전체를 포함하는 상자이며, 중심 화소의 좌표는 (x,y)=(129,120)이다. 배경의 중심 좌표가 영상의 중심 (128,128)과 일치하지 않는 이유는 영역의 중심 좌표는 영역에 속한 화소의 좌표를 다 더한 후에 총 화소 수로 나눈 값으로 정의되기 때문이다. (그림 6.4-5) 행렬의 두 번째 행부터 마지막 행까지는 나머지 연결 영역에 대한 통계 정보를 나타낸다.

그림 6.4-4 레이이블링 실행 결과

```
stats: (xmin, ymin, w,    h,    area)     centroids: (x,   y)
   [[   0      0   256   256   45452]        [[ 129   120]
    [  24     18    52    54    2284]         [  49    44]
    [ 112     36    96    46    2912]         [ 160    56]
    [  68    106   118    82    5028]         [ 137   141]
    [ 176    108    70   124    3748]         [ 217   175]
    [  18    172   114    72    6112]]        [  69   211]]
```

그림 6.4-5 각 영역에 대한 통계 정보

참고문헌

- Nobuyuki Otsu, "A Threshold Selection Method from Gray-Level Histograms," IEEE Transactions on Systems, Man, and Cybernetics, January 1979
- https://docs.opencv.org/4.x/d7/d4d/tutorial_py_thresholding.html
- https://docs.opencv.org/4.x/d6/d00/tutorial_py_root.html
- 이세우, 파이썬으로 만드는 OpenCV 프로젝트, 프로그래밍인사이트, 2019

CHAPTER 07

에지 및 선분 검출

7.1 에지 검출 기초 이론

영상에서 에지는 두 영역의 경계에 위치하는 점(화소)을 말한다. 이러한 점들은 영상에 대한 많은 정보를 갖고 있다. 영상에서 물체가 어디에 위치하고, 물체의 모양과 크기 그리고 물체 표면의 텍스처가 어떤가에 대한 정보를 갖고 있다. 영상에서 에지를 찾기 위해 여러 가지 특성을 사용할 수 있지만, 밝기 값의 변화를 이용하여 에지를 찾는 것이 일반적인 방법이다. 두 영역의 경계에서는 일반적으로 밝기 값의 급격한 변화가 생긴다. 밝기가 낮은 값에서 높은 값으로 또는 높은 값에서 낮은 값으로 급격히 변한다.

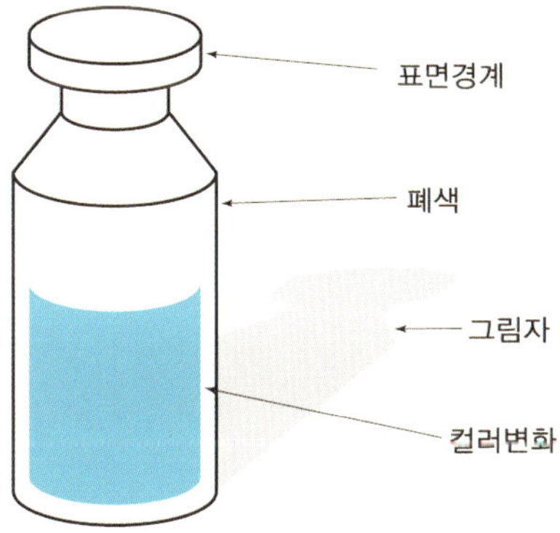

그림 7.1-1　여러 형태의 에지

에지가 만들어지는 이유는 (그림 7.1-1)에서 보듯이 매우 다양하다. 물체의 한 표면과 다른 표면이 만나는 점에서, 한 물체가 다른 물체를 패색(occlusion) 시키는 경우 깊이 변화가 생기는 점에서, 물체의 표면에서 칼라 값이 변하는 점에서, 또는 조명에 의해 생성되는 물체 그림자의 경계점에서 에지가 만들어진다. 이러한 에지 점에서는 밝기 값의 변화가 매우 크므로 대부분의 에지 검출 연산자들은 밝기 값의 변화가 측정하기 위해 미분 연산을 수행한다.

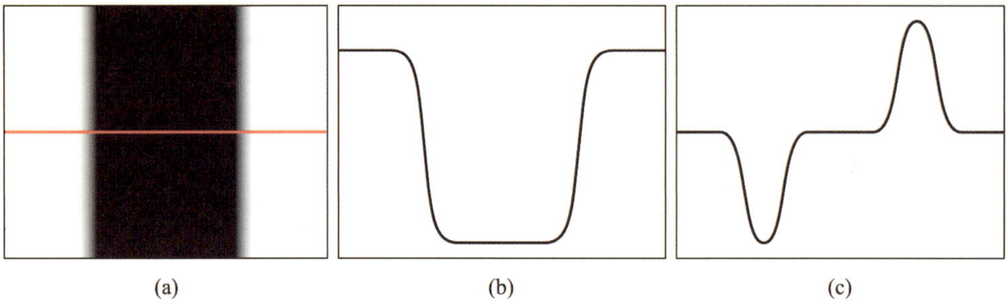

그림 7.1-2 (a) 원 영상 (b) 밝기 값의 변화도 (c) 미분 연산 결과

한 화소 점에서 미분 연산은 임의의 방향으로 수행될 수 있는데, 일반적으로 x 방향으로의 미분과 y 방향으로의 미분을 수행하고 이들을 모아 그 점에서의 기울기 벡터(gradient) ∇을 정의한다.

$$\frac{df(x,y)}{dx} = \lim_{h \to 0} \frac{f(x+h,y) - f(x,y)}{h}$$

$$\simeq f(x+1,y) - f(x,y)$$

$$\frac{df(x,y)}{dy} = \lim_{h \to 0} \frac{f(x,y+h) - f(x,y)}{h}$$

$$\simeq f(x,y+1) - f(x,y)$$

$$\nabla f(x,y) = \left[\frac{df(x,y)}{dx}, \frac{df(x,y)}{dy} \right] \quad \text{(식 7.1-1)}$$

기울기 벡터 ∇는 x 방향의 미분과 y 방향의 미분 값으로 구성되어, 이들로부터 기울기의 방향과 크기, 즉 에지의 방향(orientation)과 크기(magnitude)가 정의된다.

$$\text{에지 크기} = \sqrt{\left(\frac{df}{dx}\right)^2 + \left(\frac{df}{dy}\right)^2} \quad \text{(식 7.1-2)}$$

$$에지\ 방향 = \tan^{-1}\left(\frac{df/dy}{df/dx}\right) \qquad (식\ 7.1\text{-}3)$$

일반적으로 에지 검출 방법은 각 화소 점에서 에지 크기를 구해 에지 크기가 일정한 임계값 이상이면 그 점을 에지 점으로 한다. 미분 연산은 값의 변화를 측정하는 연산이므로 위 식에서처럼 두 인접한 화소 값의 차 연산으로 대치될 수 있다. 이러한 미분 연산은 잡음에 매우 민감한 반응을 나타낸다. 대부분의 영상은 어느 정도의 잡음을 포함하고 또 같은 표면일지라도 균일한 화소 값을 갖지 않고 조금씩은 화소 값의 차이를 보인다. 따라서 에지 검출을 위해 미분 연산을 수행하기 전에 먼저 스므딩과 같은 연산을 통해 잡음을 제거하는 작업을 수행한다.

(그림 7.1-3)에서 보듯이 수평 축의 좌표 값 1000에서 급격한 변화를 보이는 1차원 영상이 약간의 잡음을 포함하고 있다. 이 영상에 미분 연산을 적용한 결과 영상에서 에지 점을 찾기는 쉽지 않다. 그러나 가우시안 커널을 이용하여 스므딩을 수행하면 잡음 성분들이 대부분 제거되고, 스므딩을 한 결과 영상에 미분 연산을 수행하면 수평 좌표 값 1000에서 매우 큰 값을 갖게 된다. 즉 영상에 스므딩 연산을 적용하고 미분 연산을 수행한 후에 큰 값을 갖는 화소를 에지 점으로 결정한다.

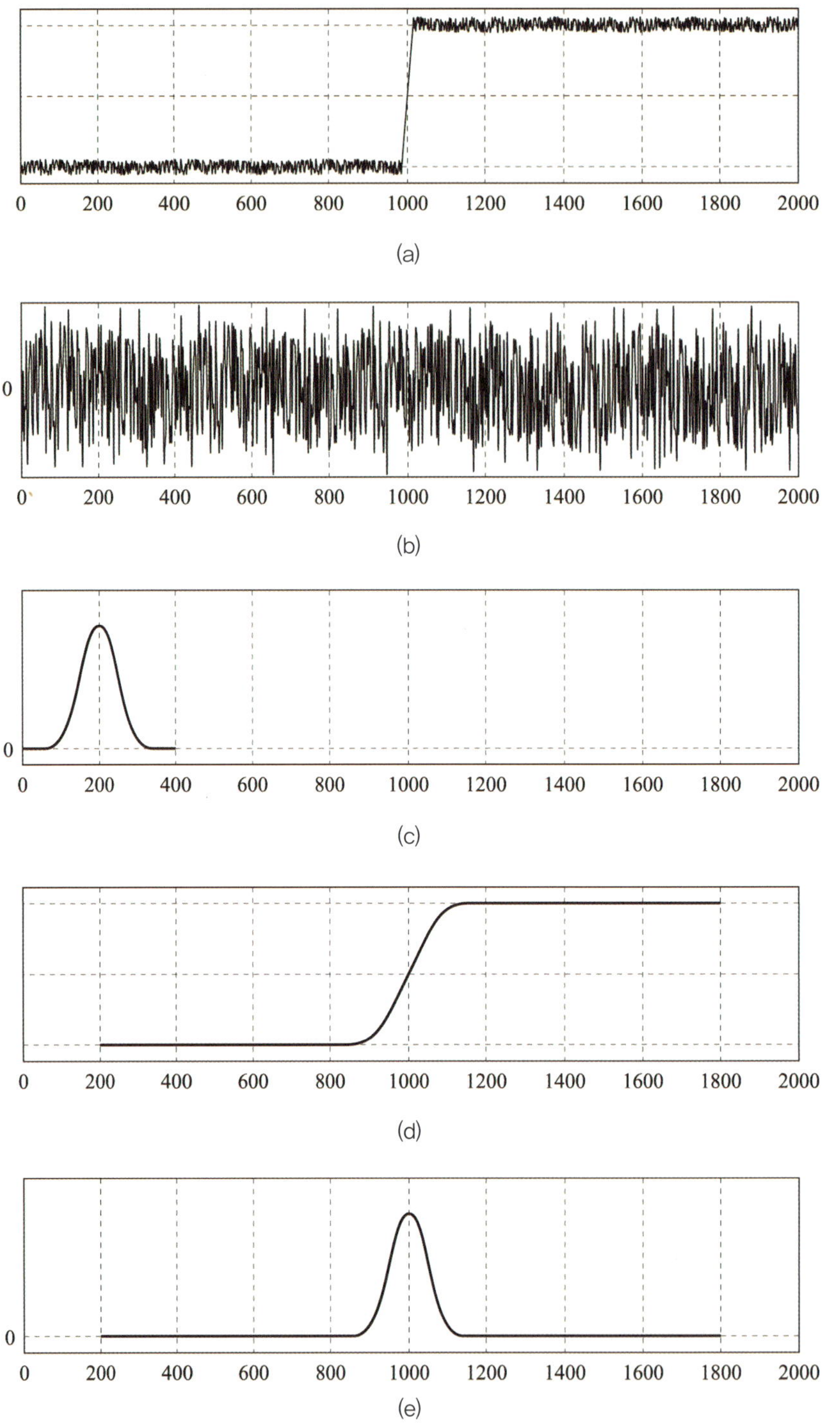

그림 7.1-3 (a) 잡음을 포함한 1차원 영상 (b) 미분 연산 결과 (c) 가우시안 커널 (d) 스므딩한 영상 (e) 스므딩한 영상에 미분 연산 결과

7.2 소벨 에지 검출

에지 크기를 계산하기 위해서는 x 방향의 미분과 y 방향의 미분을 구한다. 앞에서 설명한 것처럼 미분은 인접 화소간의 차 연산에 의해 구현될 수 있다. 또한 미분은 잡음에 매우 민감하므로 어느 정도의 스므딩 연산이 선행되어야 한다. 이러한 점을 감안하여 소벨(sobel) 에지 검출 연산자는 다음과 같은 마스크(mask)를 사용하여 x 방향과 y 방향의 미분을 구현한다.

-1	0	1
-2	0	2
-1	0	1

-1	-2	-1
0	0	0
1	2	1

$$\begin{aligned}\frac{df(x,y)}{dx} = &\left[f(x+1,y-1)+2f(x+1,y)+f(x+1,y+1)\right] \\ &-\left[f(x-1,y-1)+2f(x-1,y)+f(x-1,y+1)\right]\end{aligned} \quad \text{(식 7.2-1)}$$

$$\begin{aligned}\frac{df(x,y)}{dy} = &\left[f(x-1,y+1)+2f(x,y+1)+f(x+1,y+1)\right] \\ &-\left[f(x-1,y-1)+2f(x,y-1)+f(x+1,y-1)\right]\end{aligned} \quad \text{(식 7.2-2)}$$

x 방향의 미분을 구하기 위해 우측 3개의 화소의 합에서 좌측 3개의 화소의 합을 뺐다. 좌우로 3개의 화소를 포함시킨 이유가 바로 스므딩을 하기 위함이고, 스므딩을 할 때 (x,y) 점에 가까운 화소에는 좀 더 큰 가중치를 부여했다. 마찬가지로 y 방향의 미분을 구하기 위해서는 아래쪽 3개의 화소의 합에서 위쪽 3개의 화소의 합을 뺀다. 마스크의 가중치를 영상의 화소 값에 곱하고 이들을 더하는 과정을 회선 연산(convolution)이라 한다. 이처럼 구한 x 방향의 미분과 y 방향의 미분을 결합하여 (x,y) 점에서의 에지 크기와 에지 방향을 구할 수 있다.

$$E(x,y) = \sqrt{\left(\frac{df}{dx}\right)^2 + \left(\frac{df}{dy}\right)^2} \quad \text{(식 7.2-3)}$$

$$\theta = \tan^{-1}\left(\frac{df/dy}{df/dx}\right) \quad \text{(식 7.2-4)}$$

계산상의 편의를 위해 에지 크기를 다음과 같이 구하기도 한다.

$$E(x,y) = \left|\frac{df}{dx}\right| + \left|\frac{df}{dy}\right| \quad \text{(식 7.2-5)}$$

또는

$$E(x,y) = \max\left[\frac{df}{dx}, \frac{df}{dy}\right] \quad \text{(식 7.2-6)}$$

(예제 7.2-1) 프로그램은 OpenCV가 제공하는 cv2.Sobel() 함수를 이용하여 에지크기 및 에지 방향을 계산한 예를 보여준다.

```
cv2.Sobel(src, ddpth, dx, dy)

src: 입력 영상
ddpth: 출력 영상 데이터 타입, -1 = 입력 영상과 같은 타입
dx: x 방향 미분 차수(1차, 2차)
dy: y 방향 미분 차수(1차, 2차)
```

(예제 7.2-1) 프로그램에서 cv2.Sobel() 함수의 출력 데이터 타입을 cv2.CV_32F로 설정한다. 이는 1차 미분 값이 음수 값을 가질 수 있기 때문이다. 밝기 값이 큰 값에서 작은 값으로 변하는 경우에 음수 값을 갖는다. 에지 크기를 구하기 위해 cv2.magnitude() 함수를 호출한다. 이 함수는 x-방향 미분값과 y-방향 미분 값을 전달받아 (식 7.2-3)에서 정의된 에지 크기를 반환한다. 에지 방향을 구하기 위해 cv.phase() 함수를 호출한다. 이 함수는 x-방향 미분값과 y-방향 미분 값을 전달받아 (식 7.2-4)에서 정의된 에지 방향을 반환한다. 에지 방향을 각도로 표시하기 위해 angleInDegrees 값을 True로 설정하고. (식 7.2-4)에서 분모로 사용되는 x-방향 미분 값이 0이 되는 경우를 방지하기 위해 x-방향 미분 값에 아주 작은 양의 값을 더한다.

예제 7.2-1 프로그램

```
import cv2
import numpy as np
from matplotlib import pyplot as plt

# gray로 영상 읽어 크기 변경
src = cv2.imread('rectangle.png',0)
src = cv2.resize(src, dsize=(256,256))

# dx(x-방향 미분)와 dy(y-방향 미분) 계산
dx = cv2.Sobel(src, cv2.CV_32F, 1, 0)
dy = cv2.Sobel(src, cv2.CV_32F, 0, 1)

# 에지 방향과 에지 크기 계산
adx = dx + 0.00001
angle = cv2.phase(adx,dy,angleInDegrees=True)
mag = cv2.magnitude(dx, dy)

# 에지 방향에 대한 히스토그램 작성
mask = np.zeros(mag.shape[:2], np.uint8)
mask[mag > 100] = 255
hist = cv2.calcHist([angle], [0], mask, [360], [0,360])

# 에지크기를 0과 255 사이의 uint8 로 표현
mag = np.clip(mag, 0, 255).astype(np.uint8)

# 절대치로 변환 후, uint8 로 표현
dx = np.clip(abs(dx),0,255).astype(np.uint8)
dy = np.clip(abs(dy),0,255).astype(np.uint8)

cv2.imshow('src', src), cv2.imshow('dx', dx)
cv2.imshow('dy', dy), cv2.imshow('magnitude', mag)
plt.plot(hist,color='Black')
plt.ylim([0,700])
plt.title('edge direction')
plt.show()
```

```
cv2.waitKey()
cv2.destroyAllWindows()
```

(그림 7.2-1)은 (예제 7.2-1) 프로그램을 실행한 결과 영상을 보여준다. x-방향의 미분 영상, y-방향의 미분 영상, 그리고 에지 크기 영상의 데이터 타입을 uint8으로 변환한 후에 cv2.imshow() 함수를 사용하여 출력한다. 입력 영상은 사각형 영역을 포함하고 있다. 이 영상에 대한 x-방향의 미분 영상은 수직 에지 성분을, y-방향 미분 영상은 수평 방향 에지 성분을, 그리고 에지 크기 영상은 수직 및 수평 방향 에지 성분을 보여줌을 확인 할 수 있다.

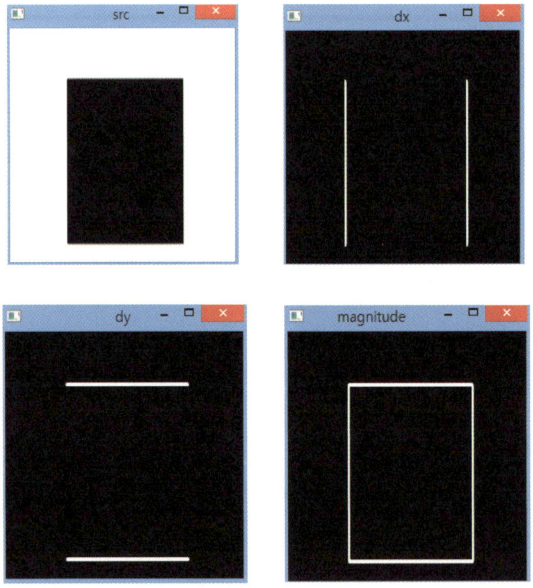

그림 7.2-1 입력 영상, 수직 에지 영상, 수평 에지 영상, 에지 크기 영상

(그림 7.2-2)는 (예제 7.2-1) 프로그램에서 수행된 에지 방향에 대한 정보를 보여준다. 에지 방향에 대한 히스토그램을 계산할 때, 에지 크기가 일정 크기 이상인 (mag >100) 화소에 대해서만 에지 방향 히스토그램을 계산하기 위해, 이러한 조건을 반영하는 mask를 cv2.calHist() 함수에 전달하여 에지 방향 히스토그램을 계산한다. 수직 방향을 나타내는 90도와 270도, 그리고 수평 방향을 나타내는 0도와 180도 방향에서 높은 빈도수를 보이고 있음을 확인할 수 있다.

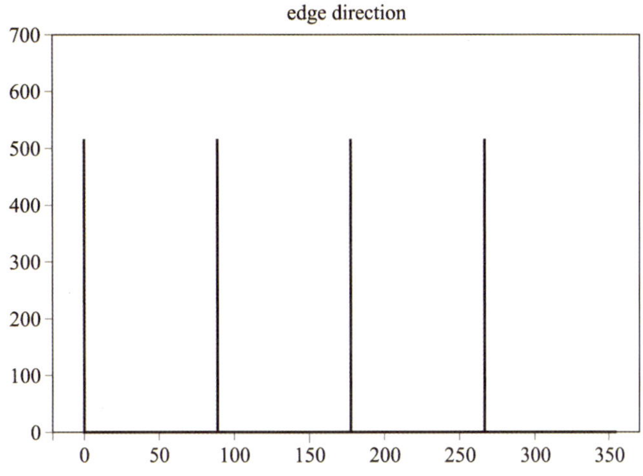

그림 7.2-2 에지 방향을 나타내는 히스토그램

7.3 캐니 에지 검출

에지 연산자를 적용하여 만들어진 결과 영상은 스므딩의 정도에 따라서 매우 다른 결과를 보인다. 에지 크기에 적절한 임계값에 적용하여 이진화된 에지 영상 역시 임계값의 크기에 따라서 매우 다른 모습을 보인다. 영역의 경계에서 한 화소 두께의 에지 점들이 만들어지기를 원하지만 그렇지 못하는 경우가 많다. 1986년 John Canny에 의하여 제안된 캐니 에지 연산자는 이러한 문제점들을 보완하기 위해 설계되었다. 캐니 에지 연산자는 다음과 같은 4단계를 거쳐 수행된다.

```
(1) 가우시안(gaussian) 커널을 이용한 스므딩.
(2) 에지 크기와 에지 방향 계산.
(2) 비-최대치 억제(non-maximum suppression).
(3) 더블 임계 작업(double thresholding).
```

첫 번째 단계는 선택적인 단계로서, 입력 영상 $f(x,y)$에 가우시안 커널을 회선시켜(convolve) 스므딩 작업을 수행한다.

$$s(x,y) = g(x,y)*f(x,y) = g(y)*(g(x)*f(x,y)) \quad \text{(식 7.3-1)}$$

$$g(x,y) = \frac{1}{\sigma^2}e^{-(x^2+y^2)/2\sigma^2} = \frac{1}{\sigma}e^{-x^2/2\sigma^2} \cdot \frac{1}{\sigma}e^{-y^2/2\sigma^2} = g(x) \cdot g(y) \quad \text{(식 7.3-2)}$$

가우시안 커널의 σ의 크기는 스모딩의 정도를 결정한다. 큰 σ를 사용하면 스므딩을 많이 하게 되고, 작은 σ를 사용하면 스므딩을 적게 하는 효과가 있다. 스므딩을 많이 하면 불필요한 잡음은 많이 제거되지만 영상이 너무 많이 블러링 된다. 2차원 가우시안 커널은 분할이 가능하다. 즉 2차원 가우시안 커널을 영상에 회선시킨 결과는 1차원 가우시안 커널을 영상의 열 방향(가로 방향)으로 회선시키고 그 결과에 다시 행 방향(세로 방향)으로 1차원 가우시안 커널을 회선시킨 결과와 같다. 이처럼 열과 행 방향으로 1차원 가우시안 커널을 회선시키는 것이 2차원 가우시안 커널을 영상에 회선시키는 것 보다 계산 속도를 높일 수 있다. σ 값을 1로 하고 1차원 가우시안 커널을 1x3 또는 1x5 마스트로 구현하면 다음과 같다.

0.25	0.5	0.25

0.05	0.2	0.4	0.2	0.05

스므딩된 영상에 미분 연산자를 적용하여 수직 에지 크기와 수평 에지 크기를 구하고, 이들로부터 에지 크기와 에지 방향을 계산한다. 미분 연산자는 앞 절에서 설명한 소벨 연산자를 사용한다.

$$E_x(x,y) = [s(x+1,y-1)+2s(x+1,y)+s(x+1,y+1)] - [s(x-1,y-1)+2s(x-1,y)+s(x-1,y+1)] \quad \text{(식 7.3-3)}$$

$$E_y(x,y) = [s(x-1,y+1)+2s(x,y+1)+s(x+1,y+1)] - [s(x-1,y-1)+2s(x,y-1)+s(x+1,y-1)] \quad \text{(식 7.3-4)}$$

$$E(x,y) = \sqrt{E_x(x,y)^2 + E_y(x,y)^2} \quad \text{(식 7.3-5)}$$

$$\theta(x,y) = \tan^{-1}(E_y(x,y)/E_x(x,y)) \quad \text{(식 7.3-6)}$$

지금까지 설명한 스므딩과 미분 연산은 대부분의 에지 연산자에서 수행되는 작업이다. 캐니 연산자의 핵심은 다음에 설명할 비-최대치 억제와 더블 임계 방법이다. 먼저 비-최대치 억제에 대해 설명한다. 미분 연산에 의해 만들어진 각 화소의 에지 크기는 영역의 경계에서 큰 값을 갖는다. 영역의 경계에서만 큰 값을 갖고 다른 화소에서는 아주 작은 값을 갖는다면, 적절한 임계값을 사용하여 한 화소 두께의 에지 점들을 만들 수 있다. 그러나 미분 연산을 수행하면 대부분의 경우, 영역 경계 부분의 화소들이 전반적으로 큰 에지 크기를 갖는다. 따라서 각 화소의 에지 크기를 주변 화소들의 에지 크기와 비교하여 에지 크기가 최대가 되는 화소의 에지 크기만 살리고 나머지 화소들의 에지 크기는 강제적으로 낮추는 작업을 수행한다.

각 화소의 에지 크기를 주변 화소들의 에지 크기와 비교할 때, 에지의 방향을 참조하여 주변 화소들을 결정한다. (식 7.3-6)에 의해 구해진 각도는 에지 면에 수직인 각도이다. 즉 수평 에지에 대해서는 90도 또는 270도, 그리고 수직 에지에 대한 각도는 0도 또는 180도로 계산된다. 각 화소 (x,y)에서 에지 방향 $\theta(x,y)$를 구한 후, 구해진 각도가 어느 범위에 속하는 가에 따라 에지 방향을 4 방향으로 양자화 한다.

$$\xi(x,y) = \text{sector}(\theta(x,y)) \quad \text{(식 7.3-7)}$$

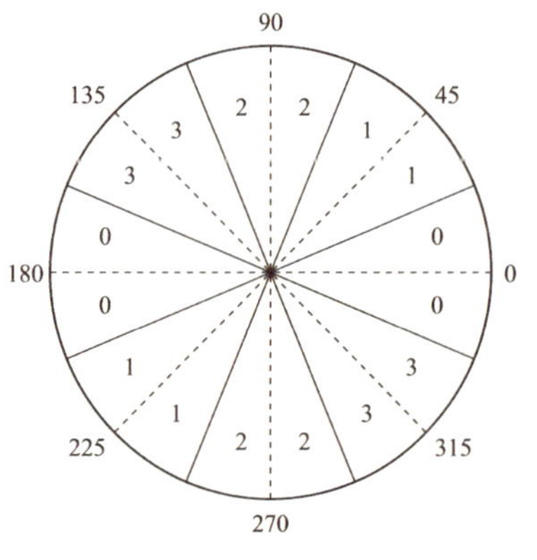

그림 7.3–1 에지 방향의 양자화

예들 들어 $\theta(x,y)$가 22.5도에서 -22.5도 또는 157.5도에서 202.5도 사이 값을 가지면, (x,y) 점에서의 에지 방향은 0이 된다. 에지 방향이 결정되면 이제 주변 화소를 정할 수 있다. 주변 화소는 에지 방향으로 놓인 두 개의 8-연결성 이웃 화소가 된다. 예들 들어 화소 점 (x,y)에서 에지 방향이 1이라면, 주변 화소는 동북 방향과 남서 방향에 위치한 $(x+1,y-1)$과 $(x-1,y+1)$이 된다. 비-최대치 억제는 각 화소 점에서 에지 크기를 주변 화소의 에지 크기와 비교하여, 만약 에지 크기가 최대치가 아니면 에지 크기를 0으로 바꾼다.

$$\begin{aligned} &when\ \ \xi(x,y)=1, \\ &E(x,y)=0 \quad \text{if} \quad E(x,y) < E(x+1,y-1) \ \text{ or } \ E(x-1,y+1) \end{aligned} \qquad \text{(식 7.3-8)}$$

예들 들어 (그림 7.3-2)의 왼쪽 영상의 모든 화소는 에지 방향 1를 갖고 각 화소의 에지 크기는 영상에 표시된 값을 갖는다고 가정하자. 비-최대치 억제 과정을 수행하면 그 결과는 오른쪽 영상이 된다. 에지 방향의 최대치만 살아남고 나머지 화소들은 에지 크기 0을 갖게 된다.

1	1	1	1	2	0	0	0
2	3	5	6	2	0	0	0
1	2	4	4	2	0	0	0
0	0	2	5	4	1	1	0
0	0	1	3	3	3	2	0
0	0	0	1	2	5	2	1
0	0	0	0	3	5	3	0
0	0	0	0	2	1	0	0

1	0	0	0	0	0	0	0
2	3	5	6	0	0	0	0
0	0	0	4	0	0	0	0
0	0	0	5	4	0	0	0
0	0	0	0	3	3	0	0
0	0	0	0	0	5	0	0
0	0	0	0	0	5	3	0
0	0	0	0	0	0	0	0

그림 7.3-2 비-최대치 억제 결과

비-최대치 억제 후에도 아직 거짓 에지(false)들이 남을 수 있다. 이는 잡음 또는 물체 표면의 세세한 텍스쳐에 의해 만들어진 에지일 수 있다. 이러한 거짓 에지들을 제거하기 위해 임계 방법을 사용하는데, 여기서 캐니 연산자는 단일 임계값 대신에 두 개의 임계값 TH_{high} 와 TH_{low} 을 사용한다. 일반적으로 TH_{high} 는 TH_{low} 의 두 배 또는 세 배의 값을 갖는다. 일단 에지 크기가 TH_{high} 이상인 화소만 에지로 선언한다. TH_{high} 는 상대적으로 높은 값이므로 중간에 끊겨진 갭들이 많이 생길 수 있다. 이 갭을 이어주기 위해 낮은 임계값 TH_{low}를 사용한다. 에지 점으로 선언된 화소를 중심으로 3x3 윈도우를 씌우고 중심 화소와 같은 에지 방향에 에지 크기가 TH_{low} 이상인 화소가 있으면 그 화소를 에지로 다시 선언하고, 이와 같은 작업은 3x3 윈도우 안에 에지로 선언된 화소를 만날 때까지 반복한다. 결국 더블 임계 방법은 높은 임계값에 의하여 생기는 갭을 채워주는 과정, 즉 링킹(linking) 과정으로 해석할 수 있다.

(그림 7.3-3)은 더블 임계 작업 과정을 개념적으로 보여준다. A와 B로 표시된 화소들은 에지 크기가 TH_{high} 이상인 화소들을 나타낸다. 이들은 에지로 선언된다. D로 표시된 화소들은 에지 크기가 TH_{low} 이하인 화소들이다. 이들은 에지가 아닌 화소로 선언된다. 에지 크기가 TH_{high}와 TH_{low} 사이에 있는 C와 E로 표시된 화소들 중에서 C로 표시된 화소들은 에지에 연결된 화소들이므로 에지로 선언되지만, E로 표시된 화소들은 에지가 아닌 화소로 남게 된다.

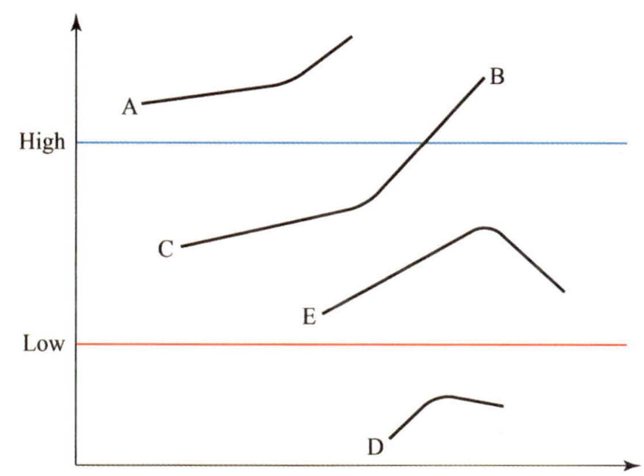

그림 7.3-3 더블 임계 작업 과정

(예제 7.3-1) 프로그램은 Opencv가 제공하는 cv2.Canny() 함수를 이용하여 에지 검출을 수행한 예를 보여준다.

```
cv2.Canny(img, minVal, maxVal, apertureSize, L2gradient)

img: 입력 영상
minVal: 더블 임계 작업을 위한 낮은 임계값
```

```
maxVal: 더블 임계 작업을 위한 높은 임계값
apertureSize: 소벨 연산자 크기
L2gradient: 에지 크기 계산에 사용되는 방식, default = False
        True면 (식 7.3-5) 사용
        False면  E(x,y) = |E_x(x,y)| + |E_y(x,y)|
```

(예제 7.3-1) 프로그램에서 에지 크기를 구하기 위해 L2gradient 값을 True로 설정하여 실행한 결과와 False로 설정하여 실행한 결과는 큰 차이를 보이지 않는다. (그림 7.3-4)는 실행 결과 영상을 보여준다. 더블 임계 작업에 사용되는 두 개의 임계값을 달리하며 수행한 결과를 보여준다. 임계값 30과 200을 사용한 경우에도 비교적 깨끗한 에지 영상이 만들어지는 것을 보면 비-최대치 억제 방법이 큰 효과를 보이고 있음을 알 수 있다. 적절한 임계값 설정은 주어진 영상에 따라서 달라지므로 영상 분석 작업이 선행 되어야 한다.

예제 7.3-1 프로그램

```
import cv2
import numpy as np

img = cv2.imread('chessboard.jpg', 0)
img = cv2.resize(img, dsize=(256,256))
cv2.imshow('input-image', img)

# 임의의 임계값 세팅
edges1 = cv2.Canny(img,30,200,3, L2gradient = True)
cv2.imshow('Edges-30-200', edges1)
edges2 = cv2.Canny(img,180,200,3)
cv2.imshow('Edges-180-200', edges2)

# 미디언을 이용하여 임계값 세팅
v = np.median(img)
sigma = 0.5
lower = int(max(0, (1.0 - sigma)*v))
upper = int(max(0, (1.0 + sigma)*v))
edge3 = cv2.Canny(img, lower, upper)
```

```
cv2.imshow('median-based edge', edge3)

# OTSU 임계값을 사용하여 임계값 세팅
th, dst = cv2.threshold(img, 0, 255,
                cv2.THRESH_BINARY|cv2.THRESH_OTSU)
lower = th * 0.5
upper = th * 1.5
edge4 = cv2.Canny(img, lower, upper)
cv2.imshow('OTSU-based edge', edge4)

cv2.waitKey(0)
cv2.destroyAllWindows()
```

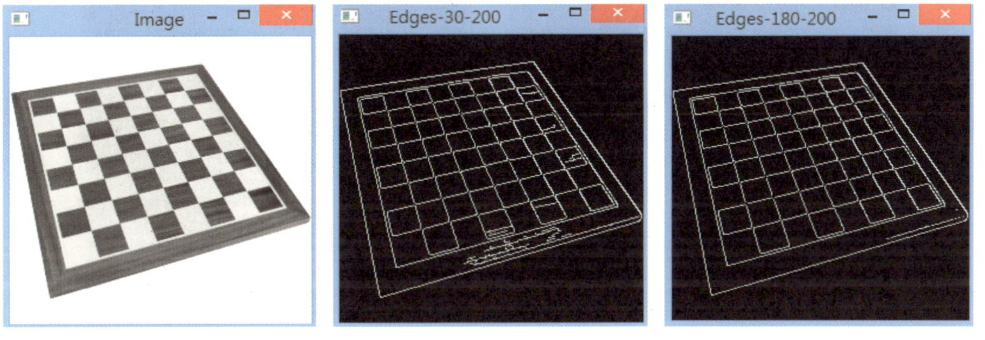

그림 7.3-4 수동으로 임계값 결정 방식의 캐니 연산자 실행 결과

캐니 에지 검출을 수행할 때 마다 매번 수작업으로 영상을 분석하여 높은 임계값과 낮은 임계값을 구하는 수고를 덜기 위해, 자동으로 두 입계값을 정하는 방법을 살펴보자. 이를 위해 영상의 통계적인 정보를 이용한다. 첫 번째 방법은 먼저 화소값들의 미디언(median)을 구한다. 미디언은 화소값들의 중앙값에 해당된다. 이 값에 적절한 값은 더한 값을 높은 임계값으로 그리고 미디언에서 적절한 값을 뺀 값을 낮은 임계값으로 정한다. 적절한 값 역시 이론적 근거 보다는 실험적으로 결정된다. 통상적으로 미디언의 0.5배 정도의 값이 사용된다. 두 임계값을 자동으로 결정하는 두 번째 방법은 OTSU 알고리즘을 활용하는 방법이다. OTSU 방식의 임계 작업에서 구해진 임계값에 적절한 값을 더한 값을 높은 임계값으로 그리고 구해진 값에 적절한 값

을 뺀 값을 낮은 임계값으로 사용한다. 미디언 방식의 경우와 마찬가지로 적절한 값은 실험적으로 결정된다.

(그림 7.3-5)는 자동으로 임계값을 설정하여 캐니 연산자를 실행한 결과 영상을 보여준다. 미디어 방식의 경우에는 구해진 미디언의 1.5배를 높은 임계값으로 그리고 미디언의 0.5배를 낮은 임계값으로 사용한다. OTSU 임계 방식의 경우에는 OTSU 임계값의 1.5배를 높은 임계값으고 그리고 OTSU 임계값의 0.5배를 낮은 임계값으로 사용한다. 두 방법 모두 화소값들의 통계적인 정보를 이용하지만 결국에는 경험적인 판단(휴리스틱)에 의존하는 방법이다. 그럼에도 불구하고 비교적 좋은 결과를 만들어 낸다.

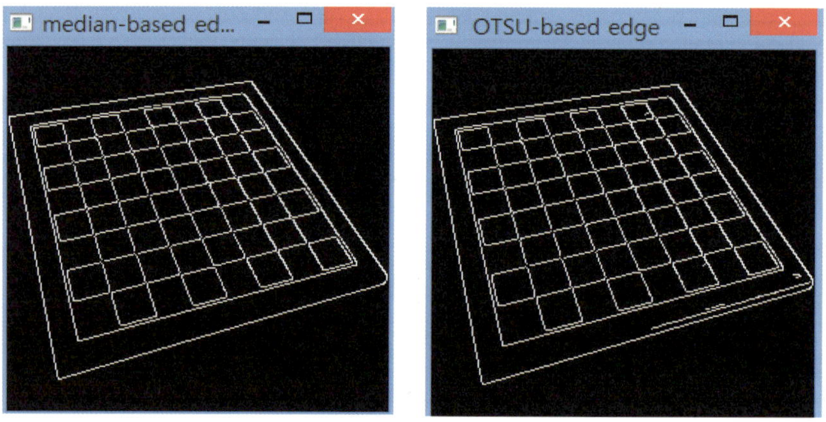

그림 7.3-5 자동으로 임계값 결정 방식의 캐니 연산자 실행 결과

7.4 허프 변환

입력 영상에 에지 연산자를 적용하여 에지 영상을 얻었다고 하자. 일반적으로 얻어진 에지들은 물체 영역의 경계를 완벽하게 연결하지는 못한다. 물체 경계에서 부분적으로 에지가 검출되지 않을 수도 있다. 기본적으로 에지 검출은 경계선을 검출하는 작업이 아니라 경계점을 검출하는 작업이므로 완벽하게 이어진 경계선 검출을 기대하는 것은 무리다. 에지 연산자에 의해 검출된 에지 점들을 연결하여 직선으로 이루어진 경계선을 검출하는 작업을 본 절에서 설

명한다.

허프-변환(Hough transform)은 x축과 y축으로 구성된 영상 공간(image space)의 한 에지 점을 기울기(m) 축과 절편(b) 축으로 구성된 매개변수 공간(parameter space)의 한 직선으로 변환한다. 예들 들어 (그림 7.4-1)의 에지 점 $P(x,y)$는 매개 변수 공간에서 직선 $b=-mx+y$로 변환되고, 에지 점 $P'(x',y')$는 직선 $b'=-m'x'+y'$로 변환된다.

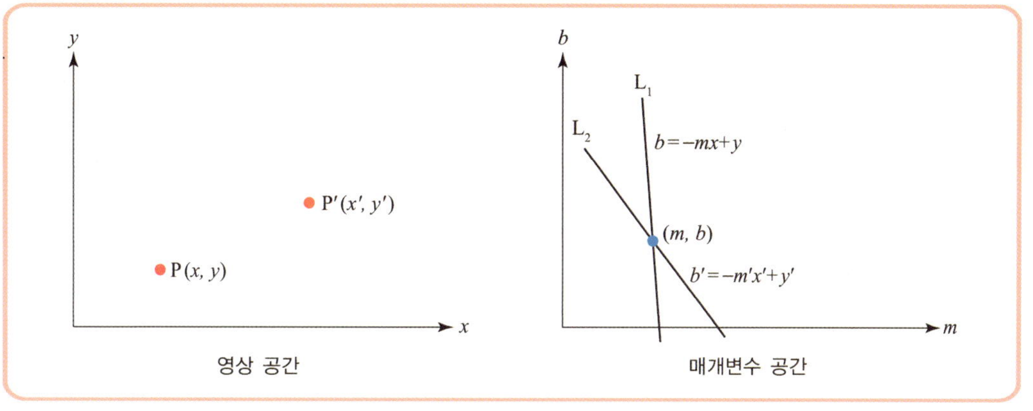

그림 7.4-1 허프 변환의 원리

따라서 매개 변수 공간에서 두 직선이 만나는 점 (m,b)가 영상 공간의 두 점 $P(x,y)$와 $P'(x',y')$를 연결하는 직선의 기울기(slope)와 절편(intersection)이 된다. 즉 두 에지 점을 연결하는 직선 위에 놓인 모든 에지 점은 매개 변수 공간에서 (m,b)를 통과하는 직선이 된다. 같은 직선위에 놓인 에지 점들의 개수가 많으면 많을수록 매개 변수 공간에서 (m,b)를 통과하는 직선의 수가 그 만큼 많아진다. 이는 각 에지 점이 매개 변수 공간의 (m,b) 점에 한 표씩 투표를 하는 것으로 해석할 수 있다.

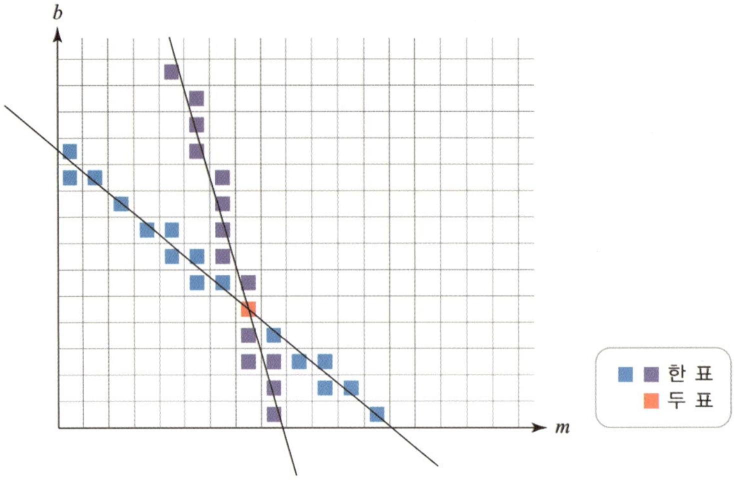

그림 7.4-2 매개변수 공간에서 투표

영상 공간의 각 에지 점에 대해 매개 변수 공간의 대응되는 직상 상의 모든 점들에 한 표씩 투표를 하게한 후, 가장 많은 투표를 받은 점의 m값과 b값이 찾고자 하는 직선의 기울기와 절편이 된다. 이제 허프-변환 알고리즘을 정리하면 다음과 같다.

> (1) m과 b를 적절한 간격으로 양자화(quantization) 한다. 여기서 적절한 간격이란 매개 변수 공간이 배열로서 구현되므로 배열의 크기를 고려하고 찾고자 하는 직선이 가질 수 있는 m과 b의 범위를 고려하여 결정된다.
> (2) 누적 배열 H(m,b)를 생성하고, 배열의 각 원소를 0으로 초기화 한다.
> (3) 영상 공간의 각 에지 점 (x,y)에 대해 $b=-mx+y$를 만족하는 모든 H(m,b) 원소의 값을 1만큼 증가시킨다.
> (4) 누적 배열 H(m,b)에서 일정한 값 이상이면서 동시에 로컬 최대치(local maxima)인 원소들을 선택한다. 선택된 원소들의 m과 b가 영상에서 찾고자하는 직선의 기울기와 절편에 해당된다. 만약 n개의 로컬 최대치가 선택되면 n개의 직선이 만들어 진다.

지금까지 허프-변환을 설명하면서 직선의 방정식으로 $b=-mx+y$를 사용하였다. 그러나 이 식은 약간의 문제를 발생한다. 영상에서 흔히 발생하는 수직선의 경우에 기울기 m 값이 무한대가 되어야 한다. 이는 누적 배열 H(m,b)의 크기를 엄청 크게 해야 하는 문제가 있다. 이러한 문제를 해소하기 위해서 직선의 방정식을 극 좌표계(polar coordinate)를 이용하여 표현한다.

$$\rho = x\cos\theta + y\sin\theta$$

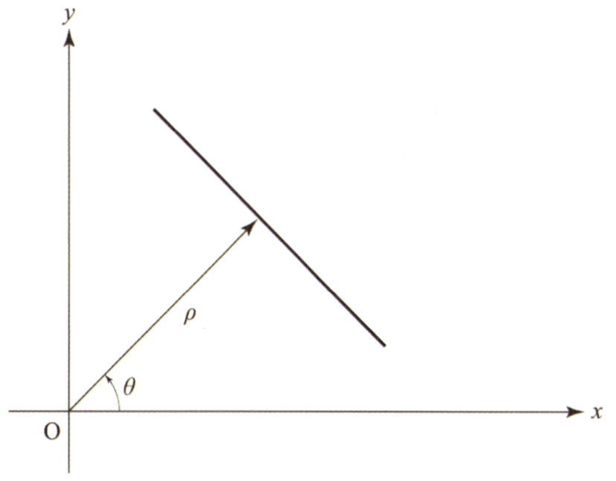

그림 7.4-3 직선의 방정식을 극 좌표계로 표현

매개 변수 공간을 (θ, ρ)로 표현하면, 영상 공간의 한 에지 점은 이제 매개 변수 공간에서 sin 곡선과 같은 모양의 커브가 된다. 따라서 누적 배열 $H(\theta, \rho)$를 구현할 때 θ는 0에서 2π 사이의 값을 그리고 ρ는 0에서 영상 공간의 대각선의 길이 사이의 값을 갖도록 적절히 양자화 된다.

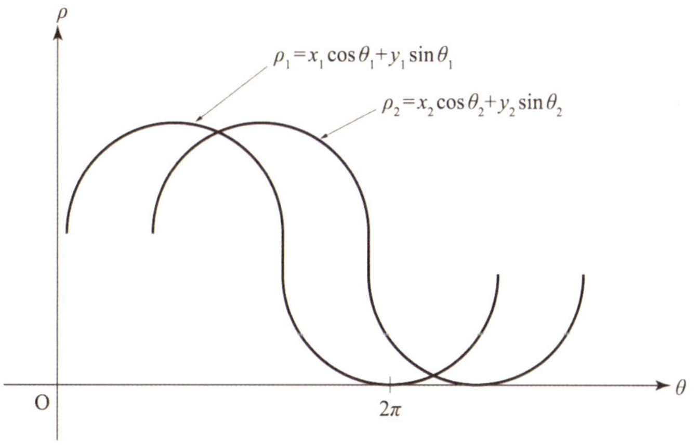

그림 7.4-4 영상 공간의 에지 점에 대응되는 극 좌표 공간에서의 커브

허프-변환을 수행하여 얻은 결과는 단순히 직선에 대한 정보뿐이다. 직선의 시작점과 끝점에 대한 정보는 주어지지 않는다. 구해진 직선을 원 영상에 투영시키면 무한한 길이를 갖게 된다. 따라서 어떤 에지들이 어떤 직선에 대응되는 가를 찾아 물체 영역의 경계선을 만드는 작업이 추가적으로 필요하다. 이러한 작업을 허프-변환의 후처리 작업(post processing)이라 한다. 후처리 작업은 정렬(sorting)과 갭 채우기(gap filling) 작업으로 진행된다. 누적 배열에서 한 원소가 선택되면, 선택된 원소에 참여했던 에지 점들을 모아 하나의 그룹을 만든다. 이 그룹에 속하는 에지 점들의 (x,y) 좌표를 누적 배열 원소의 방향 θ 만큼 회전시킨 후, 회전된 x 좌표 값에 따라 에지 점들을 정렬시킨다. 정렬된 인접 에지 점간의 간격(회전된 x 좌표의 차이)이 적절한 임계 값 안에 있게 되면 이들을 모아 하나의 직선 성분으로 연결한다. 간격이 임계값보다 크게 되면 그룹을 분할하고 각 그룹이 하나의 직선 성분을 나타내도록 한다.

(예제 7.4-1) 프로그램은 Opencv가 제공하는 cv2.HoughLinesP() 함수를 이용하여 직선 검출을 수행한 예를 보여준다.

```
cv2.HoughLinesP(img, rho, theta, threshold, lines, minLineLength, maxLineGap)

        img: 입력 영상
        rho: 누적 배열 H(θ,ρ)에서 rho 값 간격, 화소 단위
        theta: 누적 배열 H(θ,ρ)에서 theta 값 간격, 라디안 단위(pi 라디안 = 180도)
        threshold: 누적 배열에서 직선으로 판단될 임계값
        lines: 직선의 시작과 끝 좌표(x1, y1, x2, y2) 정보를 담고 있는 np.ndarray
        minLineLength: 직선으로 인정할 최소 길이
        maxLineGap: 직선으로 간주할 최대 에지 점 간격
```

(예제 7.4-1) 프로그램에서 사용하는 cv2.HoughLinesP() 함수는 확률적 허프 변환을 수행한다. 학률적 허프 변환의 기본 아이디어는 직선 성분을 찾기 위해 변환에 참여하는 에지 점들의 개수를 줄여서 전체 계산 량을 줄이는 것이다. 예를 들어, 긴 직선 성분은 소속 에지 점들의 일부만 투표에 참여해도 누적 배열에서 해당되는 원소는 충분히 큰 값을 갖는다. 반면에 짧은 직선 성분은 상대적으로 많은 소속 에지 점들의 투표에 참여해야 누적 배열의 해당 원소가 임계값 이상의 큰 값을 갖게 된다.

이러한 철학을 바탕으로 누적 배열을 만들어 가는 과정을 분석한다. 먼저 무작위로 선정된 m개의 에지 점들을 투표해서 누적 배열 원소들의 상태를 검사한다(m은 총 에지 점 개수 N에 비해 아주 작은 값). 임계값 s 이상의 큰 값을 갖는 원소가 만들어지면, 해당 원소가 표현하는 직선을 에지 공간에 투영한다. 투영된 직선상에 놓인 에지 점들(아직 투표에 참여하지 않은 에지 점들)은 이제 더 이상 투표에 참여할 필요가 없다. 이처럼 무작위로 선택된 m개의 에지 점들을 투표해서 누적 배열의 상태를 분석하고, 분석된 결과를 에지 공간에 반영하는 작업을 반복한다. 임계값 s는 투표 작업이 진행되면서 점진적으로 조정될 수 있다.

cv2.HoughLInesP() 함수는 검출된 직선 성분의 시작과 끝 좌표 값을 반환한다. 검출될 직선 성분의 최소 길이와 하나의 직선 성분에 포함된 에지 점간 허용되는 최대 갭을 제약 조건으로 사용한다. 이 함수가 좋은 결과를 만들기 위해서는 입력 에지 영상이 강한 에지들로 구성되는 것이 바람직하고 또 누적 배열에 적용될 임계값은 상대적으로 낮은 값을 지정하는 것이 바람직하다.

예제 7.4-1 프로그램

```
import cv2
import numpy as np
from matplotlib import pyplot as plt

img = cv2.imread('chessboard.jpg')
img = cv2.resize(img, dsize=(256,256))
img_original = img.copy()
gray = cv2.cvtColor(img, cv2.COLOR_BGR2GRAY)

# get median of image
v = np.median(gray)

sigma = 0.33
lower = int(max(0,(1.0 - sigma)*v))
upper = int(min(255, (1.0 + sigma)*v))

edges = cv2.Canny(gray, lower, upper)

lines = cv2.HoughLinesP(edges,1.0,np.pi/180, 30,
```

```
                            minLineLength=10, maxLineGap=10)

print('shape of lines =', lines.shape)
print('lines[0][0][:]', lines[0][0][:])

# 허프 변환에서 검출된 선을 전부 투영하기 위한 반복문
for line in lines:
    x1,y1,x2,y2 = line[0]
    cv2.line(img,(x1,y1),(x2,y2),(0,0,255),2)

cv2.imshow('input-image', img_original)
cv2.imshow('edge image', edges)
cv2.imshow('line image', img)

cv2.waitKey(0)
cv2.destroyAllWindows()
```

(예제 7.4-1) 프로그램에서 에지 영상을 만들기 위해 캐니 에지 연산자를 사용한다. 캐니 에지 연산자의 임계값은 화소값들의 미디언을 사용하여 구한다. cv2.HoughLInesP() 함수는 누적 배열의 rho 간격을 1.0 화소 크기로, theta 간격을 pi/180= 0.017 라디안(1도) 크기로 한다. 검출될 직선의 크기는 10 이상이어야 하고, 직선상의 에지 점간의 간격은 10 이하여야 한다. 누적 배열에서 직선으로 판단될 임계값은 30으로 한다. 이는 영상의 크기가 256x256 인 점에 비해 상대적으로 작은 값이다.

(그림 7.4-5)는 chessboard.jpg 영상에 허프 변환을 수행한 결과 영상을 보여준다. 캐니 연산자에 의해 만들어진 에지 영상은 잡음 성분이 거의 없는 매우 깨끗한 이진 영상이다. 이 이진 영상에서 총 39개의 직선 성분이 검출되었고, 검출된 각 직선 성분은 빨강색으로 표시하였다. 각 직선 성분들의 시작과 끝이 직선 성분에 포함하는 에지 점들의 경계에서 만들어지고 있음을 확인할 수 있다.

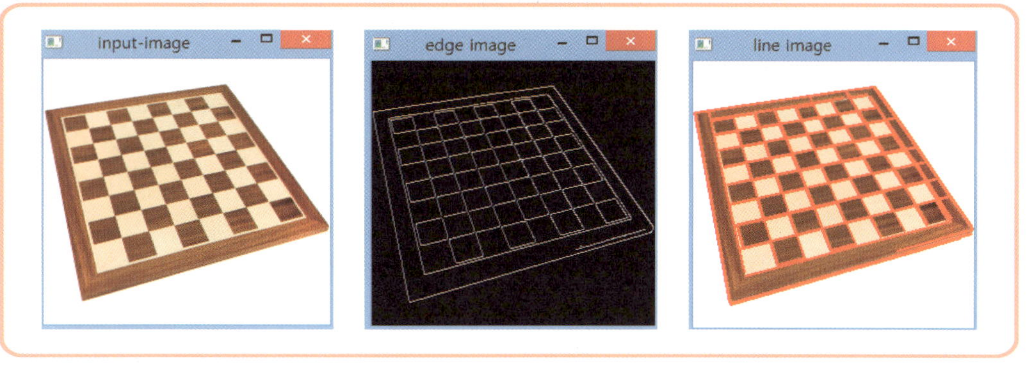

그림 7.4-5 허프 변환 결과 영상

참고문헌

- Jiri Matas, "Robust detection of lines using the progressive probabilistic hough transform," Computer Vision and Image Understanding, 2000.
- John Canny, "A Computational Approach to Edge Detection," IEEE Transactions on PAMI, November 1986
- Forsyth, Computer Vision: A Modern Approach, Pearson, 2011
- https://docs.opencv.org/3.4/d9/db0/tutorial_hough_lines.html
- https://docs.opencv.org/4.x/da/d22/tutorial_py_canny.html
- 이세우, 파이썬으로 만드는 OpenCV 프로젝트, 프로그래밍인사이트, 2019

CHAPTER 08

지역 특징 검출 및 기술

8.1 코너 검출

컴퓨터 비전의 많은 문제들은 영상 매칭 작업을 필요로 한다. 영상 매칭을 수행하는 일반적인 과정은 각 영상에서 지역적인 특징을 검출하고, 검출된 특징들을 적절한 방법으로 기술한 후, 각 영상의 특징 기술들을 비교하는 작업을 통해 진행된다. 코너는 지역적인 특징으로서 고유성과 변별력이 강한 특징이다. 반면에 에지 점 또는 평탄한 영역 내에 위치한 점들은 고유성과 위치 변별력을 갖지 못해 영상 매칭 과정에 도움이 되지 못한다.

코너를 검출하기 위해 여러 방법들이 문헌에 소개 되었다. 제안된 방법들의 기본 아이디어는 서로 비슷한데 구현하는 과정에 다소 차이가 있다. (그림 8.1-1)은 코너 검출 방법의 기본 개념을 잘 설명한다.

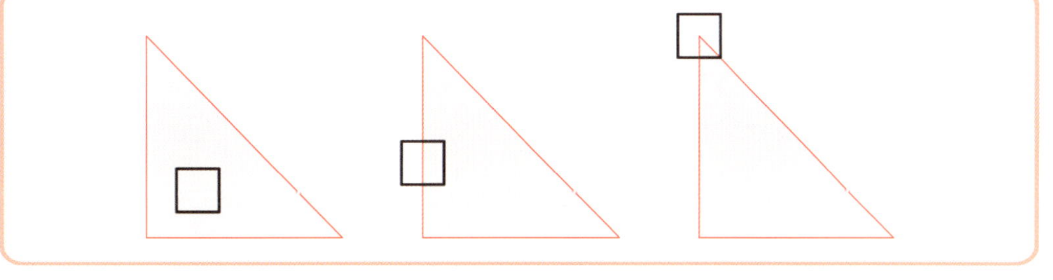

그림 8.1-1 코너 검출 방법의 기본 개념

(그림 8.1-1)의 삼각형 영역에서 지역적 특징 점을 검출하는 문제를 생각하자. 삼각형 영역 내부에서는 작은 윈도우를 어느 방향으로 움직이더라도 윈도우 안의 화소 값의 변화는 거의 없다. 작은 윈도우를 수직 에지 부분에서 수평 방향으로 움직일 때는 윈도우 내의 화소 값이 큰 변화

를 보이지만 수직 방향으로 움직일 때는 윈도우 내의 화소 값이 큰 변화를 보이지 않는다. 이제 이 윈도우를 코너 점 주위에서 움직일 때는 어느 방향으로 움직이더라도 윈도우 내의 화소 값들은 큰 변화를 보인다. 이러한 관찰을 기반으로 대부분의 코너 검출 알고리즘들이 설계된다.

코너 검출기를 유도하는 기본 식은 (식 8.1-1)과 같다. (식 8.1-1)을 이용하여 모라벡(Moravec)이 제안한 코너를 검출하는 과정을 직관적으로 설명하면 다음과 같다. 영상을 x 방향으로 u 만큼 그리고 y 방향으로 v 만큼 이동시키고 원 영상과의 화소 값의 차이의 합을 구한다. 차이의 합은 비교적 작은 윈도우 함수 $w(x,y)$ 안에서 구한다. 코너 점을 찾는 문제는 이제 영상을 가로 방향, 세로 방향, 그리고 대각선 방향으로 이동시키면서 차이의 합을 계산하여, 차이의 합이 최소가 되는 방향에서의 값이 클 때 (x,y) 점을 코너 점으로 결정한다. 예를 들어, min{E(1,0; x,y), E(0,1; x,y), E(1,1; x,y), E(-1,-1; x,y)} > Th 이면 (x,y) 점을 코너 점으로 결정한다.

$$E(u,v;\ x,y) = \sum_{(x,y)} w(x,y)(I(x+u,y+v) - I(x,y))^2 \qquad \text{(식 8.1-1)}$$

모라벡 알고리즘은 쉽게 구현할 수 있는 장점이 있으나, 잡음에 민감하고 제한적인 방향에서만 비교가 이루어진다는 단점이 있다. 이러한 한계점 보완한 해리스(Harris) 코너 검출 알고리즘은 (식 8.1-1)을 (u,v)의 2차 방정식으로 변환한다. 변환된 2차 방정식의 계수들은 x-방향 및 y-방향 미분값에 의해 정의되며, 코너 판별은 이들 미분값들을 분석하여 결정된다. (식 8.1-2)는 해리스에 의해 변환된 (u,v)의 2차 방정식을 보여준다. (변환 과정은 복잡한 수식 전개를 필요로 하므로 생략한다.)

$$\begin{aligned} E(u,v;\ x,y) &\approx \sum_{(x,y)} w(x,y)\left(u^2 I_x^2 + 2uvI_xI_y + v^2 I_y^2\right) \\ &= [u\ \ v]\begin{bmatrix} \sum_w w(x,y)I_x^2 & \sum_w w(x,y)I_xI_y \\ \sum_w w(x,y)I_xI_y & \sum_w w(x,y)I_y^2 \end{bmatrix}\begin{bmatrix} u \\ v \end{bmatrix} \qquad \text{(식 8.1-2)} \\ &= [u\ \ v]\,M(x,y)\begin{bmatrix} u \\ v \end{bmatrix} \end{aligned}$$

(식 8.1-2)에서 I_x^2는 x-방향 미분값의 제곱을, I_y^2는 y-방향 미분값의 제곱을, 그리고 I_xI_y는 x-

방향 미분값과 y-방향 미분값의 곱을 나타낸다. 2차 방정식의 계수를 정의하는 2x2 행렬 $M(x,y)$를 영상 $I(x,y)$의 모든 화소에서 계산한 후, 계산된 행렬이 적절한 조건을 만족하는 화소 (x,y)를 코너 점으로 판단한다. (그림 8.1-2)는 (예제 8.1-1) 프로그램을 수행하여 만들어진 chess-borad 영상에 대한 $(I_x^2,\ I_y^2,\ I_xI_y)$를 보여준다.

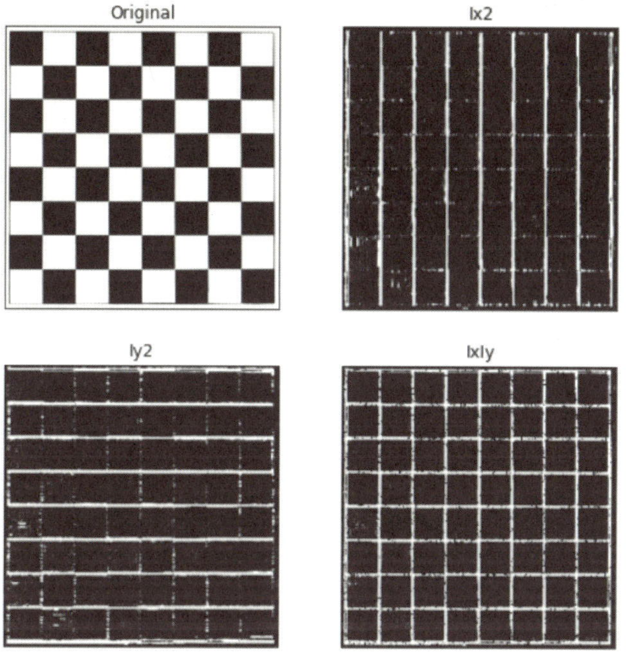

그림 8.1-2 행렬 $M(x,y)$ 계산에 사용되는 $(I_x^2,\ I_y^2,\ I_xI_y)$

예제 8.1-1 프로그램

```
import cv2
import numpy as np
from matplotlib import pyplot as plt

# gray 영상 읽어 크기 변경
src = cv2.imread('chess-board.png',0)
src = cv2.resize(src, dsize=(256,256))

# dx(x-방향 미분)와 dy(y-방향 미분) 계산
```

```python
dx = cv2.Sobel(src,cv2.CV_32F, 1, 0)
dx2 = dx*dx
dy = cv2.Sobel(src,cv2.CV_32F, 0, 1)
dy2 = dy*dy
dxy = dx*dy

# 절대치로 변환 후, uin8로 표현
dx2 = np.clip(abs(dx2), 0, 255).astype(np.uint8)
dy2 = np.clip(abs(dy2), 0, 255).astype(np.uint8)
dxy = np.clip(abs(dxy), 0, 255).astype(np.uint8)

# 결과 출력
titles = ['original', 'Ix2', 'Iy2', 'Ixy']
images = [src, dx2, dy2, dxy]

plt.figure(figsize = (8,8))
for i in range(4) :
    plt.subplot(2,2,i+1)
    plt.imshow(images[i], 'gray') # 각 영상 출력
    plt.title(titles[i]) # 제목 부착
    plt.xticks([]) # x, y 축 수치 제거
    plt.yticks([])
plt.show
```

행렬 $M(x,y)$은 대칭 행렬(symmetric matrix)이므로 미분 방향을 나타내는 고유 벡터(eigen vector) U와 각 방향에서 미분 크기를 나타내는 고유 값(eigen value) 행렬로 분해될 수 있다.

$$M(x,y) = U^T \begin{bmatrix} \lambda_1 & 0 \\ 0 & \lambda_2 \end{bmatrix} U$$

따라서 행렬 $M(x,y)$의 고유 값 λ_1과 λ_2을 구해서, 두 값이 모두 작으면 (x,y)는 영역 내부 점으로, 한 값은 크고 다른 한 값은 작으면 에지 점으로, 두 값이 모두 크면 코너 점으로 결정할 수 있다. 이러한 판단에 근거해서 해리스 코너 검출 알고리즘은 코너를 결정하는 척도로서 코너 응답 함수 $R(x,y)$를 정의하고 $R(x,y)$ 값이 충분히 크면 화소 (x,y)를 코너 점으로 결정한다.

(식 8.1-3)에서 상수 k는 통상적으로 0.04에서 0.06 사이의 값을 갖는다.

$$R(x,y) = Det M(x,y) - k \cdot [\,Trace M(x,y)]^2 \\ = \lambda_1 \lambda_2 - k \cdot (\lambda_1 + \lambda_2)^2 \qquad \text{(식 8.1-3)}$$

해리스 코너 검출 알고리즘은 사실 성능보다는 이론적으로 잘 설명되는 토대를 갖추고 있어서 유명하다. OpenCV는 해리스 코너 검출 알고리즘에 기반하여 코너를 검출하는 함수 cv2.cornerHarris()와 cv2.goodFeaturesToTrack()을 제공한다.

```
cv2.cornerHarris(src, blockSize, ksize, k)

  src: 입력 영상
  blockSize: 코너응답 함수 R(x,y)에서 사용되는 이웃 윈도우 w(x,y) 크기, 보통 2-5
  ksize: 소벨 연산자 커널 크기, 보통 3
  k: 해리스 코너 검출 상수, 보통 0.04-0.06
```

cv2.cornerHarris() 함수는 각 화소에서 계산된 코너응답 함수값 $R(x,y)$을 실수형 행렬로 반환한다. 반환된 값이 일정 크기 이상이면 코너점으로 판단한다.

```
cv2.goodFeaturesToTrack(image, maxCorners, qualityLevel, minDistance,
        mask=None, blockSize=None, useHarrisDetector=None, k=None)

  image: 입력 영상
  maxCorners: 검출할 최대 코너 개수
  qualityLevel: 코너 점 결정을 위한 값, 보통 0.01-1
  minDistance: 코너 점 사이의 최소 거리
  mask: 코너 점을 검출할 영역, 보통 영상 전체
  blockSize: 코너응답 함수 R(x,y)에서 사용되는 이웃 윈도우 w(x,y) 크기,
                  보통 2-5
  useHarrisDetector: 해리스 코너검출 알고리즘 사용 여부, default=False
  k: 해리스 코너 검출 상수, 보통 0.04-0.06
```

cv2.goodFeaturesToTrack() 함수는 좀 더 많은 인자들을 사용하여 검출할 코너의 조건을 명시한다. maxCorners는 검출할 최대 코너 개수를 제한하는데 사용된다. qualityLevel은 코너 점 결정을 위해 사용되는 인자로서 코너 응답 함수값의 최대치에 곱해지며, 곱해진 값을 초과하는 코너 응답 함수값을 갖는 화소들을 코너로 결정한다. minDistance는 코너 점들이 너무 근접해서 검출되는 것을 방지한다. 이 값을 10으로 설정하면 10 화소 이내에 검출된 코너 점들 중에서 응답 계수가 가장 큰 코너점만 남기고 나머지는 버린다. useHarrisDetector는 사용할 코너 응답 함수를 결정하는 인자이다. 기본값은 False이며, 이 경우 시-토마시(Shi Tomasi)가 제안한 (식 8.1-4)에서 정의된 코너 응답 함수를 사용한다. True인 경우에는 (식 8.1-3)에서 정의된 코너 응답 함수를 사용한다. cv2.goodFeaturesToTrack() 함수는 검출된 N개의 코너 좌표들을 저장한 3차원 실수 행렬 (N,1,2)을 반환하다.

$$R(x,y) = \min(\lambda_1, \lambda_2) \quad \text{(식 8.1-4)}$$

OpenCV는 또 다른 방식의 코너 검출 방식인 cv2.FastFeatureDetector를 제공한다. 이 방식은 성능 면에서 우수하면서 쉽게 구현 가능한 장점이 있으나 잡음에 매우 민감한 단점이 있다. cv2.FastFeatueDetector_create() 생성자 함수는 cv2.FastFeatureDetector 객체를 생성한다. 생성된 객체의 기본 동작 원리는 (그림 8.1-3)과 같이 각 화소 p를 중심으로 주변의 16개 화소(대충 반지름이 3인 원주 상의 화소) 값들을 조사해서 중심 화소보다 충분히 어둡거나 충분히 밝은 화소가 9개 이상 연속적으로 나타나면 중심 화소를 코너라고 판단한다.

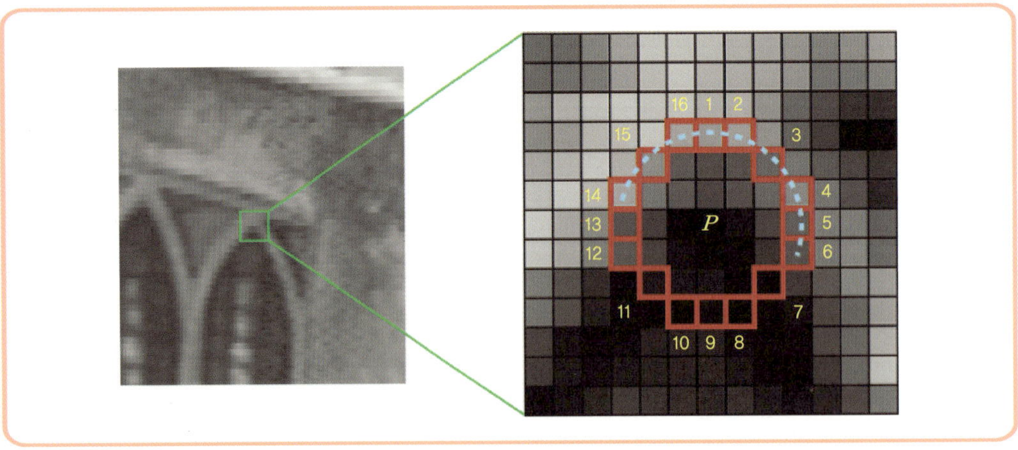

그림 8.1-3 FAST 코너 검출기의 중심화소와 주변화소

```
cv2.FastFeatureDetector_create(threshold=None, nonmaxSuppression=None,
                               type=None)

  threshold: 중심 화소 값과 주변 화소 값과의 차이 임계값, 기본값은 10, 보통 30-60
  nonmaxSuppression: 비-최대치 억제 작업 수행 여부, 기본값은 True
  type: 코너 검출 방법,
        기본값은 cv2.FAST_FEATURE_DETECTOR_TYPE_9_16
        (16개 중에서 연속적으로 9개 이상)
```

cv2.FastFeatureDetector_create() 함수는 코너 검출 객체를 생성하는 생성자 함수이다. 이 함수의 type 인자는 코너 검출 방식을 결정하는 인자로서 기본값인 cv2.FAST_FEATURE_DETECTOR_TYPE_9_16는 주변 16개 화소 중에서 연속적으로 화소값 차이가 임계값 이상인 화소의 수가 9개 이상인 경우 중심 화소를 코너로 판정한다.

```
cv2.FastFeatureDetector.detect(image)

  image: 입력 영상
```

cv2.FastFeatureDetector.detect() 함수는 코너검출 작업을 수행한 후 cv2.KeyPoint 타입의 객체를 담은 리스트를 반환한다. 각 객체의 pt 멤버는 배열로서 검출된 코너점의 x-좌표와 y-좌표를 실수형으로 저장한다 (pt[0]=x-좌표, pt[1]=y-좌표).

예제 8.1-2 프로그램

```
import cv2
import numpy as np

# 영상 읽어 크기 변경
image = cv2.imread('polygon.png',-1)
img = cv2.resize(image, dsize=(256,256))
img1 = img.copy()
img2 = img.copy()
src = cv2.cvtColor(img, cv2.COLOR_BGR2GRAY)
```

```
### < 해리스 코너 검출 >
corners = cv2.cornerHarris(src, 3, 3, 0.04)

# 변화량 결과의 최대값 10% 이상의 좌표 구하기
coord = np.where(corners > 0.05* corners.max())
coord = np.stack((coord[1], coord[0]), axis=-1)

# 코너 좌표에 동그리미 그리기
print('# of Harris comers =', coord.shape[0])
for x, y in coord:
    cv2.circle(img, (x, y), 5, (255,0,0),12, cv2.LINE_AA)

### < goodFeaturesToTrack 코너 검출(Shi-Tomasi) >
corners = cv2.goodFeaturesToTrack(src, 100, 0.05, 10)

# 실수 좌표를 정수 좌표로 변환
corners = np.int32(corners)

# 좌표에 동그라미 표시
print('# of GFTT corners =', corners.shape[0])
for corner in corners:
    x, y = corner[0]
    cv2.circle(img1, (x, y), 5, (255,0,0), 1, cv2.LINE_AA)

### < FAST코너 검출 >
fast = cv2.FastFeatureDetector_create(30)

# cv2.KeyPoint
keypoints = fast.detect(src)

# 좌표에 동그라미 표시
print('# of FAST corners =', len(keypoints))
for kp in keypoints:
    pt = (int(kp.pt[0]), int(kp.pt[1]))
    cv2.circle(img2, pt, 5, (255,0,0), 1, cv2.LINE_AA)
```

```
images = [img,img1,img2]
titles = ['Harris','GFTT','FAST']

plt.figure(figsize=(12,4))
for i in range(3) :
    plt.subplot(1,3,i+1)
    plt.imshow(images[i])
    plt.title(titles[i])
    plt.xticks([]), plt.yticks([])
plt.show()
```

(예제 8.1-2) 프로그램은 OpenCV가 제공하는 코너 검출 함수들을 사용하여 코너 검출하는 예를 보여준다. cv2.cornerHarris()에 전달된 주변 윈도우의 크기는 3이고 해리스 코너 검출 상수는 0.04이다. 반환된 최대 코너 응답 함수값의 0.05배 이상의 응답 함수값을 갖는 화소들을 코너점으로 판단하여 이들의 좌표를 다각형 입력영상 위에 반지름이 5인 빨강색 원으로 표시한다. (그림 8.1-4)는 수행된 결과를 보여준다. 총 211개의 코너 점들이 검출된다. 실제 코너 점 개수보다 너무 많은 코너 점들이 검출되었다. 검출된 코너 점들은 실제 코너 점 주위에 몰려 있어서 코너 점을 표시하는 원들이 많이 중첩되어 있다. 중첩된 원들은 크기가 큰 그리고 속이 채워진 하나의 원 형태로 표시된다.

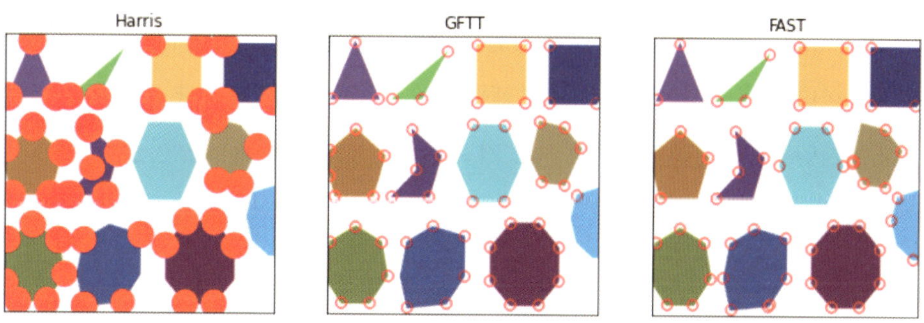


```
number of Harris corners = 211
number of GFTT corners = 54
number of FAST corners = 54
```

그림 8.1-4 Harris, GFTT, FASt 코너 검출기 수행 결과

(예제 8.1-2) 프로그램에서 호출된 cv2.goodFeaturesToTrack() 함수는 총 54개의 코너를 검출한다. 실제 코너 개수에 매우 근사한 값이다. 코너 검출 과정을 함수 인자들이 전달하는 다양한 조건들을 사용하여 조정한 결과라고 생각된다. 최대 검출 코너 개수를 100개로 제한한다. 코너 점간의 간격이 10 화소 이상이 되도록 하고, 이 범위 안에서 최대 코너 반응 값을 갖는 화소만을 코너 후보로 선정한다. 코너 응답 함수는 시-토마시 코너 응답 함수를 사용한다.

(예제 8.1-2) 프로그램에서 호출된 cv2.FastFeatueDetector.detec() 함수는 총 54개의 코너를 검출한다. 단순한 처리 과정에 비해 상당히 좋은 결과를 보인다. 이는 입력된 원 영상이 잡음이 없는 매우 깨끗한 영상이기 때문으로 판단된다. 특히 코너 점간의 거리 제한이 없어서 인접 다각형의 꼭지점들이 만드는 코너점들도 잘 검출한다. 비-최대치 억제 작업을 수행하고, 중심 화소값과 주변 화소값의 차이에 대한 임계값은 30을 사용한다.

8.2 블롭 검출(blob detection)

블롭은 영상 내 주변보다 더 밝거나 어두운 영역을 의미한다. 에지 또는 코너가 영상 내 특정한 화소를 나타낸다면, 블롭은 영상 내 유사한 밝기값을 갖는 연결된 영역을 나타낸다. 블롭 특징이 중요한 이유는 5장에서 살펴본 스케일 공간을 이용하여 스케일 불변(scale invariant) 특징으로 사용될 수 있기 때문이다. 스케일 불변인 블럽 특징에 대한 설명은 뒤에서 하기로 한다. 에지는 미분 연산자를 사용하여 검출하지만 블롭을 검출하기 위해서는 라플라시안(Laplacian) 연산자를 사용한다. 라풀라시안은 미분한 결과를 다시 미분한 2차 미분이다. (그림 8.2-1)은 에지 신호에 가우시안을 2차 미분한 라플라시안 커널을 회선 연산한 결과를 보여준다.

(그림 8.2-1)에서 계단형 에지 신호는 잡음을 포함하고 있다. 일반적으로 2차 미분을 나타내는 라플라시안은 잡음에 매우 민감하다. 따라서 라플라시안을 적용할 때는 가우시안을 2차 미분한 라플라시안, 즉 가우시안 라플라시안을 적용한다. 가우시안의 라플라시안 커널(가우시안에 대한 2차 미분)은 멕시코 밀집모자를 뒤집어 놓은 형태를 하고 있으며, 이 커널을 에지 신호에 회선 연산시키면 에지 부분에서 영교차(zero crossing)가 발생한다.

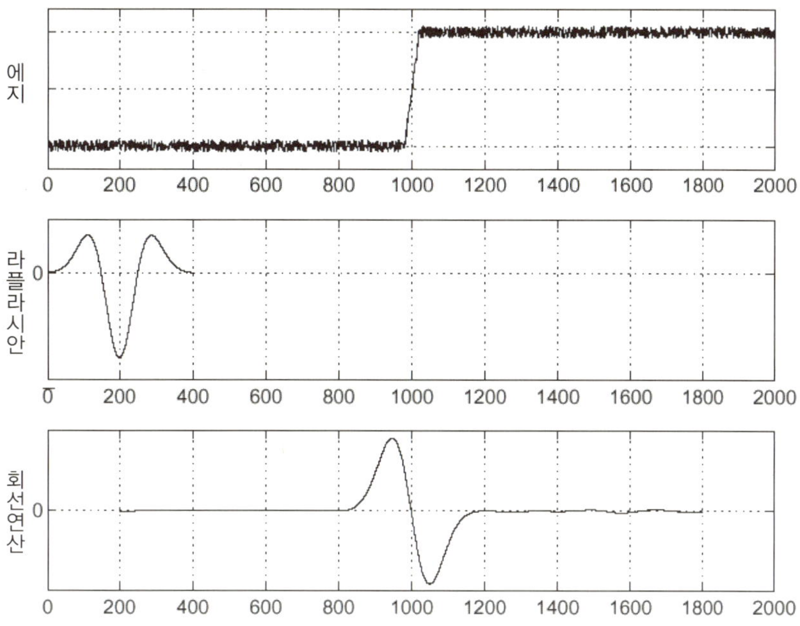

그림 8.2-1 에지 신호, 가우시안의 라플라시안, 회선 연산 결과

본 절에서는 가우시안의 라플라시안을 에지 검출을 위해 사용하는 것이 아니라 블롭 검출을 위해 사용한다. 편의상 가우시안의 라플라시안을 그냥 라플라시안으로 부르기로 한다. (그림 8.2-2)는 라플라시안이 블롭 검출에 어떤 형태로 사용되는지를 보여준다.

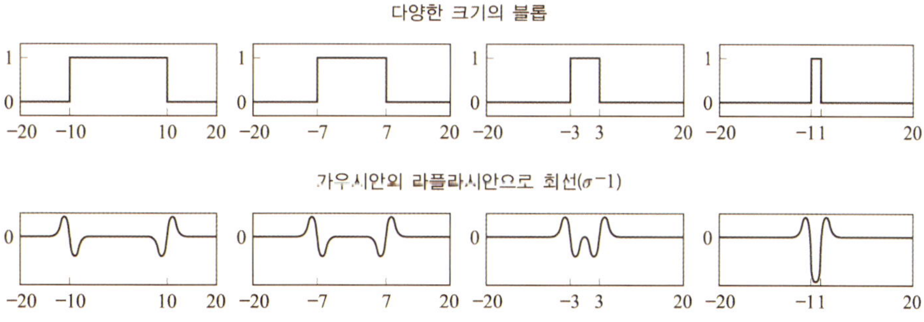

그림 8.2-2 블롭 신호에 대한 라플라시안(σ=1) 회선 연산

(그림 8.2-2)는 스케일이 1인 라플라사안을 다양한 크기의 블롭에 회선 연산한 결과를 보여준다. 블롭의 크기가 라플라시안의 스케일과 일치할 때 블롭의 회선 결과는 가장 큰(또는 가장 작

은) 값은 갖게 됨을 보여준다. 가장 큰 값의 위치는 블롭의 중심 위치에 해당된다. 따라서 블롭을 검출하기 위해서는 다양한 스케일의 라플라시안으로 회선 연산을 수행한 후, 반응값이 최대 또는 최소가 되는 위치와 해당 스케일을 찾으면 된다. 찾은 위치가 블롭의 위치, 그리고 해당 스케일이 블롭의 크기를 나타낸다.

그런데 블롭에 대한 라플라시안의 반응값은 스케일이 증가하면 전체적으로 줄어든다. (그림 8.2-3)은 반지름이 8인 블롭에 스케일을 증가시키면서 라플라시안을 적용한 결과를 보여준다. 최대 반을값이 블롭의 중심 위치에서 나타나야 하는데, 스케일이 증가하면 반응값 크기는 전체적으로 줄어들면서 0에 수렴하는 현상이 나타난다.

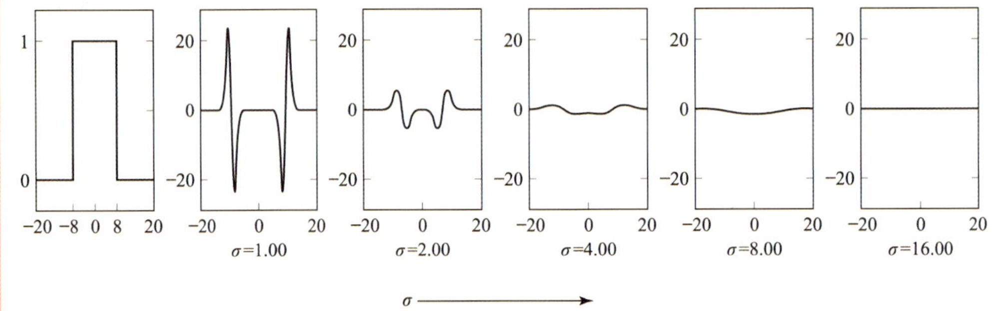

그림 8.2-3 스케일 증가에 따른 라플라시안 반응값

이처럼 반응값 크기가 줄어드는 현상은 가우시안의 라플라시안 (식 8.2-1)을 살펴보면 이해할 수 있다.

$$\nabla^2 G = \left(\frac{x^2 + y^2 - 2\sigma^2}{\sigma^4} \right) . G(x,y) \qquad \text{(식 8.2-1)}$$

(식 8.2-1)에서 스케일 파라미터 σ의 4승이 분모에 있기 때문에 스케일이 증가할수록 반응값의 크기는 급격히 줄어들게 된다. 따라서 스케일이 변화더라도 반응값의 크기를 일정하게 유지하기 위해서는 σ^2이 곱해진 라플라시안, 즉 스케일이 보상된 라플라시안의 반응값을 구하면 된다. (그림 8.2-4)는 (그림 8.2-3)의 블롭에 스케일이 보상된 라플라시안을 수행한 결과를 보여준다. 스케일 8에서 최대 반응값을 보이고 있다. 즉 (그림 8.2-3)의 블롭은 크기가 스케일 8에 해당됨을 알 수 있다.

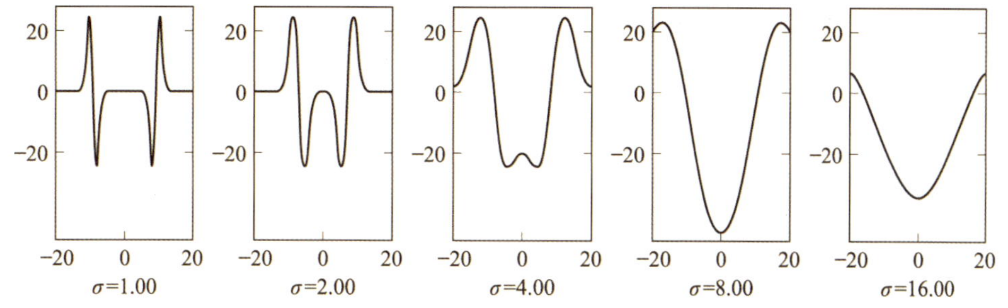

그림 8.2-4 스케일 보상된 라플라시안 반응값

블롭의 크기와 라플라시안의 스케일간의 관계를 알아보자. 예를 들어, 반지름이 r 인 블롭에 대해 최대 반응값을 보이는 라플라시안의 스케일을 구하는 과정을 (그림 8.2-5)에서 보여준다.

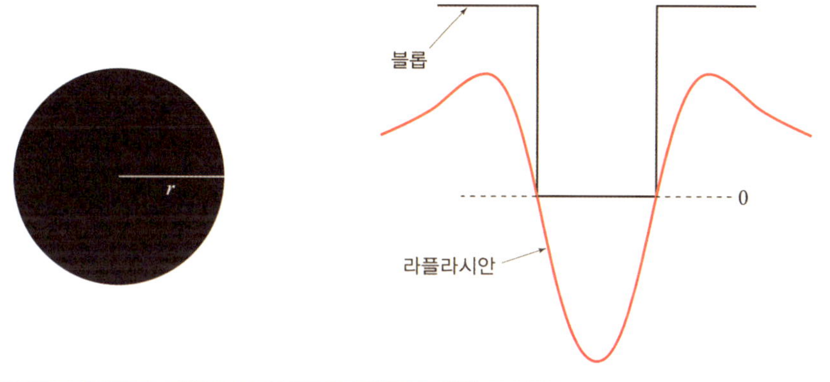

그림 8.2-5 블롭 크기와 라플라시안 스케일

(그림 8.2-5)에서 보여주듯이 라플라시안이 양에서 음으로 그리고 음에서 양으로 변하는 두 지점간의 크기가 블롭 크기와 같을 때 최대 반응값을 보인다. 즉 (식 8.2-1)에서 $x^2+y^2-2\sigma^2=0$ (식 8.2-1 분자 참조)을 만족하는 두 지점간의 거리가 블롭 크기 $2r$이므로 블롭의 반지름 r과 라플라시안 스케일 σ간의 관계는 (식 8.2-2)로 표현된다.

$$\sigma = r/\sqrt{2} \qquad \text{(식 8.2-2)}$$

(그림 8.2-6)은 일정한 크기의 블롭에 스케일을 변화시키면서 라플라시안을 적용하여 만들어진 반응값의 변화를 보여준다. 스케일이 증가함에 따라 반응값은 점점 커지고 최대값에 도달

한 후에는 다시 감소하는 현상을 보인다. 반응값이 최대가 되는 스케일을 블롭의 특성 스케일(characteristic scale)이라 부른다.

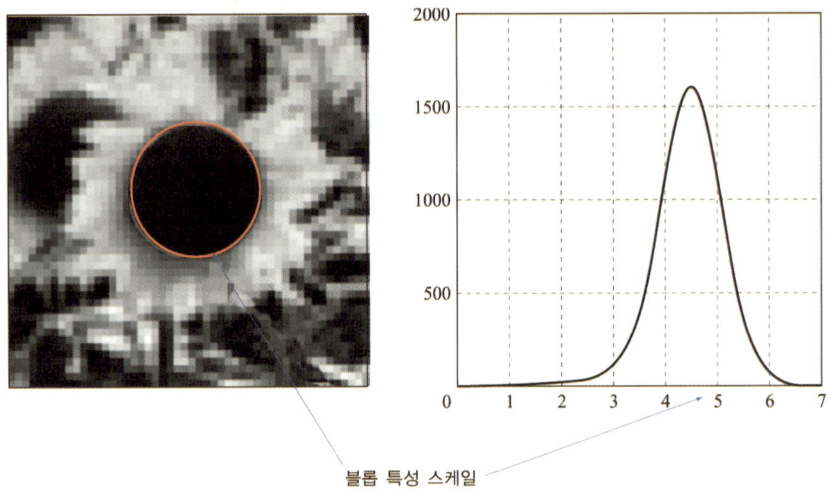

그림 8.2-6 블롭의 특성스케일

다양한 크기의 블롭을 검출하기 위해서는 다양한 스케일의 라플라시안이 필요하다. 따라서, 스케일이 보상된 다양한 스케일의 라플라시안과 회선연산을 수행하여 스케일 공간을 생성한 후, 최대 반응값을 보이는 위치의 좌표를 블롭의 좌표로 그리고 해당 스케일을 블롭의 크기로 정하면 된다. (그림 8.2-7)은 최대 반응값을 보이는 위치를 결정하는 과정을 보여준다.

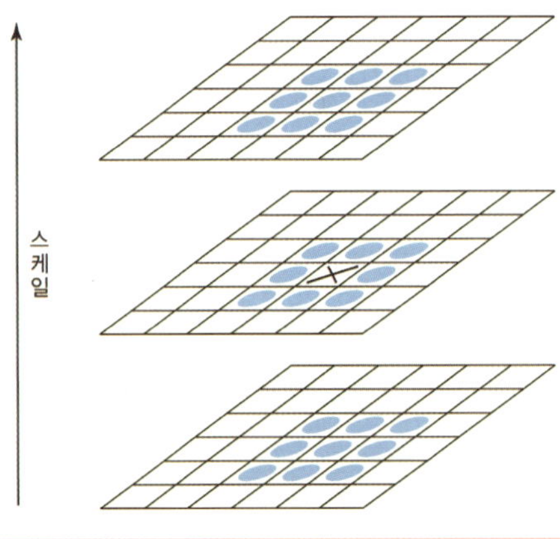

그림 8.2-7 라플라시안 최대 반응값 결정 과정

(그림 8.2-7)의 스케일 공간은 스케일 보상된 다양한 스케일의 라플라시안을 회선 연산하여 만들어진 공간이다. 스케일 공간 상에서 최대 반응값을 보이는 화소를 결정하기 위해 각 화소의 반응값을 주변의 8개 화소에서의 반응값 그리고 위와 아래 스케일에서 인접한 18개의 반응값과 비교한다. 즉 총 26개의 반응값과 비교하여 최대값인 화소의 위치를 블롭 위치로 결정하고 해당 스케일을 블롭 크기로 결정한다.

영상에 라플라시안 커널을 회선시키는 작업은 많은 계산 시간을 요구한다. 반면에 스케일이 다른 두 가우시안의 차(DoG)는 라플라시안과 매우 근사한 값을 보인다. (그림 8.2-8)에서 청색 그래프는 스케일 보상된 라플라시안 $Laplacian'$을 그리고 빨강색 그래프는 두 가우시안의 차 DoG(Difference of Gaussian)를 보여준다. DoG의 크기가 상대적으로 조금 작으나 그 차이는 매우 미세하다.

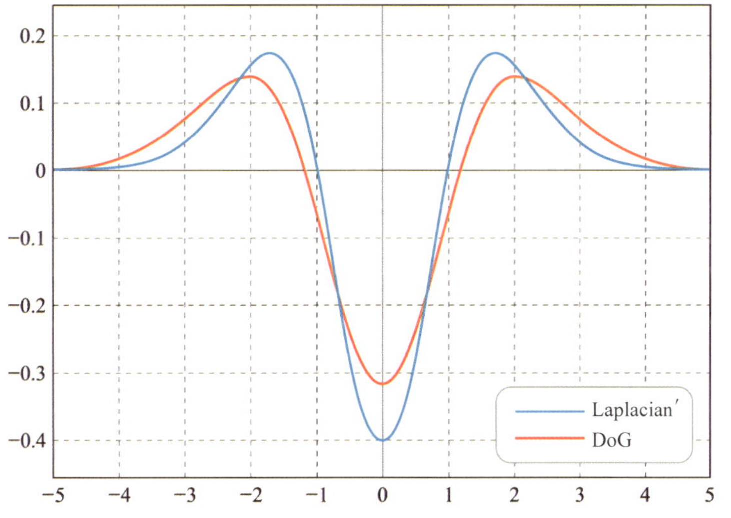

그림 8.2-8 라플라시안과 DoG

(식 8.2-3)은 (그림 8.2-8)에서 사용된 $Laplacian'$과 DoG 수식을 보여준다. $Laplacian'$는 가우시안을 x-방향으로 두 번 미분하고 y-방향으로 두 번 미분한 후 이들을 더한 값에 σ^2을 곱한 값이다. DoG 는 스케일 $k\sigma$ 가우시안에서 스케일 σ 가우시안을 뺀 값이다. k가 작을수록(1에 가까운 값을 가질수록) DoG는 $Laplacian'$과 비슷한 값을 갖지만 $k = \sqrt{2}$ 일 때도 블롭 검출이 안정적으로 이루어진다.

$$
\begin{aligned}
DoG &= G(x,y,k\sigma) - G(x,y,\sigma) \\
&\simeq (k-1) \times \sigma^2 \big(G_{xx}(x,y,\sigma) + G_{yy}(x,y,\sigma)\big) \\
&= (k-1) \times Laplacian'
\end{aligned}
\qquad \text{(식 8.2-3)}
$$

(그림 8.2-9)는 DoG 스케일 공간을 구성하는 예를 보여준다. 인접 가우시안간의 차를 계산하여 DoG 스케일 공간을 구성한다. 가우시안 스케일 공간의 각 영상은 입력 영상을 가우시안 커널과 회선 연산하며 만들어지고 $L(x,y,\sigma)$로 표시한다. DoG 스케일 공간의 각 영상은 $D(x,y,\sigma)$로 표시하고 (식 8.2-4)에 의해 만들어진다.

$$
\begin{aligned}
D(x,y,\sigma) &= (G(x,y,k\sigma) - G(x,y,\sigma)) * I(x,y) \\
&= L(x,y,k\sigma) - L(x,y,\sigma)
\end{aligned}
\qquad \text{(식 8.2-4)}
$$

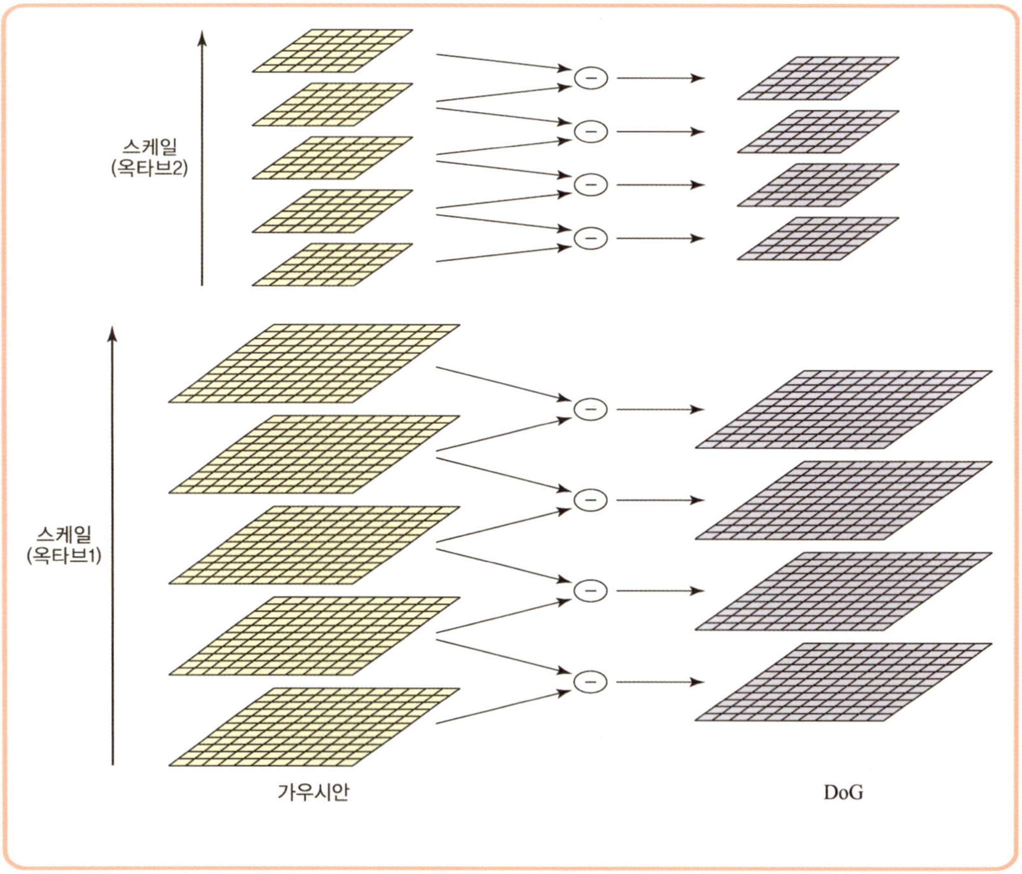

그림 8.2-9 DoG 스케일 공간

옥타브2의 첫 번째 가우시안은 옥타브1 시작 가우시안 스케일의 2배가 되는 가우시안을 다운 샘플링하여 생성한다. 통상적으로 옥타브1의 세 번째 가우시안에 해당된다.

(예제 8.2-1) 프로그램은 사이킷-이미지(scikit-image) 라이브러리가 제공하는 blob_dog() 함수를 이용하여 블롭 검출을 수행하는 예를 보여준다. 사이킷-이미지는 영상 처리에 특화된 파이썬 영상 라이브러리로서 넘-파이 배열로 영상 객체를 다룬다. 유틸리티 함수가 skimage로 제공되고 다양한 데이터 셋도 제공된다. skimage 모듈을 사용하기 위해서는 아나콘다 명령 프롬프드 창에서 “pip install scikit-image” 명령어를 입력해 관련 모듈을 설치해야 한다. 예제 프로그램에서는 skimage.data가 제공하는 허블 우주 망원경으로 촬영된 영상을 사용한다. 큰곰자리에 있는 100억 광년 이상 떨어진 은하들에 대한 영상이다. 이 영상의 블롭 검출을 위해 사용되는 함수는 feature.blob_dog() 이다.

```
feature.blob_dog(image, min_sigma=1, max_sigma=50, sigma_ratio=1.6,
                     threshold=2.0, overlap=0.5)

   image: 입력 영상, 넘파이 배열, 블롭은 검은색 배경위에 흰색 영역으로 가정
   min_sigma: 가우시안 커널의 최소 표준편차, 작은 블롭을 탐지하기 위해서는 이 값을 낮게 유지
   max_sigma: 가우시안 커널의 최대 표준편차, 큰 블롭을 탐지하기 위해서는 이 값을 높게 유지
   sigma_ratio: DoG 계산을 위해 사용되는 두 가우시안 커널 표준편차 비율
   threshold: 스케일 공간에서 최대 반응값에 대한 임계값, 이 값 보다 작은 최대 반응값은 무시
   overlap: 0-1 사이 값, 두 블롭의 겹치는 부분이 이 값보다 크면 크기가 작은 블롭은 무시
```

이 함수는 2차원 배열을 반환한다. 배열의 각 원소는 (y, x, sigma) 값을 갖는다. (y, x)는 검출된 블롭의 중심 좌표를 나타내고, sigma는 블럽을 검출한 가우시안 커널의 표준 편차를 나타낸다.

예제 8.2-1 프로그램

```
import cv2
import numpy as np
from math import sqrt
from skimage import data
from skimage.feature import blob_dog
import matplotlib.pyplot as plt

image = data.hubble_deep_field()[0:256, 0:256]
image_gray = cv2.cvtColor(image, cv2.COLOR_BGR2GRAY)

blobs_dog = blob_dog(image_gray, max_sigma=30, threshold=0.15)
print('number of detected blobs = ', blobs_dog.shape[0])

# 실수 출력 포맷 셋팅
float_formatter = "{:6.1f}".format
np.set_printoptions(formatter={'float_kind':float_formatter})

print()
print('firts 5 detected blobs:')
print('     y      x      sigma')
print(blobs_dog[:5,:])

fig, ax = plt.subplots(1,2,figsize=(8,4))
ax[0].set_title('Original image', fontsize=15)
ax[0].imshow(image, interpolation='nearest')

ax[1].imshow(image)
for blob in blobs_dog:
    y, x, r = blob
    ax[1].add_patch(plt.Circle((x, y),r,color='r',fill=False))
ax[1].set_title('Using DOG',fontsize=15)

plt.tight_layout()
plt.show()
```

(예제 8.2-1) 프로그램에서 sigma 값을 1.0에서 출발해 30까지 1.6배 씩 증가시키며 DoG를 구한 후, 최대 반응값이 0.15 이상인 블롭들만 검출한다. 검출된 블롭들은 plt.add_patch() 함수를 이용해 원 영상 위헤 원으로 표시한다. 원의 위치가 블롭의 위치 그리고 원의 크기가 블롭을 검출한 가우시안 커널의 $\sqrt{\sigma}$ 를 나타낸다. (그림 8.2-10)은 검출된 61개의 블롭을 보여준다. 반응값이 높은 5개 블롭의 좌표와 크기도 함께 보여준다.

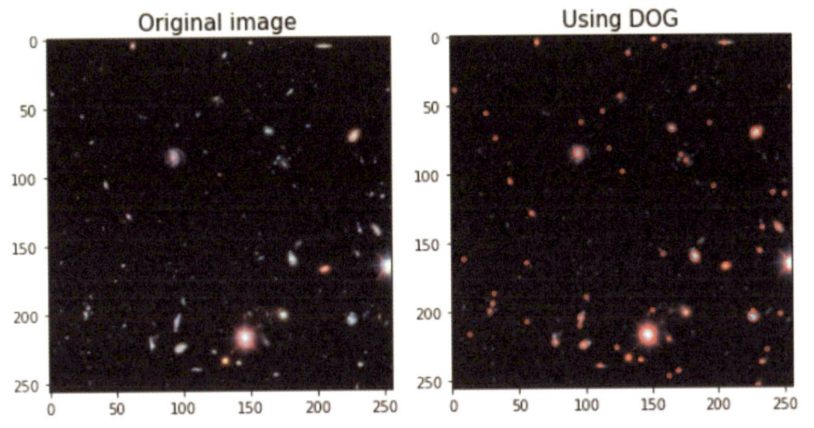


```
firts 5 detected blobs:
   y      x     sigma
[[ 166.0  255.0    4.1]
 [ 236.0  141.0    1.0]
 [ 218.0  146.0    4.1]
 [  71.0  229.0    2.6]
 [ 234.0  132.0    1.0]]
```

그림 8.2-10 DoG 블롭 검출 결과

OpenCV는 아주 간단한 방식으로 블롭을 검출하는 cv2.SimpleBlobDetector 클래스를 제공한다. 이 클래스의 detect() 함수가 블롭을 검출하는 과정은 다음과 같다.

1) 입력 영상에 임계 작업을 수행하여 이진 영상의 집합을 만든다. 첫 번째 이진 영상은 임계값 minThreshold을 사용하여 만든다. 임계값을 thresholdStep 만큼 증가시켜 다음 이진 영상을 만들고, 이러한 작업을 임계값이 maxThreshold에 도달할 때까지 반복한다.

2) 각 이진 영상에서 연결된 흰색 화소 영역을 만들어 블롭을 생성한다.

3) 각 블롭의 중심 좌표를 계산한다. 계산된 중심 좌표간의 거리가 파라미터로 전달된 minDistBetweenBlobs 이내인 블롭들을 병합한다.

4) 병합된 블롭은 중심 좌표와 블롭의 반지름을 반환한다.

cv2.SimpleBlobDetector 객체를 생성하기 위해서 객체 생성자 함수 _create()를 사용한다. 이 생성자 함수가 객체를 생성할 때 다양한 조건을 설정할 수 있다. 조건들은 생성자 함수에 파라미터(parameter)로 전달되는데, 이 파라미터들의 값을 설정하기 위해 cv2.SimpleBlobDetector_Params() 함수를 사용한다. 대표적인 파라미터들은 다음과 같다.

```
params = cv2.SimpleBlobDetector_Params()
params.filterByColor: 기본값 = True, 밝기 필터 옵션
params.blobColor: 기본값 = 0, 0 -> 검은색 블롭 검출, 255 -> 흰색 블롭
params.minThreshold; 기본값 = 50, 이진 영상 생성 시 초기 임계값
params.thresholdStep: 기본값 = 10, 임계값 증가분
params.maxThreshold: 기본값 = 220, 이진 영상 생성 시 최종 임계값
params.minDistBetweenBlobs: 기본값 = 10, 블롭 병합 작업이 수행되는 거리
params.filterByArea: 기본값 = True, 면적 필터 옵션
params.minArea: 기본값 = 25, 최소 면적 이상의 블롭 검출
params.maxArea: 기본값 = 5000, 최대 면적 이하의 블롭 검출
```

파라미터들의 값을 설정한 후 생성자 함수에 전달하고, 생성자가 생성한 객체의 detect() 함수를 사용하여 블롭 검출을 수행한다. 다음 예는 이러한 과정을 보여준다.

```
detector = cv2.SimpleBlobDetector_create(params)
keypoints = detector.detect(image_gray)
```

detect() 함수는 그레이 영상을 입력받아 블롭을 검출한 후, 검출된 결과를 cv2.KeyPoint 타입 객체들의 튜플로 반환한다. cv2.KeyPoint 객체는 다양한 멤버 변수를 갖고 있다. 대표적인 멤

버 변수들은 다음과 같다.

```
cv2.KeyPoint.px: 키-포인트의 x, y 좌표(블롭의 중심 좌표)
cv2.KeyPoint.size: 블롭의 크기
cv2.KeyPoint.response: 키-포인트에서 검출기 반응값
```

(예제 8.2-2) 프로그램은 OpenCV가 제공하는 cv2.SimpleBlobDetector를 사용하여 블롭 검출을 수행하는 예를 보여준다. 이 프로그램은 (예제 8.2-1) 프로그램과 동일한 입력 영상을 사용한다. 생성자 함수의 파라미터 설정은 흰색 블롭을 검출, 면적 옵션 사용, 블롭간 최소 거리는 10, 그리고 임계값 증가분은 10으로 설정한다. 검출된 블롭을 표시하기 위해 cv2.drawKeypoints() 함수를 사용한다.

```
cv2.drawKeypoints(image, keypoints, output_image, colour, flag)

   image: 키-포인트가 그려질 입력 영상
   keypoints: 검출된 키-포인트
   output_image: 기본값 = None, 키-포인트가 그려진 결과 영상
   color: 키-포인트 색상
   flag: 키-포인트 크기에 맞게 그리려면
          cv2.DRAW_MATCHES_FLAGS_DRAW_RICH_KEYPOINTS 로 설정
```

예제 8.2-2 프로그램

```
import cv2
import numpy as np
from skimage import data
import matplotlib.pyplot as plt

image = data.hubble_deep_field()[0:256, 0:256]
image_gray = cv2.cvtColor(image, cv2.COLOR_BGR2GRAY)

# SimpleBlobDetector 생성
```

```python
params = cv2.SimpleBlobDetector_Params()
params.blobColor = 255 # 흰색 블롭 검출
params.minThreshold = 10
params.maxThreshold = 225
params.thresholdStep = 10
params.minDistBetweenBlobs = 10
params.filterByArea = True
params.minArea = 10
params.filterByCircularity = False
params.filterByConvexity = False
params.filterByInertia = False
detector = cv2.SimpleBlobDetector_create(params)

# 키 포인트 검출 및 출력
keypoints = detector.detect(image_gray)

print('num of keypoints =', len(keypoints)), print()
print('   x      y     size')
for i in range(5) :
    print('%6.2f'%keypoints[i].pt[0],
    '%6.2f'%keypoints[i].pt[1],'%6.2f'%keypoints[i].size)

# 입력 영상 출력
fig, ax = plt.subplots(1,2,figsize=(8,4))
ax[0].set_title('Original image', fontsize=15)
ax[0].imshow(image, interpolation='nearest')

# 키 포인트를 녹색으로 표시하여 출력
image = cv2.drawKeypoints(image, keypoints, None, (0,255,0),
        flags=cv2.DRAW_MATCHES_FLAGS_DRAW_RICH_KEYPOINTS)
ax[1].imshow(image)
ax[1].set_title('Using SimpleBlobDetect',fontsize=15)

plt.tight_layout()
plt.show()
```

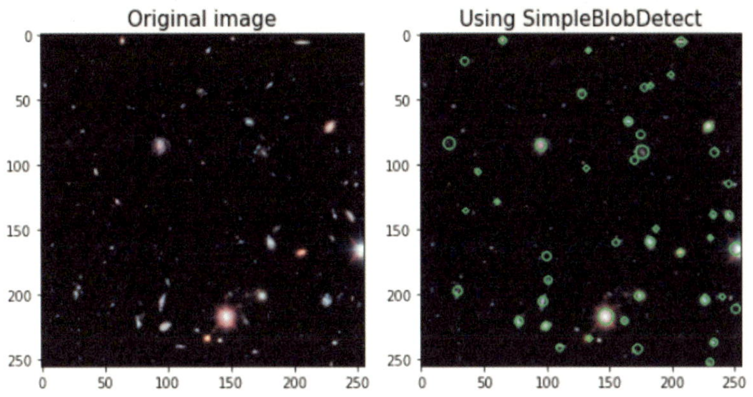


```
num of keypoints = 46
  x       y     size
109.22 241.44   5.31
171.68 242.42   7.09
250.43 211.37   6.86
225.79 204.45   6.53
100.27 189.26   5.65
```

그림 8.2-11 SimpleBlobDetect 블롭 검출 결과

(그림 8.2-11)은 검출된 46개의 블롭에 녹색 원을 표시한 결과를 보여준다. 반응값이 높은 5개 블롭의 좌표와 크기도 함께 보여준다. 상당히 좋은 결과를 확인할 수 있다. 검출기 생성자 함수에 전달되는 인자들을 잘 조정하면 더욱 좋은 결과를 얻을 수 있을 것 같다.

8.3 SIFT 특징 검출 및 기술

SIFT(Scale Invariant Feature Transform)는 영상에서 특징을 추출하는 대표적인 알고리즘이다. 로웨(David G. Lowe) 교수는 1999년 학술대회에서 이 알고리즘의 프로토타입을 발표하여 주목을 받았고, 2004년에 학술 논문지에 완성된 형태의 알고리즘을 발표했다. SIFT는 성능이 우수해 현재 가장 많이 사용되는 특징 추출 방법이다. 영상의 크기(scale), 회전(rotation)에 불변하는 특징을 추출하기 때문에, 영상이 회전하거나 크기가 변해도 추출된 특징의 위치가 변하지 않는다. 특히 반복성(repeatability)과 재현성(reproducibility)이 높아 신뢰도가 높다.

SIFT 알고리즘은 기본적으로 라플라시안을 사용한다. 8.2절에서 라플라시안을 이용하여 블롭을 검출하는 과정을 설명했다. SIFT 알고리즘은 블롭 검출 과정을 좀 더 정교하게 완성한 알고리즘으로 해석할 수 있다. 라플라시안은 블롭뿐 아니라 에지에서도 강한 반응을 나타낸다. 에지점들은 특징으로서의 가치가 블롭과 코너에 배해 상대적으로 떨어진다. 왜냐하면 영역의 경계에서 발생하는 에지점은 특정 방향으로의 밝기값 변화만을 나타내기 때문에 각 에지의 이러한 특성만을 참조하여 에지점이 경계선 상의 어디에 위치하는 지를 결정하는 것이 매우 어렵기 때문이다. 따라서 SIFT 알고리즘에서는 라플라시안에 높은 반응을 보이는 에지점들을 제거하는 과정을 포함한다. 이 부분은 뒤에서 자세히 설명한다.

영상의 스케일에 불변인 특징을 만들기 위해서 SIFT 알고리즘은 스케일 공간을 사용한다. 스케일 공간을 생성하는 과정은 8.2절의 블롭 검출 작업에서 스케일 공간을 생성하는 과정과 동일하다. 생성된 스케일 공간에서 특징을 검출하고 특징을 기술하는 방법이 좀 더 정교하게 완성되어 있다. SIFT 알고리즘은 다음과 같은 단계로 진행된다. 단계 (1)과 단계 (2)는 키-포인트 검출 단계이고, 단계 (3)에서 단계(4)는 검출된 키-포인트의 기술자(descriptor)를 생성하는 단계다.

1) 스케일 공간에서 극점(extrema) 검출
2) 키-포인트 위치 결정 및 필터링
3) 키-포인트 방향 결정
4) 키-포인트 기술자 생성
5) 키-포인트 정합

(그림 8.3-1)은 8.2절에서 설명한 그림과 동일한 그림이지만 SIFT 알고리즘의 핵심적인 개념을 포함하고 있기 때문에 반복해서 설명한다. SIFT 알고리즘은 스케일이 보상된 가우시안의 라플라시안들을 모은 스케릴 공간이 필요한데, 스케일이 보상된 가우시안의 라플라시안 대신에 (식 8.2-4)의 $D(x,y,\sigma)$를 사용하여 DoG 스케일 공간을 (그림 8.3-1)와 같이 만든다. (표 8.3-1)은 스케일 공간의 각 옥타브에서 사용된 가우시안 스케일과 DoG 스케일을 보여준다.

첫 번째 옥타브의 토대가 되는 첫 번째 가우시안의 스케일 σ 값을 잘 결정하는 것이 중요하다. 문헌에 의하면 이 값으로 1.6을 사용하는 것이 바람직하다고 한다. 즉 입력 영상을 σ=1.6인 가우시안 커널로 블러링하여 첫 옥타브의 첫 번째 토대 영상 $L(x,y,\sigma)$을 생성한다.

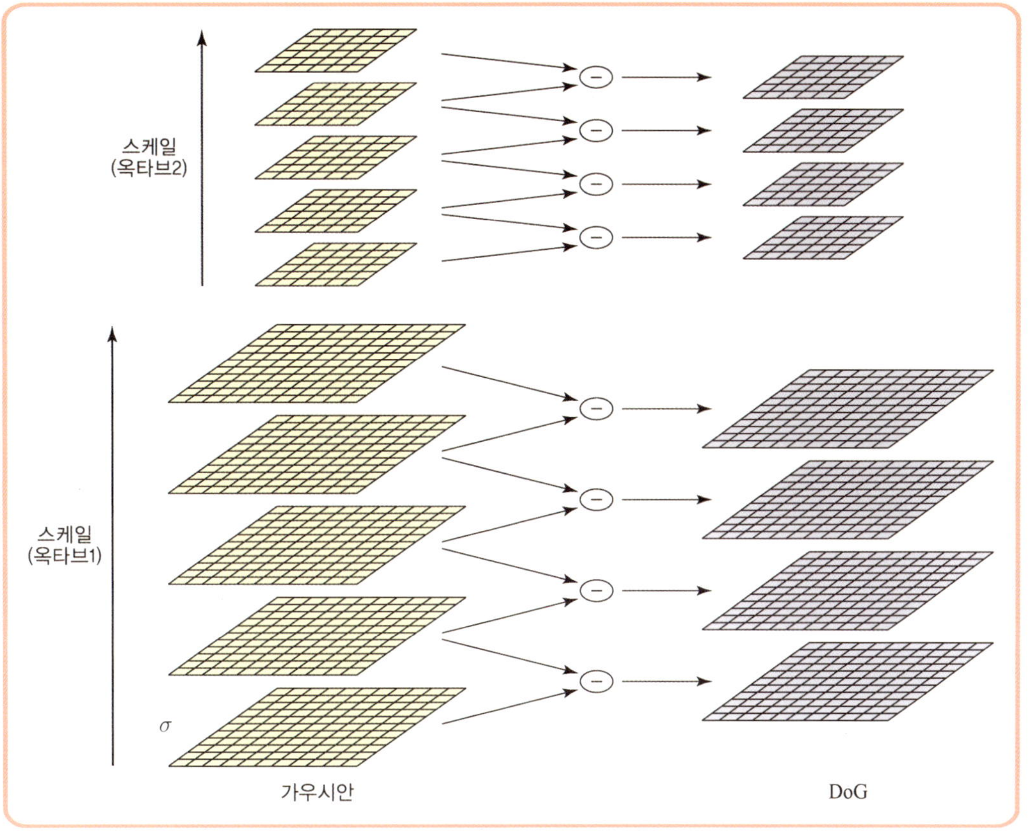

그림 8.3-1 가우시안 스케일 공간과 DoG 스케일 공간

$$L(x,y,\sigma) = G(x,y,\sigma) * I(x,y)$$

이 토대 영상을 같은 스케일의 가우시안 커널로 반복적으로 블러링하여 두 번째, 세 번째, 네 번째 그리고 다섯 번째 가우시안 영상을 생성한다. 생성된 가우시안 영상은 스케일이 $\sqrt{2}\sigma$, 2σ, $2\sqrt{2}\sigma$, 4σ인 가우시안 커널로 입력 영상을 회선 연산하여 생성된 영상과 동일하다. 첫 번째 옥타브는 5개의 가우시안을 포함한다. 생성된 인접 가우시안의 차를 계산하여 DoG 영상을 생성한다. (표 8.3-1)에서와 같이 4개의 DoG 영상이 첫 옥타브에 생성된다.

첫 옥타브의 세 번째 가우시안, 즉 스케일이 2σ인 가우시안을 다운 샘플링하여 크기를 1/4로 (가로 및 세로의 크기를 반으로) 줄여 이를 두 번째 옥타브의 토대 영상으로 한다. 이는 스케일이 2배인 가우시안을 다운 샘플링할 때 토대 영상에 대한 정보 손실을 최소화할 수 있기 때문이다. 다운 샘플링 과정은 5장에서 설명한 방식과 동일하다. 단순히 홀수 번째 화소만을 선택

| 표 8.3-1 | 스케일 공간의 가우시안 스케일과 DoG 스케일

1ST 옥타브									
가우시안	σ		$\sqrt{2}\sigma$		2σ		$2\sqrt{2}\sigma$		4σ
DoG		σ		$\sqrt{2}\sigma$		2σ		$2\sqrt{2}\sigma$	

2nd 옥타브									
가우시안	2σ		$2\sqrt{2}\sigma$		4σ		$4\sqrt{2}\sigma$		8σ
DoG		2σ		$2\sqrt{2}\sigma$		4σ		$4\sqrt{2}\sigma$	

하는 방식으로 수행한다. 두 번째 옥타브의 토대 가우시안 영상이 생성되면 나머지 영상들을 생성하는 방식은 첫 옥타브에서와 같다. 5개의 가우시안 영상과 4개의 DoG 영상이 (표 8.3-1)와 같이 생성된다. 옥타브 생성 과정은 반복적으로 이루어지며 옥타브 개수는 입력 영상의 크기에 따라 달라진다. 일반적으로 총 4개 정도의 옥타브를 생성한다.

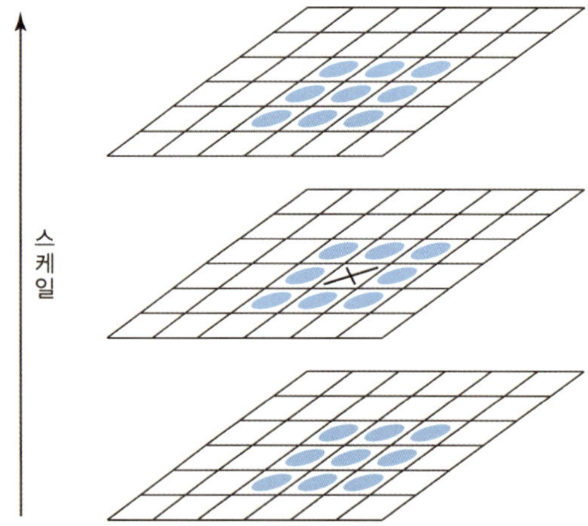

그림 8.3-2 DoG 스케일 공간에서 극점 검출

DoG 스케일 공간이 만들어지면 이 공간에서 지역적 최대 또는 최소값을 갖는 화소, 즉 극점(extrema)을 찾는다. 극점을 찾는 작업은 세 개의 스케일을 검사하여 이루어진다. 이 과정 역시 8.2절의 블롭 검출 과정과 동일하다. 예들 들어 (그림 8.3-2)와 같이 DoG 영상의 각 화소 반응값을 주변의 8개 화소 그리고 위 아래 18개 화소, 총 26개 화소의 반응값과 비교하여 이들 모두보다 크거나(지역적 최대) 또는 이들 모두보다 작으면(지역적 최소) 해당 화소를 극점으로 판단한다.

DoG 스케일 공간에서 검출된 극점의 위치를 적절한 보간법(테일러 시리즈 보간법)을 사용하여 실수 단위의 좀 더 정확한 위치로 조정한다. 예를 들어 (그림 8.3-3)에서와 같이 청색 위치의 극점을 주변 화소의 반응값을 참조하여 빨강색 위치로 조정한다. 극점의 위치를 보정하는 과정은 테일러 시리즈에 대한 이해를 필요로 함으로 본 교재에서는 생략한다.

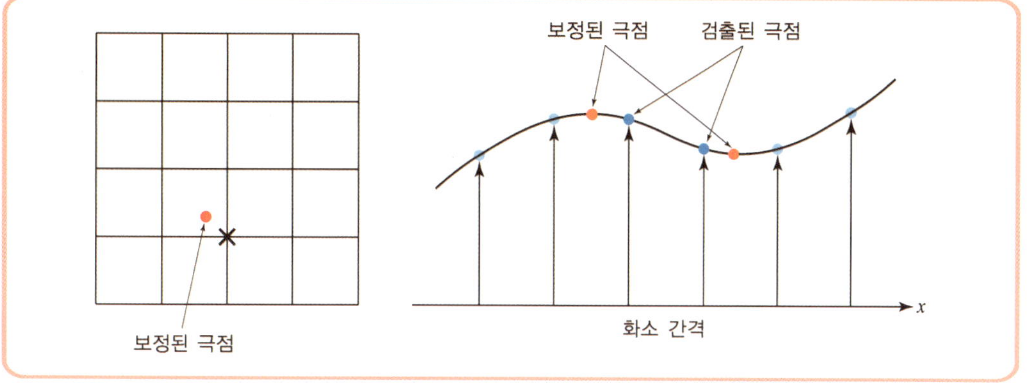

그림 8.3-3 극점 위치 보정

위치 보정된 극점들 중에서 반응값 크기가 작거나 또는 에지에 해당되는 극점들을 제거하는 필터링 과정을 수행한다. 이 과정을 거쳐 남은 극점들을 키-포인트라고 한다. 반응값의 크기가 일정 크기 이하인 극점은 잡음 또는 뚜렷하게 드러나는 특징이 아닐 가능성이 높으므로 우선적으로 제거한다. 에지점 제거 작업은 해당 스케일의 가우시안 영상을 참조하여 이루어진다. 예를 들어, x-방향 에지 크기와 y-방향 에지크기를 구해서, 두 값 중 하나는 큰 값 다른 하나는 작은 값을 갖는 점은 에지점으로 판단하고 이러한 극점은 제거한다. 이러한 판단 기준으로 (식 8.1-3)에서 설명한 $R(x,y)$를 사용할 수 있으나, SIFT 알고리즘에서는 각 극점에서 헤시안 행렬(Hessian matrix)를 생성하고, 행렬의 대각합(trace)의 제곱과 행렬식(determinant)의 비율을 에지 여부를 판단하는 기준으로 사용할 것을 제안한다. 두 값의 비율이 (식 8.3-1)에서 정의된 임계값을 넘는 경우에 x-방향 에지 크기와 y-방향 에지크기 중 하나는 작은 값을 갖게 된다. 즉 해당 극점을 에지점으로 판정하여 제거한다.

$$H = \begin{bmatrix} D_{xx} & D_{xy} \\ D_{xy} & D_{yy} \end{bmatrix} \tag{식 8.3-1}$$

$$\frac{trace(H)^2}{\det(H)} > \frac{(r+1)^2}{r} \qquad r = 10$$

(식 8.3-1)에서 D_{xx}는 가우시안 영상을 x-방향으로 두 번 미분한 값, D_{yy}는 y-방향으로 두 번 미분한 값, 그리고 D_{xy}는 x-방향의 미분과 y-방향의 미분을 곱한 값을 나타낸다. 통상적으로 $r = 10$을 사용하여 임계값을 계산한다.

다음 단계의 작업은 검출된 키-포인트를 수치적으로 표현하는 작업, 즉 기술자(dscriptor)를 만드는 작업이다. 특징 기술자를 만드는 이유는 차후 여러 응용에서 특징 매칭을 시도할 때, 특징 기술자들을 비교하여 매칭 정도를 결정하기 위함이다.

먼저 키-포인트의 방향을 결정하여 키-포인트를 회전에 불변인 특징으로 만든다. 키-포인트의 방향 설정은 해당 스케일의 가우시안 영상을 참조하여 진행한다. 가우시안 영상에서 키-포인트 위치의 주변 영역의 정보를 활용한다. 주변 영역의 크기는 해당 σ의 1.5배로 한다. 1.5σ 범위에 포함된 가우시안 영상 각 화소에서 에지 크기와 에지 방향을 구한다.

$$m(x,y) = \sqrt{(L(x+1,y) - L(x-1,y))^2 + (L(x,y+1) - L(x,y-1))^2}$$

$$\theta = \tan^{-1}\left(\frac{L(x,y+1) - L(x,y-1)}{L(x+1,y) - L(x-1,y)}\right)$$

계산된 에지 크기와 에지 방향을 사용하여 에지 방향 히스토그램을 작성한다. (그림 8.3-4)는 에지 방향 히스토그램 작성과 키-포인트 방향 결정 과정을 보여준다. 히스토그램의 빈 개수는 36개로 하여 각 빈이 10도 간격을 나타내도록 한다. 각 빈에 누적되는 값은 다음과 같다. 주변 영역의 화소들 중에서 빈이 대표하는 방향과 같은 에지 방향을 갖는 화소들의 에지 크기에 해당 화소 위치의 가우시안 커널 가중치가 곱해진 값이 누적된다. 즉 멀리 떨어진 위치에서 계산된 에지 크기는 상대적으로 덜 반영되도록 한다. 히스토그램의 각 빈의 크기를 검사하여 크기가 가장 큰 빈의 방향을 키-포인트의 방향으로 정한다. 만약 히스토그램 최대 크기의 80% 이상의 크기를 갖는 빈이 있으면 그런 빈에 대해서도 키-포인트를 추가로 생성한다. 이처럼 추가로 생성된 키-포인트의 위치와 스케일 그리고 반응값은 히스토그램 생성에 기여했던 원래 키-포인트의 값들과 동일하게 설정한다. 단지 방향만 다르다.

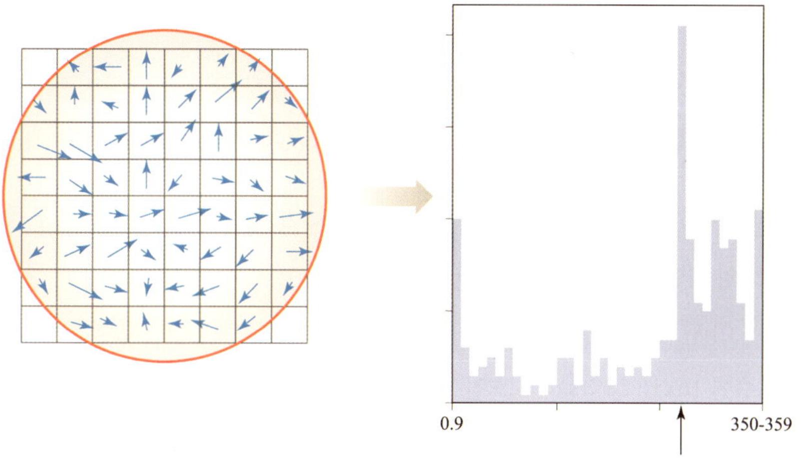

그림 8.3-4 에지 방향 히스토그램을 이용한 키-포인트 방향 결정

실제 구현 과정에서는 에지 방향 히스토그램의 최대값 주변을 2차 함수 커브로 적합(fitting) 시킨 후 크기가 최대가 되는 빈의 방향을 찾는다. (그림 8.3-5)는 2차 함수 커브에 의해 보정된 각

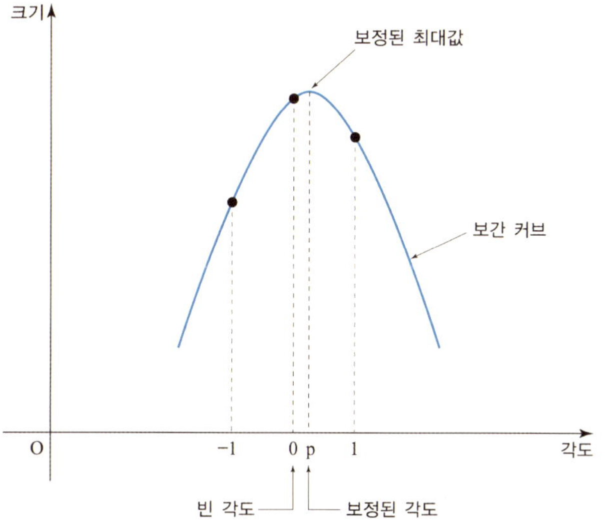

그림 8.3-5 에지 방향 히스토그램에서 키-포인트 방향각 보정

도와 보정된 최대값을 보여준다. 각 빈은 10도 단위의 방향각을 표현하지만 보정된 각도는 좀 더 정교한 단위로 방향각을 표현할 수 있다.

보정된 키-포인트의 방향각만큼 에지 방향을 회전하여 히스토그램을 다시 작성하면 최대 크기를 갖는 빈이 항상 첫 번째 빈(0도)이 된다. 즉 영상이 회전되더라도 각 키-포인트에서 만들어진 주변 영역에 대한 에지 방향 히스토그램(각 방향에서 에지 크기를 나타내는 히스토그램)은 동일한 모습을 갖게 된다. 이러한 특성이 SIFT 특징 기술자의 핵심 개념이다.

영상의 스케일이 변하더라도 그리고 영상이 회전되더라도 동일한 위치에서 같은 수치로 표현되는 키-포인트의 기술자를 생성하기 위한 기본 틀이 완성됐다. 이제 기술자 생성의 마지막 단계를 설명한다. 이 단계 역시 가우시안 영상을 참조하여 이루어진다. (그림 8.3-6)에서와 같이 각 키-포인트 주변 16x16 영역을 키-포인트 방향만큼 회전 시킨 후, 회전된 영역을 4x4 크기의 그리드로 구성한다. 각 그리드 셀은 16개의 화소를 포함한다. 각 화소에서 에지 크기와 에지 방향을 계산한다. 에지 방향은 8 방향으로 제한한다. 계산된 에지 크기와 에지 방향을 이용하여 각 그리드 셀 단위로 방향 에지 히스토그램을 작성한다. 히스토그램 작성 과정은 키-포인트의 방향을 정하기 위해 에지 방향 히스토그램을 작성할 때와 같다. 16개의 셀에서 작성된 히스토그램을 모아 128(16x8=128) 크기의 SIFT 키-포인트 기술자를 완성한다.

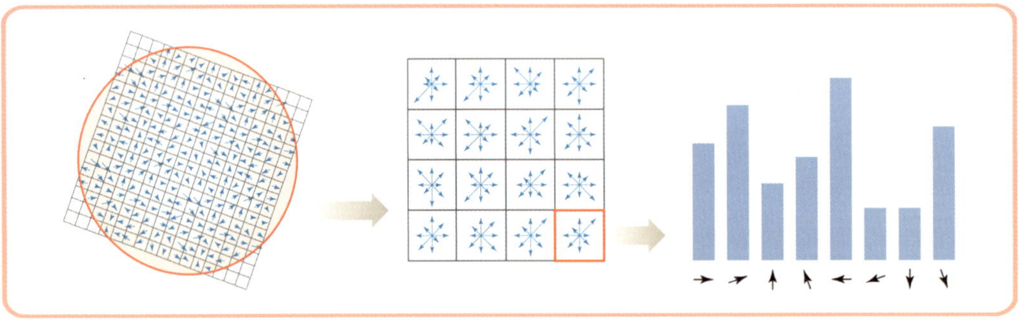

그림 8.3-6 SIFT 키-포인트 기술자 생성 과정

SIFT 키-포인트 검출 과정은 DoG 스케일 공간에서 이루어지고, 검출된 키-포인트의 기술자를 생성하는 과정은 가우시안 스케일 공간에 이루어진다. SIFT 키-포인트는 특징 매칭을 필요로 하는 컴퓨터 비전의 여러 응용 분야에서 사용된다. 예를 들어, 입력 영상에서 특정 물체를 검출하는 작업은 찾고자 하는 물체의 SIFT 키-포인트 기술자들을 입력 영상에서 추출된 SIFT 키-

포인트 기술자들과 매칭을 수행하여 이루어진다. SIFT 키-포인트를 활용하는 '물체 검출' 그리고 '영상 정렬' 예를 본 교재의 뒤에서 다루기로 한다.

(예제 8.3-1) 프로그램은 OpenCV가 제공하는 cv2.xfeatures2d.SIFT 클래스를 사용하여 키-포인트를 검출하고 기술자를 생성하는 예를 보여준다.

예제 8.3-1 프로그램

```
import cv2
import numpy as np

img = cv2.imread('sunflower.jpg',-1)
gray = cv2.cvtColor(img, cv2.COLOR_BGR2GRAY)

# SIFT 추출기 생성
sift = cv2.xfeatures2d.SIFT_create(contrastThreshold=0.09)

# 키 포인트 검출과 기술자 계산
keypoints,descriptor=sift.detectAndCompute(gray, None)

print('num of keypoints =', len(keypoints)), print()
print('   x      y     size response  angle     octave    layer')

for i in range(7) :

    # unpacking octave information
    octave = keypoints[i].octave & 255
    layer = (keypoints[i].octave >> 8) & 255
    octave = octave if  octave < 128 else (-128 | octave)
    scale = 1.0/(1<<octave) if octave>=0 else (float)(1<<-octave)

    print('%6.1f'%keypoints[i].pt[0],
    '%6.1f'%keypoints[i].pt[1],'%6.1f'%keypoints[i].size,
    '%6.2f'%keypoints[i].response, '   %6.1f'%keypoints[i].angle,
    '   %6.0f'%octave,'   %6.0f'%layer)
```

```
print(), print('descriptor shape:', descriptor.shape)

# 실수 출력 포맷 셋팅
float_formatter = "{:8.1f}".format
np.set_printoptions(formatter={'float_kind':float_formatter})
print(descriptor[0])
# 키 포인트 그리기
img_draw = cv2.drawKeypoints(img, keypoints, None,
         flags=cv2.DRAW_MATCHES_FLAGS_DRAW_RICH_KEYPOINTS)

# 결과 출력
cv2.imshow('SIFT', img_draw)
cv2.waitKey()
cv2.destroyAllWindows()
```

생성자 함수 _create()가 SIFT 객체를 생성할 때 다양한 파라미터를 통해 키-포인트 검출 환경을 설정할 수 있다.

```
cv2.xfeatures2d.SIFT_create(nfeatures, nOctaveLayers, contrastTheshold,
                edgeThreshold, sigma)

   nfeatures: 기본값=1000, 최대 검출 특징(키-포인트) 수
   nOctaveLayers: 기본값=3, 각 옥타브에서 특징 검출에 사용되는 DoG 영상 수, 각 옥타브는
         nOctaveLayers+2 개의 DoG 영상 포함
   contrastThreshold: 기본값=0.04, 반응값이 낮은 극점 제거를 위한 값, 이 값을 nOctaveLayers
         로 나눈 값이 실제 적용되는 임계값
   edgeTheshold: 기본값=10, 에지 성분 제거를 위한 (식 8.3-1)의 r 값
   sigma: 기본값=1.6, 가우시안 스케일 공간의 토대 영상의 σ 값
```

(예제 8.3-1) 프로그램에서는 contrastThreshold = 0.09 값을 사용한다. nOctaveLayers의 기본값이 3이므로 실제로는 0.09/3 = 0.03을 임계값으로 사용하여 반응값이 0.03 보다 작은 키-포인트를 제거한다. 생성자 함수가 생성한 객체의 detectAndCompute() 함수는 입력 영상을 전달받아 키-포인트를 검출하고 검출된 키-포인트의 기술자를 계산하는 함수이다. 이 함수가 반

환하는 keypoints의 데이터 타입은 cv2.Keypoint 객체들의 리스트이고, descriptor의 데이터 타입은 2차원 실수 배열이다.

```
cv2.Keypoint.pt: 키-포인트 좌표(x,y), float 형
cv2.Keypoint.size: 의미있는 키-포인트 주변 영역의 크기
cv2.Keypoint.response: 키-포인트 반응값
cv2.Keypoint.angle: 키-포인트 방향각(시계 방향)
cv2.Keypoint.octave: 키-포인트가 검출된 옥타브(-1인 경우는 2배로 확대된 옥타브)
cv2.Keypoint.layer: 키-포인트가 검출된 레이어
```

키-포인트의 옥타브 값은 레이어 값과 함께 패킹된 상태이므로 비트 단위의 연산을 수행하여 패킹이 해체된 옥타브 값과 레이어 값을 추출한다. 검출된 키-포인트를 영상에 출력하는 함수 cv2.drawKeypoints()는 입력 영상의 키-포인트 위치에 원을 그린다. 그려진 원의 크기가 키-포인트의 사이즈를 그리고 원 안에 표시된 방향이 키-포인트의 방향각을 나타낸다.

```
cv2. drawKeypoints(img, keypoints, outImg, flags)

   img: 입력 영상
   keypoints: 표시할 키-포인트 리스트
   outImg: 키-포인트가 그려진 결과 영상,
           None이면 함수 값으로 결과 영상 반환
   flags: 표시 방법
     cv2.DRAW_MATCHES_FLAGS_DEFAULT - 좌표 중심에 원 그림
     cv2.DRAW_MATCHES_FLAGS)DRAW_RICH_KEYPOINTS - 좌표 중심에 size와 angle을 반영
                       하여 원 그림
```

(예제 8.3-1) 프로그램은 입력 받은 해바라기 영상에서 총 615개의 키-포인트를 검출한다. 검출된 결과를 (그림 8.3-7)에서 보여준다. 원 안에 방향각 표시가 한 개만 되어있는 키-포인트도 있지만 방향각 표시가 두 개인 원들도 확인할 수 있다. 이는 키-포인트의 방향을 결정하기 위해 생성한 에지 방향 히스토그램의 최대 크기 80% 이내에 또 다른 빈이 존재하기 있음을 보여준다.

```
num of keypoints = 615
```

x	y	size	response	angle	octave	layer
5.1	435.0	3.6	0.04	216.4	-1	3
10.9	450.0	8.8	0.04	225.9	1	1
10.9	450.0	8.8	0.04	356.8	1	1

그림 8.3-7 키-포인트 검출 결과

(그림 8.3-7)은 검출된 키-포인트들 중에서 일부의 특성을 보여준다. 예를 들어, 첫 번째 키포인트의 (x,y) 좌표는 (5.1, 435.0)이고, 주변 영역의 크기는 3.6, 키-포인트 반응값은 0.04, 키-포인트 방향각은 216.4도, 옥타브는 -1이므로 입력 영상을 2배로 확장한 옥타브, 그리고 레이어는 3번째 레이어에서 키-포인트가 검출되었음을 확인할 수 있다. 이 키-포인트의 기술자에 대한 정보를 (그림 8.3-8)에서 보여준다. 4x4 그리드의 각 셀에서 구한 8개의 에지 방향 히스토그램의 값을 표현한 총 128개의 값을 벡터로 표현된다.

```
descriptor shape: (615, 128)
[  0.0     0.0     2.0     5.0    37.0   130.0    44.0     0.0
   1.0     3.0     5.0    14.0    31.0   105.0   127.0    17.0
   5.0     8.0     4.0     3.0     1.0     2.0     8.0     4.0
   0.0     0.0     0.0     0.0     0.0     0.0     0.0     0.0
   8.0    20.0    34.0    28.0    62.0    20.0     1.0     1.0
  15.0    31.0    29.0   124.0   130.0    45.0     6.0     5.0
 130.0    88.0    25.0    21.0    10.0     6.0     4.0    24.0
  18.0     0.0     0.0     0.0     0.0     0.0     0.0     5.0
  39.0    16.0     8.0     3.0    27.0    29.0     5.0    43.0
  11.0     4.0     2.0    14.0   117.0   130.0    78.0    27.0
 130.0    14.0     2.0     8.0     7.0    35.0    76.0   130.0
  33.0     1.0     3.0    63.0     5.0     0.0     0.0    15.0
   4.0     5.0    62.0    29.0     0.0     5.0     2.0    25.0
   0.0    37.0    68.0     4.0     1.0    48.0    35.0     4.0
   4.0    10.0    11.0    32.0    33.0    10.0    43.0    32.0
   2.0     0.0     2.0   130.0   130.0     0.0     0.0     2.0]
```

그림 8.3-8 키-포인트 기술자 예제

참고문헌

- David Lowe, "Distinctive Image Features from Scale-Invariant Keypoints," Int. Journal of CV, 2004
- Forsyth, Computer Vision: A Modern Approach, Pearson, 2011
- Tony Lindeberg, "Feature Detection with Automatic Scale Selection," International Journal of Computer Vision volume 30, 1998
- https://docs.opencv.org/3.4/dc/d0d/tutorial_py_features_harris.html
- https://docs.opencv.org/4.x/da/df5/tutorial_py_sift_intro.html
- https://learnopencv.com/blob-detection-using-opencv-python-c/
- 이세우, 파이썬으로 만드는 OpenCV 프로젝트, 프로그래밍인사이트, 2019

CHAPTER 09

매칭 및 정렬

9.1 거리척도 및 성능분석

컴퓨터 비전의 여러 응용 분야는 매칭(matching) 작업을 요구한다. 영상에서 원하는 물체를 검출하기 위해 모델과 입력 영상을 비교하는 과정에서, 파노라마 영상 생성을 위해 인접 영상들을 정렬하는 과정에서, 깊이 정보를 추론하는 스테레오 비전의 좌우 영상을 비교하는 과정에서, 이동 물체의 모션 정보를 추론하기 위해 인접 시점의 비디오 영상을 비교하는 과정에서 매칭이 필수적으로 수행된다.

비교하는 단위는 템플릿(template 영상 조각)이 될 수도 있고 특징(feature)이 될 수 있으나 이들 모두 벡터(vector)로 표현된다. 두 벡터를 비교하여 얼마나 차이가 나는 가를 수치로 표현하는 작업을 매칭이라 한다.

두 벡터간의 비유사도(dissimilarity)를 측정하는 다양한 방법들이 있으나 컴퓨터 비전 분야에서 가장 많이 사용되는 대표적인 척도는 해밍(hamming) 거리 척도와 유클리디안(euclidean) 거리 척도이다.

해밍 거리 척도는 (식 9.1 1)과 같이 각 벡터를 숫자로 표현한 후, 두 숫자를 비교해 틀린 자리 수를 카운트한다. (식 9.1-1)에서 ⊕는 XOR 연산을 표시한다. 숫자의 각 자리 값이 얼마나 다른가를 계산하는 것이 아니고 각 자리 값이 같은지 틀린지 만을 고려한다. 두 숫자는 길이가 같도록 정규화하는 작업이 필요하다. 예를 들어, '1011101'과 '1001011'사이의 해밍 거리는 3이고, "bird“와 "bead"사이의 해밍 거리는 2이다.

$$d(\boldsymbol{x},\boldsymbol{y}) = \sum_i (x_i \oplus y_i) \qquad \text{(식 9.1-1)}$$

$$\boldsymbol{x} = x_1 x_2 \cdots x_n \quad \boldsymbol{y} = y_1 y_2 \cdots y_n$$

유클리디안euclidean) 거리 척도는 두 벡터의 거리를 계산할 때 벡터 요소간의 거리 차이를 제곱한 후 이들을 더한다. 예를 들어, 두 벡터 $\boldsymbol{x}(a_1, a_2, a_3)$와 $\boldsymbol{y}(b_1, b_2, b_3)$ 사이의 유클리디안 거리 척도는 (식 9.1-2)로 표현된다.

$$d(\boldsymbol{x}, \boldsymbol{y}) = \sqrt{(a_1 - b_1)^2 + (a_2 - b_2)^2 + (a_3 - b_3)^2} \qquad \text{(식 9.1-2)}$$

(식 9.1-2)의 계산 시간을 줄이기 위해 제곱 대신에 절대값을 사용하고 자승근 연산을 생략하는 거리 척도를 사용하기도 한다.

$$d(\boldsymbol{x}, \boldsymbol{y}) = |a_1 - b_1| + |a_2 - b_2| + |a_3 - b_3|$$

일반적으로 두 벡터 사이의 거리가 0이 되는 경우는 거의 없다. 두 벡터 사이의 거리가 미리 정한 임계값 $\boldsymbol{T}$ 이내인 경우 두 벡터는 정합되었다고 한다. 즉 원하는 물체를 찾거나 대응점을 찾았다고 판단한다.

$$d(\boldsymbol{x}, \boldsymbol{y}) < \boldsymbol{T}$$

이제 벡터 $\boldsymbol{x}$와 비교할 벡터들이 여럿인 경우를 생각하자. 예를 들어, 제조공정에서 불량인 부품을 검출하는 문제를 생각하자. 흠집 모델을 만들어 벡터 형태로 표현하고, 검사 대상 부품 역시 벡터 형태로 표현한다. 흠집 모델 벡터를 각 부품 벡터와 비교하여 그 차이가 임계값 이하이면 불량 부품으로 판정한다. 이런 경우에 임계값 $\boldsymbol{T}$를 너무 큰 값으로 설정하면 대부분의 불량 부품들은 검출되겠지만, 불량이 아닌 정상 부품들도 불량이라고 판정될 수 있다. 반대로 임계값 $\boldsymbol{T}$를 너무 작은 값으로 설정하면 검출된 부품 중에는 불량이 아닌 부품은 거의 없겠지만, 실제 불량 부품이 검출되지 않을 수도 있다.

임계값 $\boldsymbol{T}$가 얼마나 적절한가를 판단하는 기준으로 참-긍정률(TPR: True Posive Rate)과 거짓-긍정률(FPR: False Posive Rate)를 사용한다. 참 긍정률이 높고 거짓 긍정률이 낮은 임계값이 가장 바람직한 임계값이다.

$$참\text{-}긍정률\ TPR = \frac{TP}{TP + FN} \qquad (식\ 9.1\text{-}3)$$

$$거짓\text{-}긍정률\ FPR = \frac{FP}{FP + TN}$$

(식 9.1-3)에서 TP 는 참-긍정, 즉 맞게 검출된 개수를 나타내고, FP 는 거짓-긍정, 즉 틀리게 검출된 개수를 나타낸다. TN 은 참-부정, 즉 맞게 검출되지 않은 개수를 나타내고, FN 은 거짓-부정, 즉 틀리게 검출되지 않은 개수를 나타낸다.

일반적으로 참-긍정률과 거짓-긍정률은 매칭에 사용되는 벡터가 어떤 유형의 벡터인가에 따라서 큰 차이를 보인다. 즉 좋은 특징 벡터는 높은 참-긍정률과 낮은 거짓-긍정률을 만들지만, 변별력이 떨어지는 특징 벡터는 낮은 참-긍정률과 높은 거짓-긍정률을 보인다. (그림 9.1-1)은 각 특징 벡터를 사용하여 임계값을 조정해 가며 만들어지는 참-긍정률과 거짓-긍정률의 변화를 보여준다.

예를 들어, 바구니에 사과 10개와 바나나 10개가 들어 있다. 색상 특징을 이용하여 사과를 찾는 경우, 아무리 임계값 조절을 잘 하더라도 높은 참-긍정률을 기대할 수 없다. (그림 9.1-1)의 청색 그래프에 해당된다. 그러나 색상 특징과 형태 특징을 함께 사용하여 임계값 조절을 잘하면 높은 참-긍정률과 낮은 거짓-긍정류을 기대할 수 있다. (그림 9.1-1)의 빨강색 그래프에 해당된다. 이처럼 특징 벡터의 성능을 보여주는 커브를 ROC(Receiver Operating Curve)라 한다. 이 커브에서 좌상단으로 갈수록 성능이 좋은 특징 벡터에 해당된다.

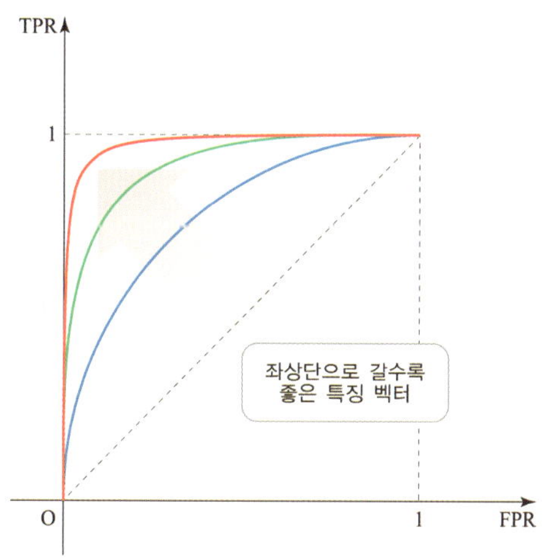

그림 9.1-1 ROC 성능 분석

9.2 맹목적 완전탐색과 kd 트리탐색

매칭 대상 벡터가 엄청 많은 경우, 이들 중에서 최근접 이웃(가장 잘 정합되는 이웃) 벡터를 찾는 문제를 생각하자. 대부분의 컴퓨터 비전 문제들이 이 경우에 해당된다. 예를 들어, 스테레오 비전에서 좌측 영상의 한 특징점에 대응되는 특징점을 우측 영상에서 찾는 경우를 생각할 수 있다. 이러한 상황에서 여러 유형의 탐색 전략을 생각할 수 있는데, 가장 많이 사용되는 방법은 맹목적 완전 탐색(brute force search)과 kd-트리 탐색(k-dimensional tree) 방법이다.

맹목적 완전 탐색 방법은 일명 무식한 탐색 방법으로서 모든 매칭 대상 벡터와 비교해 가면서 최근접 이웃(가장 유사한 이웃) 벡터를 찾는 방법이다. 쉽게 구현할 수 있으며 대상 벡터의 개수가 크지 않은 경우에는 가장 안전한 방법이다. 찾아진 벡터 즉 최근접 이웃 벡터가 원하는 대상인가를 판단하는 기준으로 (식 9.2-1)이 자주 사용된다.

$$d(\boldsymbol{x}, \boldsymbol{y}_1) < \boldsymbol{T}_a$$

$$\frac{d(\boldsymbol{x}, \boldsymbol{y}_1)}{d(\boldsymbol{x}, \boldsymbol{y}_2)} < T_r \qquad \text{(식 9.2-1)}$$

(식 9.2-1)에서 $\boldsymbol{y}_1$ 은 $\boldsymbol{x}$ 와 최근접 이웃 벡터이고, $\boldsymbol{y}_2$ 는 두 번째로 근접한 이웃 벡터이다. $\boldsymbol{y}_1$ 이 $\boldsymbol{x}$ 와 일정한 거리 이내에 있으며, 동시에 $\boldsymbol{x}$ 과 $\boldsymbol{y}_1$ 사이의 거리가 $\boldsymbol{x}$ 와 $\boldsymbol{y}_2$ 사이의 거리 보다 상대적으로 많이 짧은 경우에 $\boldsymbol{y}_1$ 을 $\boldsymbol{x}$ 의 대응 벡터로 판단한다. 즉 $\boldsymbol{x}$ 는 $\boldsymbol{y}_1$ 과 정합된다고 판단한다.

두 번째 방법은 kd 트리 탐색 방법이다. 이 방법은 이진트리 탐색을 확장한 방법이다. 이진트리 탐색에서는 벡터가 한 개의 필드만을 갖는다. 매칭 대상 벡터들은 필드값에 따라 (그림 9.2-1)와 같은 이진트리 형태로 정렬된다. 각 노드의 필드값보다 작은 필드값을 갖는 노드들은 왼쪽 부분 트리에 그리고 큰 필드값을 갖는 노드들은 오른쪽 부분 트리에 위치한다.

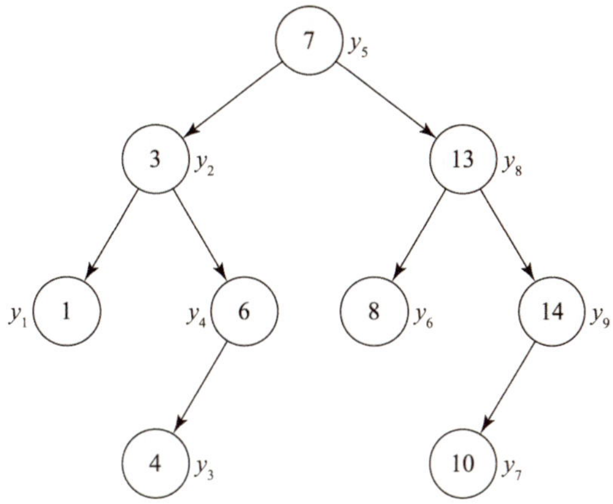

그림 9.2-1 이진트리 탐색

균형을 갖춘 이진 트리를 생성하기 위해서는 필드값을 크기 순으로 정렬한 후 중앙값을 루트 노드에 중앙값보다 작은 값들은 왼쪽 부분 트리에 그리고 중앙값보다 큰 값들은 오른쪽 부분 트리에 할당한다. 예를 들어, (그림 9.2-1)의 경우 필드값 7을 갖는 y_5 를 루트 노드에 할당하고, y_1 , y_2 , y_3 , y_4 는 왼쪽에 그리고 y_6 , y_7 , y_8 , y_9 는 오른쪽에 할당한다. 왼쪽 그리고 오른쪽으로 분할된 벡터들에 대해서도 같은 방법으로 노드 할당을 반복하면 (그림 9.2-1)와 같은 이진 트리가 생성된다.

생성된 이진트리를 이용하여 최근접 이웃 벡터를 검색하는 과정은 트리의 루트 노트와의 비교를 시작으로 진행된다. 비교 결과에 따라 트리의 왼쪽 또는 오른쪽으로 잔행하며 트리를 따라가다가 더 이상 진행할 수 없는 막다른 길에 도달하면 해당 노드에 할당된 벡터를 최근접 이웃으로 선언한다.

예를 들어, 필드값이 5.5인 벡터 x 의 최근접 이웃 벡터를 검색하는 경우를 생각하자. y_5 와의 비교를 시작으로 y_2 , y_4 , 그리고 y_3 에 도달하여 더 이상 진행할 수 없다. y_3 를 최근접 이웃으로 판단한다. (그림 9.2-1)의 이진트리에서 필드값이 5.5인 x 에 최근접한 이웃은 필드값 6을 갖고 있는 y_4 이지만, 검색 결과 필드값 4를 갖는 y_3 를 최근접 이웃으로 선언한다. 이처럼 이진트리 검색은 경우에 따라서는 근사 최근접 이웃을 반환하기도 한다. 이진트리 검색이 정확히 최근접 이웃을 반환하기 위해서는 탐색 과정에서 만나는 모든 노드들과의 비유사도를 저장하고 있다가 막다른 길에 도달하는 순간 저장된 비유사도가 최소인 노드를 선택해야 한다. 즉 번

거로운 추가 작업이 필요하다.

이진트리 탐색은 비교 횟수를 획기적으로 줄인다. 균형을 갖춘, 즉 왼쪽 부분 트리의 크기와 오른쪽 부분 트리의 크기가 비슷한 이진트리 탐색은 비교 대상이 n 개 일 때 평균적으로 $\log(n)$ 번의 비교를 수행하여 원하는 대상을 추출할 수 있다. n 의 크기가 매우 큰 경우에는 탐색 효율성이 매우 높다.

kd 트리는 모든 노드가 k차원 벡터인 이진트리이다. kd 트리의 각 노드는 k-차원 공간을 두 부분으로 분할하는 작업을 수행한다. 이는 앞에서 살펴본 이진트리의 각 노드가 1차원 공간, 즉 선을 두 개의 구간으로 분할하는 것과 같다. 분할된 왼쪽 공간은 왼쪽 부분 트리에 의해 그리고 오른쪽 공간은 오른쪽 부분 트리에 의해 표현된다. 공간 분할은 k-차원 중에서 하나의 차원에 해당되는 축을 수직으로 분할하는 방식으로 진행되며, 트리의 각 레벨에서 분할에 사용되는 축을 번갈아가며 선택하고 마지막 차원에 해당되는 축까지 진행된 후에는 다음 레벨에서는 다시 첫 번째 차원에 해당되는 축으로 되돌아간다.

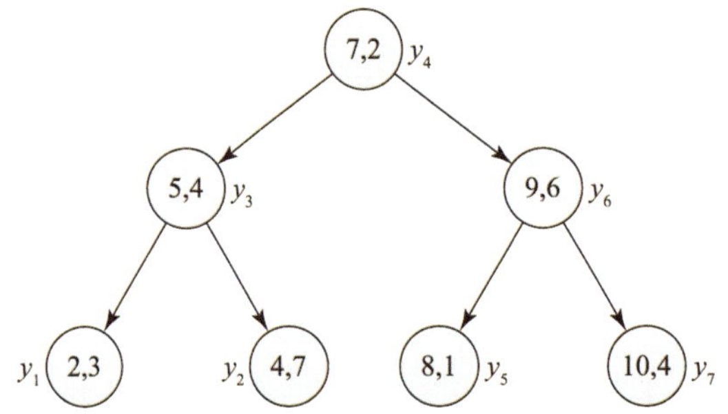

그림 9.2-2 kd 트리 생성

예를 들어, (그림 9.2-2)에서와 같이 7개의 벡터 $\boldsymbol{y}_1(2,3)$, $\boldsymbol{y}_2(4,7)$, $\boldsymbol{y}_3(5,4)$, $\boldsymbol{y}_4(7,2)$, $\boldsymbol{y}_5(8,1)$, $\boldsymbol{y}_6(9,6)$, $\boldsymbol{y}_7(10,4)$ 로 kd 트리를 생성하는 과정을 살펴보자. 이진트리를 생성할 때와 같이 균형을 갖춘 kd 트리를 만들기 위해서는 벡터의 첫 번째 필트값 크기 순서로 벡터들을 정렬한다. (그림 9.2-2)의 예에서는 $\boldsymbol{y}_1(2,3)$, $\boldsymbol{y}_2(4,7)$, $\boldsymbol{y}_3(5,4)$, $\boldsymbol{y}_4(7,2)$, $\boldsymbol{y}_5(8,1)$, $\boldsymbol{y}_6(9,6)$, $\boldsymbol{y}_7(10,4)$ 순서로 정렬된다. 정렬된 리스트의 중간 벡터를 선택하여 이를 루트 노드에 할당한다. 리스트가 짝수개의 벡터를 갖는 경우는 n/2 또는 n/2+1 번째 벡터 중에서 임의로 선택한다. (그림 9.2-2)

예제에서는 $y_4(7,2)$ 를 선택해서 루트 노드 할당한다.

순서 리스트에서 $y_4(7,2)$ 의 왼쪽에 있는 벡터들을 이번에는 두 번째 필드값 크기 순서로 정렬한다. $y_1(2,3)$, $y_3(5,4)$, $y_2(4,7)$ 순으로 정렬된다. 중앙에 위치한 벡터 $y_3(5,4)$ 를 $y_4(7,2)$ 의 왼쪽 자식 노드로 선정하고 트리의 다음 레벨로 내려가 분할을 반복한다. (그림 9.2-2) 예제에서는 $y_3(5,4)$ 의 왼쪽과 오른쪽에 벡터 한 개씩만 남아있으므로 이들을 다음 왼쪽 그리고 오른쪽 노드로 선정한다.

루트 노트 $y_4(7,2)$ 의 오른쪽에 위치하는 노드들의 분할도 같은 방식으로 진행된다. 두 번째 필드값 크기 순서로 정렬한 후 중앙값을 갖는 벡터 $y_6(9,6)$ 를 $y_4(7,2)$ 의 오른쪽 자식 노드로 선정하고 같은 작업을 반복하여 트리 생성을 완성한다.

kd 트리 생성 과정에서 트리의 각 레벨이 진행되면서 순차적으로 다음 차원의 필드값을 기준으로 분할을 수행하는 이유는 k 차원 탐색 공간을 좀 더 효율적으로 줄여가면서 최근접 이웃 벡터를 검색하기 위함이다.

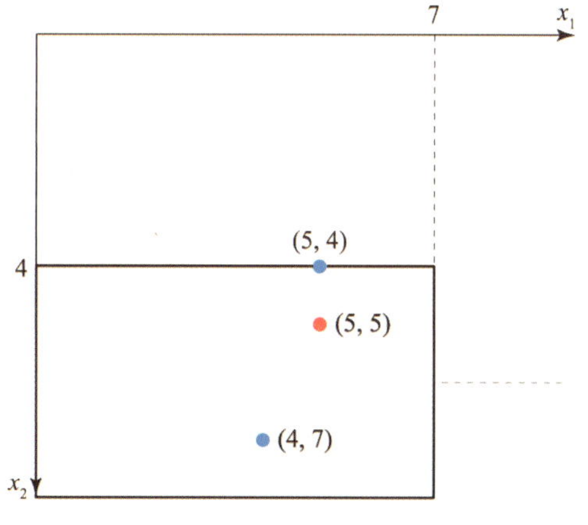

그림 9.2-3 kd 트리에서 탐색 공간 줄여가는 과정

예를 들어, 필드값이 (5, 5)인 벡터 x 의 최근접 이웃 벡터를 검색하는 경우를 생각하자. 루트 노드 $y_4(7,2)$ 와 비교하여 탐색 공간을 (그림 9.2-3)에서와 같이 $x_1 < 7$ 인 영역으로 제한한다. 트리의 다음 레벨에서 $y_3(5,4)$ 와 비교하여 탐색 공간은 $(x_1 < 7) \wedge (x_2 > 4)$ 으로 더욱 더 제한된다. 트리 레벨-2에서 단말 노드 $y_2(4,7)$ 와 만나 더 이상 진행할 수 없으므로 $y_2(4,7)$ 를 최근

접 이웃으로 선언한다.

kd 트리 탐색은 상황에 따라서는 근사 최근접 이웃을 반환한다. (그림 9.2-3)의 예에서도 벡터 $x(5,5)$ 의 실제 최근접 이웃은 $y_3(5,4)$ 이지만, 검색 결과는 $y_2(4,7)$ 를 최근접 이웃으로 반환한다. 이러한 상황이 발생하는 이유는 이진트리 검색에서와 같이 탐색의 효율성을 높이기 위해 자식 노드의 수가 두 개인 이진 분할을 수행하기 때문이다. 자식 노드 수를 늘려 탐색 공간을 좀 더 좁히는 방안을 마련하면 이러한 현상을 줄일 수 있다.

지금까지 kd 트리 생성 및 검색의 핵심 개념에 대해 설명했다. 검색의 효율성과 정확성을 높이기 위한 여러 기법들이 추가될 수 있다. 좀 더 상세한 트리 생성 및 검색 알고리즘의 소개는 본 교재의 방향이 아니므로 생략한다.

9.3 템플릿 매칭

템플릿 매칭(template matching)은 영상 속 물체를 검출하는 가장 기본적인 방법이다. 입력 영상에서 템플릿 영상이 있는 위치를 탐색하는 방법이다. 일반적으로 템플릿 매칭은 이동(translation) 문제는 해결할 수 있는 반면, 회전 및 스케일링된 물체의 탐색 문제는 해결할 수 없다. 템플릿 매칭는 밝기 영상을 그대로 사용할 수도 있고, 에지, 코너점, 주파수 변환 등의 특징 공간으로 변환하여 템플릿 매칭을 수행할 수도 있다. 밝기 영상을 그래도 사용하는 경우에는 조명 변화에 덜 민감하도록 밝기 정규화 과정이 필요하다.

(예제 9.3-1) 프로그램은 OpenCV가 제공하는 cv2.matchTemplate() 함수를 사용하여 템플릿 매칭을 수행하는 예를 보여준다. 탬플릿 영상을 입력 영상의 좌측 상단에서 시작해서 전체 영역을 스캔하며 각 화소에서 계산된 템플릿 영상과 입력 영상간 유사도 또는 비유사도를 실수 형태의 행렬로 반환한다. 매칭 척도로서 유사도를 사용하는 경우에는 결과 행렬의 최댓값 위치를, 비유사도를 사용하는 경우는 최솟값 위치를 찾아서 해당 위치를 템플릿 영상이 존재하는 위치로 판단한다.

```
cv2.matchTemplate(image, template, method)
  image: 입력 영상, 8비트
  template: 템플릿 영상, image보다 같거나 작은 크기, 같은 타입
  method: 비교 방법, cv2.TM_으로 시작하는 6 가지 플래그 지정

  템플릿 비교 방법:
```

cv2.TM_SQDIFF

$$R(x,y) = \sum_{x',y'} (T(x',y') - I(x+x',y+y'))^2$$

cv2.TM_SQDIFF_NORMED

$$R(x,y) = \frac{\sum_{x',y'} (T(x',y') - I(x+x',y+y'))^2}{\sqrt{\sum_{x',y'} T(x',y')^2 \cdot \sum_{x',y'} I(x+x',y+y')^2}}$$

cv2.TM_CCORR

$$R(x,y) = \sum_{x',y'} (T(x',y') \cdot I(x+x',y+y'))$$

cv2.TM_CCORR_NORMED

$$R(x,y) = \frac{\sum_{x',y'} (T(x',y') \cdot I(x+x',y+y'))}{\sqrt{\sum_{x',y'} T(x',y')^2 \cdot \sum_{x',y'} I(x+x',y+y')^2}}$$

cv2.TM_CCOEFF

$$R(x,y) = \sum_{x',y'} (T'(x',y') \cdot I'(x+x',y+y'))$$

$$T'(x',y') = T(x',y') - 1/\left((w \cdot h) \cdot \sum_{x'',y''} T(x'',y'')\right)$$

$$I'(x+x',y+y') = I(x+x',y+y') - 1/\left((w \cdot h) \cdot \sum_{x'',y''} I(x+x'',y+y'')\right)$$

cv2.TM_CCOEFF_NORMED

$$R(x,y) = \frac{\sum_{x',y'} (T'(x',y') \cdot I'(x+x',y+y'))}{\sqrt{\sum_{x',y'} T'(x',y')^2 \cdot \sum_{x',y'} I'(x+x',y+y')^2}}$$

cv2.TM_SQDIFF는 템플릿과 입력 영상 영역과의 밝기 차이를 계산하는 비유사도 척도이고, cv2.TM_SQDIFF_NORMED는 이를 정규화한 척도이다. cv2.TM_CCORR은 템플릿과 입력 영상 영역과의 상관도를 계산하는 유사도 척도이고, cv2.TM_CCORR_NORMED는 이를 정규화한 척도이다. cv2.TM_CCOEFF는 템플릿과 입력 영상 영역의 밝기를 보정한 후 상관도를 계산하는 유사도 척도이고, cv2.TM_CCOEFF_NORMED는 이를 정규화한 척도이다.

반환되는 결과 영상은 32비트의 단일 채널 영상으로서, 영상의 크기는 W-w+1, H-h+1이다. (W, H)는 원본 영상의 크기이며, (w, h)는 템플릿 영상의 크기이다. 결과 영상이 위와 같은 크기를 갖는 이유는 템플릿이 온전히 포함된 원본 영상의 각 화소에서 템플릿 영상을 비교하기 때문이다.

(예제 9.3-1) 프로그램은 입력 영상을 그레이 영상으로 변환한 후, 6가지 비교 방법 모두를 사용하여 템플릿 매칭을 수행한다. 템플릿 영상으로 입력 영상의 좌상단에 위치한 흰색 영역을 사용한다. 프로그램에서 사용된 cv2.minMaxLoc() 함수는 인수로 전달된 배열에서 최솟값과 최댓값 그리고 최솟값 위치와 최댓값 위치를 확인하여 이들을 반환한다. cv2.rectangle() 함수는 입력 영상 위에 검출된 템플릿의 위치를 사각형으로 표시한다.

(그림 9.3-1)은 (예제 9.3-1) 프로그램의 수행 결과를 보여준다. 비유사도를 매칭 척도로 사용한 경우에는 반환된 결과 영상의 검은 부분이, 반대로 유사도를 매칭 척도로 사용한 경우에는 결과 영상의 흰색 부분이 템플릿과 대응되는 후보 영역이 다. 6가지 비교 방법 중에서 cv2.TM_CCORR 방법은 템플릿 영상을 찾지 못하고 템플릿 영상과 제법 유사한 영역을 찾는다.

템플릿 매칭은 영상 전체를 스캔하며 매칭을 수행하므로 시간이 매우 많이 걸리는 방법이다. 영상 스케일 변화와 방향 변화에 대해 매우 민감한 방법이기 때문에 비교적 간단한 유형의 문제를 해결하는데 사용되는 방법이다.

예제 9.3-1 프로그램

```
import cv2
import numpy as np
from matplotlib import pyplot as plt
```

```
img = cv2.imread('connected.png')
gray = cv2.cvtColor(img, cv2.COLOR_BGR2GRAY)

template = cv2.imread('template.png',0)
w, h = template.shape

# 6가지 비교 방법
methods = ['cv2.TM_CCOEFF', 'cv2.TM_CCOEFF_NORMED',
          'cv2.TM_CCORR', 'cv2.TM_CCORR_NORMED',
          'cv2.TM_SQDIFF', 'cv2.TM_SQDIFF_NORMED']

for meth in methods:
    img1 = img.copy()
    method = eval(meth)

    # 템플릿 매칭
    res = cv2.matchTemplate(gray,template,method)
    min_val, max_val, min_loc, max_loc = cv2.minMaxLoc(res)

    # for TM_SQDIFF or TM_SQDIFF_NORMED, take minimum
    if method in [cv2.TM_SQDIFF, cv2.TM_SQDIFF_NORMED]:
        top_left = min_loc
    else:
        top_left = max_loc

    bottom_right = (top_left[0] + w, top_left[1] + h)
    cv2.rectangle(img1,top_left, bottom_right, 255, 2)

    plt.subplot(121),plt.imshow(res,cmap = 'gray')
    plt.title('Matching Result'), plt.xticks([]), plt.yticks([])
    plt.subplot(122),plt.imshow(img1,cmap = 'gray')
    plt.title('Detected Template'), plt.xticks([]), plt.yticks([])
    plt.suptitle(meth)
    plt.show()
```

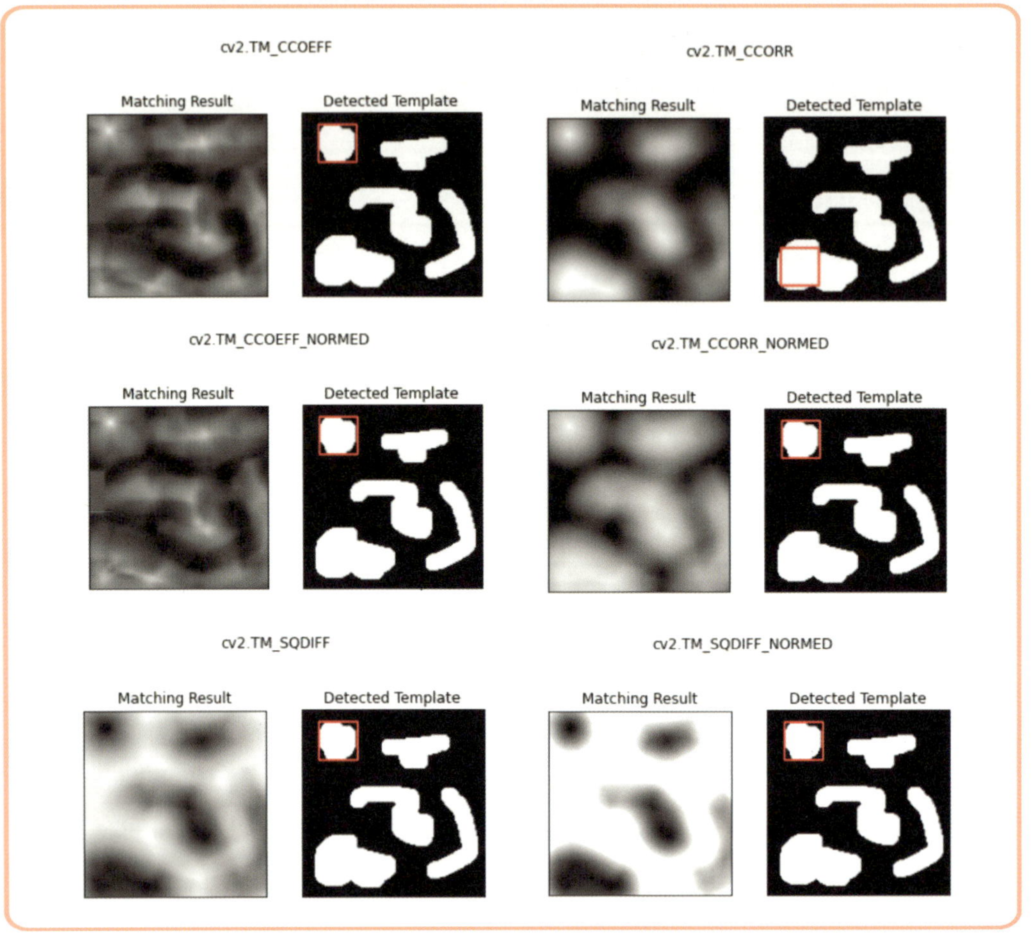

그림 9.3-1 템플릿 매칭 결과

9.4 특징 매칭

특징 매칭이란 서로 다른 두 영상에서 추출한 특징점의 기술자들을 비교해서 대응되는 짝을 정하는 작업이다. 짝지어진 특징점들을 모아 두 영상이 얼마나 비슷한지를 판단할 수 있고, 또 충분히 비슷한 특징점들로 구성된 영역을 대응되는 물체 영역으로 판단할 수 있다. 특징 매칭은 파노라마 영상 생성, 영상 검색, 객체 인식 등 다양한 분야에서 사용된다.

OpenCV는 매칭 대상 특징점을 중에서 짝을 찾는 작업을 수행하는 두 가지 유형의 특징 매칭기 cv2.BFMatcher와 cv2.FLannBasedMatcher를 제공한다. BFMatcher는 맹목적 완전 탐색

(brute force search)을 수행하여 대응되는 짝을 찾고, FlannBasedMatcher는 탐색 효율성을 높이기 위해 근사 최근접 이웃을 대응되는 짝으로 선정한다. FlannBasedMatcher 매칭기는 여러 알고리즘을 옵션으로 선택하여 사용할 수 있는데 대표적인 알고리즘이 kd-트리 탐색(k-dimensional tree) 알고리즘이다.

(예제 9.4-1) 프로그램은 특징 매칭기 cv2.BFMatcher를 사용하여 특징 매칭을 수행하는 예를 보여준다. 매칭에 사용된 특징은 스케일 변화와 방향 변화에도 불변인 SIFT 특징이다. 생성자 함수 cv2.BFMatcher()는 특징 매칭 객체를 생성하고, 생성된 객체의 knnMatch() 함수는 k개의 최근접 특징점 리스트를 반환한다. 즉 keyPoints1에 포함된 각 특징 기술자를 keyPoints2에 포함된 모든 특징 기술자들과 비교하여 이들 중 k개의 최근접 이웃 특징점를 반환한다.

```
cv2.BFMatcher(normType, crossCheck)

   normType: 거리 측정 척도, 기본값 = cv2.NORM_L2
   crossCheck: 상호간에 최근접 이웃인 특징점만 반환, 기본값 = False
```

cv2.NORM_L2 = $\sum_{i}(a_i - b_i)^2$

cv2.NORM_L1 = $\sum_{i} abs(a_i - b_i)$

```
knnMatch(firstDes, secondDes, k)

   firstDes: 기준 영상의 특징 기술자 행렬, queryDescriptors
   secondDes: 대상 영상의 특징 기술자 행렬, trainDescriptors
   k: 반환될 최근접 이웃 개수
```

반환되는 matches의 데이터 타입은 리스트이다. 리스트의 각 원소는 최근접 매칭 정보와 두 번째 최근접 매칭 정보를 저장한다. 저장된 매칭 정보는 queryIdx, trainIdx, 그리고 distance이다. 즉 기준 특징점의 색인, 대상 특징점의 색인, 그리고 두 특징 기술자간의 거리 정보이다.

matches 리스트에 포함된 대응점들 중에서 최근접 대응점과의 거리와 두 번째 최근접 대응점과의 거리 비율이 일정 기준보다 작은 대응점만을 선택한다. 즉 이 비율이 임계값보다 큰 경우는 기준 영상의 한 특징점이 대상 영상의 여러 특징점과 대응 관계를 갖고 있다고 판단하여 이러한 대응점은 선택하지 않는다. 선택된 우수 대응점들은 sorted() 함수에 의해 대응점간 거리가 적은 순으로 정렬된다.

예제 9.4-1 프로그램

```
# BFMatdher 예제

import numpy as np
import cv2

img1 = cv2.imread('box.png', 0)  # query Image 로드
img2 = cv2.imread('box_in_scene.png', 0) # train Image 로드

# Find the keypoints and descriptors with SIFT
sift = cv2.xfeatures2d.SIFT_create()
keyPoints1, descriptors1 = sift.detectAndCompute(img1, None)
keyPoints2, descriptors2 = sift.detectAndCompute(img2, None)

print('num of keyPoint1 =', len(keyPoints1))

print('num of keyPoint12 =', len(keyPoints2))

# Brute-force matcher 객체 생성
bf = cv2.BFMatcher()

# 가장 가까운 매칭점 2개씩 검색하여 리스트로 반환
matches = bf.knnMatch(descriptors1, descriptors2, k=2)

# 가장 유사한 매칭점이 다른 후보와 확연한 차이가 날 경우
# 우수한 매칭점들을 저장할 리스트 생성
goodMatches = []
for m, n in matches:
    if m.distance < 0.7 * n.distance:
        goodMatches.append(m)
```

```
print(), print('num of goodMatches =', len(goodMatches))
print('queryIdx trainIdx distance:')
for i in range(5):
    print('%5d'%goodMatches[i].queryIdx, '%8d'%goodMatches[i].trainIdx,
          '%10.2f'%goodMatches[i].distance)

# 거리값을 기준으로 정렬
sorted_GMatches = sorted(goodMatches, key = lambda x : x.distance)
print(), print('num of dorted_goodMatches =', len(goodMatches))
print('queryIdx trainIdx distance:')
for i in range(5) :
    print('%5d'%sorted_GMatches[i].queryIdx,
                 '%8d'%sorted_GMatches[i].trainIdx,
                 '%10.2f'%sorted_GMatches[i].distance)

MIN_MATCH_COUNT = 10  # 최소한 검출되어야 하는 매칭점의 개수 세팅
if len(goodMatches) > MIN_MATCH_COUNT :

    # 매칭점들을 연결해 두 이미지 간의 매칭 관계 그리기
    drawParas = ct(matchColor=(0,255,0),singlePointColor=None,flags=2)
    result = cv2.drawMatches(img1, keyPoints1, img2, keyPoints2,
                      sorted_GMatches[:15], None, **drawParas)

    # Display the results
    cv2.imshow('matching result', result)
    cv2.waitKey(0)
    cv2.destroyAllWindows()

else :  # 매칭점이 충분히 검출되지 않았을 경우
    print("Not enough matches are found")
```

(그림 9.4-1)은 (예제 9.4-1) 프로그램의 수행 결과를 보여준다. 기준 영상(query image)에서 추출된 특징점의 수는 604개, 그리고 대상 영상(train image)에서 추출된 특징점의 수는 969개 이다. 604개의 특징점 모두의 대응점이 추출됐고, 이 중에서 최근접 이웃 거리와 두 번째 최근접 이웃 거리간의 비율이 0.7이하인 조건을 만족하는 특징점의 수는 73개 이다. 이들 중에서 거리

가 가장 가까운 5개 대응점들과 이들의 거리를 (그림 9.4-1)에서 확인할 수 있다. 73개의 대응점 중에서 가장 우수한 15개의 대응점을 녹색 선으로 보여준다. 기준 영상의 특징점들과 대응되는 대상 영상의 특징점들이 잘 일치하고 있음을 확인할 수있다.

대응점들을 표시하기 위해 사용된 cv2.drawMatches() 함수는 기준 영상의 특징점과 대상 영상의 대응되는 특징점을 선으로 연결한다.

```
cv2.drawMatches(img1, kpts1, img2, kpts2, matches1to2, params)

   img1: 기준 영상(query image)
   kpts1: 기준 영상의 특징점 리스트
   img2: 대상 영상(train image)
   kpts2: 대상 영상의 특징점 리스트
   matches1to2: 기준영상에서 대상영상으로의 대응점 리스트
   params: 대응선 형태에 관한 옵션들
```

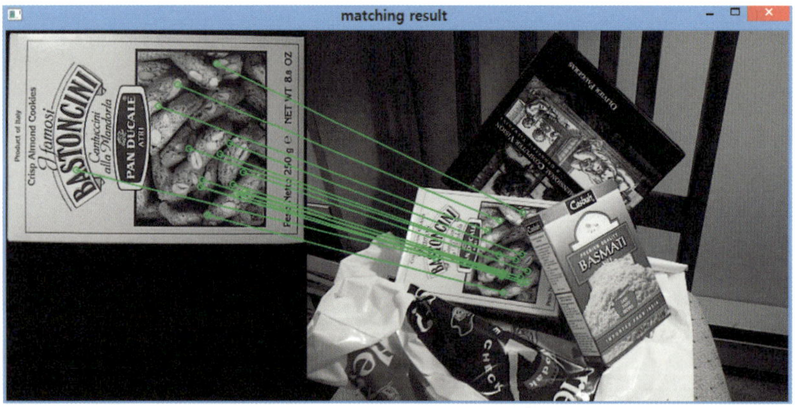


```
queryIdx   trainIdx   distance :
   471        386       66.26
   485        382       67.98
   450        358       73.27
   290        247       78.18
   103        160       83.05
```

그림 9.4-1 BFMatcher 수행 결과

(예제 9.4-2) 프로그램은 특징 매칭기 cv2.FLannBasedMatcher를 사용하여 특징 매칭을 수행하는 예를 보여준다. FLANN 객체를 생성하는 생성자 함수 cv2.FlannBasedMatcher()는 인덱스 파라미터와 검색 파라미터를 전달받는다. 두 파라미터는 모두 키와 키-값들로 구성되는 딕셔너리 타입이다.

```
cv2.FlannBasedMatcher(indexParams, searchParams)

  indexParams : 사용할 탐색 알고리즘 지정
    algorithm key : 알고리즘 유형
      FLANN_INDEX_LINEAR=0: 선형 인덱싱, BFMatcher와 동일
      FLANN_INDEX_KDTREE=1: KD-트리 인덱싱
            trees key : 트리 개수, 기본값 = 4
      FLANN_INDEX_KMEANS=2: K-평균 트리 인덱싱
            branching key : 트리 분기 개수, 기본값 = 32
            iterations key : 반복 횟수, 기본값 = 11
            centers_init key : 초기 중심점 방식, 기본값 = 0

  searchParams : 사용할 탐색 파라미터 지정
    checks key : 트리 탐색 깊이, 기본값 = 32
```

(예제 9.4-2) 프로그램에서 cv2.FlannBasedMatcher는 kd-트리 탐색 알고리즘을 사용한다. 5개의 트리를 사용하고, 각 트리에서 깊이 30까지 탐색을 수행한다. 나머지 부분은 (예제 9.4-2) 프로그램과 동일하다.

예제 9.4-2 프로그램

```
# FlannBasedMacher 예제

import numpy as np
import cv2

img1 = cv2.imread('box.png', 0)  # query Image 로드
img2 = cv2.imread('box_in_scene.png', 0) # train Image 로드
```

```
# Find the keypoints and descriptors with SIFT
sift = cv2.xfeatures2d.SIFT_create()
keyPoints1, descriptors1 = sift.detectAndCompute(img1, None)
keyPoints2, descriptors2 = sift.detectAndCompute(img2, None)

# 인덱스 파라미터와 탐색 파라미터 설정
FLANN_INDEX_KDTREE = 1
index_params = dict(algorithm=FLANN_INDEX_KDTREE, trees=5)
search_params = dict(checks=30)

# Flann 매처 생성, sorted = Ture(기본값): 정렬해서 반환
matcher = cv2.FlannBasedMatcher(index_params, search_params)


# 가장 가까운 매칭점 2개씩 검색하여 리스트로 반환
matches = matcher.knnMatch(descriptors1, descriptors2, k=2)

# 가장 유사한 매칭점이 다른 후보와 확연한 차이가 날 경우
# 우수한 매칭점들을 저장할 리스트 생성
goodMatches = []
for m, n in matches:
    if m.distance < 0.7 * n.distance:
        goodMatches.append(m)

# 거리값을 기준으로 정렬
sorted_GMatches = sorted(goodMatches, key = lambda x : x.distance)

print(), print('queryIdx trainIdx distance')
for i in range(5):
    print('%5d'%sorted_GMatches[i].queryIdx,
          '%8d'%sorted_GMatches[i].trainIdx,
          '%10.2f'%sorted_GMatches[i].distance)

MIN_MATCH_COUNT = 10 # 최소한 검출되어야 하는 매칭점의 개수 세팅
if len(goodMatches) > MIN_MATCH_COUNT :
```

```
    # 매칭점들을 연결해 두 이미지 간의 매칭 관계 그리기
    drawParas=dict(matchColor=(0,255,0),singlePointColor=None,flags=2)
    result = cv2.drawMatches(img1, keyPoints1, img2, keyPoints2,
                            sorted_GMatches[:15], None, **drawParas)

    # Display the results
    cv2.imshow('matching result', result)
    cv2.waitKey(0)
    cv2.destroyAllWindows()

else :  # 매칭점이 충분히 검출되지 않았을 경우
    print("Not enough matches are found ")
```

(그림 9.4-2)는 (예제 9.4-2) 프로그램의 수행 결과를 보여준다. 기준 영상의 특징점 중에서 대상 영상의 최근접 이웃 대응점까지 거리와 두 번째 최근접 이웃 대응점까지 거리의 비율이 0.7 이하인 조건을 만족하는 특징점의 수는 72개 이다. 이들 중에서 거리가 가장 가까운 5개 대응점들과 이들의 거리를 (그림 9.4-2)에 표시하였다. (그림 9.4-1)과 동일한 결과를 확인할 수 있다. 72개의 대응점 중에서 가장 우수한 15개의 대응점을 녹색 선으로 보여준다. kd-트리 탐색 알고리즘을 사용하는 cv2.FlannBasedMatcher 매칭기는 높은 탐색 효율을 보이면서 성능에서도 cv2.BTMatcher와 거의 동일한 성능을 보여줌을 확인할 수 있다.

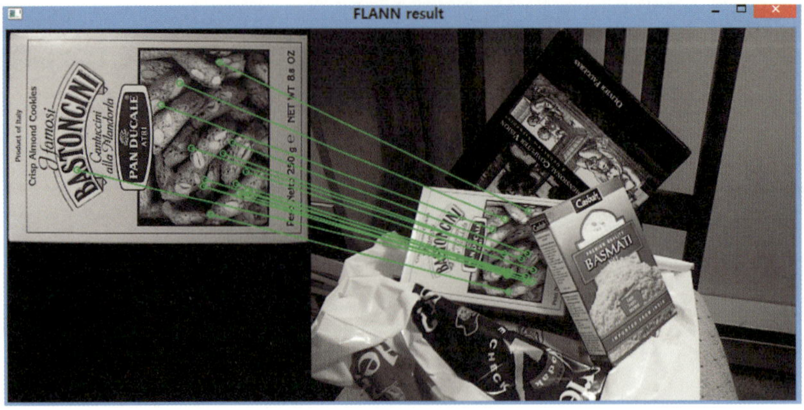

queryIdx	trainIdx	distance :
471	386	66.26
485	382	67.98
450	358	73.27
290	247	78.18
103	160	83.05

그림 9.4-2 FLANN 수행 결과

9.5 특징 기반 영상정렬

같은 장면을 서로 다른 시점(viewpoint)에서 촬영한 영상들을 변형된 모습을 보인다. 영상 정렬(image alignment)은 한 시점에서 촬영된 영상을 다른 시점에서 촬영된 영상으로 변형시키는 작업이다. 영상 정렬하는 가장 일반적인 방법은 각 영상에서 추출한 특징점을 비교하여 대응 관계(correspondence)를 확인하는 방법이다. 확인된 대응점들로부터 기하학적인 변환식(geometric transformation)을 계산한 후, 계산된 변환식을 적용하여 두 영상을 정렬시킨다. (그림 9.5-1)은 영상 정렬을 설명할 때 자주 인용되는 영상이다. 서로 다른 시점(viewpoint)에서 찍은 두 영상을 잘 정렬시킨 예를 보여 준다

그림 9.5-1　영상 정렬 예제

장면이 영상에 투영될 때 원근투영(perspective projection)된다. 멀리 있는 물체는 작게 보이고 가까운 물체는 상대적으로 크게 보이는 투영이다. 직선 성분은 직선 성분으로 투영되지만, 평행선은 평행선으로 투영되지 않고 한쪽 끝이 서로 가까워지는 변형된 형태로 투영될 수 있다. 만약 장면이 평면 구조(plane structure)를 갖는다면 실세계 좌표계와 영상 좌표계간의 변환은 호모그라피(homography) H 라고 불리는 3x3 행렬에 의해 표현된다. 서로 다른 두 시점에서 촬영한 영상간의 변환도 호모그라피 행렬에 의해 표혀되다.

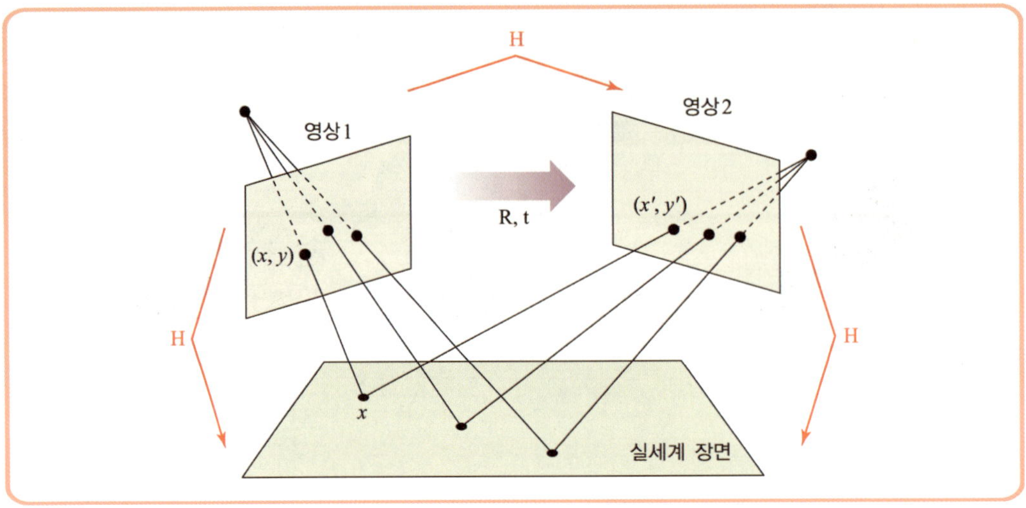

그림 9.5-2 호모그라피로 표현되는 좌표계 변환

실세계의 장면이 2차원 평면 구조를 갖는 경우는 드물고 대부분 3차원 공간으로 구성되지만 카메라와 장면간의 거리가 상대적으로 먼 경우에는 장면이 평면 구조를 갖는다고 가정하더라도 큰 문제는 되지 않는다.

$$s\begin{bmatrix}x'\\y'\\1\end{bmatrix} = H\begin{bmatrix}x\\y\\1\end{bmatrix} = \begin{bmatrix}h_{11} & h_{12} & h_{13}\\h_{21} & h_{22} & h_{23}\\h_{31} & h_{32} & 1\end{bmatrix}\begin{bmatrix}x\\y\\1\end{bmatrix} \quad \text{(식 9.5-1)}$$

(식 9.5-1)은 두 영상 좌표계간의 관계가 호모그라피 H 와 스케일 인자 s 에 의해서 정의됨을 보여준다. 스케일 인자 s는 (식 9.5-2)와 같이 호모그라피 행렬의 두 인자로 표현되므로, 호모그라피만 구하면 한 시점에서 촬영된 영상을 다른 시점에서 촬영된 영상 좌표계로 변환할 수 있다.

$$s = h_{31}x' + h_{32}y' + 1 \quad \text{(식 9.5-2)}$$

호모그라피 행렬은 3x3 행렬이자만 마지막 인자 값은 통상적으로 1로 정규화 되므로 8개의 인자 값만 구하면 된다. 두 영상간의 대응점에 의해 두 개의 선형 방정식이 만들어지므로 4개의 대응점이 구해지면 호모그라피 행렬이 계산된다. 4개의 대응점들로부터 호모그라피를 계산하는 과정은 본 교재에서는 생략한다. 본 교재의 목적이 해당 이론에 대한 복잡한 수식은 가급적 생략하고, 해당 이론의 기본적 철학을 설명하는데 맞추어져 있기 때문이다.

두 영상간의 4개의 대응점을 찾으면 호모그라피를 계산할 수 있으나, 실제로는 찾아진 대응점 4개 중에서 부정확한 특징점이 있을 수 있으므로 이러한 접근 방법은 위험성이 매우 높다. 대응점이 부정확할 가능성이 높은 이유는 첫째, 잡음에 의해 대응점의 위치가 실제 위치와 차이가 날 수 있고 둘째, 영상의 특징점은 상대 영상의 여러 특징점과 대응될 수 있는 모호성을 늘 갖고 있기 때문이다. 이러한 문제를 해결하기 위해 사용되는 방법이 랜삭(RANSAC) 알고리즘이다.

랜삭 알고리즘의 기본 철학은 후보 호모그라피를 여러 개 만들고 이 중에서 신뢰도가 가장 높은(즉 찾아진 모든 대응점들과 가장 잘 일치하는) 후보를 최종 호모그라피로 선택한다. 신뢰도를 계산하기 위해 인라이어(inlier)와 아웃라이어(outlier) 개념을 사용한다. 랜삭 알고리즘을 이용하여 호모그라피를 계산하는 과정은 다음과 같다.

1. 정렬하고자 하는 두 영상 I_1 과 I_2 에서 특징점들을 추출한다.
2. I_1 의 특징점들과 I_2 의 특징점들 간에 매칭을 시도하여 잠정적인 대응점들을 추출한다.
3. 대응점들 중에서 임의로 4개를 선택하여 호모그라피를 계산한다.
4. 호모그라피를 영상 I_1 의 특징점들에 적용하여 정렬된 I_2 의 대응점들을 추출한다.
5. 단계4에서 추출한 정렬된 대응점들이 단계2에서 추출한 잠정적인 대응점과 일정 거리 이내에 있는 인라이어의 개수를 카운트 한다.
6. 단계3에서 단계5 까지를 일정 회수 반복하며 가장 많은 인라이어를 갖는 호모그라피를 선택한다.
7. 최종 선택된 호모그라피를 영상 I_1 에 적용하여 영상 I_2 에 정렬시킨다.

(예제 9.5-1) 프로그램은 Opencv가 제공하는 cv2.findHomography() 함수를 이용하여 호모그라피를 계산하고, 계산된 호모그라피를 함수 cv2.warpPerspective()의 인자로 사용하여 두 영상을 정렬하는 예를 보여준다.

```
cv2.findHomography(srcPts, dstPts, method, reProjThresh)

    srcPts : 기준 영상에서 추출된 특징점들의 좌표 배열
    dstPts : 대상 영상에서 추출된 대응되는 특징점들의 좌표 배열
    method : 호모그라피 계산 방법(예, cv2.RANASAC)
    reProjThresh : RANSAC 사용 시 인/아웃라이어 결정을 위한 임계값
                   (보통 4.0 또는 5.0 사용)
```

cv2.findHomography() 함수는 랜삭 알고리즘을 사용하여 최종 확정된 호모그라피를 반환한다. 확정된 호모그라피가 각 대응점을 인라이어 또는 아웃라이어로 판단한 결과 또한 반환한다. 호모그라피가 계산되면 이를 이용하여 기준 영상(query imge)을 대상 영상(train image)에 정렬시키는 작업을 cv2.warpPerspective() 함수가 수행한다.

```
cv2.warpPerspective(src, m, disize)

    src : 원근변환(perspective transformation)을 수행할 기준 영상
    m : 3x3 호모그라피
    dsize : 원근 변환된 영상의 크기 (너비x높이)
```

예제 9.5-1 프로그램

```
# ---- Image Stitching 예제

import numpy as np
import imutils
import cv2

ratio = 0.75 # ratio test 값
reprojThresh = 4.0 # inlier/outlier 판단 값

# 우측, 좌측 이미지 로드 후 리사이즈

imgL = cv2.imread('sedona_left_01.png') # train image
imgR = cv2.imread('sedona_right_01.png') # query image

imgL = imutils.resize(imgL, width=400)
imgR = imutils.resize(imgR, width=400)

descriptor = cv2.xfeatures2d.SIFT_create() # SIFT 객체 생성

# SIFT 방법으로 특징점 각각 추출
kpsL, featuresL = descriptor.detectAndCompute(imgL, None)
```

```
kpsR, featuresR = descriptor.detectAndCompute(imgR, None)

print('num of kpsL =', len(kpsL))
print('num of kpsR =', len(kpsR))

# 실수 출력 포맷 셋팅
float_formatter = "{:7.2f}".format
np.set_printoptions(formatter={'float_kind':float_formatter})

# Feature 좌표를 float 32bit 배열로 변환
kpsR = np.float32([kp.pt for kp in kpsR])
kpsL = np.float32([kp.pt for kp in kpsL])

matcher = cv2.BFMatcher() # Brute-force matcher 객체 생성

# descriptors 간에 전부 매칭 후,
# 각각 가장 가까운 매칭점들을 2개씩 선별하여 리스트로 반환
matches = matcher.knnMatch(featuresR, featuresL, k=2)

print(), print('num of matches =', len(matches))

goodMatches = []      # 우수한 매칭점들을 저장할 리스트 생성

# ratio test로 우수한 매칭점인지 검사하여 goodMatches에 추가
for m in matches:
    # 가장 유사한 매칭점들이 2개 m[0]과 m[1] 비교
    if m[0].distance < m[1].distance * ratio :
        # 해당 매칭 좌표를 goodMatches에 입력
        goodMatches.append((m[0].queryIdx, m[0].trainIdx))


print(), print('num of goodMatches =', len(goodMatches))

# Homography 계산을 위해 X,Y 좌표 추출
ptsR = np.float32([kpsR[i] for (i, _) in goodMatches])
ptsL = np.float32([kpsL[i] for (_, i) in goodMatches])
```

```
# compute the homography between the two sets of points
(H, status) = cv2.findHomography(ptsR, ptsL, cv2.RANSAC, reprojThresh)

print(), print('homography matrix')
print(H)

print(), print('len(status) =', len(status))
print(), print('sum of inliers =', sum(np.array(status).flatten()))

# 영상 스티칭을 위해 오른쪽 영상에 perspective warp 적용
# 두 영상을 합치기 위해 width 추가
result = cv2.warpPerspective(imgR, H, (imgL.shape[1]+imgR.shape[1],
                                       imgR.shape[0]))

result[0:imgL.shape[0], 0:imgL.shape[1]] = imgL # 왼쪽 이미지 삽입

# 좌측 이미지, 우측 이미지, Stitching 결과 이미지 출력
cv2.imshow("Left Image", imgL)
cv2.imshow("Right Image", imgR)
cv2.imshow("Stitched Image", result)

cv2.waitKey(0)
cv2.destroyAllWindows()
```

(그림 9.5-3)은 (예제 9.5-1) 프로그램을 수행한 결과를 보여준다. 서로 다른 시점에서 촬영된 두 영상(기준 영상과 대상 영상)을 입력 받아서 SIFT 특점과 특징 기술자를 추출한다. 기준 영상에서는 301개의 특징점이 추출됐고 대상 영상에서는 425개의 특징점이 추출됐다. 대응점을 찾기 위한 특징 매칭은 맹목적 완전 매칭(cv2.BFMatcher) 방식을 사용하여 301개의 대응점을 추출한다. 이 중에서 최근접 이웃 대응점과의 거리와 두 번째 최근접 이웃 대응점과의 거리 비율이 0.75 이하인 대응점들만을 선택한다. 이러한 조건을 만족하는 84개의 대응점들이 선택됐다.

호모그라피를 계산하는 랜삭 알고리즘이 인/아웃라이어를 판단하는 기준으로 임계값 reprojThresh = 4.0을 사용한다. 정렬된 대응점과 매칭된 대응점 간의 거리가 4.0 이내이면 인라이어, 아니면 아웃라이어로 판단한다. 최종적으로 확정된 호모그라피는 84개의 대응점 중에서 75개 대응점을 인라이어로 갖는 비교적 정확한 호로그라피임을 확인할 수 있다.

3x3 호모그라피 행렬의 값을 살펴보면 h_{33} 은 1로 정규화 되었고, h_{13} 가 상대적으로 큰 값임을 확인할 수 있다. 이는 정렬된 영상의 x 좌표가 우측으로 많이 이동됐음을 나타낸다. 호모그라피를 이용하여 기준 영상을 대상 영상에 정렬시킨 후에 대상 영상을 원래 좌표 위치에 덧붙여서 파노라마 영상을 완성한다.

```
homography matrix
[[  0.67    0.01  120.87]
 [ -0.12    0.87   14.62]
 [ -0.00   -0.00    1.00]]
```

그림 9.5-3 파노라마 영상 생성 예제

9.6 카메라 캘리브레이션(calibration)

실세계의 3차원 장면을 카메라로 촬영하면 2차원 영상이 만들어 진다. 3차원 공간상의 점이 2차원 영상에 투영되는 위치는 카메라의 방향과 위치 즉 카메라 외부파라미터(external parameter)와 렌즈와 영상 센서 간의 초점거리 그리고 센서의 구조 즉 카메라 내부 파라미터(internal parameter)에 의해 결정된다. 따라서 영상과 실세계 장면과의 관계를 파악하기 위해서는 이러한 카메라 외부 및 내부 파라미터를 알아야 한다. 카메라 캘리브레이션은 카메라 보정이라고도 불리며 카메라의 외부 및 내부 파라미터를 추정하는 과정을 말한다.

3차원 공간상의 한 점 $P(X_w, Y_w, Z_w)$ 이 2차원 영상 평면상의 한 점 (x, y) 로 투영되는 과정은 핀홀(pinhole) 카메라 모델을 사용하면 (식 9.6-1)과 같이 표현된다.

$$\begin{aligned} \begin{bmatrix} x' \\ y' \\ w \end{bmatrix} &= A[R|t]\begin{bmatrix} X_w \\ Y_w \\ Z_w \\ 1 \end{bmatrix} \\ &= \begin{bmatrix} f_x & \gamma & c_x \\ 0 & f_y & c_y \\ 0 & 0 & 1 \end{bmatrix}\begin{bmatrix} r_{11} & r_{12} & r_{13} & t_1 \\ r_{21} & r_{22} & r_{23} & t_2 \\ r_{31} & r_{32} & r_{33} & t_3 \end{bmatrix}\begin{bmatrix} X_w \\ Y_w \\ Z_w \\ 1 \end{bmatrix} \\ x = x'/w \qquad & y = y'/w \end{aligned} \qquad \text{(식 9.6-1)}$$

(식 9.6-1)에서 (X_w, Y_w, Z_w)는 3차원 공간상의 한 점 P의 실세계 좌표를 나타내고, 3x4 행렬 [R|t]는 실세계 좌표계의 원점을 카메라 좌표계의 원점까지 이동시키고 실세계 좌표계의 각 축을 카메라 좌표계의 각 축 방향으로 회전시키는 변환 행렬이며, A는 정규 좌표계를 영상 좌표계로 변환시키는 내부 파라미터 행렬이다. A와 [R|t]를 합쳐서 카메라 행렬(camera marix) 또는 투영 행렬(projection matrix)라 부른다.

카메라 외부 파라미터를 나타내는 [R|t] 행렬은 카메라를 어떤 위치에 어떤 방향으로 설치했는지에 따라 달라지고 또한 실세계 좌표계를 어떻게 정의했느냐에 따라서 달라진다.

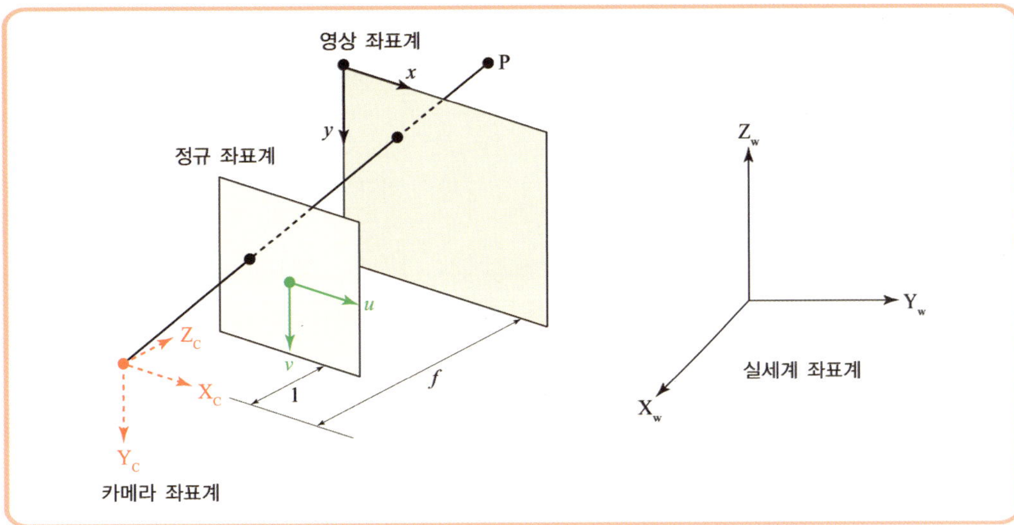

그림 9.6-1 좌표계 변환

카메라의 내부 파라미터를 나타내는 A 행렬은 카메라의 초점 거리, 중심점 좌표, 영상 센서의 기울기 등 카메라 자체의 내부적인 파라미터를 포함한다. 행렬 A에서 사용되는. 초점 거리는 렌즈의 중심에서 영상 센서까지의 거리를 나타내며 단위는 화소 단위이다. 영상 센서는 격자(grid) 형태의 셀(cell)들로 구성되며, 각 셀은 영상 화소에 대응된다. 따라서 초점 거리가 100 화소라는 의미는 렌즈에서 영상 센서까지의 거리가 셀 간격의 100배 거리라는 의미이다.

초점 거리를 f_x와 f_y로 구별하는 이유는 영상 센서의 수직 방향 셀 간격이 수평 방향 셀 간격과 다른 경우를 모델링하기 위함이다. 즉 f_x는 렌즈에서 영상 센서까지의 거리가 수평 방향 셀 간격(pixel pitch)의 몇 배인가를 나타내고, f_y는 렌즈에서 영상 센서까지의 거리가 수직 방향 셀 간격의 몇 배인가를 나타낸다. 예를 들어, 수직 방향 셀 간격이 수평 방향 셀 간격의 두 배이면, f_y는 f_x의 1/2배가 될 것이다. 수직 방향 셀 간격이 수평 방향 셀 간격과 같으면, f_y는 f_x와 같은 값을 갖게 될 것이다.

내부 파라미터 c_x와 c_y는 광축(optical axis)이 영상 센서와 만나는 영상 좌표로서 주점(principal point)라 불리며 단위는 화소 단위이다. 영상 평면의 중심점과 거의 일치한다. 기울기 계수 γ는 영상 센서 y축(수직 축)이 기울어진 정도를 나타내며 0에 근사한 값을 갖는다.

정규 영상 평면(normalized image plane)은 초점 거리가 1인 가상의 영상 평면으로서, 카메라 좌표계를 영상 좌표계로 변환할 때 중간 단계로 사용된다. 카메라 좌표계상의 한 점 (X_c, Y_c, Z_c)은 정규 영상 평면의 $(X_c/Z_c, Y_c/Z_c)$ 위치에 투영된다. 여기에 초점 거리 (f_x, f_y)를 곱하고, 영상 평면의 원점은 좌측 상단 코너이므로 (c_x, c_y)를 더하여 구해진 $(f_x X_c/Z_c + c_x, f_y Y_c/Z_c + c_y)$이 최종적인 영상 평면의 좌표가 된다.

캘리브레이션의 목표는 알려진 3차원 공간상의 점 (X_w, Y_w, Z_w)와 대응되는 영상 좌표 (x, y) 쌍들의 집합을 사용하여 3x3 내부 파라미터 행렬 A, 3×3 회전 행렬 R, 3×1 이동 벡터 t를 찾는 것이다. 즉 (식 9.6-1)의 좌변과 그리고 우변의 최 우측 항이 주어졌을 때, 카메라 내부 파라미터와 외부 파라미터 값을 계산하는 것이다. OpenCV가 제공하는 함수들을 이용하여 카메라 캘리브레이션을 진행하는 과정은 다음과 같다.

단계 1 체커보드 패턴을 고정된 벽에 부착하고 카메라의 위치와 방향을 바꿔가면서 적어도 10장 이상의 영상을 촬영한다. 실세계 좌표계의 원점은 고정된 체커보드의 좌측 상단에서 두 개의 검은 사각형이 만나는 첫 번째 모서리로 한다. 체커보드는 실세계 좌표계의 $X_w Y_w$ 평면상에 있고, 따라서 체커보드상에 위치한 실세계 점들의 Z_w 값은 항상 0이다. 체커보드의 검은색 사각형들이 만나는 모서리 점들을 3차원 공간상의 점들로 지정한다. 이러한 점들의 (X_w, Y_w) 좌표값은 (0,0), (0,1), (0,2), ..., 으로 하고, 순서는 좌에서 우로 그리고 위에서 아래로 진행된다. 좌표값 스케일 단위는 사각형 변 길이를 1로 하는 스케일 단위이다. 촬영된 영상에서 3차원 공간상의 점들에 대응되는 점들을 찾기 위해 OpenCV가 제공하는 cv2.findChessboardCorners() 함수를 사용한다.

```
cv2.findChessboardCorners(image, patternSize, flags)

   image : 체커보드 영상, 그레이 또는 칼라 영상
   patternSize : 체커보드 행과 열 당 코너 수
   flags : 코너 검출 옵션
```

cv2.findChessboardCorners() 함수는 코너 검출이 성공 또는 실패 여부를 알리는 retval 불리언 변수값과 검출된 코너들을 반환한다.

단계 2 cv2.findChessboardCorners() 함수가 검출한 코너점들을 기반으로 해서 서브-화소(sub-pixel) 단위의 좀 더 정밀한 코너점들을 검출한다. 이를 위해 OpenCV가 제공하는 cv2.cornerSubPix() 함수를 사용한다. 이 함수는 종료조건이 만족될 때까지 반복적으로 탐색창을 이용하여 코너점 주변에서 계산된 자기상관(autocorrelation) 행렬을 이용하여 서브-화소 단위의 코너점들을 추출한다.

```
cv2.cornerSubPix(image, corners, winSize, zeroZone, criteria)

   image : 입력 영상, 체커보드 영상
   corners : 초기 코너점들을 전달하여 개선된 코너점들을 반환
   winSize : 탐색창 길이의 절반 (탐색창 = 2 • winSize x 2 • winSize)
   zeroZone : 자기상관 행렬(autocorrelation matrix) 계산에 포함시키지 않을
              탐색 영역의 중앙 부분, 이러한 영역이 없으면 (-1, -1)
   criteria : 종료 조건, criteria.maxCount 반복 후, 또는
              코너 위치가 criteria.epsilon보다 작게 이동할 때 종료됨
```

단계 3 실세계 3차원 좌표점들과 이들에 대응되는 2차원 영상 화소점들을 OpenCV가 제공하는 cv2.calibrateCamera() 함수에 전달하여 캘리브레이션 작업을 수행한다. 이 함수는 Zhengyou Zhang 교수가 제안한 방법을 기반으로 구현되었으며, 카메라 내부 파라미터 행렬과 렌즈 왜곡 계수, 그리고 카메라 외부 파라미터를 반환한다. 카메라 외부 파라미터는 실세계 좌표계의 (X_w, Y_w, Z_w) 각 축이 회전한 (roll, pitch, yaw) 각도(라디안 단위)를 3x1 벡터로 그리고 실세계 좌표계의 원점이 이동한 거리를 3x1 벡터로 반환한다. 반환되는 렌즈 왜곡 계수는 3개의 방사왜곡 계수(radial distortion coefficients) k_1, k_2, k_3과 2개의 접선왜곡 계수(tangential distortion coefficients) p_1, p_2 이다. 렌즈왜곡 계수에 대한 설명은 생략한다.

```
cv2.calibrateCamera(objectPoints, imagePoints, imageSize)

   objectPoins : 3차원 공간상의 실세계 코너 좌표점들의 벡터,
                 (체스보드 패턴의 좌표점 개수 x 패턴 영상 개수)
   imagePoints : 2차원 영상의 대응되는 코너 좌표점들의 벡터
   imageSize : 영상 크기
```

(예제 9.6-1) 프로그램은 15개의 체커보드 패턴 영상을 입력받아 카메라 캘리브레이션을 수행하는 예를 보여준다. glob 모듈은 특정 경로내의 특정 확장자를 갖는 모든 파일을 불러온다. 서브-화소 단위의 코너점을 찾기 위해 사용된 함수의 종료 조건은 반복 횟수 30회 그리고 코너점 변화가 0.001 이하로 설정한다.

사용된 체커보드는 행 방향(가로 방향)으로 6개의 코너점과 열 방향(세로 방향)으로 9개의 코너점을 갖고 있다. 3차원 공간상의 코너점들의 좌표 (X_w, Y_w, Z_w)를 설정하기 위해서 np.mgrid() 함수를 사용하여 메시-그리드(mesh-grid)를 생성한 후 메시-그리드의 행과 열을 바꾸고 차원을 3차원으로 변경하는 일련의 작업을 수행한다.

예제 9.6-1 프로그램

```
import cv2
import numpy as np
import glob

# 체커보드 차원 및 종료조건 설정
CHECKERBOARD = (6,9)
criteria = (cv2.TERM_CRITERIA_EPS + cv2.TERM_CRITERIA_MAX_ITER, 30, 0.001)

# 각 체커보드 영상의 3차원 실세계 좌표점 리스트
objpoints = []
# 각 체커모드 영상의 2차원 영상 좌표점 리스트
imgpoints = []

# 실세계 3차원 좌표점 설정
objp = np.zeros((1, CHECKERBOARD[0]*CHECKERBOARD[1], 3), np.float32)
objp[0, :, :2] = np.mgrid[0:CHECKERBOARD[0],
                  0:CHECKERBOARD[1]].T.reshape(-1, 2)

# 영상 저장 경로에서 영상 로드
images = glob.glob('../../data/calib/*.jpg')
for fname in images:

    img = cv2.imread(fname)
```

```
    gray = cv2.cvtColor(img,cv2.COLOR_BGR2GRAY)

    # Find the chess board corners
    # If desired number of corners are found, ret = true
    ret, corners = cv2.findChessboardCorners(gray, CHECKERBOARD, None)

    if ret == True:

        objpoints.append(objp)

        # refining pixel coordinates for given 2d points
        corners2 = cv2.cornerSubPix(gray,corners,(11,11),(-1,-1),criteria)
        imgpoints.append(corners2)

        # Draw and display the corners
        img = cv2.drawChessboardCorners(img,
                                CHECKERBOARD, corners2,ret)

    cv2.imshow('img',img)
    cv2.waitKey(500)

cv2.destroyAllWindows()

"""
Performing camera calibration by passing known 3D points(objpoints)
and corresponding pixel coordinates of detected corners(imgpoints)
"""

ret, mtx, dist, rvecs, tvecs = cv2.calibrateCamera(
    objpoints,  imgpoints, gray.shape[::-1],None,None)

# 실수 출력 포맷 셋팅
float_formatter = "{:7.2f}".format
np.set_printoptions(formatter={'float_kind':float_formatter})

print("Camera matrix : \n"), print(mtx,'\n')
```

```
print("dist : \n"), print(dist,'\n')

for i in range(len(rvecs)) :
    print("rvecs -",i)
    print(rvecs[i],'\n')

for i in range(len(tvecs)) :
    print("tvecs -",i)
    print(tvecs[i], '\n')
```

(그림 9.6-1)은 (예제 9.6-1) 프로그램의 수행 결과를 보여준다. 입력 영상의 크기는 640x480이다. 각 영상에서 54개의 코너점이 검출되었다. 내부 파라미터 행렬을 보면 f_x와 f_y는 큰 차이가 없이 매우 비슷한 값을 갖는다. 초점거리 단위는 영상 센서의 셀 간격(pixel pitch)이므로, 만약 사용된 카메라가 8.4μm의 셀 간격을 갖는다면 f_x = 503.82는 503.82x8.4/1000 = 4.23mm의 초점거리에 해당된다. OpenCV가 제공하는 함수는 기울기 계수 γ를 무시하므로 이 값은 0으로 나온다. 계산된 주점 (c_x, c_y) = (314.22, 243.51)은 영상 중심점 (320, 240)에 매우 근사함을 확인할 수 있다.

(그림 9.6-1)의 영상은 촬영된 15개의 영상 중에서 첫 번째 영상이다. 촬영에 사용된 체커보드는 가로로 6개 그리고 세로로 9개의 코너점을 갖고 있다. 실세계 좌표계의 원점은 체커보드의 좌측 상단 두 개의 검은 사각형이 만나는 모서리로 지정했고, 체커보드가 실세계 좌표계의 $X_w Y_w$ 평면상에 놓이도록 설정했다. 반면에 (그림 9.6-1)의 영상을 보면 가로로 9개의 코너점과 세로로 6개의 코너점을 갖고 있다. 즉 실세계 체커보드와 비교하여 이 영상은 가로와 세로가 바뀐 형태이다. 카메라 좌표계의 Z_c 축 (yaw axis)을 중심으로 yaw 각도-90도 정도 회전시켜 촬영한 결과이다. 즉 실세계 좌표계의 Z_w 축(yaw axis)을 중심으로 yaw 각도 90도 정도 회전시켜야 카메라 좌표계의 Z_c 축과 일치된다. 계산된 결과는 실세계 좌표계의 Z_w축(yaw axis)이 1.58 라디안(90.57 도) 회전되었고, X_w축(roll axis) 이 -0.31 라디안 그리고 Y_w축(pitch axis)이 0.15 라디안 회전되었음을 보여준다.

(그림 9.6-1)의 이동벡터는 실세계 좌표계의 원점을 카메라 좌표계의 원점으로 옮기기 위해 각 축으로 이동한 거리를 보여준다. 스케일 단위는 촬영에 사용된 체커보드 내의 사각형 변 길이

(두 코너점간의 거리)를 1로 한 스케일 단위이다. 원점이 Z_w 방향으로 12.8 만큼 이동하였으므로 체커보드 가로 길이의 약 1.8배 만큼 떨어진 거리에서 촬영이 이루어졌음을 알 수 있다.

```
   Camera matrix :
[[ 503.82    0.00  314.22]
 [   0.00  503.21  243.51]
 [   0.00    0.00    1.00]]

rvecs-0        tvecs-0
[[  -0.31]       [[   5.47]
 [   0.15]        [  -1.02]
 [   1.58]]       [  12.80]]
```

그림 9.6-1 카메라 캘리브레이션 수행 결과

참고문헌

- Forsyth, Computer Vision: A Modern Approach, Pearson, 2011
- https://en.wikipedia.org/wiki/Image_stitching
- https://en.wikipedia.org/wiki/Homography
- https://docs.opencv.org/4.x/d9/dab/tutorial_homography.html
- https://learnopencv.com/camera-calibration-using-opencv/
- https://www.kaggle.com/code/phsophea101/image-stitching-two-images-using-opencv-python
- 이세우, 파이썬으로 만드는 OpenCV 프로젝트, 프로그래밍인사이트, 2019

CHAPTER 10

스테레오 비전

10.1 스테레오 영상 기하구조

영상은 일반적으로 2차원 평면에 물체 또는 장면의 밝기를 나타내기 때문에 3차원 공간에서의 거리 정보(depth information)가 표현되지 않는다. (그림 10.1-1)에서처럼, 3차원 공간상의 P점과 Q점이 영상에서는 같은 위치에 투영된다. 그러나 하나의 물체를 서로 다른 위치에서 촬영한 두 영상을 비교하여 그 물체의 3차원적인 위치 정보를 추론할 수 있다. 이는 우리 인간이 두 눈을 사용하여 물체가 얼마나 멀리 떨어져 있는 가를 파악하는 원리와 같다. 스테레오 비전(stereo vision)의 목표는 두 개의 렌즈를 통해서 얻은 왼쪽 및 오른쪽 영상을 이용해서 물체 또는 장면의 3차원적인 거리 정보를 추론하는 것이다.

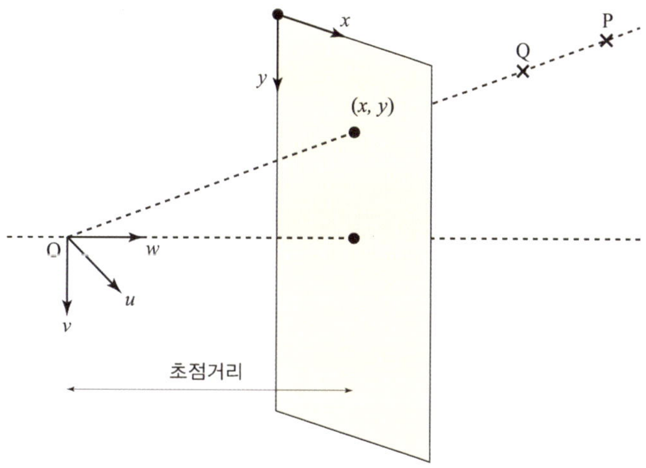

그림 10.1-1 영상에서의 3차원 정보의 손실

효율적인 스테레오 비전의 구현을 위해서는 입력 영상은 다음의 조건을 만족해야 한다. 첫째 영상은 구별되는 특징들이 나타날 수 있도록 충분히 밝기 값의 변화를 보여야 한다. 균일한 명암 값 또는 균일한 패턴이 반복되는 경우에는 거리 정보를 구하기 어렵다. 둘째 두 렌즈간의 거리가 적당히 떨어져 있어야 한다. 두 렌즈간의 거리가 너무 큰 경우에는 한쪽 영상에서는 보이지만 다른 쪽 영상에서는 보이지 않는 부분이 많이 생기고, 너무 작은 경우에는 정확한 거리 정보의 추론이 어렵다. 셋째 물체가 겹쳐 놓인 경우 한쪽 영상에서는 보이지만 다른 쪽 영상에서는 앞에 놓인 물체에 의해 폐색되는(occluded) 부분이 생길 수 있다. 폐색되는 부분에서는 거리 정보의 추론이 불가능하다.

스테레오 비전에서 거리 정보를 추론하는 기본 원리는 3차원 공간상의 한 점 $P(x,y,z)$이 왼쪽 영상과 오른쪽 영상에 투영될 때, 투영되는 위치에 차이가 생기는 현상을 이용하여 거리 정보를 추론한다. 왼쪽 영상에 투영된 점을 $P_l(x,y)$라 하고 오른쪽 영상에 투영된 점을 $P_r(x,y)$라 하면 두 점간의 위치 차이, 즉 두 점간의 변위(disparity)를 계산하여, 계산된 변위로부터 3차원 공간상의 점 $P(x,y,z)$의 이 얼마나 멀리 떨어져 있는가를 추론한다. 3차원 공간상의 한 점이 가까이 있는 경우에는 투영된 두 점의 위치 차이가 크게 나타나고, 멀리 떨어진 경우에는 두 점의 위치 차이가 상대적으로 작게 나타나는 원리를 이용하여 거리 정보를 추론한다.

스테레오 비전에서 거리 정보를 추론하기 위해서는 왼쪽 영상의 한 점에 대응되는 오른쪽 영상의 점을 찾는 작업, 즉 두 영상에서 대응되는 점을 찾는 작업이 수행되어야 한다. 대응점을 찾는

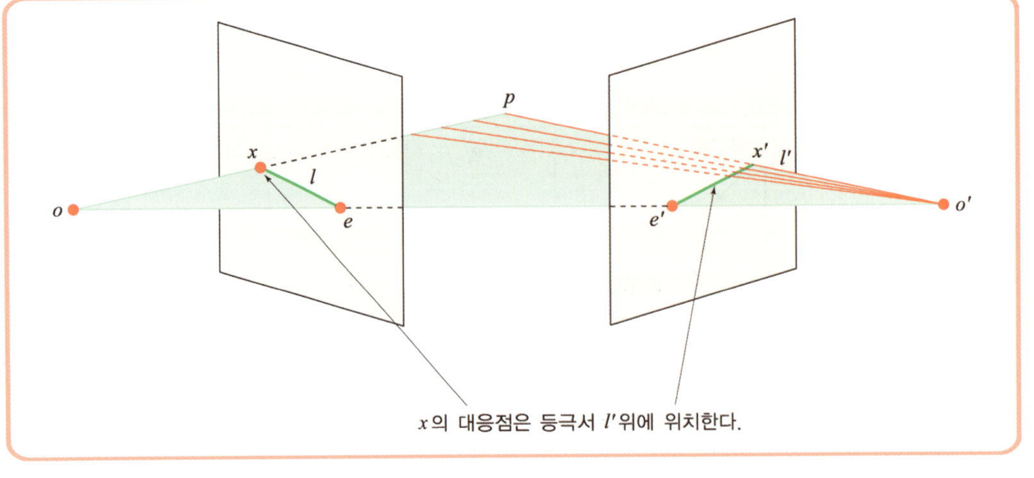

그림 10.1-2 등극(epipolar) 제약조건

과정에서 여러 유형의 제약 조건을 사용할 수 있다. 가장 유용한 제약 조건은 등극(epipolar) 제약조건이다. (그림 10.1-2)에서처럼, 대응점은 2차원 영상의 임의의 위치에 투영될 수 있는 것이 아니고 단지 특정 선(line)상에만 투영될 수 있다. 이 선을 등극선(epiploar line) 또는 등선(epiline)이라 한다.

(그림 10.1-2)에서 3차원 공간상의 한 점 P와 왼쪽 카메라 위치 O를 연결하는 선상의 모든 점들은 오른쪽 영상에서 서로 다른 위치에 투영되지만 임의의 위치에 투영되는 것이 아니라 하나의 선 l' 위에 투영된다. 이 선을 왼쪽 영상에 투영된 점 x 의 등극선(epipolar line)이라 한다. 따라서 왼쪽 영상의 점 x 의 대응점을 찾기 위해서는 오른쪽 영상 전체를 탐색할 필요 없이 등극선 l'으로 탐색 영역을 제한할 수 있다. 마찬가지로 영상에 투영된 모든 점들은 상대 영상에 등극선을 갖는다. 따라서 대응점을 찾는 탐색 영역이 2차원에서 1차원으로 줄어든다. 이처럼 등극선을 이용하여 탐색영역을 제한하는 방법을 등극 제약조건(epipolar constraint)을 이용한 대응점 검출이라 한다.

왼쪽 카메라의 중심 O와 오른쪽 카메라의 중심 O′ 그리고 실세계의 한 점 P가 만드는 평면 OO′P을 등극 평면(epipolar plane)이라 한다. 오른쪽 카메라가 왼쪽 영상에 투영된 점 e와 왼쪽 카메라가 오른쪽 영상에 투영된 점 e′을 등극(epipole)이라 한다. 등극이 영상 평면에 나타나지 않는 경우가 생길 수 있다. 예를 들어, 두 영상 평면이 서로 평행한 경우에는 등극이 영상 평면 밖의 무한대 점에 위치한다. 모든 등극선은 등극을 통과한다. 따라서 등극을 찾기 위해서는 등극선들의 교차점을 찾는다.

아주 간단한 경우로 두 렌즈의 광축(optical axis)이 평행한 경우를 생각하자. 따라서 왼쪽 영상 평면과 오른쪽 영상 평면은 서로 평행하다. 두 렌즈의 초점 거리(focal length)가 서로 같고 두 렌즈의 위치도 같은 높이에 놓여 있다고 하자. 이런 경우에 등극선은 수평선이 된다. 이처럼 설계된 스테레오 카메라로는 땅벌 카메라(bumblebee camera)를 들 수 있다.

예를 들어 두 렌즈의 중심이 $y=0$, $z=0$인 선상에 놓여 있고, 왼쪽 및 오른쪽 영상 평면이 $z=1$인 평면이라 가정하자. 앞에서 두 렌즈의 중심과 실세계 공간상의 한 점이 만드는 평면이 등극 평면이고, 이 등극 평면이 영상 평면과 교차하는 선이 등극선임을 확인했다. 두 렌즈의 중심을 지나는 임의의 평면의 방정식은 $Ax+By+Cz+D=0$이 된다. $y=0$, $z=0$인 선상에 놓인 모든 점들이 이 방정식을 만족하여야 하므로 $A=D=0$이 된다. 즉 두 렌즈의 중심을 지나는 평면의 방정식은 $By + Cz = 0$이 된다. 이제 이 방정식이 영상 평면과 교차하는 선을 구하기 위해 $z = 1$을 대입하면 $By + C = 0$, 즉 등극선은 수평선이 됨을 확인할 수 있다.

왼쪽 영상의 한 점에 대응되는 오른쪽 영상의 대응점이 찾아지면 이들의 변위를 계산하여 거리 정보를 계산하는 과정을 설명하자. 거리 정보는 삼각형의 닮은꼴 원리를 이용하여 추출될 수 있다. (그림 10.1-3) 에서 두 렌즈의 광축은 평행하다. 두 렌즈간의 거리, 즉 베이스 라인의 거리는 T이고, 대응점간의 위치 차이는 $x_l - x_r = d$ 이다. 실세계 좌표계의 원점을 O_l 이라 하고, 이 원점에서 3차원 공간상의 점 P의 좌표를 (X,Y,Z)라 하자. 비례식 (식 10.1-1)을 삼각형 닮은꼴 원리에서 유도할 수 있다.

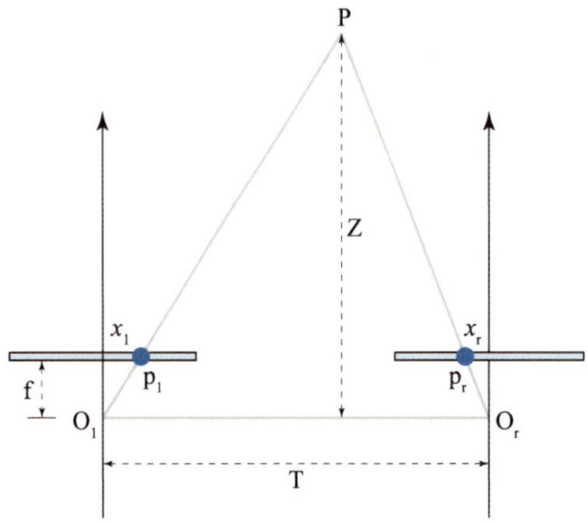

그림 10.1-3 삼각형의 닮은꼴 원리를 이용한 변위 계산

$$f : x_l = Z : X \qquad \text{(식 10.1-1)}$$

$$f : (-x_r) = Z : (T - X)$$

위 두 식으로부터

$$Z = \frac{fT}{x_l - x_r} = \frac{fT}{d} \qquad \text{(식 10.1-2)}$$

거리 정보 Z는 변위에 반비례하고 베이스 라인의 크기에 비례한다. 변위가 클수록 거리는 가깝고 변위가 작을수록 거리는 멀다. 점 P가 같은 거리에 위치하는 경우 베이스 라인이 커지면 변

위는 상대적으로 커지고, 베이스 라인이 작으면 변위가 상대적으로 작아진다. 즉 베이스 라인을 크게 할수록 좀 더 정교한 거리 정보를 추출할 수 있다. 반면에 베이스 라인이 커지면 양쪽 영상에 동시에 투영되는 부분이 적어지기 때문에, 즉 한 쪽에서는 보이나 다른 쪽에서는 보이지 않는 부분이 많이 생기기 때문에, 대응점을 찾는 문제가 매우 어려워진다.

10.2 블록매칭을 이용하여 대응점 찾기

스테레오 비전에서 거리 정보를 추출하기 위해서는 대응점을 잘 찾아야 한다. 왼쪽 영상의 한 점에 대응되는 오른쪽 영상의 대응점을 등극선 상에서 찾는 문제다. 일반적으로 왼쪽 영상의 밝기 값이 오른쪽 영상의 밝기 값과 큰 차이가 없다고 가정한다. 이러한 가정이 모든 경우에 만족되지는 않지만 베이스 라인이 엄청 큰 경우 또는 물체 표면 재질이 양철이나 거울과 같은 특수한 경우를 제외하고는 대체로 만족된다.

양쪽 영상에서 대응 화소간의 밝기 값을 비교하는 작업은 안정적인 결과를 보장하지 못한다. 따라서 (그림 10.2-1)에서와 같이 일정 크기의 마스크를 사용하여 마스크 안의 화소 값들을 비교하여 대응점을 찾는다. 이는 에지 검출을 위해 차분연산(difference operation)을 할 때 화소간의 차분 연산을 수행하지 않고 마스크를 사용하여 인접 영역간의 차분 연산을 수행하는 원리와 같다.

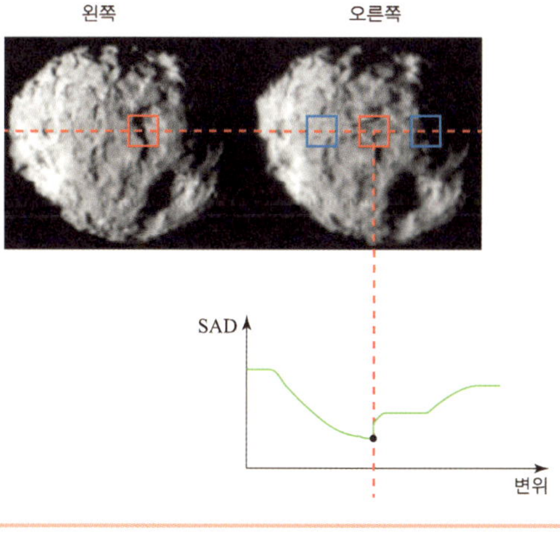

그림 10.2-1 마스크를 사용한 대응점 찾기

마스크를 이용하여 변위 p를 갖는 두 대응 영역간의 밝기 값을 비교하기 위해 다음과 같은 SAD(Sum of Absolute Difference) 척도를 사용한다.

$$SAD(x,y;p) = \sum_{(i,j)\in W} \left| f_l(x+i, y+j) - f_r(x+i+p, y+j) \right| \qquad \text{(식 10.2-1)}$$

위 식에서 SAD는 다음과 같이 정규화 하여 사용할 수 있다. 즉 왼쪽 영역의 화소 값들의 분산으로 나누어 크기를 정규화 한다.

$$Dv(p) = \sum_{(i,j)\in W} \left| f_l(x+i, y+j) - f_r(x+i+p, y+j) \right| / \sigma_{f_l} \qquad \text{(식 10.2-2)}$$

사용되는 마스크의 크기가 크면 잡음(noise)에 강건한 매우 안정적인 값을 얻을 수 있지만, $Dv(p)$의 골짜기(valley)가 너무 펑퍼짐하게 퍼지는 경향이 있다. 따라서 변위 p에 대한 정확한 예측을 하기 어려운 점이 있다. 반면에 마스크의 크기가 너무 작으면 잡음에 민감하게 되고 $Dv(p)$가 복수 개의 골짜기를 가질 수 있으며 가장 큰 골과 다른 골들의 차이가 크지 않게 된다.

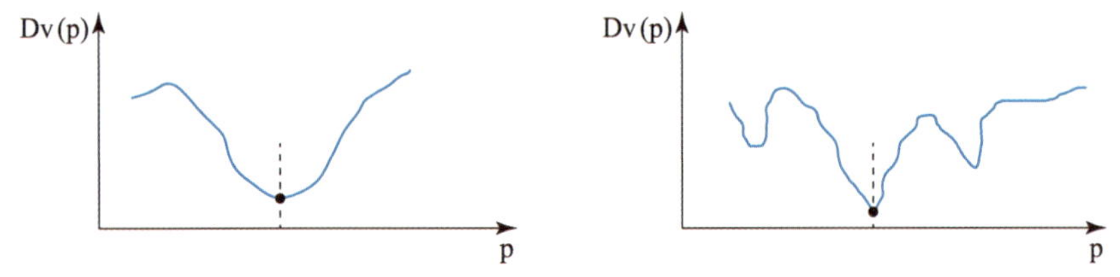

그림 10.2-2 (a) 큰 마스크를 사용하여 구한 $Dv(p)$ (b) 작은 마스크를 사용하여 구한 $Dv(p)$

따라서 마스크의 크기를 적응적으로 변화시키는 전략이 필요하다. 다음 알고리즘은 마스크의 크기를 점진적으로 증가시키면서 변위를 찾는 과정을 설명한다. 이 알고리즘은 변위를 결정하기 위해 3개의 임계값을 사용한다.

(1) 마스크의 초기 크기를 n_{min} x n_{min}로 한다. (예를 들어 n_{min} = 5)
(2) 등극선 위의 후보 점들에서 $Dv(p)$를 계산한다.
(3) 만약 $Dv(p)$가 하나의 골짜기를 갖고 골짜기의 크기가 임계값 d1 이하면 그 점을 대응점으로 하고 종료한다.
(4) 만약 Min(Dv(p)) > d2 이면 대응점이 없는 것으로 하고 종료한다.
(5) 마스크의 크기가 n_{max} 이면 종료한다.(예를 들어 $n_{max} = 11$)
(6) 마스크의 크기를 2 만큼 증가시키고, n=n+2, $Dv(p)$가 d3 이하가 되는 후보 점들을 찾는다.
(7) 단계 (2)로 되돌아간다.

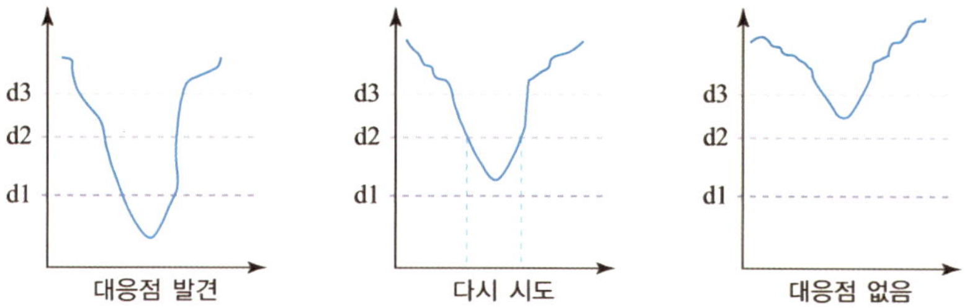

그림 10.2-3 마스크의 크기를 점진적으로 증가시키며 대응점을 찾는 과정

블록 매칭을 이용하여 대응점을 찾는 방법은 실시간 처리가 가능하고 또 모든 화소에서 변위 계산이 가능한, 즉 밀집 변위 영상(dense disparity map)을 만들 수 있다는 장점이 있지만, 한정된 마스크에 제한된 화소 값만을 이용하기 때문에 잡음에 민감하고 부정확한 변위를 만들 가능성이 높다. 특히 한 물체의 표면을 나타내는 영역은 대체로 비슷한 변위를 가질 가능성이 높기 때문에 이러한 특성, 즉 좀 더 전역적인 정보를 활용하는 것이 바람직하다.

세미전역 블록매칭(Semi-Global Block Matching) 방법은 블록 매칭 방법의 문제점을 보완하기 위해 주변 화소의 변위 정보를 활용한다. 각 화소의 변위가 주변 화소의 변위가 비슷해야 한다는 전제 하에서, 변위(disparity) 계산에 사용되는 척도는 각 화소에 일정 크기의 마스크를 씌워 마스크 안의 화소들을 비교하여 계산된 값과 주변 화소들의 변위 값과 차이가 나는 경우에 부과되는 벌금(penalty)을 동시에 고려하여 최종적인 변위를 계산한다. (식 10.2-3)은 세미전역 블록매칭이 주변 화소의 변위 정보를 활용하는 방안을 보여준다.

$$Cost(x,y;p) = SD(x,y;p) + \sum_{(x',y') \in N} R((x,y;p),(x',y';q)) \qquad \text{(식 10.2-3)}$$

(식 10.2-3)은 화소 (x,y) 가 변위 p 를 갖기 위해 소요되는 총 비용을 개념적으로 보여준다. (식 10.2-3)에서 첫 번째 항은 $SD(x,y;p)$로서(x,y) 에 위치한 왼쪽 영상의 블록과 변위 p 만큼 떨어진 오른쪽 영상의 블록간의 매칭 비용을 나타내고, 두 번째 항은 화소 (x,y) 는 변위 p 를 갖고 주변화소 (x',y')는 다른 변위 q를 갖는데 대한 벌금(penalty)를 나타낸다. 주변화소 (x',y') 는 화소 (x,y) 의 주변에 위치한 4개(북동, 북, 북서, 서 방향 화소) 또는 8개 화소(북동, 북, 북서, 서, 그리고 동, 남동, 남, 남서 방향 화소)를 나타낸다.

(예제 10.2-1) 프로그램은 OpenCV가 제공하는 세미전역(semi global) 블록 매칭 클래스 cv2.StereoSGBM를 사용하여 스테레오 영상 매칭을 수행하는 예를 보여준다. 생성자 함수 cv2.StereoSGBM_create()에 전달되는 파라미터들은 변위 계산 과정에 필요한 다양한 환경 설정을 위해 사용된다.

```
cv2.StereoSGBM_create()

    minDisparity : 기본값=0, 최소 변위 값, 교정 알고리즘이 영상을 이동시키는 경우에는 적절
          한 값으로 조정 필요
    numDisparities : 기본값=16, minDisparity부터 시작되는 변위값 범위, 16의 배수
    blockSize : 기본값=3, 보통 3에서 11 사이의 홀수
    P1 : 기본값=0, 주변 화소의 변위가 1 또는 -1 만큼 차이가 나는  경우의 벌금, 추천값=8*영
          상채널수*blockSize*blockSize
    P2 : 기본값=0, 화소의 변위가 1 이상 차이가 나는 경우의 벌금, P2 > P1, 추천값=32*영상채
          널수*blockSize*blockSize
    disp12MaxDiff : 기본값=0, 왼쪽 영상을 오른쪽 영상과 비교하여  얻은 변위와 오른쪽 영상
          을 왼쪽 영상과 비교하여 얻은 변위의 최대 허용 차이, 양수가 아닌 경우는 두 변위를
          비교하지 않음
    preFilterCap : 기본값=0, x-방향 미분 연산을 수행하는 사전 필터를 사용하는 경우에 필터
          출력을 [-preFilterCap, preFilterCap] 사이 값으로 클리핑, 필터 출력이 손실함
          수 계산에 사용됨
    uniquenessRatio : 기본값=0, 첫 번째 후보 변위의 손실함수 값과 두 번째 후보 변위의 손실
          함수 값의 차이가 uniquenessRatio(퍼센트 단위) 보다 큰 경우에만 해당 변위를 최
          종적으로 인정, 보통 5에서 15 사이의 값 사용
```

speckleRange : 기본값=0, 변위계산 과정에서 블록이 물체의 경계 부분에 걸쳐 있을 때 발생하는 알갱이 형태의 잡음-변위들을 제거하는 speckle-filter의 파라미터, 연결된 영역 안에서 허용되는 변위 변화의 최댓값, 보통 1 또는 2

speckleWindowSize : 기본값=0, speckle-filter의 파라미터, 유사한 변위를 갖게 될 연결된 영역의 최대 허용 크기, 보통 50에서 200(화소 단위) 사이의 값 사용

mode : 기본값=0, 기본값은 4개의 주변 화소들만을 참조하고, 모드 1은 8개의 주변 화소들을 참조하여 변위 계산하지만 이 경우 많은 메모리 공간과 계산 시간 요구됨

예제 10.2-1 프로그램

```
import cv2
import numpy as np
from matplotlib import pyplot as plt

imageL = cv2.imread('../../data/Left.png', -1)  # 왼쪽 시점 이미지 로드
imageR = cv2.imread('../../data/Right.png', -1) # 오른쪽 시점 이미지 로드

imgL = cv2.cvtColor(imageL, cv2.COLOR_BGR2GRAY)
imgR = cv2.cvtColor(imageR, cv2.COLOR_BGR2GRAY)

#  스테레오 블록 객체 생성
paras = dict(minDisparity=0, preFilterCap=120, P1=100, P2=1000,
        uniquenessRatio=5,speckleRange=1, speckleWindowSize=40, mode=1)
stereo = cv2.StereoSGBM_create(numDisparities=16, blockSize=11,**paras)

# Disparity Map을 계산
disparity = stereo.compute(imgL, imgR).astype(np.float32)/16

print('\n disp dtype', disparity.dtype)
print('\n max of disp =', np.max(disparity))
print('\n min of disp =', np.min(disparity))
print('sum of -1 disp =', np.count_nonzero(disparity == -1))

# 변위 히스토그램 출력
dList = disparity.flatten().tolist()
```

```
plt.hist(dList, bins=15)
plt.show()

cv2.imshow('Left image', imageL)  # 원본 왼쪽 영상 출력
cv2.imshow('Reft image', imageR)  # 원본 오른쪽 영상 출력

# 변위 영상 정규화 및 칼라 영상으로 변환
disparity = cv2.normalize(src=disparity, dst=None, alpha=0, beta=255,
                norm_type=cv2.NORM_MINMAX, dtype=cv2.CV_8UC1)
disparity = cv2.applyColorMap(disparity, cv2.COLORMAP_JET)
cv2.imshow("Disparity ColorMap", disparity)

cv2.waitKey(0)
cv2.destroyAllWindows()
```

(예제 10.2-1) 프로그램은 X-방향의 에지 검출 연산을 수행하는 필터를 적용한다. 필터 출력은 (-120,120) 범위의 값으로 클리핑되어 변위 계산에 사용된다. 변위의 범위는 0부터 16까지로 설정하였고, 주변 4개의 화소의 변위가 ±1 차이가 나는 경우에는 100을, ±1 이상 차이가 나는 경우에는 1000을 손실함수 계산에 추가한다. 가장 매칭이 잘되는 후보 변위의 손실함수 값이 두 번째로 좋은 후보 변위의 손실함수 값보다 5% 이상 우수한 경우에는 해당 변위를 인정한다. 변위 계산의 후처리 작업으로서 알갱이 형태의 잡음영역들을 제거한다. 크기가 40 화소이내인 연결된 영역 안에서 변위 값이 1 이상 차이가 나면 알갱이 잡음으로 간주하고 이를 제거한다. 블록 매칭에 사용된 블록 크기는 11x11이다.

(예제 10.2-1) 프로그램에서 stereo.compute() 함수가 반환하는 배열은 16 비트 고정 소수점 숫자로서 하위 6 비트가 소수부를 표현하는데 사용되고 있다. 따라서 데이터 타입을 32 비트 부동 소수점 숫자로 변환한다. 프로그램 내부에서는 실제 변위의 16배가 곱해져 있으므로 변환된 값을 16으로 나눈다. (그림 10.2-4)는 왼쪽 원영상, 실제거리(ground truth) 영상, 그리고 (예제 10.2-1) 프로그램이 생성한 거리영상을 보여준다. 상당히 실제거리 영상에 근접한 결과가 만들어짐을 확인할 수 있다.

그림 10.2-4 (a) 원 영상 (b) 실제거리 영상 (c) SGBM 결과 영상

(그림 10.2-5)는 생성된 거리영상의 변위 히스토그램을 보여준다. 변위 값은 -1에서 12.625 까지 계산되었다. 변위 -1은 대응점이 없음을 나타낸다. 대응점을 찾지 못한 화소가 총 4446 개로 확인되었다. 300x225 영상에서 4000개가 넘는 화소가 대응점을 찾지 못한 이유는 가장 좋은 대응점의 손실함수 값이 두 번째로 좋은 대응점의 손실함수 값보다 5% 이상 우수하도록 설정한 결과인 것 같다. 실험에 사용된 영상에서 가장 빈도수가 높은 변위는 4로 확인되었다.

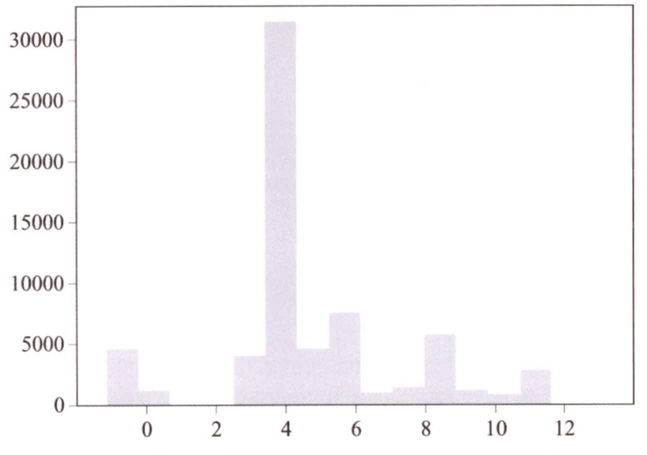

그림 10.2-5 변위 히스토그램

10.3 스테레오 영상 교정(Stereo Image Rectification)

스테레오 비전에서 거리 정보를 얻기 위한 핵심은 대응점을 찾는 문제이다. 이 문제를 쉽게 풀기 위해 등극선 제약 조건을 이용하고, 등극선이 수평선이 되는 상황을 만든다. 두 카메라의 광축이 평행하고 카메라의 높이가 같은 상황에서 등극선은 상대 영상의 같은 스캔 라인이 된다.

두 렌즈의 광축이 평행하지 않은 경우에는, 즉 왼쪽과 오른쪽 영상 평면이 같은 평면상에 있지 않은 경우, 이들을 평행하도록 하는 과정이 필요하다. 이러한 과정을 교정 작업(rectification)이라 한다. 교정 작업을 설명하기 위해서는 카메라 좌표계, 동차 좌표계(homogeneous coordinates), 핵심 행렬(essential matrix), 기본 행렬(fundamental matrix)와 같은 기하학에 대한 설명이 필요하다. 가급적 복잡한 수식은 생각하고 기본 원리만 설명한다.

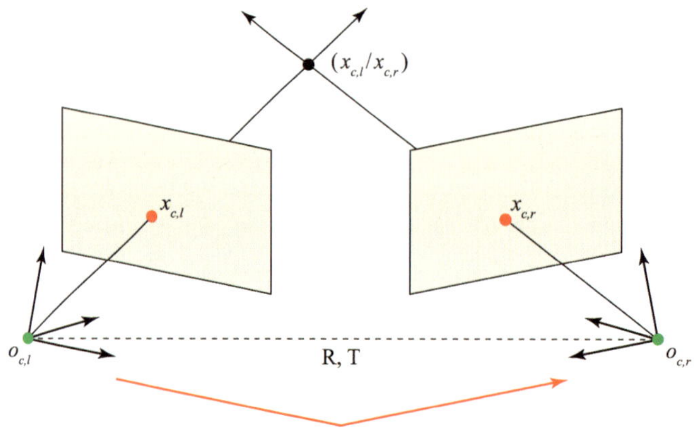

그림 10.3-1 핵심행렬과 기본행렬 계산을 위한 카메라 설정

(그림 10.3-1)에서 $O_{c,l}$ 과 $O_{c,r}$ 은 왼쪽과 오른쪽 카메라 중심을 나타내고, 실세계 점 X 의 왼쪽 카메라 좌표계에서의 좌표 값은 $X_{c,l}$ 그리고 오른쪽 카메라 좌표계에서의 좌표 값은 $X_{c,r}$ 로 표시한다. T와 R은 왼쪽 카메라 좌표계를 오른쪽 카메라 좌표계로 맞추기 위해서 이동시키는 벡터와 회전시키는 행렬을 나타낸다. (식 10.3-1)은 두 좌표 값 $X_{c,l}$ 와 $X_{c,r}$ 의 관계를 보여준다.

$$X_{c,r} = RX_{c,l} + T \qquad \text{(식 10.3-1)}$$

(식 10.3-1)에서 출발하여 복잡한 수식 변환 과정을 거치면 (식 10.3-2)가 유도된다. 이 식은 핵심 행렬(essential matrix) E 와 두 좌표 값과의 관계를 보여주는 식으로서 스테레오 교정 과정에 매우 중요한 역할을 한다.

$$X_{c,l}^{T}\, E\, X_{c,r} = 0 \qquad \text{(식 10.3-2)}$$

(식 10.3-2)에서 3차원 공간상의 두 좌표 값은 3x1 열벡터(coumn vector)로 표시되고, 위 첨자 T는 전치 연산(transpose)을 나타낸다. 왼쪽 카메라 좌표계와 오른쪽 카메라 좌표계간의 회전과 이동에 대한 정보를 포함하는 3x3 행렬 E 를 핵심행렬(essential matrix)이라 부른다.

(식 10.3-2)에서 $X_{c,l}$ 은 왼쪽 카메라 중심과 왼쪽 영상평면에 투영된 점 $x_{c,l}$ 을 연결하는 벡터에 상수 a 를 곱한 좌표 값이고, 마찬가지로 $X_{c,r}$ 은 오른쪽 카메라 중심과 오른쪽 영상평면에 투영된 점 $x_{c,r}$ 을 연결하는 벡터에 상수 b 를 곱한 좌표 값이다. 이러한 논리를 바탕으로 (식 10.3-3)이 유도된다.

$$a x_{c,l}^{T}\, E\, b x_{c,r} = 0 \qquad \text{(식 10.3-3)}$$

(식 10.3-3)에서 $x_{c,l}$ 과 $x_{c,lr}$ 은 3x1 크기의 열벡터(column vector)이고 이들의 z-축 좌표 값은 편의상 1로 정규화된 값을 갖는다. a 와 b 는 상수이므로 양변을 ab 로 나누면 (식 10.3-4)가 만들어진다.

$$x_{c,l}^{T}\, E\, x_{c,r} = 0 \qquad \text{(식 10.3-4)}$$

(식 10.3-2)와 (식 10.3-4)를 비교해 보면 실세계 점을 각 좌표계에서 측정한 좌표 값이 영상평면에 투영된 점을 각 좌표계에서 측정한 좌표 값으로 변경됐다. 이제 (식 10.3-4)에서 등극선(epipolar line)과 관련된 매우 중요한 결과를 유도할 수 있다. 먼저 직선 방정식의 특성에 대해 살펴본다. 직선 방정식 $ax+by+c=0$ 을 $l=(a,b,c)^T$로 표현하면, 이 직선 상에 있는 임의의 점 $x=(x,y,1)^T$은 (식 10.3-5)를 만족한다.

$$x^{T} \bullet l = 0 \qquad \text{(식 10.3-5)}$$

예를 들어, (x,y)=(2,2)인 점은 기울기가 1이고 원점을 지나는 직선 x-y+0=0 위에 있다. 이 경우 (2,2,1) • $(1,-1,0)^T$=0이 성립함을 확인할 수 있다. (식 10.3-4)에서 핵심행렬의 크기는 3x3이고 벡터 $x_{c,r}$ 의 크기는 3x1 이므로, $E\,x_{c,r}$은 3x1 크기의 벡터가 된다. 따라서 (식 10.3-4)는 (식 10.3-6)와 같이 표시될 수 있다.

$$x_{c,l}^T \bullet l = 0 \qquad where \quad l = E\,x_{c,r} \qquad \text{(식 10.3-6)}$$

(식 10.3-6)이 바로 등극선에 관한 정보를 제공하는 식이다. 점 $x_{c,r}$ 의 등극선은 직선 $E\,x_{c,r}$ 이고, 이 등극선 상에 대응점 $x_{c,l}$ 이 위치하고 있음을 나타낸다. (식 10.3-4)는 (식 10.3-7)과 같이 표현될 수도 있다.

$$l^T \bullet x_{c,r} = 0 \qquad where \quad l = E\,x_{c,l} \qquad \text{(식 10.3-7)}$$

(식 10.3-7) 역시 등극선에 관련된 식으로서, 점 $x_{c,l}$ 의 등극선은 직선 $E\,x_{c,l}$ 이고, 이 등극선 상에 대응점 $x_{c,r}$ 이 위치하고 있음을 나타낸다. (식 10.3-6)과 (식 10.3-7)이 의미하는 바는 한쪽 영상에 투영된 점의 대응점을 찾는 문제를 투영된 점과 핵심행열(essential matrix)을 곱해서 등극선을 구한 후, 이 등극선 상에서 대응점을 찾는 문제로 해석할 수 있음을 나타낸다.

핵심행렬을 구하기 위해서는 두 카메라 좌표계간의 회전과 이동에 대한 정보가 필요하다. 이러한 문제를 우회하기 위해 (식 10.3-2)를 기본행렬(fundamental matrix)에 관련된 식으로 변환한다. 카메라 좌표계로 표현된 실세계의 점 X_c 와 영상 좌표계에 투영된 점 x_{im} 간의 관계는 카메라 내부 파라미터를 나타내는 내부 행렬(intrinsic matrix) K 에 의해 (식 10.3-8)과 같이 정의된다.

$$x_{im} = K X_c \qquad \text{(식 10.3-8)}$$

(식 10.3-8)을 (식 10.3-2)에 대입한 후 정리하면 3x3 크기의 기본행렬(fundamental matrix) F 에 관한 (식 10.3-9)가 유도된다.

$$x_{im,l}^T F\,x_{im,r} = 0 \qquad \text{(식 10.3-9)}$$

$$F = (K^{-1})^T E\,K^{-1}$$

영상평면 좌표계는 영상의 좌측 상단을 원점으로 하는 2차원 좌표계이다. (식 10.3-9)에 표시된 $x_{im,l}$ 과 $x_{im,r}$ 은 2차원 영상평면 위의 점이기 때문에 이들의 좌표 값은 2차원 벡터지만 편의상 이들의 z-축 좌표 값을 1로 하는 3차 동차좌표(homogeneous coordinates)로 표시한다. 즉 $x_{im,l}$ 은 $(u_l, v_l, 1)^T$ 로 그리고 $x_{im,r}$ 은 $(u_r, v_r, 1)^T$ 로 표시한다.

핵심행렬(essential matrix)는 실세계 한 점이 두 카메라 좌표계를 기준으로 왼쪽 및 오른쪽 영상평면에 투영된 두 점간의 관계를 나타내는 반변에, 기본행렬(fundamental matrix)는 영상 좌표계를 기준으로 왼쪽 및 오른쪽 영상 평면에 투영된 두 점간의 관계를 나타낸다. 기본행렬(fundamental matrix)이 왼쪽 및 오른쪽 영상평면에 투영된 대응점간의 관계를 직접적으로 표현하기 때문에 기본행렬(fundamental matrix)를 구하는 문제는 쉽게 풀 수 있다. 투영된 영상 평면에서 대응점들만 확인되면 실세계 좌표계와의 관계를 나타내는 외부 파라미터 행렬(extrinsic matrix)와 카메라 자체의 내부 파라미터 행렬(intrinsic matrix)에 대한 정보 없이도 기본행렬(fundamental matrix)를 구할 수 있다.

왼쪽과 오른쪽 영상평면에 투영된 두 대응점을 $(u_l, v_l, 1)^T$ 와 $(u_r, v_r, 1)^T$ 로 표시하고 3x3 기본행렬의 파라미터를 $f_1, \cdots, f_8, f_9$ 라 하면 (식 10.3-10)이 만들어진다. 편의상 f_9 은 1로 정규화 한다.

$$(u_l\ v_l\ 1)\begin{pmatrix} f_1 & f_2 & f_3 \\ f_4 & f_5 & f_6 \\ f_7 & f_8 & 1 \end{pmatrix}\begin{pmatrix} u_r \\ v_r \\ 1 \end{pmatrix} = 0 \qquad \text{(식 10.3-10)}$$

좌우 영상에서 8개의 대응점이 확인되면 기본행렬의 8개 파라미터의 값을 구할 수 있다. 또는 RANSAC 알고리즘을 사용하여 기본행렬을 계산할 수 있다. 계산하는 과정은 먼저 좌우 영상에서 충분히 많은 대응점늘을 찾는다. 임의의 8개 대응점을 선택하여 파라미터 값을 계산한 후, 계산된 값들을 (식 10.3-8)에 대입하여 대응점들에 대한 적합도를 검증하는 과정을 반복하며 최선의 파라미터들을 선택할 수 있다. RANSAC 알고리즘을 사용하여 기본행렬의 파라미터들을 계산하기 위해서는 적어도 좌우 영상의 대응점 15개 이상을 사용해야 한다.

기본행렬을 이용하여 등극선을 구하는 과정은 앞에서 설명한 핵심행렬을 이용하여 등극선을 구하는 과정과 동일하다. (식 10.3-9)에서 3x1 벡터 $F\,x_{im,r}$ 은 $x_{im,r}$ 의 등극선이며 이 선상에

$x_{im,l}$ 이 위치하게 된다. 또한 $F\,x_{im,l}$ 는 $x_{im,l}$ 의 등극선이며 이 선상에 $x_{im,r}$ 이 위치한다.

등극선들이 구해지면 이들이 만나는 점, 즉 등극(epipole)을 구하는 문제 역시 쉽게 해결된다. 등극을 $e = (e_x,\, e_y,\, 1)^T$ 라 하고 각 등극선을 $l_1, \ldots, l_n$이라 하면 등극은 모든 등극선 상에 위치해야 하기 때문에 (식 10.3-11)이 성립한다.

$$\begin{pmatrix} l_1 \\ l_2 \\ \cdot \\ \cdot \\ \cdot \\ l_n \end{pmatrix}^T \bullet\ e = 0 \qquad \text{(식 10.3-11)}$$

(식 10.3-11)에서 등극선을 기본함수와 특징점의 곱으로 표현하면 (식 10.3-12)가 만들어진다.

$$\begin{pmatrix} x_{im1} \\ x_{im2} \\ \cdot \\ \cdot \\ \cdot \\ x_{imn} \end{pmatrix}^T \bullet\ F\ \bullet\ e = 0 \qquad \text{(식 10.3-12)}$$

(식 10.3-12)가 의미하는 바를 정리하면 다음과 같다. 기본행렬이 계산되고 한쪽 영상에서 특징점들이 구해지면, 이 점들의 등극 e 를 상대 영상에서 찾는 작업은 (식 10.3-12)를 만족하는 e 를 찾으므로 해결된다.

스테레오 영상 교정을 위한 준비 작업이 완료됐다. 좌우 영상평면이 평행하도록 교정하는 작업은 워핑(warping) 호모그라피 H_l 과 H_r 를 적용하여 이루어지고, 호모그라피를 계산하는 작업은 등극 좌표를 변환하는 과정을 통해 완성된다. 영상평면에서 찾은 등극 좌표를 (x,y)라 하자. 2차원 좌표를 3차원으로 확대한 동차 좌표계(homogeneous coordinate)로 등극 좌표를 표현하면 $e = (x,y,1)$이 된다. 호모그라피는 등극 좌표가 수평축을 따라 무한대 점에 위치하도록 영상평면을 워핑 변환시켜야 한다. 이를 위해 다음의 3가지 변환을 수행한다. 첫째 등극을 수평축 위에 위치하도록 영상평면을 회전하고, 둘째 수평축 위의 등극을 무한대 점으로 옮기고, 셋째 좌표계 원점을 영상 중심으로 이동하는 작업을 수행한다.

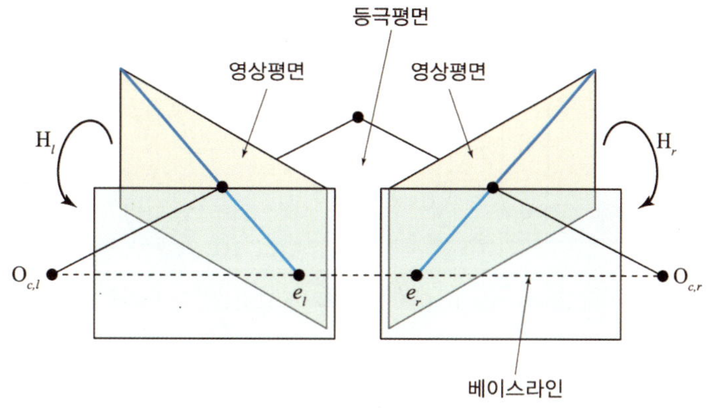

그림 10.3-2 워핑 호모그라피를 이용한 스테레오 교정 과정

(그림 10.3-3)에 표시된 등극을 수평축 위에 위치하도록 영상평면을 $\theta = \tan^{-1}(y/x)$각도 만큼 시계 방향으로 회전시키는데 필요한 변환 행렬 R 은 (식 10.3-13)으로 표현된다.

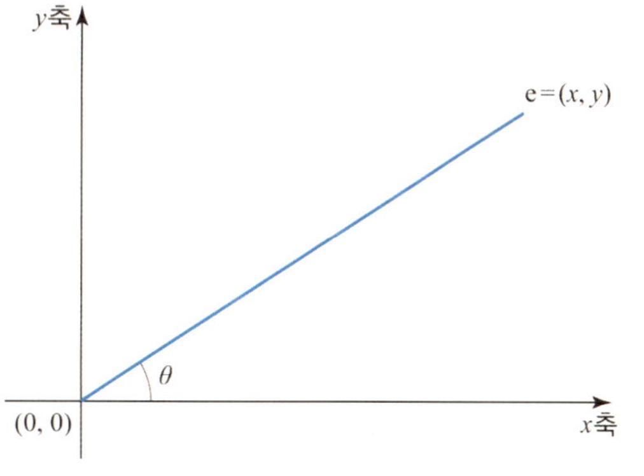

그림 10.3-3 등극을 수평축에 맞추기 위한 회전 각도

$$R = \begin{pmatrix} cos\theta & sin\theta & 0 \\ -sin\theta & cos\theta & 0 \\ 0 & 0 & 1 \end{pmatrix} \qquad \text{(식 10.3-13)}$$

수평축으로 옮겨진 등극의 y-좌표 값은 0이다. 등극을 무한대 점으로 옮기기 위해서는 등극의 x-좌표 값을 무한대로 보내야 한다. 동차 좌표의 3차원 값을 0으로 설정하면 이 문제가 해결된다. 이유는 동차 좌표에서 2차원 평면 좌표로 변환은 x 및 y 값을 3차원 값으로 나누어서 만들

어지기 때문이다.

$$\begin{pmatrix} x \\ 0 \\ 0 \end{pmatrix} \cong \begin{pmatrix} \frac{x}{0} \\ \frac{0}{0} \end{pmatrix} = \begin{pmatrix} \infty \\ 0 \end{pmatrix}$$

수평축으로 옮겨진 등극 좌표 $e = (x, 0, 1)^T$를 $e = (x, 0, 0)^T$로 변환하기 위한 변환 행렬 G는 (식 10.3-14)로 표현된다.

$$G \bullet e = \begin{pmatrix} 1 & 0 & 0 \\ 0 & 1 & 0 \\ -\frac{1}{x} & 0 & 1 \end{pmatrix} \begin{pmatrix} x \\ 0 \\ 1 \end{pmatrix} = \begin{pmatrix} x \\ 0 \\ 0 \end{pmatrix} \qquad \text{(식 10.3-14)}$$

(식 10.3-13)과 (식 10.3-14)에서 수행되는 변환은 좌표계의 원점이 영상평면의 중심에 있다는 전제하에서 수행된다. 따라서 영상 좌표계의 좌측 상단에 있던 원점을 영상 중심으로 옮기는 작업이 선행되어야 한다. 이 변환을 위한 변환 행렬 T는 (식 10.3-15)로 표현된다.

$$T = \begin{pmatrix} 1 & 0 & -\frac{width}{2} \\ 0 & 1 & -\frac{height}{2} \\ 0 & 0 & 1 \end{pmatrix} \qquad \text{(식 10.3-15)}$$

모든 변환이 이루어진 후에는 원점을 다시 영상평면의 좌측 상단으로 이동시켜야 한다. 따라서 최종적인 워핑 호모그라피 H는 (식 10.3-16)으로 표현된다.

$$H = T^{-1}GRT \qquad \text{(식 10.3-15)}$$

(예제 10.3-1) 프로그램은 OpenCV가 제공하는 함수들을 이용하여 스테레오 영상 교정 작업을 수행하는 예를 보여준다. 제법 긴 프로그램으로서 기본 골격을 정리하면 다음과 같다. (1) SIFT 특징 추출기를 사용하여 좌우 영상에서 특징을 추출한다. (2) FLANN 특징 매칭기를 사용하여 대응점들을 추출한다. (3) 대응점들로 기본행렬(fundamental matrix) 생성한다. (4) 생성된 기본행렬을 사용하여 특징점에 대한 등극선을 생성한다. (5) 등극선과 기본행렬을 사용

하여 호모그라피를 생성한다. (6) 호모그라피를 사용하여 좌우 영상을 워핑 변환한다.

```
cv2.findFundamentalMat(pts1,pts2, method, RansacReprojThreshod,
                       Condifence)

   pts1 : 첫 번째 영상의 N개의 특징 좌표 배열, 좌표 값은 부동 소수점
   pts2 : 두 번째 영상의 N개의 특징 좌표 배열, 좌표 값은 부동 소수점
   method : 기본행렬 계산하는 방법
       FM_RANSAC :  RANSAC 알고리즘 사용, N≥8
       FM_LMEDS : Least Median of Squares 알고리즘 사용, N≥8
   RansacReprojThreshold : 기본값=3.0, RANSAC 알고리즘에서 사용하는 파라미터, 등극선에서
      인라이어 점까지의 최대거리(화소 단위)
   Confidence : 기본값=0.99, 예측된 기본행렬이 정확할 확률에 대한 기대치
```

cv2.findFundamentalMat() 함수는 좌우 영상의 특징점 좌표값들을 입력받아, RANSAC 또는 LMEDS 방법으로 기본행렬을 계산하여 계산된 3x3 크기의 기본행렬과 인라이어 특징점들을 알려주는 크기 N의 배열 마스크를 반환한다.

```
cv2.computeCorrespondEpilines(pts, whichImage, F)

   pts : Nx1 크기의 특징점 배열, CV_32FC2
   whichImage : 특징점들이 추출된 영상 색인(1 또는 2)
   F : 기본형렬
```

cv2.computeCorrespondEpilines() 함수는 기본행렬과 특징점들을 입력받아 등극선들의 배열을 반환한다. 직선 ax+by+c=0 의 파라미터 (a, b, c)가 반환된다.

```
cv2.stereoRectifyUncalibrated(pts1, pts2, F, imgSize, threshold)

    pts1 : 첫 번째 영상의 특징점 배열
    pts2 : 두 번째 영상의 대응점 배열
    F : 기본행렬
    imgSize : 영상 크기
    threshold : 아웃라이어를 제거하기 위한 임계값,
        pts2[i]^T F pts1[i] ≤ threshold 을 만족하는 점들만 호모그라피 계산에 참여
```

cv2.stereoRectifyUncalibrated() 함수는 첫 번째 영상에 대한 호모그라피 H_1 과 두 번째 영상에 대한 호모그라피 H_2 , 그리고 함수가 성공적으로 수행되었는지를 알리는 불리언 변수 값 retval을 반환한다.

```
cv2.warpPerspective(src, H, dsize)

    src : 입력 영상
    H : 3x3 변환 행렬, 호모그라피
    dsize : 변환될 결과 영상 크기
    flags : 기본값=INTER_LINEAR, 결과 영상 화소값 보간 방법
```

cv2.warpPerspective() 함수는 src 영상에 호모그라피 H를 사용한 변환을 수행하여 dsize 크기의 영상을 반환한다.

예제 10.3-1 프로그램

```
import cv2
import matplotlib.pyplot as plt
import numpy as np

#################### define function that visualize epilines
def drawlines(img1src, img2src, lines, pts1src, pts2src):
    r, c = img1src.shape
    img1color = cv2.cvtColor(img1src, cv2.COLOR_GRAY2BGR)
```

```
    img2color = cv2.cvtColor(img2src, cv2.COLOR_GRAY2BGR)
    ## use the same random seed for random color
    np.random.seed(0)
    for r, pt1, pt2 in zip(lines, pts1src, pts2src):
        color = tuple(np.random.randint(0, 255, 3).tolist())
        ## 직선 방정식 r[0]x + r[1]y + r[2] =0 에서
        x0, y0 = map(int, [0, -r[2]/r[1]])
        x1, y1 = map(int, [c, -(r[2]+r[0]*c)/r[1]])
            img1color = cv2.line(img1color, (x0, y0), (x1, y1), color, 2)
        img1color = cv2.circle(img1color, tuple(pt1), 7, color, -1)
        img2color = cv2.circle(img2color, tuple(pt2), 7, color, -1)
    return img1color, img2color
####################

dst1 = cv2.imread('../../data/TOMMY2_L.png', 0)
dst2 = cv2.imread('./images/TOMMY2_r.png', 0)
dst1 = cv2.resize(dst1, dsize=(640,480), interpolation=cv2.INTER_AREA)
dst2 = cv2.resize(dst2, dsize=(640,480), interpolation=cv2.INTER_AREA)

# Draw the original images with horizontal lines
fig, axes = plt.subplots(1, 2, figsize=(10, 5))
axes[0].imshow(dst1,cmap="gray"), axes[0].set_title("original left image")
axes[1].imshow(dst2,cmap="gray"), axes[1].set_title("original right image")
axes[0].axhline(100), axes[1].axhline(100), axes[0].axhline(200)
axes[1].axhline(200), axes[0].axhline(300), axes[1].axhline(300),
axes[0].axhline(400), axes[1].axhline(400), plt.show()

img_size = dst1.shape[::-1] # img_size 높이와 폭 값 교환

# 실수 출력 포맷 셋팅
float_formatter = "{:8.3f}".format
np.set_printoptions(formatter={'float_kind':float_formatter})

### (1) Obtain feature points with SIFT
sift = cv2.xfeatures2d.SIFT_create(contrastThreshold=0.09)
kp1, des1 = sift.detectAndCompute(dst1,None)
```

```
kp2, des2 = sift.detectAndCompute(dst2,None)

### FLANN parameters
FLANN_INDEX_KDTREE = 0
index_params = dict(algorithm = FLANN_INDEX_KDTREE, trees = 5)
search_params = dict(checks=50)

# (2) FLANN 매처 생성 및 가장 가까운 매칭점 2개씩 추출
flann = cv2.FlannBasedMatcher(index_params,search_params)
matches = flann.knnMatch(des1,des2,k=2)

good = []
pts1 = []
pts2 = []

### ratio test
for i,(m,n) in enumerate(matches):
    if m.distance < 0.8*n.distance:
        good.append(m)

# 거리값을 기준으로 정렬
sorted_good = sorted(good, key = lambda x : x.distance)
for m in sorted_good :
    pts1.append(kp1[m.queryIdx].pt)
    pts2.append(kp2[m.trainIdx].pt)

pts1 = np.array(pts1) # np 배열로 변환, float64 타입
pts2 = np.array(pts2)

# (3) get fundamental matrix
F, mask= cv2.findFundamentalMat(pts1,pts2,cv2.FM_LMEDS)

# 인-라이어만 선택 및 데이터형 변환
pts1 = pts1[mask.ravel()==1]
pts2 = pts2[mask.ravel()==1]
pts1 = np.int32(pts1)
```

```
pts2 = np.int32(pts2)

# (4) 키포인들에 대한 epipolalines를 상대영상에서 검출 및 출력
lines1 = cv2.computeCorrespondEpilines(pts2.reshape(-1, 1, 2), 2, F)
lines1 = lines1.reshape(-1, 3)
img5, img6 = drawlines(dst1, dst2, lines1[:25], pts1, pts2)

lines2 = cv2.computeCorrespondEpilines(pts1.reshape(-1, 1, 2), 1, F)
lines2 = lines2.reshape(-1, 3)
img3, img4 = drawlines(dst2, dst1, lines2[:25], pts2, pts1)

plt.figure(figsize =(10,5))
plt.subplot(121), plt.imshow(img5), plt.title("Epilines for right points")
plt.subplot(122), plt.imshow(img3), plt.title("Epilines for left points")
plt.show()

# (5) get homography from fundamental matrix
p1fNew = pts1.reshape((pts1.shape[0] * 2, 1))
p2fNew = pts2.reshape((pts2.shape[0] * 2, 1))
retB,rectM1,rectM2=cv2.stereoRectifyUncalibrated(p1fNew,p2fNew,F,img_size,3)

# (6) transform with homography
dst11 = cv2.warpPerspective(dst1,rectM1,img_size)
dst22 = cv2.warpPerspective(dst2,rectM2,img_size)

# Draw the rectified images with horizontal lines
fig, axes = plt.subplots(1, 2, figsize=(10, 5))
axes[0].imshow(dst11,cmap="gray"), axes[0].set_title("rectified left image")
axes[1].imshow(dst22,cmap="gray"), axes[1].set_title("rectified right image")
axes[0].axhline(100), axes[1].axhline(100), axes[0].axhline(200)
axes[1].axhline(200), axes[0].axhline(300), axes[1].axhline(300,
axes[0].axhline(400), axes[1].axhline(400), plt.show()

cv2.waitKey(), cv2.destroyAllWindows()
```

(예제 10.3-1) 프로그램에서 정의된 drawlines() 함수는 영상 위에 등극선을 나타내는 직선 성분과 특징점 좌표에 원을 그린다. 직선 성분을 그리기 위해 전달받은 직선 파라미터 (a,b,c) 값에서 직선 성분의 시작 및 끝 좌표 값을 추출한다. 특징점 좌표에 표시될 원의 크기는 7로 그리고 선의 두께는 -1 즉 내부가 채워진 원으로 설정한다. 교정 전 좌우 영상과 교정 후 좌우 영상에 4개의 수평선, y=100, 200, 300, 400에 직선과 25개의 대응점들에 대한 등극선을 그려서 교정 작업 과정을 시각적으로 확인한다. (그림 10.3-4)에서 (그림 10.3-6)은 프로그램 수행 결과를 보여준다. 교정 전 좌우 영상, 대응점들의 등극선, 교정 후 좌우 영상, 그리고 프로그램이 계산한 기본행렬과 좌우 영상의 호모그라피를 보여준다.

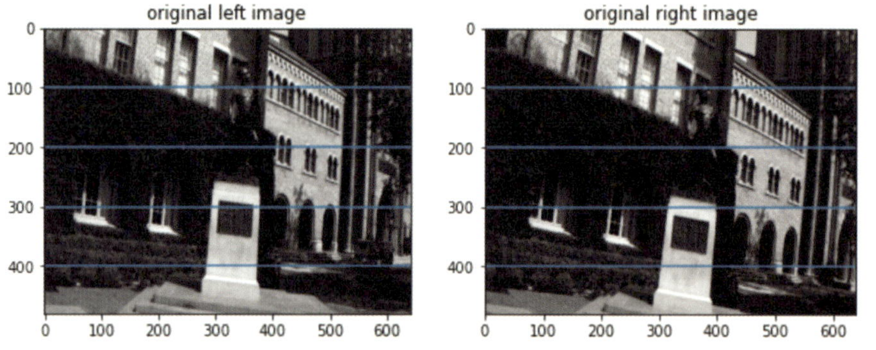

그림 10.3-4 교정 전 좌우 영상

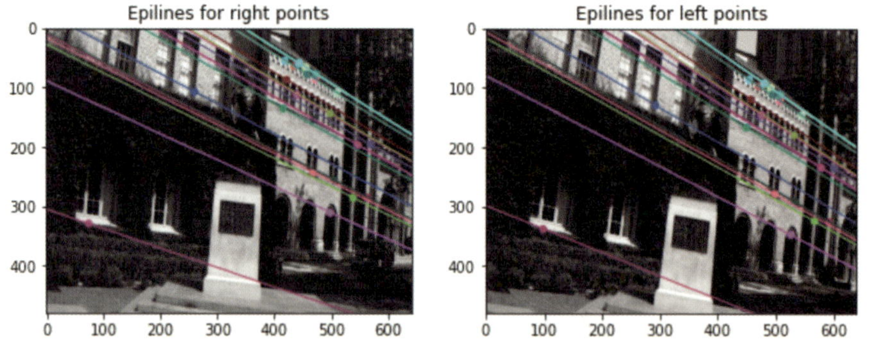

그림 10.3-5 좌우 영상에 표시된 대응점들의 등극선

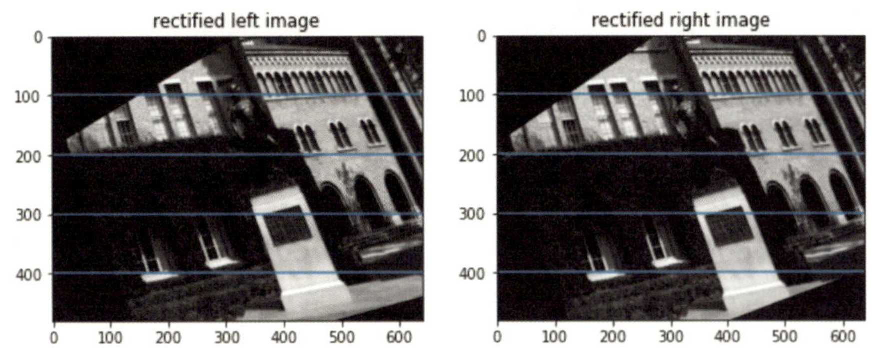

그림 10.3-6 교정 후 좌우 영상

```
fundamental matrix:        homography1 :            homography2 :
[ 0.000  0.000 -0.050]   [ 0.077  0.035   2.712]   [ 0.729  0.373   -2.561]
[-0.000  0.000  0.089]   [-0.055  0.087  21.988]   [-0.577  0.828  225.696]
[ 0.044 -0.091  1.000]   [-0.000 -0.000   0.125]   [-0.001 -0.000    1.224]
```

그림 10.3-7 기본행렬과 좌우 영상 호모그라피

(예제 10.3-2) 프로그램은 (예제 10.3-1) 프로그램을 수행하여 스테레오 교정된 좌우 영상에 (예제 10.2-1) 프로그램의 cv2.StereoSGBM 매칭기를 적용하여 거리 맵(disparity map)을 생성하는 예를 보여준다.

예제 10.3-2 프로그램

```
import cv2
import matplotlib.pyplot as plt
import numpy as np

dst1 = cv2.imread('../../data/TOMMY2_L.png', 0)
dst2 = cv2.imread('../../data/TOMMY2_R.png', 0)
dst1 = cv2.resize(dst1, dsize=(640,480), interpolation=cv2.INTER_AREA)
dst2 = cv2.resize(dst2, dsize=(640,480), interpolation=cv2.INTER_AREA)

img_size = dst1.shape[::-1] # img_size 높이와 폭 값 교환
```

```
### Obtain feature points with SIFT
sift = cv2.xfeatures2d.SIFT_create(contrastThreshold=0.09)
kp1, des1 = sift.detectAndCompute(dst1,None)
kp2, des2 = sift.detectAndCompute(dst2,None)

### FLANN parameters
FLANN_INDEX_KDTREE = 0
index_params = dict(algorithm = FLANN_INDEX_KDTREE, trees = 5)
search_params = dict(checks=50)
flann = cv2.FlannBasedMatcher(index_params,search_params)
matches = flann.knnMatch(des1,des2,k=2)

good = []
pts1 = []
pts2 = []
### ratio test
for i,(m,n) in enumerate(matches):
    if m.distance < 0.8*n.distance:
        good.append(m)

# 거리값을 기준으로 정렬
sorted_good = sorted(good, key = lambda x : x.distance)
for m in sorted_good :
    pts1.append(kp1[m.queryIdx].pt)
    pts2.append(kp2[m.trainIdx].pt)

pts1 = np.array(pts1) # np 배열로 변환, float64 타입
pts2 = np.array(pts2)

# get fundamental matrix
F,mask= cv2.findFundamentalMat(pts1,pts2,cv2.FM_LMEDS)

# 인-라이어만 선택, 타입 변환
pts1 = np.int32(pts1[mask.ravel()==1])
pts2 = np.int32(pts2[mask.ravel()==1])

# get homography from fundamental matrix
```

```
p1fNew = pts1.reshape((pts1.shape[0] * 2, 1))
p2fNew = pts2.reshape((pts2.shape[0] * 2, 1))
retB,rectM1,rectM2 = cv2.stereoRectifyUncalibrated(p1fNew,p2fNew,
                                          F,img_size,3)
# transform with homography
dst11 = cv2.warpPerspective(dst1,rectM1,img_size)
dst22 = cv2.warpPerspective(dst2,rectM2,img_size)

#calculation of the disparity
paras = dict(minDisparity=0, preFilterCap=150, P1=100, P2=1000,
       uniquenessRatio=5,speckleRange=3, speckleWindowSize=200, mode=1)
stereo = cv2.StereoSGBM_create(numDisparities=16, blockSize=15,**paras)
disp = stereo.compute(dst11, dst22).astype(np.float32)/16

# disparity plot
dList = disp.flatten().tolist()
plt.hist(dList, bins=17), plt.title('disparity histogram'), plt.show()

disp = np.clip(disp, 0, np.max(disp))
disp = np.where(disp > 12, 0, disp)

# Normalize between 0 and 255 in 8 bit one-channel
disp = cv2.normalize(src=disp, dst=None, alpha=0, beta=255,
              norm_type=cv2.NORM_MINMAX, dtype=cv2.CV_8UC1)

plt.imshow(dst11, 'gray'), plt.title('rectified left image'), plt.show()
plt.imshow(disp,'gray'), plt.title('disparity map'), plt.show()

cv2.waitKey(0), cv2.destroyAllWindows()
```

(그림 10.3-8)과 (그림 10.3-9)는 교정된 왼쪽 영상과 프로그램이 생성한 거리 맵(disparity map)그리고 변위 히스토그램을 보여준다. 변위(disparity)의 범위를 0에서 15까지 설정하였기 때문에 최소 변위는 -1 그리고 최대 변위는 15로 확인되었다. 변위 -1은 대응점이 없는 화소에서의 변위를 나타낸다. 교정된 영상의 일부 영역은 실세계 장면을 포함하지 않는다. 실세계 장면을 포함하지 않는 영역에서의 변위는 최댓값 15로 표현된다. 또한 최댓값에 근사한 변위들

은 부정확한 변위라 판단하여 거리 맵을 생성하는 과정에서 변위 13 이상은 변위 0으로 변경하였고 변위 -1은 변위 0으로 변경하였다.

실세계 장면에서는 건물 앞에 석상이 있고 석상 위에 동상이 세워져 있다 거리 맵 영상에서 석상과 동상의 변위가 크게 나타남을 즉 거리가 상대적으로 가까운 것을 확인할 수 있다. 변위 히스토그램에서 살펴보면 변위 -1 값의 빈도수와 변위 0 값의 빈도수가 매우 크게 나타남을 확인할 수 있다. 대응점이 없는 영역과 배경 영역이 상대적으로 크기 때문에 이러한 결과가 만들어짐을 확인할 수 있다.

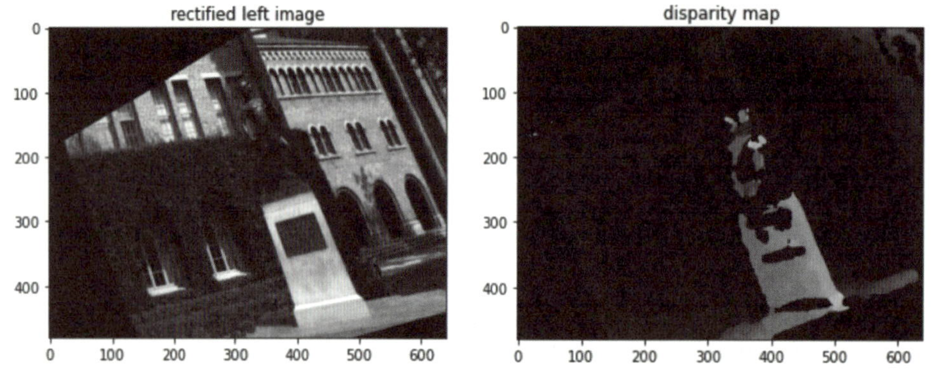

그림 10.3-8 교정된 영상에 대한 거리 맵 영상

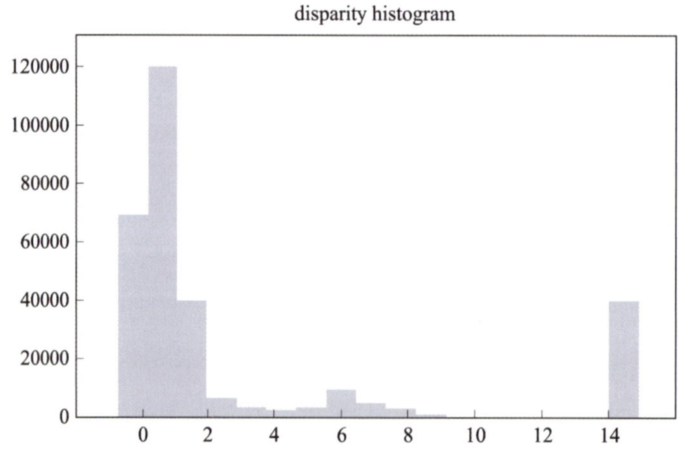

그림 10.3-9 변위 히스토그램

참고문헌

- Forsyth, Computer Vision: A Modern Approach, Pearson, 2011
- https://en.wikipedia.org/wiki/Epipolar_geometry
- https://docs.opencv.org/3.4/dd/d53/tutorial_py_depthmap.html
- https://en.wikipedia.org/wiki/Essential_matrix
- https://en.wikipedia.org/wiki/Fundamental_matrix_(computer_vision)

CHAPTER 11

이동물체 검출 및 추적

동영상 분석은 정지 영상에서 얻을 수 없었던 보다 다양한 정보를 제공한다. 첫째로 물체의 이동 속도와 동작에 대한 정보를 얻을 수 있다. 이러한 정보는 제스처 인식 및 자세 추정(pose estimation) 등 여러 응용 분야에서 사용된다. 둘째로 연속적인 영상을 분석하여 잡음 처리를 효과적으로 수행할 수 있다. 인접 영상간의 영상 형성 시간 차이가 매우 적은 경우에는 이들 영상들의 구조 및 밝기 차이는 매우 미세할 것이다. 따라서 이러한 정보의 중복성은 감지 센서가 야기하는 임의의 잡음(random noise)을 제거하는데 효과적으로 사용될 수 있다. 셋째로 동영상 분석을 통해서 물체의 3차원 구조에 대한 정보를 얻을 수 있다. 이는 우리 인간이 2차원 영상의 연속적인 변화를 나타내는 영화를 통해 3차원 구조를 추론하는 원리와 유사하다. 넷째로 영상 분할 작업이 효과적으로 수행될 수 있다. 움직이는 물체 검출 및 추적 작업이 동영상 분석을 통해 이루어진다.

최근 들어 무인감시 시스템, 보안 출입관리, 공장자동화, 지능형 교통 시스템 등과 같이 이동물체를 추적하고 인식하는 기술의 응용분야가 확대되면서 동영상으로부터 이동물체를 분할하고 추적하는 필요성이 커지고 있다. 본 장에서는 이동 물체를 검출하고 추적하는 방법들에 대해 살펴본다. 특히 전경과 배경을 분리하여 이동 물체 영역을 검출하는 방법, 이동 물체의 속도 벡터를 구하는 방법, 그리고 이동 물체의 영역 특성을 이용하여 추적하는 방법에 대해 살펴본다.

11.1 동영상 배경 제거

이동 물체 영역 검출을 위해 비교적 간단하면서도 효과적인 방법은 차영상(difference image)을 이용하는 방법이다. 인접한 두 시점(two different time instance)에서 촬영한 영상을 비교해

보면 물체의 움직임이 있는 화소에서는 밝기 값의 차이가 나타난다. 따라서 두 시점의 영상을 비교하여 밝기 값 차이가 어느 정도 이상인 화소들만 추출하여 물체의 움직임에 대한 정보를 구할 수 있다. 그러나 이처럼 구한 차영상은 몇 가지 문제점을 갖고 있다. 첫째, 임계값(threshold)에 매우 의존적이다. 임계값을 어떻게 정하는가에 의해 그 결과가 매우 달라질 수 있다. 둘째, 움직이는 물체 영역이 크고 물체의 이동 속도가 비교적 느린 경우에는 생성된 차영상이 이동 물체 영역을 온전히 나타내지 못하는 경우가 대부분이다. 셋째, 생성된 차영상은 일반적으로 매우 작은 영역들을 만들어내므로 적절한 후처리 작업을 수행해야 한다.

이러한 문제들을 해결하기 위해 두 인접 시점의 영상을 비교하는 대신에 기준 영상(reference image)과 현재 영상(current image)을 비교하는 방법을 생각할 수 있다. 일반적으로 배경 영상(background image)을 기준 영상으로 사용한다. (그림 11.1-1)은 이러한 과정을 개념적으로 보여준다.

그림 11.1-1 배경모델 이용한 이동물체 영역 검출

일반적으로 배경을 표현하기 위해 확률 모델을 사용한다. 기본 아이디어는 다음과 같다. 일정 시간 동안 촬영된 영상을 모아 각 화소에서 화소 값을 분석한다. 화소 값들이 특정 값을 중심을 큰 봉우리를 형성하며 좁은 범위 안에 분포되어 있으면 그 화소는 배경 화소일 가능성이 높다. 이동 물체의 진출입에 의한 화소 값 변화가 발생하지 않았다는 가정이다. 반면에 화소 값들의 분포가 여러 봉우리를 형성하면서 넓은 범위에 분산되어 있는 화소는 배경 화소일 가능성이

낮다. 촬영 시간 안에 다른 화소 값을 갖는 이동 물체의 진출입이 발생했다는 가정이다.

각 화소에서 일정 시간 동안의 화소 값 분포에 대한 모델을 만든 후, 현재 프레임의 각 화소 값을 대응되는 위치의 배경 모델과 비교하여 배경에 속한 화소인지 또는 이동 물체에 속한 화소인지를 판단한다. 이러한 과정은 엄밀한 의미에서 각 화소가 배경 화소인지 아닌지를 분류하는 분류 작업(classification problem)에 해당된다.

배경 모델은 시간이 흐름에 따라 지속적으로 갱신되어야 하며 또한 구조적으로도 너무 복잡하지 않아 관리하기 용이하여야 한다. 일반적으로 가장 많이 사용되는 확률적 배경 모델은 가우시안 혼합 모델(Gaussian Mixture Model)이다. 각 화소의 화소 값을 확률적으로 K개의 가우시안 분포가 혼합된 분포로 표현한다. (식 11.1-1)과 (그림 11.1-2)는 가우시안 혼합 모델을 보여준다.

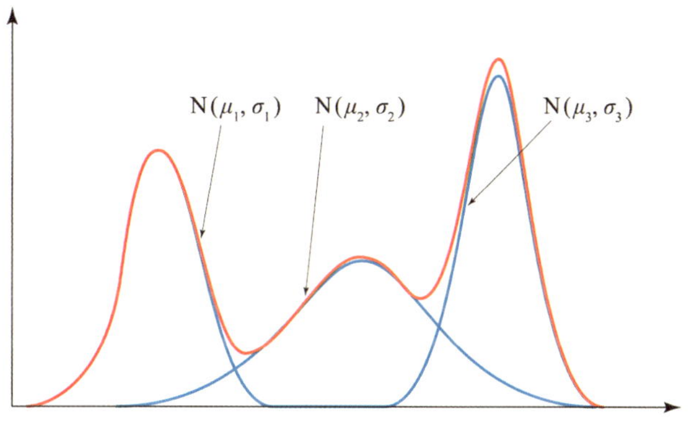

그림 11.1-2 가우시안 혼합 모델(K=3)

$$P(X_t) = \sum_{k=1}^{K} \omega_{k,t} \, N(X_t, \mu_{k,t}, \sigma_{k,t}) \qquad \text{(식 11.1-1)}$$

$$N(X_t, \mu_{k,t}, \sigma_{k,t}) = \frac{1}{\sigma_{k,t}\sqrt{2\pi}} \exp\left(-\frac{(X_t - \mu_{k,t})^2}{2\sigma_{k,t}^2}\right)$$

(식 11.1-1)의 $\mu_{k,t}$, $\sigma_{k,t}$, $\omega_{k,t}$ 는 모델 변수인 평균, 표준편차, 가중치로서 각 프레임의 모든 화소에서 그 값을 구해야 한다. 가우시안 혼합 모델 변수 추정을 위해서 사용되는 대표적인 방법은 EM(Expectation-Maximization) 알고리즘이다. 그러나 이 방법은 시간이 많이 걸리고 복잡

도가 높기 때문에 실시간 K-평균 클러스터링(K-means clustering)이 사용되기도 한다. 실시간 K-평균 클러스터링 알고리즘을 사용하여 모델 변수를 추정하는 방법은 다음과 같다. 각 화소에서 일정 시간 동안 측정된 화소 값들을 K-평균 클러스터링 알고리즘을 사용하여 K개의 그룹으로 분할한 후, 각 그룹에 속한 화소 값들의 평균과 분산, 그리고 가중치를 계산한다. 각 그룹의 가중치는 그룹에 속한 화소 수를 클러스터링에 참여한 전체 화소 수로 나눈 값이다. 이처럼 계산된 모델 변수들은 (식 11.1-2)에 의해 각 영상 프레임의 모든 화소에서 실시간으로 갱신된다.

$$\omega_{k,t+1} = (1-\alpha)\omega_{k,t} + \alpha M_{k,t} \qquad \text{(식 11.1-2)}$$

$$\mu_{k,t+1} = (1-\rho)\mu_{k,t} + \rho X_t$$

$$\sigma^2_{k,t+1} = (1-\rho)\sigma^2_{k,t} + \rho(X_t - \mu_{k,t})^2$$

$$\rho = \alpha N(X_t, \mu_{k,t}, \sigma_{k,t})$$

(식 11.1-2)에서 α 는 학습률(learning rate)로서 일반적으로 0.0-1.0 사이의 값을 갖고, 모델 변수 $\mu_{k,t}$, $\sigma_{k,t}$, $\omega_{k,t}$ 의 갱신은 화소 밝기 값(X_t)을 각 가우시안 모델의 평균($\mu_{k,t}$)과 비교해서 그 차이가 $\pm 2.5\sigma_{k,t}$ 범위 이내인 가우시안 모델, 즉 밝기 값이 소속 멤버라고 판단되는 가우시안 모델의 변수들만 갱신한다. $M_{k,t}$ 는 화소 밝기 값(X_t)이 평균($\mu_{k,t}$)과 $\pm 2.5\sigma_{k,t}$ 범위 이내인 경우에는 1, 아니면 0 값을 갖는다. 즉 화소 밝기 값이 소속 멤버라고 판단되는 가우시안 모델의 가중치는 살짝 늘어나다. 갱신이 완료된 후 각 가우시안 모델의 가중치들은 합이 1이 되도록 정규화된다.

각 화소가 갖는 K개의 가우시안 모델 중에서 (식 11.1-3)을 만족하는 B개의 주도적인 가우시안 모델을 배경 모델로 설정한다.

$$B = \arg\min_b \left(\sum_{k=1}^{b} \omega_k > TH \right) \qquad \text{(식 11.1-3)}$$

(식 11.1-3)에서 k 는 주도적인 모델의 순서를 나타내고, 각 모델의 주도적인 정도는 w_k/σ_k 값이 큰 순서로 한다. (식 11.1-3)에서 임계값 TH 는 전체 영상에서 배경 부분이 차지하는 비율을 나타내는 상수이다. 이처럼 배경 모델을 생성하는 작업, 즉 (식 11.1-2)와 (식 11.1-3)을 계산

하는 작업은 매 프레임 마다 모든 화소에서 수행되어야 하므로 계산 량이 상당한 작업이다.

배경 모델이 만들어지면 입력된 영상 프레임의 각 화소를 배경 화소 또는 이동 물체 화소로 판단하는 과정, 즉 (그림 11.1-1)에서 현재 영상과 배경 모델을 비교하는 과정은 비교적 쉽게 구현 가능하다. 화소의 밝기 값 X_t 을 (식 11.1-3)에서 구한 해당 화소 위치의 B 개의 배경 모델들과 비교하여 밝기 값이 배경 모델의 소속 멤버라고 판단되면, 즉 배경 모델의 평균에서 $\pm 2.5\sigma$ 범위에 포함되면 배경 화소(background pixel)로 아니면 이동 물체 화소(foreground pixel)로 결정한다.

(예제 11.1-1) 프로그램은 OpenCV가 제공하는 배경 영역을 제거하는 여러 방식 중에서 가장 대표적인 BackgroundSubtractorMOG 클래스를 사용하여 이동 물체를 검출하는 예를 보여준다. 이 방식은 가우시안 혼합 모델을 배경 모델로 사용하여 배경 영역 제거를 수행한다.

```
cv2.bgsegm.createBackgroundSubtractorMOG(history, nmixtures, backgroundRatio,
                        noiseSigma)

   history : 기본값=200, 배경모델 생성에 사용된 프레임 개수
   nmixtures : 기본값=5, 배경모델에 사용된 가우시안 모델 개수
   backgroundRatio : 기본값=0.7, 배경영역 비율
   noiseSigma : 기본값=0, 잡음 성분 표준편차
```

생성자 함수 cv2.bgsegm.createBackgroundSubtractorMOG()는 배경 모델을 생성하기 위한 기본 환경을 설정한 후, 객체를 반환한다.

```
cv2.createBackgroundSubtractorMOG.apply(image, learningRate)

   image : 입력 영상 프레임
   learningRate : 기본값=-1, 0 에서 1 사이의 값을 가지며 배경모델 갱신에 관여, 0이면
                  새로 학습되지 않고 기존 배경모델 사용하고, 1 이면 직전 프레임부터 시
                  작하여 완전히 새로 학습하고, -1 이면 프로그램이 자동으로 생성한 학습
                  률 사용
```

apply() 함수는 배경 모델을 갱신하고 이동 물체 영역이 검출된 영상을 반환하다. (예제 11.1-1) 프로그램에서 사용된 비디오 영상은 지나가는 행인들을 촬영한 영상으로서 768x576크기의 프레임을 초당 10프레임으로 구성하여 1분 19초의 런-타임을 갖는다. 배경 모델을 생성하기 위해 300개의 프레임을 사용하고 배경모델 갱신에 사용되는 학습률은 프로그램이 자동으로 생성한 값을 사용한다. (그림 11.1-3)은 (예제 11.1-1) 프로그램을 실행한 결과를 보여준다. 실외 환경에서 복수의 이동 물체(행인)들을 실시간으로 잘 검출하고 있음을 확인할 수 있다.

예제 11.1-1 프로그램

```
import numpy as np
import cv2

cap = cv2.VideoCapture("vtest.avi")

# 배경 제거 객체 생성
fgbg = cv2.bgsegm.createBackgroundSubtractorMOG(history=300)

while cap.isOpened():
    ret, frame = cap.read()
    if not ret:
        break

    # 배경 모델 갱신 및 이동 물체 영역 검출
    fgmask = fgbg.apply(frame, learningRate=-1)

    cv2.imshow('frame',frame)
    cv2.imshow('bgsub',fgmask)

    if cv2.waitKey(1) & 0xff == 27:
        break

cap.release()
cv2.destroyAllWindows()
```

그림 11.1-3 배경 모델을 이용한 이동 물체 검출

11.2 광류(Optical Flow)

물체에 대한 카메라의 위치를 이동하며 영상을 촬영하거나 또는 카메라에 대한 물체의 위치를 이동시키면서 생성되는 연속적인 영상은 특정한 패턴의 밝기 값의 변화 흐름(flow)을 보인다. 이는 마치 우리가 기차를 타고 가면서 창밖을 바라볼 때 풍경이 우리에게 다가오거나 멀어지는 느낌이 드는 것과 같다. 이러한 밝기 패턴의 이동을 광류(optical flow)라고 한다. 광류는 영상의 각 화소에 속도 벡터(velocity vector)를 할당한다.

각 화소의 속도 벡터를 계산하기 위해 일반적으로 사용되는 가정은 연속적인 영상을 촬영하는 시점간의 차이가 크기 않은 경우에 두 인접 영상에서 이동된 화소의 밝기 값은 차이가 없다는 가정이다. 이러한 가정을 '밝기 값 일관성(brightness consistency) 가정'이라 한다.

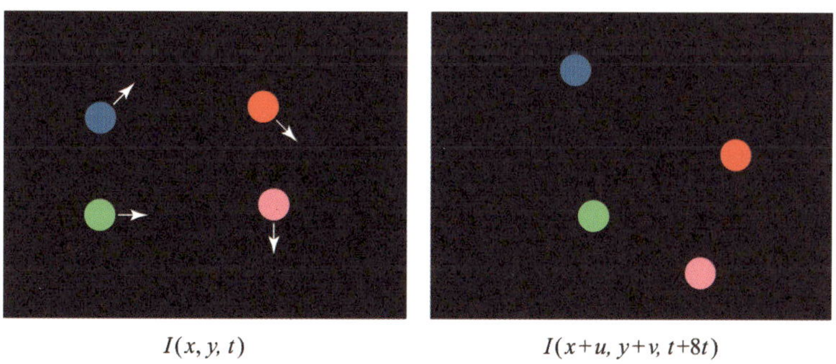

그림 11.2-1 밝기 값 일관성 가정

t 시점에서 화소 (x,y)가 다음 시점 $t+\delta t$에서 $(x+u,y+v)$ 위치로 이동했다고 하자. 밝기 값 일관성 가정에 의해 (식 11.2-1)이 성립한다. t 시점에서 화소 (x,y)의 밝기 값 $I(x,y,t)$는 다음 시점 $t+\delta t$에서 x는 u만큼 이동하고 y는 v만큼 이동된 위치 $(x+u,y+v)$에서의 밝기 값 $I(x+u,y+v,t+\delta t)$와 같다.

$$I(x,y,t) = I(x+u,y+v,t+\delta t) \quad \text{(식 11.2-1)}$$

속도는 거리를 단위 사간으로 나눈 값이므로 (u,v)는 시점 t에서 화소 (x,y)에서 x-방향과 y-방향의 속도 벡터를 나타낸다.

$$u = \frac{dx}{dt}, \quad v = \frac{dy}{dt} \quad \text{(식 11.2-2)}$$

각 화소의 속도 벡터를 구하기 위해서는 두 인접 시점간의 영상에서 대응점(corresponding points)을 구하고 대응점의 변위(disparity)를 계산하면 된다. 이는 스테레오 비전에서 대응점을 구하는 문제와 같다. 본 장에서는 속도 벡터를 구하기 위해 두 인접 시점의 영상간의 대응점을 찾지 않고, 위 (식 11.2-1)에 미분 개념을 도입하고 체인-룰(chain rule)을 적용하여 공간 미분(spatial derivative)과 시간 미분(temporal derivative)을 계산하여 속도 벡터를 구하는 방법을 설명한다.

밝기 값의 시간에 대한 미분은 단위 시간 변화에 대한 밝기 값의 변화량을 나타내므로 (식 11.2-3)이 성립한다.

$$\begin{aligned}&\frac{dI(x,y,t)}{dt}\\ &\quad = I(x+u,y+v,t+\delta t) - I(x,y,t) = 0\end{aligned} \quad \text{(식 11.2-3)}$$

(식11.2-3)에 체인-룰(chain rule)을 적용하면 (식 11.2-4)가 성립한다.

$$\begin{aligned}&\frac{dI(x,y,t)}{dt} = \frac{\partial I}{\partial x}\frac{dx}{dt} + \frac{\partial I}{\partial y}\frac{dy}{dt} + \frac{\partial I}{\partial t}\frac{dt}{dt} = 0\\ &I_x u + I_y v + I_t = 0\end{aligned} \quad \text{(식 11.2-4)}$$

체인-룰에 대한 이해를 돕기 위해 다음과 같은 간단한 예를 살펴보자.

$$f(x(t),y(t)) = 4x(t)^2 + 3y(t), \quad x(t) = t, \quad y(t) = 2t^2$$

$$\frac{df(x(t),y(t))}{dt} = \frac{\partial f}{\partial x}\frac{dx}{dt} + \frac{\partial f}{\partial y}\frac{dy}{dt} = 8x \times 1 + 3 \times 4t = 20t$$

함수 $f()$ 의 t 에 대한 미분을 체인-룰을 적용하여 계산하면 $20t$ 가 구해지는데, 이는 $x(t) = t$ 와 $y(t) = 2t^2$를 함수 $f()$ 에 대입한 후 t 에 대해 미분하여 구한 값과 동일한 값임을 쉽게 확인할 수 있다.

(식 11.2-4)는 속도 벡터 (u,v)를 구하는 핵심적인 수식이다. I_x 와 I_y 는 x-방향과 y-방향의 기울기를 나타내며 I_t 는 시간-방향의 미분(기울기)을 나타낸다. 이제 각 화소에서 이러한 공간 및 시간-방향의 기울기 값들이 주어지면 해당 화소의 속도 벡터를 구할 수 있을까? 구할 수 없다. 이유는 모르는 변수는 2개인데 식은 1개가 주어지기 때문이다. 예를 들어, 수식 $4u - 3v + 1 = 0$ 에서 u 와 v 값을 구할 수 없다. 그러나 수식 $2u + 3v - 2 = 0$이 추가되면, 이 두식을 동시에 만족하는 u 와 v 값을 구할 수 있다. 이러한 문제를 구멍-문제(aperture problem)이라 하는데 이를 해결하기 위해서는 다음과 같은 가정을 한다. '공간적 균일성(spatial coherence)' 가정이다.

물체의 한 표면은 어느 정도의 크기를 갖고 영상에서 점이 아닌 영역으로 표현되기 때문에, 인접 화소들은 같은 표면에 속할 확률이 매우 높다. 따라서 인접 화소들의 속도 벡터는 매우 유사하다는 가정이 공간적 균일성 가정이다. 예를 들어 화소 주위에 5x5 마스크를 씌우고, 마스크 안에 포함되는 화소들은 같은 속도 벡터를 갖는다고 가정하면 (식 11.2-5)를 만족하는 25개의 방정식이 만들어 진다.

$$\begin{bmatrix} I_x(p_1) & I_y(p_1) \\ I_x(p_2) & I_y(p_2) \\ \vdots & \vdots \\ I_x(p_{25}) & I_y(p_{25}) \end{bmatrix} \begin{bmatrix} u \\ v \end{bmatrix} = - \begin{bmatrix} I_t(p_1) \\ I_t(p_2) \\ \vdots \\ I_t(p_{25}) \end{bmatrix} \qquad \text{(식 11.2-5)}$$

$$\boldsymbol{A}\boldsymbol{u} = -\boldsymbol{b}$$

따라서 속도 벡터를 찾는 문제는 위 선형 방정식을 만족하는 $\boldsymbol{u} = (u,v)$를 찾는 문제가 된다. (식 11.2-5)에서 $\boldsymbol{A}$ 는 25x2 행렬을 나타내고, $\boldsymbol{b}$ 는 25x1 크기의 벡터를 나타낸다. (식 11.2-5)를

살펴보면 모르는 변수는 두 개인데 25개의 선형 방정식이 만들어 진다. 25개의 선형 방정식을 동시에 만족시키는 (u,v)를 찾는 것은 사실상 불가능하다. 해결 방법은 $\|\boldsymbol{Au} - \boldsymbol{b}\|^2$를 최소화하는 $\boldsymbol{u} = (u,v)$를 구하는 것이다. $\|\boldsymbol{Au} - \boldsymbol{b}\|^2$를 최소화하는 과정은 다음과 같은 정형화된 루틴을 따르면 된다. (식 11.2-5)의 양변에 $\boldsymbol{A}^T$를 곱하면 좌변의 $\boldsymbol{A}^T\boldsymbol{A}$는 2x2 행렬이 되고 우변의 $\boldsymbol{A}^T\boldsymbol{b}$는 2x1 벡터로 변환된다.

$$\boldsymbol{A}^T\boldsymbol{A}\boldsymbol{u} = -\boldsymbol{A}^T\boldsymbol{b} \qquad \text{(식 11.2-6)}$$

$$\begin{pmatrix} \sum I_x I_x & \sum I_x I_y \\ \sum I_x I_y & \sum I_y I_y \end{pmatrix} \begin{pmatrix} u \\ v \end{pmatrix} = -\begin{pmatrix} \sum I_x I_t \\ \sum I_y I_t \end{pmatrix}$$

(식 11.2-6)의 $\boldsymbol{A}^T\boldsymbol{A}$는 2x2 대칭행렬(symmetric matrix)이므로 행렬 원소들이 적절한 크기를 가질 경우에는 역행렬(inverse matrix)이 존재한다. 예를 들어 코너 점 주변에서는 I_x와 I_y 모두 비교적 큰 값을 갖는다. 이런 경우에는 역행렬이 이용하여 $\boldsymbol{u} = (u,v)$를 구할 수 있다.

$$\boldsymbol{u} = -(\boldsymbol{A}^T\boldsymbol{A})^{-1}\boldsymbol{A}^T\boldsymbol{b} \qquad \text{(식 11.2-7)}$$

(식 11.2-5)를 유도하는 과정에 각 화소에서 공간 및 시간-방향의 기울기 값들을 계산할 수 있다고 가정했다. 공간-기울기 I_x와 I_y는 소벨 연산자와 같은 에지 연산자를 사용하여 구할 수 있다. 시간-미분 I_t는 t 시점 화소의 밝기 값과 $t+1$ 시점에 이동된 해당 화소의 밝기 값과의 차이를 계산하여 구해진다. 그런데 $t+1$ 시점에서 화소가 이동한 위치를 알면, 즉 대응점을 알면 대응점의 변위가 곧 속도 벡터가 되는데, 아직 이동한 위치도 알지 못한 상태에서 시간-미분을 구하고자 하는 매우 어리석은(?) 접근 방법을 시도하고 있는 듯 보인다.

이처럼 얼듯 무모해 보이는 방법이 점진적으로 좀 더 정확한 시간-미분 I_t을 구하는 기초를 제공한다. 점진적 속도 벡터를 구하는 과정을 알고리즘 형태로 정리하면 다음과 같다.

(1) t 시점 영상의 각 화소에서 공간 미분 I_x 와 I_y 를 구한다.

(2) 각 화소의 초기 속도 벡터 $(u,v)=0$를 할당한다.

(3) t 시점 화소의 밝기 값과 $t+1$ 시점에 현재 속도 벡터 (u,v) 만큼 이동된 화소의 밝기 값과의 차이를 계산하여 시간-미분 I_t 을 구한다.

(4) (식 11.2-7)를 사용하여 속도 벡터 $(u,v)'$ 을 구한다.

(5) 갱신된 속도 벡터 $(u,v)_{new}$ 을 구한다.

$$(u,v)_{new}=(u,v)_{old}+(u,v)'$$

(6) 속도 벡터가 더 이상 변하지 않을 때까지 (3)-(5)를 반복한다.

위에서 설명한 점진적으로 속도 벡터를 갱신하는 알고리즘이 루카스와 카나데가 제안한 LK-알고리즘(Lucas-Kanade algorithm)의 핵심 아이디어이다. LK-알고리즘에서 사용하는 방법인 주변 화소들의 속도 벡터 차이를 최소화 시키는 방법은 모든 화소에서 그 해를 구할 수 있지 않고, 코너 점과 같이 주변의 화소 값의 변화가 큰 화소에서만 해를 구할 수 있다. 예를 들어, 앞에서 공부한 함수 cv2.goodFeaturesToTrack()가 추출한 특징점들에서 속도 벡터 계산이 가능하다. 균일한 밝기 값을 갖는 평면 위의 점 또는 에지 점들에 대해서는 (식 11.2-7)의 역행렬이 만들어지지 않기 때문에 속도 벡터의 계산이 어렵다.

루카스-카나데 알고리즘에서는 구멍 문제를 해결하기 위해 공간적 균일성 가정을 사용한다. 즉, NxN 크기의 마스크를 사용하여 주변 화소의 속도 벡터들은 균일하다는 가정을 한다. 마스크의 크기가 너무 크면 구해진 속도 벡터는 잡음에 대해서는 강건한 특성을 보이지만 정교함이 떨어지는 단점이 있다. 반면에 마스크의 크기가 너무 작으면 정교함은 높일 수 있으나 잡음에 매우 민감하게 된다.

일반적으로 마스크의 크기는 속도 벡터의 크기보다는 큰 것이 좋다. 잡음에 강건하고 정교함을 동시에 만족시키는 마스크 크기를 정하는 것은 사실상 불가능한 문제다. 이를 해결하는 한 방법은 영상을 피라미드 구조로 표현하고, 탑-다운 방식으로 문제를 풀어가는 방법이다. 피라미드의 상위 레벨에서 작은 크기의 윈도우를 사용하여 속도 벡터를 구한 후 구해진 속도 벡터를 하위 레벨로 전달한다. 하위 레벨에서는 상위 레벨에서 전달받은 속도 벡터 위치로 이동하여 좀 더 정교한 속도 벡터를 계산한다. (그림 11.2-2)는 피라미드 영상을 이용한 속도 벡터 계산 방법을 개념적으로 보여준다.

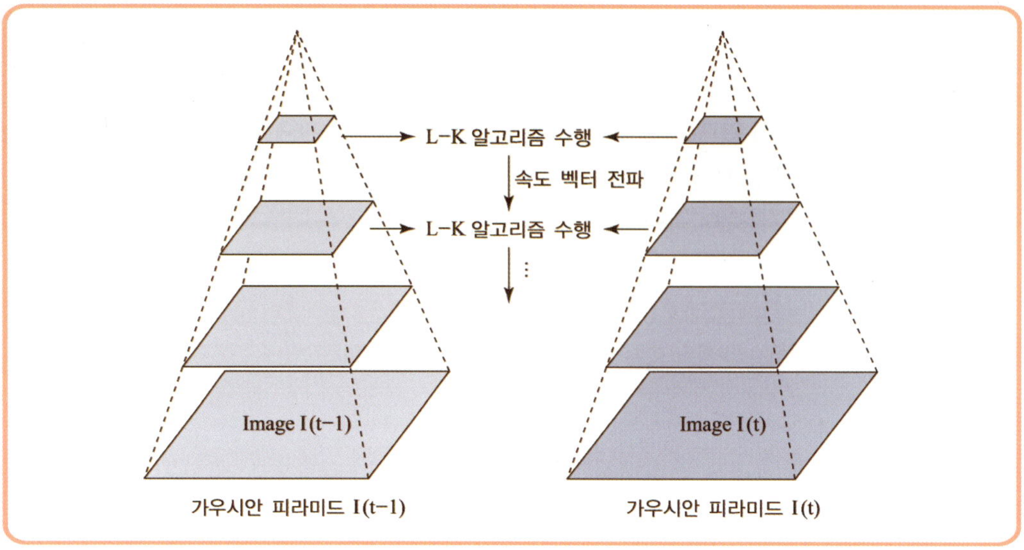

그림 11.2-2 가우시안 피라미드를 이용한 탑-다운 방식의 속도 벡터 계산 방법

피라미드의 레벨 수는 일반적으로 2, 3, 4 정도의 값이 된다. 예를 들어 입력 영상 I의 크기가 640x480 이라면, 레벨-1의 영상 I^1 의 크기는 320x240, 레벨-2의 영상 I^2 의 크기는 160x120, 레벨-3의 영상 I^3 의 크기는 80x60이 된다.

(예제 11.2-1) 프로그램은 OpenCV가 제공하는 함수 cv2.calcOpticalFlowPyrLK()를 사용하여 광류를 계산하는 예를 보여준다. 함수 cv2.calcOpticalFlowPyrLK()는 피라미드 LK-알고리즘을 구현한 함수로서 cv2.goodFeaturesToTrack() 함수가 추출한 특징점들에서 속도 벡터를 계산한다.

```
cv2.calcOpticalFlowPyrLK(prevImg, nextImg, prevPts, None, winSize, maxLevel)

   prevImg : 이전 프레임 영상
   nextImg : 다음 프레임 영상
   prevPts : 광류가 계산되어질 이전 프레임의 특징들의 좌표, 부동 소수점
   winSize : 기본값=(21,21), 속도 벡터 계산에 참여하는 주변 화소들을 포함하는 윈도우 크기,
   maxLevel : 기본값=3, 최대 피라미드 레벨 수, 0 이면 피라미드 구조 사용하지 않음, 1 이면
              최대 2개 레벨이 사용됨
```

cv2.calcOpticalFlowPyrLK() 함수는 prevImg의 prevPts 에서 광류(속도 벡터)를 계산하여 계산된 속도 벡터 만큼 이동한 nextImg 위의 점들의 좌표들과 prevPts 들 중에서 어떤 점들이 광류 계산에 성공했는지를 알려주는 상태 벡터를 반환한다.

(그림 11.2-3)은 (예제 11.2-1) 프로그램의 수행 결과를 보여준다. cv2.goodFeaturesToTrack() 함수를 사용하여 12개의 특징점들을 추출하고, 이들 특징점들 모두에 대해 속도 벡터를 계산한다. 속도 벡터 계산에 사용된 윈도우의 크기는 15x15로 설정하고 피라미드의 최대 레벨 수는 7로 설정한다. 계산된 속도 벡터는 nextImg에서 prevImg로 향하는 선으로 표시하고 nextImg 위에 대응되는 특징점들을 원으로 표시한다.

예제 11.2-1 프로그램

```
import numpy as np
import cv2

cap = cv2.VideoCapture('slow.flv') # 동영상 파일 로드

# ShiTomasi corner detection을 위한 매개변수 입력
feature_params = dict( maxCorners = 100, qualityLevel = 0.3,
                       minDistance = 7, blockSize = 7)

# lucas-kanade optical flow를 위한 매개변수 입력
lk_params = dict(winSize = (15,15), maxLevel = 7)

# 랜덤한 컬러 배열을 생성
color = np.random.randint(0,255,(100,3))

# 첫 프레임을 로드하고 특징점을 추출
ret, old_frame = cap.read()
old_gray = cv2.cvtColor(old_frame, cv2.COLOR_BGR2GRAY)
p0 = cv2.goodFeaturesToTrack(old_gray, **feature_params)

# Optical flow를 선을 그리기 위해 배열을 생성(0 초기화)
mask = np.zeros_like(old_frame)
```

```
while(1): # 동영상이 끝나거나 esc 키를 누를 때 까지 반복

    ret,frame = cap.read()  # 다음 프레임 읽기
    frame_gray = cv2.cvtColor(frame, cv2.COLOR_BGR2GRAY)

    # Optical flow 계산
    p1, st, err = cv2.calcOpticalFlowPyrLK(old_gray, frame_gray,
                                           p0, None, **lk_params)

    # 성공적으로 검출된 특징점 좌표들을 good_new에 입력
    good_new = p1[st==1]
    # 성공적으로 검출된 특징점 좌표들을 good_old에 입력
    good_old = p0[st==1]


    # Optical flow를 표현하기 위해 원과 선으로 그리기
    for i,(new,old) in enumerate(zip(good_new,good_old)):

        a,b = new   # new에 있는 x,y좌표를 a,b에 입력
        c,d = old   # old에 있는 x,y좌표를 c,d에 입력

        a = int(a)
        b = int(b)
        c = int(c)
        d = int(d)

        mask = cv2.line(mask, (a,b),(c,d), color[i].tolist(), 2) # 선 그리기
        frame = cv2.circle(frame,(a,b),5,color[i].tolist(),-1)  # 원 그리기

    img = cv2.add(frame,mask)    # 프레임과 마스크를 더함
    cv2.imshow('frame',img)     # 프레임 출력
    k = cv2.waitKey(30) & 0xff   # 키 입력 대기

    if k == 27:     # esc키 입력시 프로그램 종료
        break
```

```
    # 이전 프레임과 다음 프레임을 다시 받아오기 위해 업데이트
    old_gray = frame_gray.copy()
    p0 = good_new.reshape(-1,1,2)

cv2.destroyAllWindows()
cap.release()
```

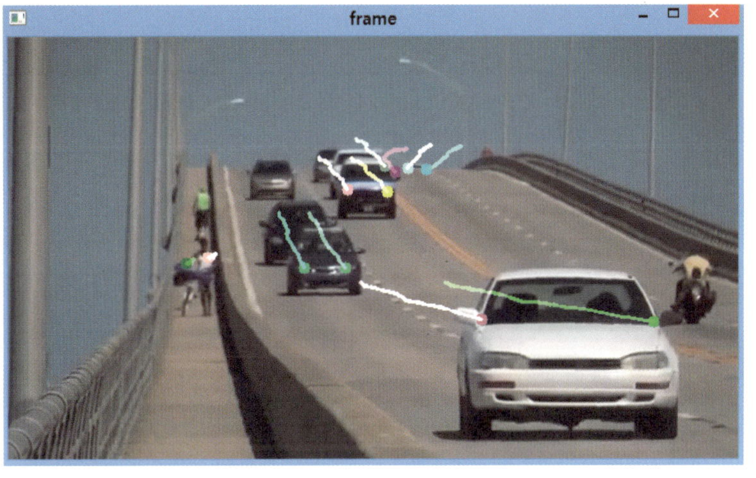

그림 11.2-3 피라미드 LK-알고리즘을 사용하여 계산된 속도벡터

11.3 평균이동(mean-shift)에 의한 추적

이동 물체를 추적하기 위해 많이 알려진 방법 중 하나가 평균 이동(mean shift) 알고리즘이다. 평균 이동 방법은 탐색 기법 중에 정상에 도달하기 위해서는 기울기가 가파른 곳으로 진행한다는 개념을 구현한 힐-클라이밍(hill climbing) 탐색 기법의 원리를 도입하여 이동 물체의 중심 위치를 찾아가는 방법이다.

평균 이동 알고리즘을 직관적으로 이해하기 위해 (그림 11.3-1)과 같은 포인트들의 집합을 생각하자. 평균 이동은 포인트들의 분포가 가장 밀집되어 있는 위치로 탐색 영역의 중심을 이동시킨다.

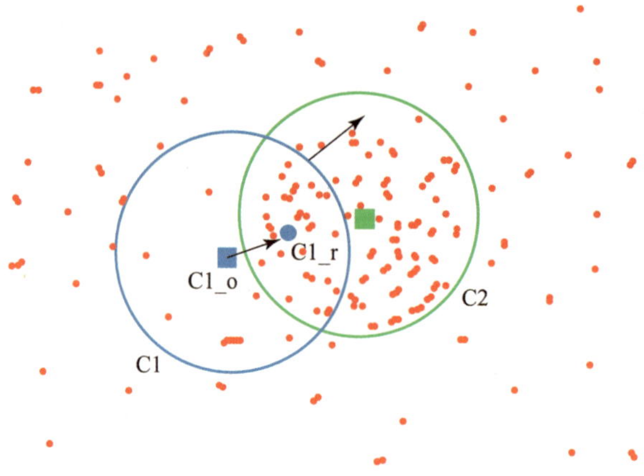

그림 11.3-1 평균 이동 알고리즘의 기본 원리

(그림 11.3-1)에서 탐색 영역을 원으로 표시하자. 탐색 영역을 포인트들의 밀도가 가장 높은 곳으로 이동시키고자 한다. 탐색 영역의 초기 위치는 청색 원으로 표시된 C_1 이고, 탐색 영역의 중심은 C_1_o 이다. 탐색 영역 안에 있는 포인트들의 무게 중심(centroid)을 구하면 C_1_r 이다. 현재 상태에서는 탐색 영역의 중심과 무게 중심이 일치하지 않는다. 탐색 영역의 중심을 무게 중심 위치로 옮기고 같은 작업을 반복하면 최종적으로 탐색 영역은 포인트들의 밀도가 최대가 되는 녹색 원으로 표시된 C_2 위치로 이동하게 된다. 이러한 내용을 알고리즘 형태로 정리하면 다음과 같다.

1. 현재 위치에서 탐색 영역의 반경 r 이내에 있는 데이터들을 구한다.
   $(x_1,y_1),(x_2,y_2),\ldots,(x_n,y_n)$
2. 이들의 무게중심의 좌표 $(\sum x_i/n, \sum y_i/n)$로 현재 위치를 이동시킨다.
3. 1-2 과정을 위치변화가 거의 없을 때까지, 즉 수렴할 때까지 반복한다.

평균 이동과 같은 힐-클라이밍 탐색 방법은 탐색 시간을 단축하면서 최적해(optimun solution)를 향해 진행하지만, 초기 출발 위치에 따라서는 최적 해를 찾지 못하고 중간 단계의 해에서 수렴하는 경우가 발생한다. 예를 들어, 최정상에 위치한 산봉우리를 향해 기울기가 가파른 방향으로 탐색을 진행하는데 중간에 작은 산봉우리를 만나면 더 이상 탐색을 진행하지 않고 멈추는 상황이 발생한다.

평균 이동 탐색의 또 다른 문제점은 탐색 영역의 크기에 따라 결과가 많이 달라진다는 점이다. 탐색 영역의 크기가 너무 작으면 지역적으로 협소한 범위만 탐색하게 되므로 최적 해까지 못 가고 중간 해에 수렴할 수 있고, 탐색 영역의 크기가 너무 크면 탐색 시간이 많이 걸리고 최적해 주변에서 수렴하는 상황이 발생할 수 있다. 특히 이동 물체 추적의 경우 대상 물체의 크기와 형태 변화에 따라 탐색 윈도우의 크기를 적절히 변경해 주어야 원활한 추적이 가능해 진다.

영상에서 이동 물체를 추적하는데 평균 이동 탐색 방법을 적용하기 위해서는 밝기 값으로 표현된 영상에 대한 변형이 필요하다. (그림 11.3-1)의 예에서 포인트들의 밀도가 위치에 따라 차이를 보인다. 반면에 영상의 화소들은 일정한 샘플링 간격으로 균일하게 분포되어 있다. 미스매치되는 상황이다. 해결 방법은 각 화소가 밝기 값 대신에 히스토그램 백-프로젝션 방법을 사용하여 밀도 즉 빈도수를 화소 값으로 대치하는 방법이다.

먼저 추적하고자 하는 물체 영역을 설정하고 설정된 영역 안에 화소 밝기 값들에 대한 히스토그램을 작성한다. 작성된 히스토그램이 참조 모델(reference model) 역할을 한다. 물체 추적 과정은 탐색 윈도우를 사용하여 다음과 같이 진행된다. 탐색 영역의 각 화소 값에 해당되는 참조 모델 히스토그램 빈을 찾아 해당 빈의 빈도수를 화소 값으로 대치한다. 이 과정에서 빈도수는 확률 값 형태로 정규화 되는 과정을 거치게 된다. 각 화소의 정규화된 빈도수를 가중치로 하는 무게 중심(centroid) 좌표를 구하고, 구해진 좌표로 탐색 윈도우의 중심을 옮긴 후, 무게 중심 좌표가 더 이상 변하지 않은 때까지 같은 작업을 반복한다.

평균 이동 알고리즘을 이용한 이동 물체 추적 방법을 다시 정리하면 탐색 영역의 밝기 값 분포가 물체 영역을 대표하는 히스토그램과 일치하는 영역을 찾아가는 탐색 전략을 사용한다. 찾아가는 과정에서 각 탐색 영역마다 히스토그램을 만들고 만들어진 히스토그램과 참조 모델 히스토그램과 일일이 비교하는 과정은 계산 시간이 너무 많이 소요되므로, 히스토그램 백-프로젝션을 이용한 무게 중심을 찾는 전략을 사용한다.

앞에서 언급했듯이 추적 중에 이동 물체의 크기 또는 형태가 변하는 경우에 탐색 윈도우의 크기를 적절히 조절하는 방법을 생각할 수 있다. 브래드스키 교수가 제안한 '연속-적응 평균 이동(Continuously Adaptive Mean Shift)' 알고리즘은 평균 이동 방법으로 이동 물체의 중심점이 찾아지면 탐색 윈도우의 크기를 조정한다. 조정하는 기준은 백-프로젝션에 의해 구해진 빈도수들의 합 M_{00}을 사용하여 (식 11.3-1)과 같이 윈도우 크기 s를 설정한다.

$$s = 2\sqrt{\frac{M_{00}}{256}} \tag{식 11.3-1}$$

(식 11.3-1)에서 사용된 상수 256은 최대 밝기 값으로 정규화 시키는 의미를 갖고, 제곱근 연산과 상수 2는 실험에 의하여 결정된 요소들이므로 상황에 맞추어 적절한 값으로 변경 가능하다. 탐색 윈도우 내에서 백-프로젝션에 의해 구해진 빈도수들의 합 M_{00}이 커지면 윈도우의 크기를 늘리고 빈도수의 합이 줄어들면 윈도우의 크기를 줄이는 원칙을 반영하여 조정하면 될 듯하다.

(예제 11.3-1) 프로그램은 OpenCV 가 제공하는 cv2.CamShift() 함수를 사용하여 이동 물체를 추적하는 예를 보여준다.

```
cv2.selectROI(windowName, image, showCrosshair)

    windowName : 관심 영역 선택 작업을 진행할 윈도우 이름
    image : 관심 영역(ROI)이 선택될 영상
    showCrosshair : 기본값=True, 사용자가 지정한 관심영역을 나타내는 십자형 사각형
```

cv2.selectROI() 함수는 윈도우를 생성하고 생성된 윈도우에 지정된 영상을 출력하여 사용자로 하여금 관심 영역을 지정할 수 있도록 한다. 관심 영역은 마우스를 이용하여 설정이 이루어지고 설정의 종료는 엔터-키 또는 스페이스-키를 사용하여 이루어진다. 사용자가 지정한 사각형 형태의 관심 영역에 관한 정보, 즉 사각형의 좌측 상단 x 와 y 좌표 그리고 사각형의 폭과 높이 정보 (x,y,w,h)를 반환한다.

```
cv2.calcHist(images, channels, mask, histSize, ranges)

    images : 히스토그램을 작성할 입력 영상 리스트
    channels : 히스토그램을 계산할 채널 리스트
    mask : 영상과 같은 크기의 8 비트 배열, 0이 아닌 배열 원소들은 히스토그램 계산에 참여
    histSize : 각 채널에 대한 히스토그램 크기(빈 개수)
    ranges : 각 채널 화소 값 범위
```

cv2.calcHist() 함수는 입력 영상 해당 채널의 화소 값들에 대한 히스토그램을 생성하여 반환한다. 채널의 수가 여러 개일 때는 다차원 히스토그램이 만들어진다.

```
cv2.calcBackProject(images, channels, hist, ranges, scale)

  images : 히스토그램 백-프로젝션을 수행할 입력 영상 리스트
  channels : 히스토그램 백-프로젝션을 수행할 입력 영상의 채널 리스트
  hist : 히스토그램 백-프로젝션에 참여하는 입력 히스토그램
  ranges : 입력 영상 각 채널의 화소 값 범위
  scale : 기본값=1, 히스토그램 백-프로젝션 결과에 곱해질 스케일
```

cv2.calcBackProject() 함수는 입력 영상 각 채널의 (x,y) 위치에서 화소 값을 검색하여 검색된 값에 해당되는 히스토그램 빈을 찾아 가서 빈도수를 가져온다. 가져온 빈도수에 scale 값을 곱한 값을 출력 영상의 (x,y) 화소 값으로 설정한다.

```
cv2.CamShift(probImage, window, criteria)

  probImage : 추적 대상 객체를 포함하는 영상을 히스토그램 백-프로젝션을 수행하여 만들어진
              영상(확률 영상), cv2.calcBackProject() 함수의 출력
  window : 초기 탐색 윈도우 크기 및 위치가 전달되고 추적된  객체 크기 및 위치가 함수 수행
           결과로 반환됨
  criteria : 함수 종료 기준
```

cv2.CamShift() 함수는 전달된 probImage 영상에 탐색 window의 무게 중심을 찾아 이동하는 과정을 criteria 기준이 만족될 때까지 반복하여 이동 물체를 추적하고 추적된 영역의 위치와 크기에 대한 (x,y,w,h) 정보를 반환한다.

예제 11.3-1 프로그램

```
import cv2
import numpy as np

# 비디오 파일 열기
cap = cv2.VideoCapture('slow.flv')

if not cap.isOpened():
    print('Video open failed!'), sys.exit()

ret, frame = cap.read()
if not ret:
    print('frame read failed!'), sys.exit()

# 마우스 이용하여 관심영역 선택
#'엔터' 또는 '스페이스' 키 눌러 선택 완료
rc = cv2.selectROI("CAMShift Tracking", frame, True)
#rc = (x,y,w,h)

roi = frame[rc[1]:rc[1]+rc[3], rc[0]:rc[0]+rc[2]]
roi_hsv = cv2.cvtColor(roi, cv2.COLOR_BGR2HSV)

# HS 히스토그램 계산
channels = [0, 1]
ranges = [0, 180, 0, 256]
hist=cv2.calcHist([roi_hsv], channels, None, [90, 128], ranges)

# CamShift 알고리즘 종료 기준
term_crit=(cv2.TERM_CRITERIA_EPS|cv2.TERM_CRITERIA_COUNT,10,0.6)

# 비디오 매 프레임 처리
while True:
    ret, frame = cap.read()

    if not ret:
        break
```

```
    # HS 히스토그램에 대한 역투영
    frame_hsv = cv2.cvtColor(frame, cv2.COLOR_BGR2HSV)
    backproj = cv2.calcBackProject([frame_hsv], channels, hist, ranges, 1)

    # CamShift
    ret, rc = cv2.CamShift(backproj, rc, term_crit)

    # 추적 결과 화면 출력
    cv2.rectangle(frame, rc, (0, 0, 255), 2)
    cv2.imshow('Tracking Region', frame)

    if cv2.waitKey(60) == 27:
        break

cap.release()
cv2.destroyAllWindows()
```

(그림 11.3-2)는 (예제 11.3-1) 프로그램 수행 결과를 보여준다. 이동 물체 영역은 cv2.selectROI() 함수를 사용하여 사용자가 청색 사각형 형태로 지정하고 지정된 영역에 대한 새상 H와 채도 S에 대한 2차원 히스토그램이 만들어진다. 입력 비디오는 HSV 컬러 모델로 변환되고 색상를 나타내는 H 채널과 채도를 나타내는 S 채널의 화소 값들에 대한 2차원 히스토그램 백-프로젝션을 만들어 이동 물체 추적에 사용한다. cv2.CamShift() 함수의 종료 조건은 최대 반복 횟수를 10번으로 그리고 정확도가 0.6 이하(중심점의 이동 크기가 0.6 화소 이하)로 설정하여 수행한다. 추적 결과를 보이기 위해 이동 물체의 탐색 윈도우를 빨강색 사각형으로 표시하여 출력한다.

그림 11.3-2 연속-적응 평균 이동 알고리즘을 이용한 이동 물체 추적 결과

참고문헌

- A. M. McIvor, “Background subtraction techniques,” Proc. of Image and Vision Computing, 2000
- C. Stauffer, "Adaptive background mixture models for real-time tracking," IEEE Computer Society Conference, 1999
- G. Bradski, “Computer Vision Face Tracking for Use in a Perceptual User Interface,” Intel Technology Journal, 1998.
- J. Bouguet, “Pyramidal implementation of the Lucas Kanade feature tracker description of the algorithm,” 1999
- https://docs.opencv.org/3.4/da/dd0/tutorial_table_of_content_video.html
- https://en.wikipedia.org/wiki/Lucas%E2%80%93Kanade_method
- https://docs.opencv.org/3.4/d4/dee/tutorial_optical_flow.html

CHAPTER 12

심층 신경망 기초

심층 신경망(deep neural network) 기술이 컴퓨터 비전을 혁신적으로 발전시키고 있으면 다양한 응용 분야에서 파급적인 돌풍을 일으키고 있다. 예들 들어, 심층 신경망을 이용한 얼굴인식이나 손 글씨 인식과 같은 작업들은 사람의 인식 능력을 뛰어 넘는 성능을 보이고 있다. 본 장에서는 심층 신경망의 기본 이론과 구현 방법에 대해 살펴본다.

12.1 신경망 모델

뇌과학 및 신경과학 등의 연구를 통해 밝혀진 뇌의 구조와 동작 원리를 살펴보면, 우리 인간의 뇌는 약 1000억 개 이상의 뉴런(neuron)이라는 신경 세포들로 연결되어 있으며 이 뉴런들이 신호를 주고 많으며 사물을 인식하고 패턴을 학습하는 등의 지적 작업을 수행한다. 이러한 연구 결과에 영감을 받아 시도된 노력이 인공 신경망(artificial neural network)이다.

생물학적 뉴런의 학습 능력을 모방한 인공 뉴런 모델이 만들어지고 여기에 학습 기능을 추가한 퍼셉트론이 만들어지면서 많은 사람들의 주목을 받았다. (그림 12.1-1)에서 보듯이 퍼셉트론은 뉴런이 다른 뉴런에서 신호를 입력받듯 다수의 신호 x_i 를 입력받고, 각 입력 값에 가중치(weight)를 곱한다. 가중치는 생물학적 뉴런에서 뉴런 간 시냅스를 통한 결합의 세기와 같은 역할을 하며 가중치가 클수록 입력 값이 중요하다는 것을 의미한다. 입력 값으로서 x_i 외에도 편향(bias) b 가 추가되는데 편향은 모델 최적화를 위한 변수이다. 각 입력 값과 가중치의 곱 그리고 편향은 모두 퍼셉트론으로 전달되고 퍼셉트론은 입력받은 값을 모두 합산하는데, 합산된 결과 값을 가중합이라 부른다. 생물학적 뉴런은 신경세포체에 저장한 신호의 크기가 임계값보다 클 때 신호를 출력한다. 퍼셉트론에서도 가중합의 크기를 임계값과 비교하는 활성화 함수

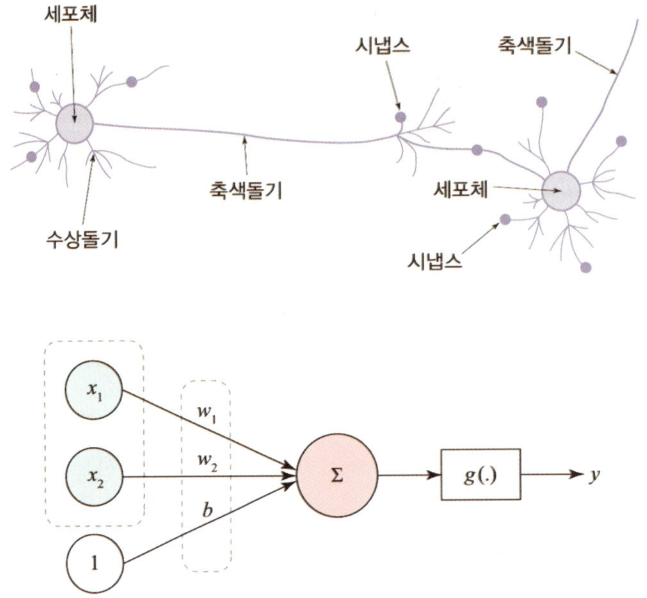

그림 12.1-1 뉴런과 퍼셉트론 모델

(activation function) $g()$ 를 거쳐 최종 출력 값을 결정한다.

퍼셉트론의 학습 방법, 즉 가중치를 조정하는 방법은 매우 간단한다. 우선 입력 데이터와 원하는 출력 데이터가 준비되어야 한다. 입력 데이터에 대한 실제 출력 값 y 을 우리가 원하는 출력 값 t 과 비교하여 그 오차가 최소가 되도록 가중치를 업데이트 하면 된다.

$$w_{i,new} = w_{i,old} + \eta(y - t)x_i \quad \text{(식 12.1-1)}$$

(식 12.1-1)에서 η 는 0과 1 사이의 값을 갖는 학습률을 나타내며 목표 출력 값과 실제 출력 값과의 차이를 얼마만큼 가중치 갱신에 반영할 지를 결정한다.

퍼셉트론 즉 입력층과 출력층만으로 이루어진 단층 퍼셉트론은 선형으로 분리되는 입력 신호들에 대해서만 학습이 가능하고 비선형으로 분리되는 입력 신호들에 대해서는 학습이 불가능하다. 선형 분리와 비선형 분리에 대한 이해를 돕기 위해 (그림 12.1-2)의 간단한 예를 살펴본다.

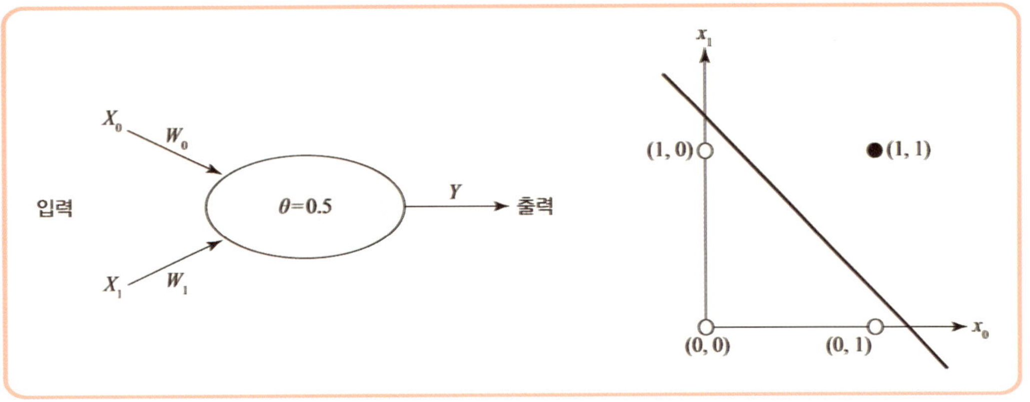

그림 12.1-2 단층 퍼셉트론의 선형 분리 AND 연산

(그림 12.1-2)의 단층 퍼셉트론은 2개의 입력 x_0 와 x_1 을 입력 받아 가중합이 $\theta = 0.5$ 보다 크면 1을 출력하고 작으면 0을 출력한다. 가중치 $\omega_0 = 0.3$ 과 $\omega_1 = 0.4$ 인 경우에 선형 분리 연산인 AND 연산을 성공적으로 수행하지만, 비선형 분리 연산인 XOR 연산을 수행 가능케 하는 가중치 ω_0 와 ω_1 이 존재하지 않는다.

단층 퍼셉트론의 이러한 한계를 극복하기 위해 입력층과 출력층 사이에 하나 이상의 중간층을 두어 비선형적으로 분리되는 신호들에 대해서도 학습이 가능하도록 고안한 인공 신경망을 다층 퍼셉트론(multi-layer perceptron)이라 한다.

다층 페셉트론의 입력층과 출력층 사이에 위치하는 중간층을 은닉층(hidden layer)이라 부른다. 입력층과 출력층 사이에 위치하는 은닉층의 개수가 많은 신경망, 즉 층수가 매우 많은(깊은) 신경망을 심층 신경망(deep neural network)이라 부르고 심층 신경망을 학습하기 위한 알고리즘을 딥러닝(deep learning)이라 한다.

다층 퍼셉트론에서는 모든 노드들이 완전 연결(fully connected)된다. 입력층 모든 노드의 출력이 은닉층 모든 노드들에게 전달되고, 은닉층 모든 노드의 출력 역시 출력층 모든 노드로 전달된다. 이처럼 신호가 입력층에서 출력층 방향으로 전달되는 것을 순방향 전파(feed forward)라 한다.

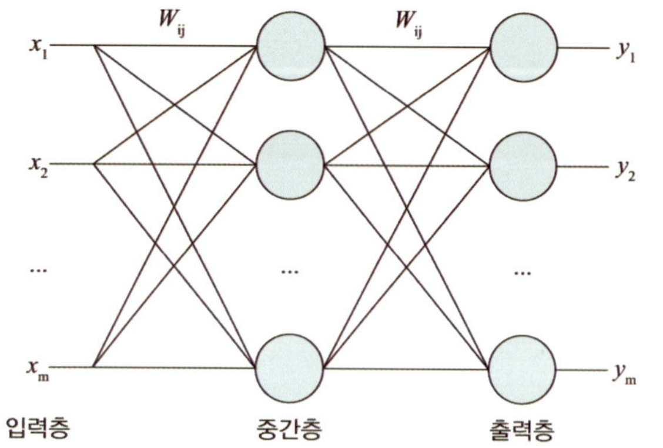

그림 12.1-3 다층 퍼셉트론 모델

활성화 함수는 노드에 모여진 신호를 내어 보낼 때 얼마나 강하게 보낼 지를 결정하는 함수다. 초기에는 계단 함수를 사용하였으나, 계단함수는 미분이 가능한 구간에서 미분 값이 항상 0이기 때문에 뒤에서 설명할 다층 퍼셉트론의 학습 단계에서 최적의 가중치를 찾아가는 경사-하강법(gradient decent method)과 같은 출력 값의 미분을 이용하는 학습 방법을 사용할 수가 없다. 이러한 이유에서 전 구간에서 미분 가능한 시그모이드(sigmoid) 함수를 활성화 함수로 오랜 기간 사용해 왔으나, 이 함수 역시 문제점을 갖고 있어 ReLU(Rectified Linear Unit) 함수 등 여러 형태의 새로운 함수들이 대안으로 사용되고 있다. 이 부분에 대해서는 뒤에서 다시 자세히 설명하기로 한다.

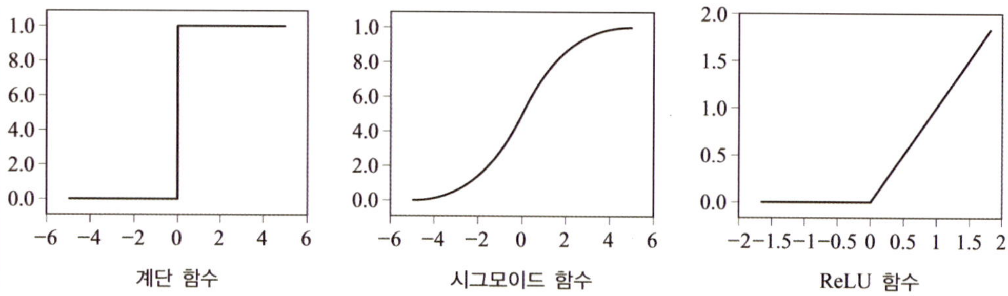

그림 12.1-4 활성화 함수

다층 퍼셉트론이 가중치를 조절하는 학습 과정을 설명하면 다음과 같다. 퍼셉트론의 학습은 지도 학습(supervised learning)이므로 입력 데이터와 원하는 출력 데이터가 준비되어야 한다. 입력은 신경망의 가중치와 곱해지고 더해지는 과정을 여러 번 반복하며 출력이 만들어 진다. 출력층에서 만들어진 출력은 원하는 출력과 다를 수 있다. 다층 퍼셉트론은 출력층에서 발생한 오차(원하는 목표 출력 값 t 과 실제 출력 값 y 과의 차이)를 계산하고 이 값을 다시 은닉층으로 역전파 시키는 작업을 반복해야 한다. 언제까지? 출력층의 오차가 원하는 수준으로 줄어들 때까지.

오차를 이용하여 가중치를 조절하는 대표적인 방법이 기울기 하강법(gradient decent method)이다. (식 12.1-2)에서와 같이 오차 E 를 가중치들의 함수로 표현하고 오차의 기울기가 하강하는 방향으로 가중치를 조절하는 방법이다. 가중치들의 함수로 표현된 오차 E 를 각 각중치에 대해 편미분한 결과가 오차의 기울기 크기를 나타낸다. 양의 값을 가지면 빼주고 음의 값을 가지면 더해준다. 기울기의 크기에 곱해진 μ 는 학습률을 나타내는 값으로서 기울기 조절 정도를 결정한다. 가중치 조절 작업은 더 이상 기울기가 변하지 않고 오차가 최소가 되는 위치에 도달할 때까지 반복된다. (식 12.1-2)에서 $g'(.)$ 은 활성화 함수 $g(.)$ 의 미분을 나타내고, μ 는 학습률 그리고 δ 는 $(y-t)g'(.)$ 을 나타낸다.

$$
\begin{aligned}
E &= \frac{1}{2}(y-t)^2 \\
&= \frac{1}{2}(g(\omega_1 x_1 + \omega_2 x_2 + \ldots) - t)^2
\end{aligned}
\qquad \text{(식 12.1-2)}
$$

$$
\begin{aligned}
\omega_{i,new} &= \omega_{i,old} - \mu \frac{\partial E}{\partial \omega_i} \\
&= w_{i,old} - \mu (y-t) g'(.) x_i \\
&= w_{i,old} - \mu \delta x_i
\end{aligned}
$$

출력층은 원하는 목표 출력 값이 사전에 정해지므로 출력층 가중치 조절은 위에서 설명한 방법으로 조절할 수 있다. 반면에 은닉층의 출력은 원하는 목표 출력 값을 사전에 정하기가 불가능하므로 은닉층의 오차는 계산이 불가능하다. 이러한 문제점을 해결하기 위해 다층 퍼셉트론에서는 출력층에서 발생하는 오차를 은닉층으로 역전파(back propagation)시켜 은닉층의 가중치를 조절한다.

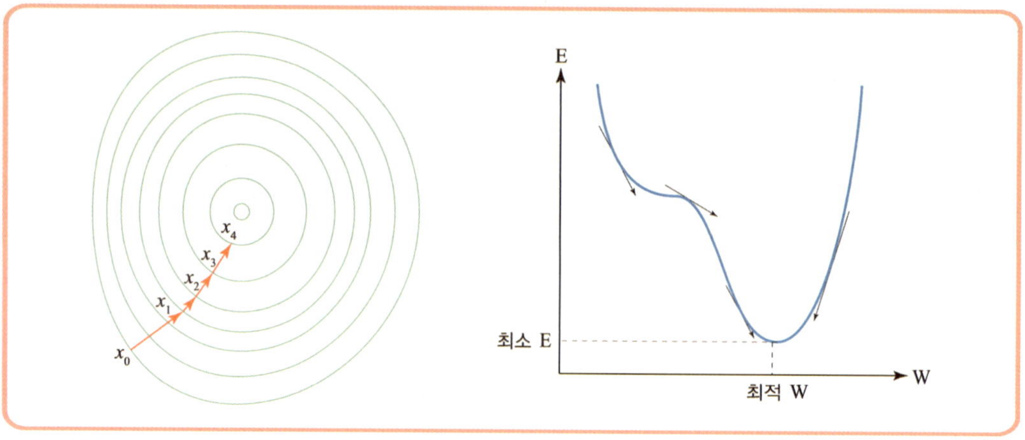

그림 12.1-5 기울기 하강법의 기본 개념

오차 역전파 알고리즘이 유도되는 과정에 대한 설명은 복잡한 수식 전개를 필요로 하므로 본 교재에서는 생략한다. 대신에 오차 역전파 알고리즘의 기본 원리를 (그림 12.1- 6) 예를 사용하여 개념적으로 설명한다. 그림이 다소 복잡해 보이지만 찬찬히 살펴보면 일관된 원칙이 적용되고 있음을 확인할 수 있다. 그림에서 다층 퍼셉트론은 3개의 노드로 구성되어 있다. 입력 신호는 s_1 과 s_2 이고 이들이 가중치 u_{11} 그리고 u_{21} 을 가지고 은닉층 노드-A에 연결되어 있다. 은닉층 노드-A의 출력 x_1 과 노드-B의 출력 x_2 는 가중치 ω_1 과 ω_2 을 가지고 출력층 노드-C

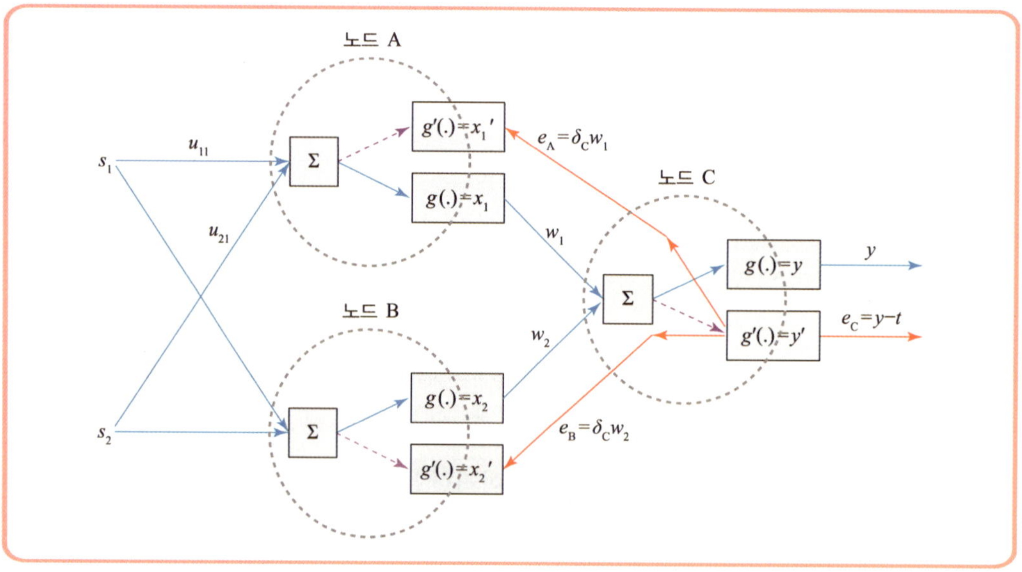

그림 12.1-6 오차 역전파 알고리즘의 기본 개념도

에 연결되어 있으며, 노드-C의 출력은 y 그리고 원하는 목표 출력은 t 라 하자. 그림에서 청색 화살표는 입력 신호가 순방향(forward direction)으로 전달되며 처리되는 과정을 보이고, 빨강색 화살표는 오차가 역방향(backward direction)으로 전파되며 가중치가 갱신되는 과정을 보인다.

순방향 처리 과정에서 각 노드는 3가지 기능을 수행한다. 첫째, 가중치가 곱해진 입력 신호들을 모두 합하고 이를 활성화 함수 $g(.)$ 에 전달한다. 둘째, 활성화 함수는 적절한 임계 작업을 수행한 후 그 결과를 출력한다. 셋째, 활성화 함수의 출력을 미분하여 그 결과 값을 저장한다. 저장된 값은 순방향 처리 과정에서는 사용되지 않지만 역방향 처리 과정에서 은닉층 노드들의 오차를 계산하는데 매우 중요한 역할을 한다.

역방향 처리는 출력층에서 입력층 방향으로 진행된다. 역방향 처리 과정에서 각 노드는 2가지 작업을 수행한다. 첫째, 기울기 하강법을 이용한 가중치 갱신을 수행한다. 둘째, 오차를 연결되어 있는 전 단계 노드들에게 역전파한다. (그림 12.1-6)에서 출력 노드-C의 출력 값과 원하는 목표 출력 값과의 오차 $e_c = y - t$ 가 계산되면, 이 값을 노드-C에 저장되어 있는 활성화 함수 미분 값 y' 과 곱한 δ_c 값을 이용하여 역방향 처리 작업을 수행한다. δ_c 와 x_1 을 곱한 값을 기울기 하강법에 적용하여 가중치 ω_1 를 갱신하고, δ_c 와 x_2 를 곱한 값을 기울기 하강법에 적용하여 가중치 ω_2 를 갱신한다. 첫 번째 작업인 갱신 작업이 완료됐다.

두 번째 작업인 오차 역전파 작업은 다음과 같이 진행된다. δ_c 와 ω_1 을 곱한 값 e_A 이 노드-A에 전달되고, δ_c 와 ω_2 을 곱한 값 e_B 이 노드-B에 전달된다. 전달받은 값 e_A 와 e_B 가 결국 해당 노드에서의 오차로 해석된다. 만약 상위층 여러 노드들과 연결되어 있어 이들로 부터 값들이 전달되면 전달된 값들을 모두 합한 값이 해당 노드의 오차가 된다. 전달받은 오차를 이용하여 가중치 갱신과 오차 역전파 작업은 동일한 방식으로 이루어지며, 이러한 역전파 과정은 입력층까지 반복적으로 이루어진다.

(예제 12.2-1) 프로그램은 텐서플로우(tensorflow)와 케라스(keras) 모듈을 이용하여 다층 퍼셉트론을 구현하고 구현된 모델을 이용하여 비선형 회귀문제를 해결하는 예를 보여준다.

12.2 심층 신경망 구현 도구(Keras)

심층 신경망은 컴퓨터 비전의 발전을 가속시키는 계기가 되었고, 제한된 영역에서만 활용되던 컴퓨터 비전 기술이 딥러닝과 심층 신경망의 비약적인 발전에 힘입어 그 활용 영역을 점차 확장해나가고 있다. 이처럼 심층 신경망의 사용이 확대되고 또 그 기술이 발전할 수 있는 이유는 심층 신경망 구현을 위한 여러 도구들이 오픈소스 형태로 제공되고 또 이러한 도구들을 사용하는 컴퓨팅 환경도 웹에서 지원되고 있기 때문이다. 심지어 다양한 종류의 훈련 데이터도 무상으로 사용할 수 있다. 본 절에서는 텐서플로우(Tensorflow)와 케라스(Keras)를 사용하여 심층 신경망을 구현하는 방법에 대하여 살펴본다.

텐서플로우는 구글이 개발한 오픈소스 소프트웨어 라이브러리로서 딥러닝과 심층 신경망 구현을 위한 다양한 기능을 제공한다. 텐서(tensor)는 기본적으로 백터 및 다차원 배열과 같은 데이터 구조를 의미한다. 따라서 텐서플로우는 다차원 배열 데이터가 처리되는 흐름을 의미한다. 텐서플로우에서는 모든 수식 계산과 데이터의 흐름을 노드(node)와 간선(edge)를 사용한 방향성 그래프로 표현하기 때문에 풍부한 표현력과 더불어 실행 과정에 대한 시각적 검증이 가능하다. 실행 속도와 안정성 측면에서도 우수한 성능을 보이며 확장성이 높다는 장점이 있다. 반면에 심층 신경망 모델을 만드는 과정은 기초 단계(데이터 구조 단계)부터 직접 설계작업을 해야 하기 때문에 초보자가 사용하기에는 어려울 수 있다. .

케라스(Keras)는 파이썬으로 작성된 인터페이스(API)로서 텐서플로우 위에 탑재되어 프로그램을 쉽게 작성할 수 있도록 도와준다. 케라스는 신경망 구축에 최적화된 일관된 인터페이스를 제공하고, 각 모듈이 독립성을 갖고 있다. 따라서 새로운 모델을 만들 때 각 모듈을 조합해 쉽게 새로운 모델을 만들 수 있다.

케라스의 핵심적인 데이터 구조는 모델(model)이다. 케라스가 제공하는 시퀀스(Sequential) 모델로 원하는 레이어들을 쉽게 순차적으로 쌓을 수 있으며, 다중 출력 등 더 복잡한 모델을 구성할 때도 케라스 API 함수들을 사용하여 쉽게 구성할 수 있다. 케라스를 이용하여 심층 신경망 모델을 생성하고 딥러닝을 구현하는 과정을 일반적으로 다음과 같은 절차를 따라 진행된다.

데이터 셋 생성

데이터 파일에서 데이터를 읽어 와서 훈련 데이터 셋(training data set), 평가 데이터 셋(validatiion data set), 테스트 데이터 셋(test data set)을 생성한다. 각 데이터 셋을 다시 입력층에서 사용될 데이터 셋(X-data)와 출력층에서 사용될 레이블 셋(Y-label)로 분리한다.

```
# get data set
data_loc = 'https://github.com/yahichoi/CV/data/'
df = pd.read_csv(data_loc+'nonlinear.csv')
X = df['X'].to_numpy()
y_label = df['y_label'].to_numpy()
```

예를 들어, 파이썬으로 작성된 예제 프로그램에서는 판다스 함수 read_csv()를 사용하여 파일을 읽어 데이터프레임 객체 df에 저장한 후, df의 'X' 열 데이터를 넘파이 배열 X애 저장하여 입력층에 전달될 입력 데이터로 사용하고, df의 'y_label'열 데이터를 넘파이 배열 y_label에 저장하여 출력층에서 출력 값과 비교하기 위한 레이블로 사용한다.

모델 구성

케라스의 시퀀스모델 생성자는 레이어들이 선형으로 연결된 다층 신경망 객체를 생성한다. 첫 번째 레이어에는 입력 형태에 대한 정보가 표시되어야 한다.

```
# build model
model = keras.models.Sequential( [
    keras.Input(shape=(1,)),
    keras.layers.Dense(2, activation= 'sigmoid'),
    keras.layers.Dense(3, activation= 'sigmoid'),
    keras.layers.Dense(1, activation= 'sigmoid'),
])
```

예제 프로그램은 (그림 12.2-1)과 같은 두 개의 은닉층과 출력층을 갖은 신경망 모델을 구성한다. 시퀀스모델의 첫 번째 레이어는 입력이 1차원 배열임을 알려주고, 두 번째 레이어는 전 결합된(fully connected) 2개의 노드를 갖고 있고 이들의 활성화 함수는 시그모이드임을 알려준다.

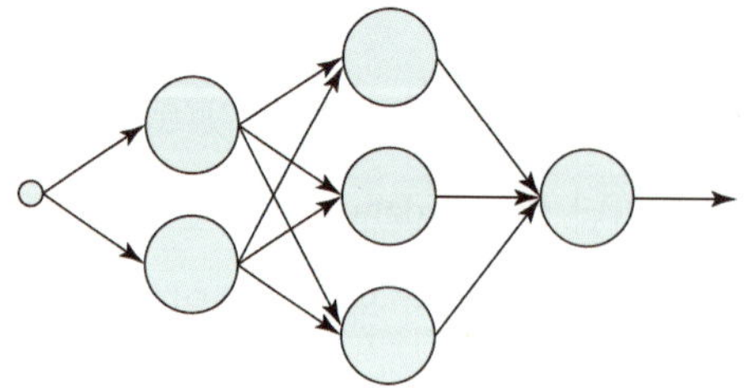

그림 12.2-1 시퀀스모델 생성자가 구성한 신경망 모델

모델 학습과정 설정

케라스에서는 compile( ) 함수를 이용하여 학습과정에서 사용되는 손실함수, 최적화 방법 등을 설정한다. 손실함수는 실제 출력 값과 원하는 목표 출력값의 차이를 표현하는 함수를 의미하고, 최적화 방법은 신경망의 간선(connection edge)에 할당된 가중치를 갱신하는 방법을 의미한다.

```
# set learning process
opt = keras.optimizers.SGD(learning_rate = 0.8)
model.compile(optimizer=opt, loss='mse')
```

예제 프로그램에서는 'mse', Mean Square Error, 즉 오차를 자승한 값들의 평균을 손실함수로 사용하고, 최적화 방법(optimizer)은 SGD(Stochastic Gradient Decent) 알고리즘을 사용한다. SGD 방법은 입력 데이터 전체에 대해 오차를 계산한 후 가중치를 갱신하지 않고, 전체 입력 데이터를 일정한 크기의 배치(batch)로 나눈 후 각 배치에 속한 데이터들 중에서 임의로 하나의 데이터를 선택하고 선택된 데이터를 사용하여 가중치를 갱신하는 방법이다. 예를 들어 전체 입력 데이터가 1000개 이고 배치 크기가 32 이면, 각 배치마다 한 번씩 가중치 갱신이 수행되므로 입력 데이터 전체에 대해서 총 1000/32=32번의 가중치 갱신이 이루어진다. 배치 크기를 특별히 지정하지 않으면 32개의 입력 데이터가 하나의 배치로 사용된다. 최적화 방법에서는 학습률도 함께 지정한다.

모델 학습

모델 학습은 fit( ) 함수가 훈련데이터 셋을 사용하여 수행한다.

```
# fit model with training data set
model.fit(X, y_label, batch_size =32, epochs=10, verbose=1)
```

예제 프로그램에서 훈련데이터 셋 X는 입력층에 입력되고 그리고 y_label은 원하는 출력 값을 나타내고, 배치 사이즈는 32로 설정하여 데이터 로딩을 32 데이터 단위로 진행하고, 에폭 (epochs) 수를 10으로 설정하여 입력 데이터 셋을 10번 반복하여 학습을 진행한다. verbose는 학습 진행 상황을 알려주는 옵션이다. 이 값을 1로 하면 학습이 진행되는 동안 (그림 12.2-2)와 같은 메시지가 출력된다.

```
Epoch 1/10
32/32 [==============================] - 1s 5ms/step - loss: 0.6208
Epoch 2/10
32/32 [==============================] - 0s 5ms/step - loss: 0.6140
Epoch 3/10
32/32 [==============================] - 0s 3ms/step - loss: 0.6115
```

그림 12.2-2 학습 진행 상황 메시지

(그림 12.2-3)에서 Epoch 1/10은 설정된 총 10 에폭 반복 학습 계획 중에서 현재 첫 번째 에폭을 학습 중에 있음을 나타내고, 그 밑에 표시된 32/32는 한 에폭이 갖는 32개의 배치 중에서 32번 배치까지 학습이 진행되었음을 그리고 loss는 손실함수 값을 표시한다. 학습이 진행되면서, 즉 에폭 값이 증가하면서 손실함수 값이 점진적으로 줄어들고 있음을 보여준다.

모델 평가와 예측

학습된 모델의 성능 평가는 evaluate() 함수로 테스트데이터 셋에 대한 평가를 진행하고, predict() 함수를 사용하여 임의의 데이터에 대한 학습 모델의 예측 값을 계산한다. 물론 테스트데이터 셋에 predict()를 적용할 수도 있다.

```
# 2차원 벡터 형태의 데이터 셋 생성
new_input = np.linspace(0, 1, 100).reshape(-1,1)

# perform prediction
new_output = model.predict(new_input, batch_size = 32)
```

예제 프로그램에서 np.linspace() 함수를 사용하여 0에서1사이에 일정한 간격을 가진 숫자 100개를 생성하고 이를 2차원 배열로 변환한 값을 new_input 배열에 할당한다. predict()함수가 new_input 데이터에 대한 예측 값을 만들어낸다.

(예제 12.2-1) 프로그램은 위에서 설명한 함수들을 사용하여 다층 퍼셉트론을 구현하고 구현된 모델을 이용하여 비선형 회귀문제를 해결하는 예를 보여준다. 프로그램에서 tensorflow 모듈과 keras 모듈을 사용하기 위해서는 아나콘다 프롬프트 창에서 'pip install tensorflow'와 'pip install keras' 명령을 미리 수행해야 한다.

예제 12.2-1 프로그램

```
import pandas as pd
import numpy as np
import matplotlib.pyplot as plt
import tensorflow as tf
from tensorflow import keras

# build model
model = keras.models.Sequential( [
    keras.Input(shape=(1,)),
    keras.layers.Dense(6, activation= 'sigmoid'),
    keras.layers.Dense(4, activation= 'sigmoid'),
    keras.layers.Dense(1, activation= 'sigmoid'),
])

# set learning process
opt = keras.optimizers.SGD(learning_rate = 1.5)
model.compile(optimizer=opt, loss='mse')
```

```
# read in data set
data_loc = http://github.com/yahichoi/CV/data/
df = pd.read_csv(data_loc+'nonlinear.csv')

print('\n first 5 data of nonlinear dataframe'), print(df.head(5))
print('\n size of df.index =', df.index.size)

X = df['x'].to_numpy()
y_label = df['y_label'].to_numpy()

plt.scatter(X, y_label)
plt.show()

# fit model with training data set
model.fit(X, y_label, batch_size =32, epochs=300)

# 입력은 2차원 벡터로 변형
new_input = np.linspace(0, 1, 100).reshape(-1,1)

# perform prediction
new_output = model.predict(new_input, batch_size = 32, verbose=1)

plt.scatter(X, y_label)
plt.scatter(new_input, new_output, color='r')
plt.show()
```

(그림 12.2-4)는 (예제 12.2-1) 프로그램 수행 결과를 보여준다. 판다스 데이터프레임 형태로 읽은 훈련데이터 일부를 출력하여 데이터 구조를 확인한다. 학습은 1000개의 훈련데이터를 가지고 300 에폭 반복하여 진행한다. 학습된 결과를 테스트하기 위해 0에서1사이에 일정한 간격을 가진 숫자 100개를 생성한다. 생성된 데이터에 대한 예측 값을 빨강색 산포도(scatter plot)로 표시한다. 예측된 산포도는 훈련데이터에 회귀하고 있음을 확인할 수 있다.

```
first 5 data of nonlinear dataframe
          X   y_label
0  0.000000  0.500000
1  0.001001  0.503145
2  0.002002  0.506289
3  0.003003  0.509434
4  0.004004  0.512578
```

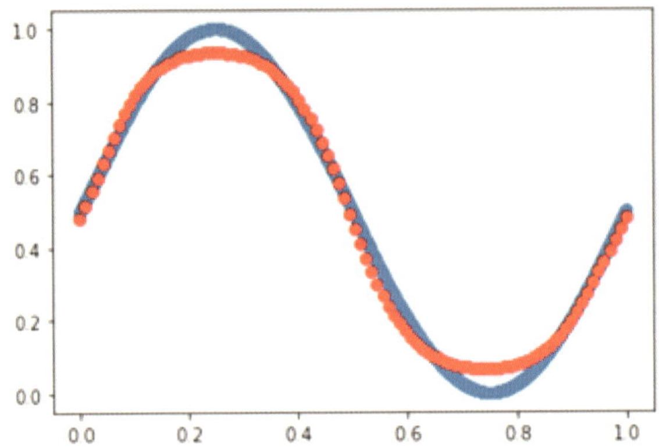

그림 12.2-3 (예제 12.2-1) 프로그램 수행 결과

12.3 고급 딥러닝 방법

심층 신경망을 잘 학습하여 복잡한 기능 그리고 원하는 성능을 내도록하기 위해서는 고려해야 할 사항들이 많다. 본 절에서는 심층 신경망 학습, 즉 딥러닝과 연관된 이슈들을 살펴본다.

활성화 함수

깊이가 얕은 다층 퍼셉트론에서는 오차 역전파 학습 방법이 잘 동작한다. 그러나 다층 퍼셉트론의 깊이가 깊어질수록 문제가 발생한다. 이유는 다음과 같다. 오차 역전파 알고리즘은 출력층에서 시작해서 입력층에 도달할 때까지 오차를 역전파하며 각 층의 가중치를 수정한다. 역전파되는 오차는 전파 과정에 참여했던 노드들의 출력 미분 값들이 곱해진 형태를 갖는다. 노드의 활성화 함수로 시그모이드를 사용하는 경우에 시그모이드 함수의 미분 값은 최대 값이 0.3 정도에 불과하다. 이처럼 작은 값을 반복적으로 곱하면 그 값은 점점 작아지게 된다. 따라서 역방향으로 전달되는 오차는 역방향 전파가 진행될수록 의미 없는 아주 작은 값이 되므로 학습이 이루어질 수 없게 된다. 이러한 현상을 기울기 소실 문제(vanishing gradient problem)라 한다.

기울기 소실 문제를 해결하기 위해서는 활성화 함수로 시그모이드 함수를 사용하는 대신에 미분 값이 어느 정도 크기를 갖는 다른 함수를 사용해야 한다. 가장 많이 사용되는 활성화 함수는 하이퍼볼릭 탄젠트(tanh) 함수, 렐루(ReLU) 함수 그리고 리키렐루(Leaky ReLU) 함수이다. (그림 12.3-1)은 이들 함수의 특성을 보여준다.

(그림 12.3-1)에서 하이퍼볼릭 탄젠트 함수는 시그모이드 함수의 범위를 (-1,1) 로 확장한 형태를 갖는다. 따라서 미분 값 역시 커지는 효과를 갖지만, 미분 값이 여전히 0에서 1 사이의 값을 가지므로 기울기 소실 문제가 완전히 사라지지는 않는다. 렐루 함수는 z 가 0 보다 작으면 0을 출력하고, 0 보다 크면 z 를 그대로 출력한다. 따라서 z 가 0 보다 크기만 하면 미분 값은 1이 된다. 여러 은닉층을 거쳐 곱해지더라도 오차 값은 사라지지 않고 남아있을 수 있으므로 이 함수가 가장 많이 사용되는 활성화 함수이다.

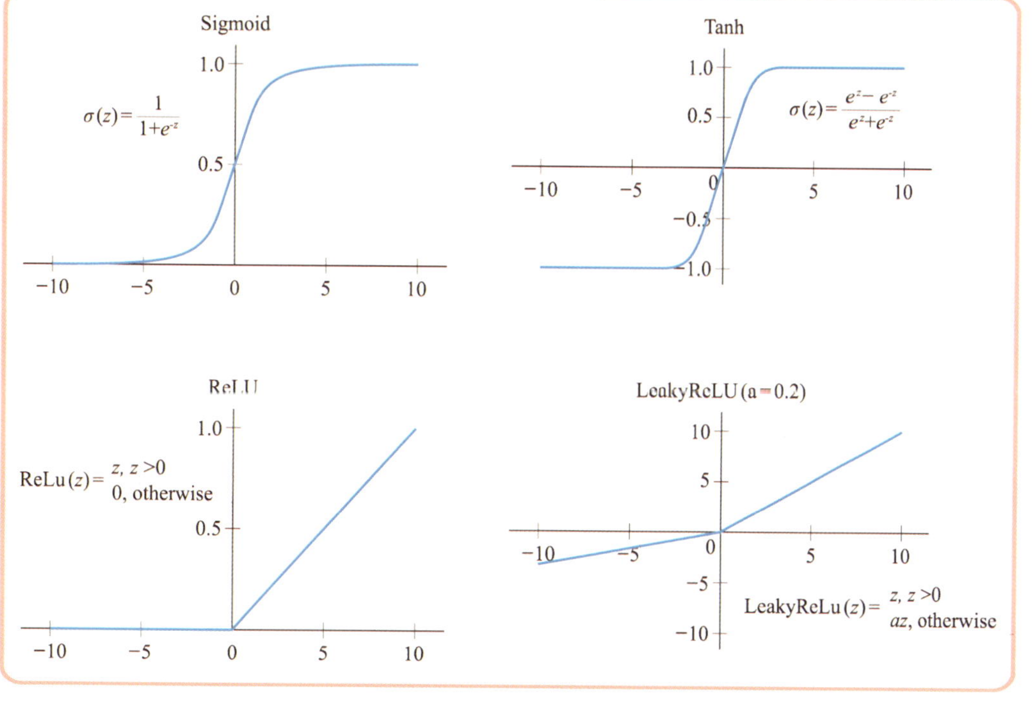

그림 12.3-1 활성화 함수

가중치 초기화

딥러닝을 진행하는 과정은 먼저 심층 신경망 구조를 설정하고, 이 구조가 필요로 하는 연결강도, 즉 가중치 값들을 훈련데이터를 사용하여 학습하는 과정이다. 즉 가중치 값들의 초기 값을 설정한 후, 훈련데이터를 이용하여 초기 값을 점진적으로 변화시켜 가며 심층 신경망이 원하는 출력을 만들 때까지 훈련을 반복하는 과정이다.

초기 가중치는 심층 신경망의 성능에 매우 큰 영향을 미친다. 초기 가중치의 중요성을 설명하기 위해 몇 가지 경우를 예를 들어 설명한다. 첫 번째, 모든 초기 가중치들이 동일한 값을 갖는 경우이다. 이 경우에는 훈련 과정에서 각 은닉층에 속한 노드들의 출력은 동일한 값을 갖는다. 오차 역전파 과정에서 각 노드의 미분 값 역시 동일한 값을 갖기 때문에 학습의 의미를 상실한다. 심층 신경망이 의미 있는 특징 추출과 클래스 분류와 같은 기능을 전혀 수행할 수 없게 된다.

두 번째로 초기 가중치들이 너무 큰 값을 갖는 경우를 살펴보자. 예들 들어 1 보다 큰 값을 가지는 경우를 생각하자. 활성화 함수는 편의상 렐루(ReLU) 함수를 사용한다고 가정한다. 노드의 출력 값은 여러 은닉층을 거치면서 점점 커지게 된다. 이처럼 커진 노드 출력 값은 오차 역전파 과정에서 폭발하는 기울기(exploding gradient) 문제를 발생한다. 기울기 값이 엄청 커지면 최적화 과정에서 새로 갱신되는 가중치는 너무 큰 범위로 널뛰기하게 되어 결국 최적의 가중치(optimal weight)를 구하지 못하게 될 수 있다.

세 번째로 이번에는 초기 가중치들이 너무 작은 값을 갖는 경우를 살펴보자. 예를 들어 1 보다 작은 값을 가지는 경우를 생각하자. 노드의 출력 값은 여러 은닉층을 거치면서 점점 작아지게 된다. 이처럼 작아진 노드 출력 값은 오차 역전파 과정에서 사라지는 기울기(vanishing gradient) 문제를 발생한다. 기울기가 점점 작아지면 가중치 갱신이 잘 이루어지지 않게 된다.

폭발하는 가중치 또는 사라지는 가중치 문제를 피하기 위해서는 다음 두 가지 원칙이 지켜져야 한다.

1. 활성화 함수 값들의 평균은 0이 되어야 한다.
2. 각 은닉층 활성화 함수 값들의 표준편차는 모든 은닉층에서 같아야 한다.

첫 번째 원칙을 만족하려면 활성화 함수의 센터가 0에 맞추어져 있어야 한다. 하이퍼볼릭 탄젠트 함수는 센터가 0에 맞추어져 있으나 함수 출력 값은 -1 또는 1 값으로 수렴하는 특성을 갖고 있고 수렴 영역에서의 미분은 0에 가까운 아주 작은 값이므로, 학습이 진행되면서 사라지는 기울기 문제가 발생하여 학습 효과가 줄어드는 현상이 발생할 수 있다. 렐루(ReLU) 함수는 센터가 0에 맞추어져 있지 않아 근본적으로 1번 원칙을 만족하지 못한다. 렐루 함수의 이러한 문제를 보상하는 여러 방법들이 제안되었으며 그 중에서 뒤에서 설명할 He-초기화 방법은 매우 좋은 효과를 보이고 있다. 두 번째 원칙은 은닉층의 수가 늘어나더라도 각 층의 활성화 함수 출력 값들의 평균과 표준편차가 일정해야 한다는 원칙이다.

위 두 원칙에 근거해 제안된 가중치 초기화 방법들 중에서 가장 많이 사용되는 방법은 세이비어(Xavier) 초기화 방법과 He-초기화 방법이다. 세이비어 초기화 방법은 주로 시그모이드와 하이퍼볼릭 탄젠트 함수를 활성화 함수로 사용하는 경우에 추천되는 방법이다. 이 방법의 근본 취지는 첫째, 활성화 함수 출력 값들이 가급적 수렴 영역에서 접근하지 않고 둘째, 모든 은닉층에서 활성화 함수 출력 값들의 표준편차를 동일한 값으로 유지하는 것이다. 이를 위해 (식 12.3-1)과 같은 정규분포를 갖는 난수(random number)로 가중치 초기 값을 설정한다.

$$w_{init} = N\left(0,\ \frac{1}{\sqrt{fan_{in}}}\right) \qquad \text{(식 12.3-1)}$$

(식 12.3-1)에서 표준편차를 표시하는데 사용된 fan_{in} 은 가중치가 부여된 연결 간선(connection edge)의 입력층이 갖는 노드 수를 나타낸다. 예를 들어 (그림 12.3-2)에서 표시된

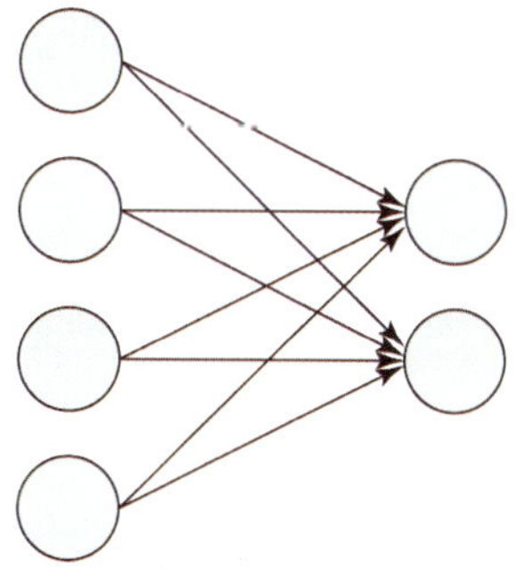

그림 12.3-2 연결 간선의 fan_{in}

연결 간선들의 fan_{in} 은 4 이다. 초기 가중치들이 정규 분포를 갖고 입력층 노드의 개수에 따라 표준편차를 달리하기 때문에 위에서 설명한 원칙들을 만족시키며 상당히 안정적인 학습 효과를 만들어낸다.

He-초기화 방법은 렐루 함수를 위한 방법이다. 이 방법은 연결간선의 입력층 노드 수가 fan_{in} 일 때, (식 12.3-2)와 같은 정규분포를 갖는 난수로 가중치 초기 값을 설정한다.

$$w_{init} = N\left(0,\ \frac{2}{\sqrt{fan_{in}}}\right) \qquad \text{(식 12.3-2)}$$

세이비어 방법에 비해 표준편차를 두배로 확대한 이유는 다음과 같다. 렐루 함수의 출력은 양의 값만 갖고, 음수 입력에 대한 출력 값은 항상 0이기 때문에 출력 값의 분포를 좀 더 확대하기 위함이다.

최적화 방법

심층 신경망의 출력과 원하는 목표 출력과의 오차를 줄이는 방향으로 가중치를 갱신하는 최적화 알고리즘으로 앞에서 설명한 확률적 기울기 하강법(SGD: Stochastic Gradient Decent)은 학습 시간을 단축할 수는 있지만 배치 데이터 중에서 임의로 하나의 데이터만을 선택하여 학습을 진행하므로 중간 학습 결과가 들쑥날쑥 널뛰기 형태가 될 수 있다.

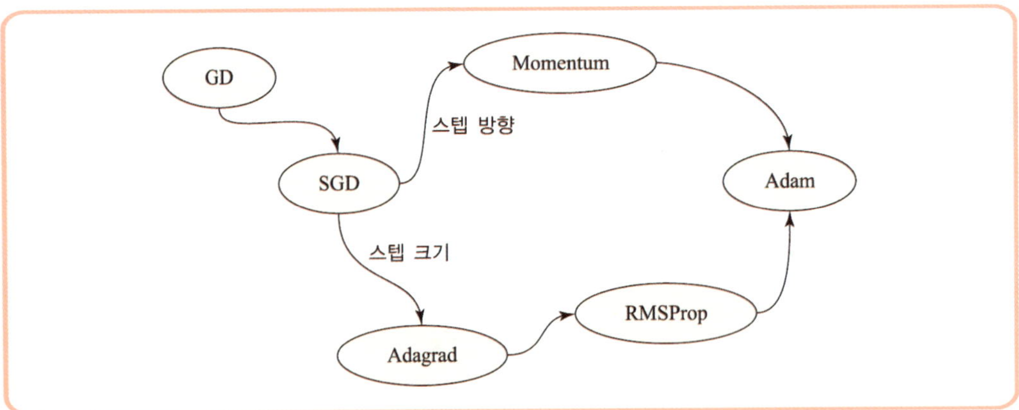

그림 12.3-3 최적화 알고리즘 유형

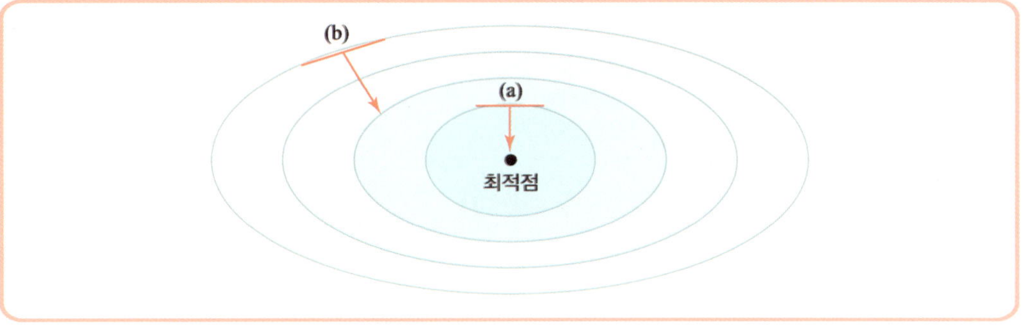

그림 12.3-4 탐색 이동 크기를 조절하는 최적화 알고리즘

GD 방법에 기반한 SGD 방법은 최적점을 향해 빨리 가는 데에 주안점을 두고 있다. 최적점을 향한 탐색을 일정한 크기로 그리고 일정한 방향으로 진행한다. SGD의 성능을 개선하기 위해 최적점을 향한 이동 크기(스텝 크기)와 이동 방향(스텝 방향)을 조절하며 탐색을 진행하는 대표적인 방법들이 (그림 12.3-3)에 소개된 방법들이다. 탐색 이동 크기를 조절하는 Adagrad (Adaptive gradient) 방법은 각 가중치마다 학습률을 달리하여 이동 크기를 조절하는 방법이다.

(그림 12.3-4)는 손실 함수의 곡면을 오차가 같은 등고선들의 집합으로 표현한 그림이다. 변화를 적게한 가중치는 학습률을 크게 하고, 반대로 많이 변화한 가중치에 대해서는 학습률을 적게 한다. 이는 많이 변화한 가중치는 최적점에 근접했을 것이라는 가정(상황 (a)) 하에 작은 크기로 이동하면서 세밀한 조정하고, 반대로 적게 변화한 변수들은 최적점에서 멀리 떨어져 있을 것이라는 가정(상황 (b)) 하에 학습률을 크게 하여 빠르게 손실함수 값을 줄이는 전략이다. 탐색 이동 방향을 조절하는 Momentum 방법은 기울기 하강법에 관성을 더해 주는 방법이다. 현재 기울기를 통해 이동하는 방향과는 별개로, 과거에 이동했던 방식을 기억하면서 그 방향으로 일정 정도를 추가적으로 이동하는 방법이다. 즉, 기울기 계산이 이루어진 위치에서 바로 다음 갱신이 이루어지는 것이 아니고 관성(momentum)을 이용하여 같은 방향으로 관성 크기만큼 추가로 이동한 지점에서 다음 갱신이 이루어진다.

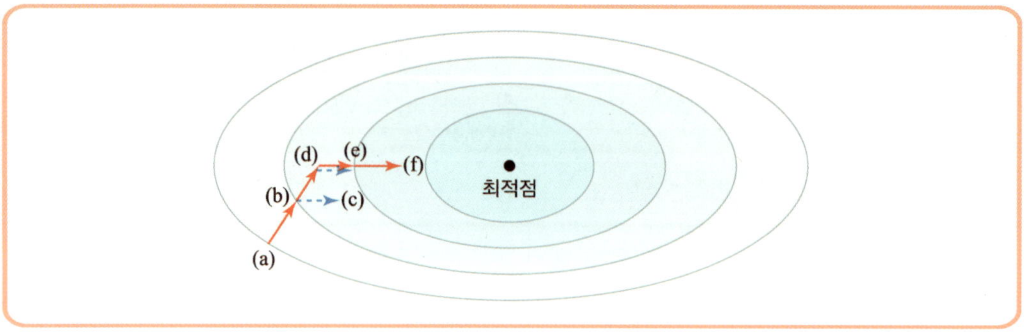

그림 12.3-5 탐색 이동 방향을 조절하는 최적화 알고리즘

예를 들어 (그림 12.3-5)의 (b) 지점에서 계산된 기울기 크기와 이동 방향이 청색 화살표로 표시된 (c) 방향이라고 하면, 이곳에서 바로 (c) 위치로 이동하지 않고 관성을 이용하여 이전 이동 방향과 같은 방향으로 일정 크기 이동한 (d) 위치에서 청색 화살표 크기와 방향만큼 이동하여 (e) 위치에 도달하게 된다. Momentum 방법은 지그재그 이동 현상이 줄이고, 일관된 방향성을 유지하는 효과가 있다.

RMSProp 방법은 Adagrad의 단점을 보완한 방법으로서 이동 크기가 너무 줄어들어 학습이 진행되지 못하는 상황을 방지하는 기능을 갖춘 방법이다. Adam(Adaptive Moment Estimation) 방법은 RMSProp 알고리즘과 Momentum 알고리즘을 결합하여 이동 크기와 이동 방향을 동시에 조절하는 방법이다.

소프트맥스(Softmax) 함수

심층 신경망이 다중 분류기(multi-class classifier)로 사용되는 경우에 마지막 출력층의 활성화 함수 값은 통상적으로 각 클래스에 대한 예측 확률 값을 나타낸다. 이러한 기능을 수행하기 위해 출력층 활성화 함수로 소프트맥스(Softmax) 함수가 사용된다.

(그림 12.3-6)은 소프트맥스 함수의 기능을 설명한다. 심층 신경망 최종 노드의 출력을 확률 값으로 변환하기 위해 소프트맥스 함수는 (식 12.3-3)과 같은 지수 함수 구조를 갖는다.

$$Softmax(z_i) = \frac{e^{z_i}}{\sum_{k=0}^{C-1} e^{z_k}} \qquad \text{(식 12.3-3)}$$

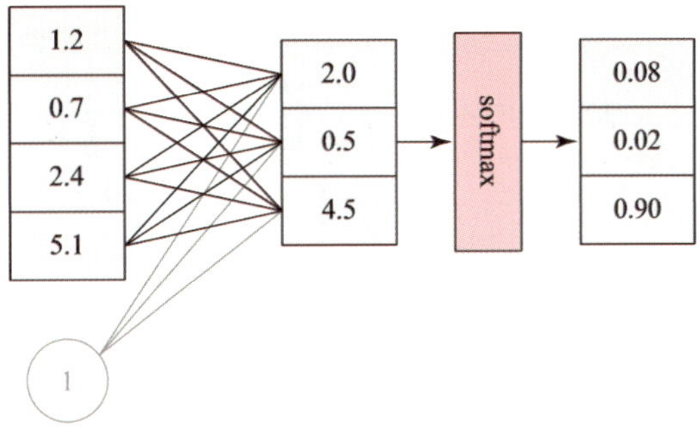

그림 12.3-6 Softmax 함수의 기능

예를 들어, (그림 12.3-6)에서와 같이 심층 신경망이 입력 벡터를 3개의 클래스 중 어느 한 클래스에 속하는 벡터인지를 분류하는 작업을 수행하는 경우를 생각하자. 심층 신경망 출력층 출력 값이 (2.0, 0.5, 4.5)인 경우에 이들을 (식 12.3-3)에 대입하면 (0.08, 0.02, 0.90)로 변환된다. 즉, 심층 신경망은 입력 벡터가 0-번째 클래스에 속할 확률이 0.08, 1-번째 클래스에 속할 확률은 0.02, 그리고 2-번째 클래스에 속할 확률은 0.90 라고 판단한다.

원-핫 인코딩

심층 신경망을 학습하는 과정은 훈련데이터를 사용하여 신경망 출력 값과 원하는 목표 출력 값과의 오차를 계산하고, 계산된 오차를 줄이기 위해 가중치 갱신을 반복하는 작업이다. 심층 신경망 소프트맥스 함수의 출력 값과 원하는 목표 출력 값의 오차를 구하는 방법을 살펴보자.

통상적으로 분류 작업을 수행하는 심층 신경망에서 훈련데이터의 목표 출력 값은 숫자 인덱스로 표시되어 해당 클래스 레이블을 나타낸다. 예를 들어, {'dog', 'cat', 'horse'}를 분류하는 심층 신경망에서, $\{x_1 = (1.2, 0.7, 2.4, 5.1),\ y_1 = 0\}$ 형태로 주어진 훈련데이터는 입력벡터 x_1은 'dog' 클래스에 속하는 데이터라는 의미이다. (그림 12.3-6)의 심층 신경망에 x_1이 입력되어 출력 (0.08, 0.02, 0.90) 이 만들어진 경우, (그림 12.3-7)에서와 같이 숫자 인덱스 형태의 목표 출력 값은 3개의 원소를 갖는 벡터 형태로 표현되어야 오차 계산이 가능해진다. 즉, 입력벡터 x_1에 대한 원하는 목표 출력 값은 (1, 0, 0)으로 표현된다.

레이블 인덱스

0
1
2

⇨

원-핫 인코딩

0	1	2
1	0	0
0	1	0
0	0	1

그림 12.3-7 원-핫 인코딩 예제

레이블을 벡터 형태로 표현하는 원-핫 인코딩은 다음 두 단계를 통해 한 원소만 1을 갖고 나머지 원소들을 0을 갖는 벡터를 생성한다.

1. 각 레이블에 고유 숫자 인덱스를 할당한다.
2. 표현하고자 하는 인덱스 위치에 1을 나머지 인덱스 위치에는 0을 할당한다.

교차 엔트로피(cross-entropy) 손실함수

딥러닝 과정에서 손실함수는 심층 신경망 모델을 최적화시키기 위해 사용된다. 모델을 최적화시키는 과정은 손실함수 값을 최소화 시키는 과정이다. 교차 엔트로피(cross-entropy) 손실함수는 분류 작업을 수행하는 심층 신경망에서 훈련데이터의 원하는 목표 출력 값은 원-핫 인코딩에 의해 표현되고 신경망 출력은 소프트맥스 함수 값으로 표현되는 경우에 매우 유용하게 사용된다.

i 번째 훈련데이터에 대한 교차 엔트로피 손실함수 값은 (식 12.3-4)와 같이 계산된다. 이 식에서 y_{ij} 는 i 번째 훈련데이터를 가지고 심층 신경망의 j 번째 출력노드에서 만들어지는 소프트맥스 함수 값을 표시하고, t_{ij} 는 i 번째 훈련데이터의 목표 출력 클래스를 원-핫 인코딩한 벡터의 j 번째 값을 표시한다.

$$CE(y_i, t_i) = -\sum_{j=0}^{n-1} t_{ij} \log y_{ij} \qquad \text{(식 12.3-4)}$$

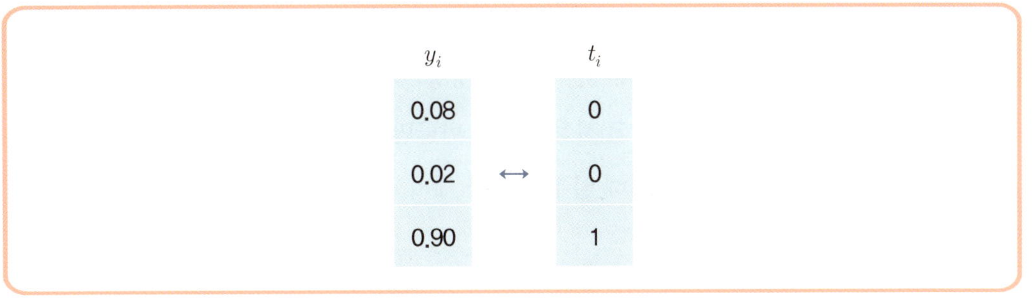

그림 12.3-8 교차 엔트로피 손실함수 예제

예를 들어, (그림 12.3-8)과 같이 y_i와 t_i가 주어지면, 교차 엔트로피 손실함수 값은 $-(0 \times \log(0.08) + 0 \times \log(0.02) + 1 \times \log(0.90)) = 0.046$ 가 된다. t_{ij} 가 1이 되는 y_{ij} 만이 손실함수 값에 영향을 준다. y_{ij} 가 큰 값을 가지면, 즉 상대적으로 높은 확률 값이 j 번째 클래스 인덱스에 부여되면, 교차 엔트로피 손실함수는 아주 작은 값을 갖게 된다.

훈련데이터의 목표 출력 값이 원-핫 인코딩된 형태로 주어지는 경우에 사용되는 교차 엔트로피 손실함수를 카테고리 교차 엔트로피(Caterorical cross entropy)라 부르고, 목표 출력 값이 정수 레이블로 주어지는 경우에 사용되는 교차 엔트로피 손실함수를 스파스 교차 엔트로피(Sparse cross entropy) 손실함수라 부른다. 스파스 교차 엔트로피 손실함수는 정수 형태로 주어진 클래스 인덱스를 원-핫 인코딩하는 작업을 먼저 수행한 후 교차 엔트로피를 계산한다.

드롭 아웃(drop out)

딥러닝 과정에서 발생하는 중요한 문제는 과적합(over fitting) 문제이다. 심층 신경망이 주어진 훈련데이터에 지나치게 적합(fitting)되어 훈련데이터에 대해서는 높은 성능을 보이지만 훈련에 사용되지 않았던 다른 테스트데이터에 대해서는 만족할 만한 성능을 보이지 못하는 문제를 말한다. 과적합은 통상적으로 심층 신경망의 연결 간선 수에 비해 훈련데이터의 수가 충분히 크지 못하는 경우에 발생한다. 과적합을 해결하는 가장 좋은 방법은 충분한 크기의 다양한 상황을 반영하는 훈련데이터를 확보하는 것이다. 제한된 훈련데이터를 가지고 과적합을 해소할 수 있는 방법으로 드롭 아웃(drop out) 방법이 좋은 결과를 만들어 낸다.

드롭 아웃의 기본 개념은 주어진 한정된 훈련데이터를 가지고 다양한 상황을 만들어 내는 것이다. 학습 과정에서 일부 노드, 즉 일부 연결 간선을 날려버리는 것이다. 제거할 노드는 미리 정해져 있지 않고, 매 훈련데이터가 주어질 때마다 랜덤하게 선택된다. 학습이 끝나고 나서 테스트 데이터에 대한 예측 작업을 수행할 때에는 심층 신경망의 모든 노드가 사용된다. 각 노드의 출력 값은 훈련 과정에서 제거되지 않고 사용되었던 비율만큼 곱해져서 다음 단계로 전달된다. (그림 12.3-9)는 드롭 아웃 작업에 의해 일부 노드가 제거되는 상황을 개념적으로 보여준다.

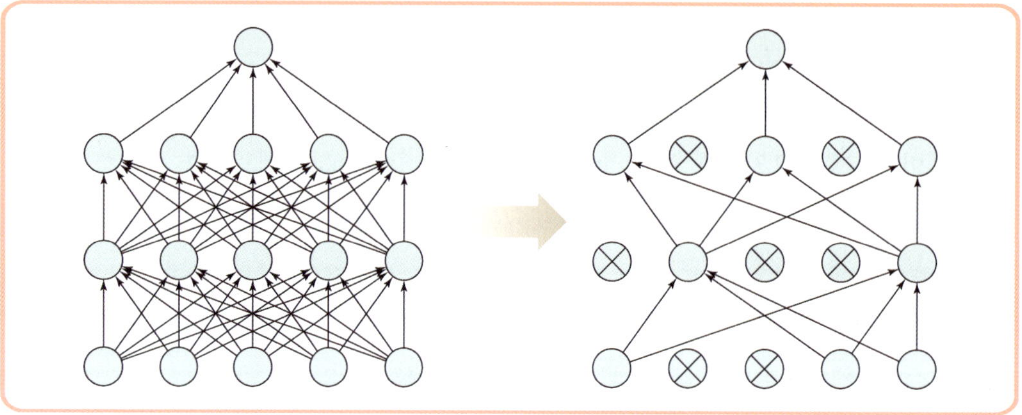

그림 12.3-9 드롭 아웃 작업의 개념

(예제 12.3-1) 프로그램은 본 절에서 설명한 딥러닝 기법들을 사용하여 심층 신경망을 구현하고 필기 숫자를 인식하는 과정을 보여준다. 훈련 및 테스트 과정에 사용된 데이터 셋은 케라스 모듈이 제공하는 MNIST 데이터 셋이다. MNIST 데이터 셋은 0부터 9까지 손으로 쓴 28x28 숫자 영상을 총 70000 장을 포함하고 있다. 이중에서 60000 장은 훈련용으로 나머지 10000 당은 테스트용으로 사용되도록 분리되어 있다. 분리된 데이터를 읽어 들인 후 255로 나누어 각 화소 값이 0에서 1 사이의 값을 갖도록 한다.

심층 신경망 모델은 3개의 은닉층을 포함하고, 각 은닉층은 60개의 노드를 갖고 있으며 각 노드의 활성화 함수는 렐루 함수로 설정한다. 28x28 입력영상은 Flattern() 함수에 의해 1차원 배열로 변환되어 입력된다. 훈련 과정에서 입력층 노드들과 은닉층 노드들은 랜덤하게 20% 드롭-아웃된다. 출력층은 10개의 노드를 갖고 있고 이들의 활성화 함수는 소프트맥스 함수이다.

예제 12.3-1 프로그램

```
import tensorflow as tf
from tensorflow import keras
import numpy as np
import matplotlib.pyplot as plt
import pandas as pd

mnist = tf.keras.datasets.mnist
(x_train, y_train), (x_test, y_test) = mnist.load_data()
x_train, x_test = x_train / 255, x_test / 255  # 입력값 정규화

# 드롭아웃 계층을 가진 신경망 모델
model = keras.models.Sequential( [
    keras.layers.Flatten(input_shape = (28, 28)),
    keras.layers.Dropout(0.2),
    keras.layers.Dense(60, activation = 'relu'),
    keras.layers.Dropout(0.2),
    keras.layers.Dense(60, activation = 'relu'),
    keras.layers.Dropout(0.2),
    keras.layers.Dense(60, activation = 'relu'),
    keras.layers.Dropout(0.2),
    keras.layers.Dense(10, activation = 'softmax'),
])

model.compile(optimizer='adam', loss='sparse_categorical_crossentropy',
          metrics=['accuracy'])

history = model.fit(x_train, y_train, epochs = 10,
                validation_data = (x_test, y_test))

pd.DataFrame(history.history).plot.line(figsize = (5, 3))
plt.xlim(0,10), plt.ylim(0,1)
plt.title('with drop-out')
plt.show()
```

심층 신경망의 학습은 아담(adam) 최적화 방법에 의해 MNIST 훈련데이터 셋을 총 10 에폭(epochs) 반복 입력하며 수행된다. 손실함수는 스파스 카테고리 교차 엔트로피를 사용한다. 학습과정에 사용되는 정확도 척도 accuracy는 최대 확률 값을 갖는 출력노드의 인덱스가 목표 출력 클래스 인덱스와 같은 데이터의 수가 총 훈련데이터의 몇 퍼센트인가를 나타낸다. 학습된 결과는 history 객체에 저장된다. history.history의 데이터 타입은 딕셔너리로서, 테스트 데이터에 대한 손실함수 값들의 평균(loss)과 정확도(accuracy), 그리고 평가데이터(테스트데이터)에 대한 손실함수 값들의 평균(val_loss)과 정확도(val_accuracy)가 저장된다.

(그림 12.3-10)은 MNIST 숫자 영상의 예(숫자 4와 숫자 7)를 보여준다. 손으로 흘려 쓴 숫자들이 많아 육안으로 구별하기 어려운 영상들도 많이 포함되어 있음을 확인할 있다.

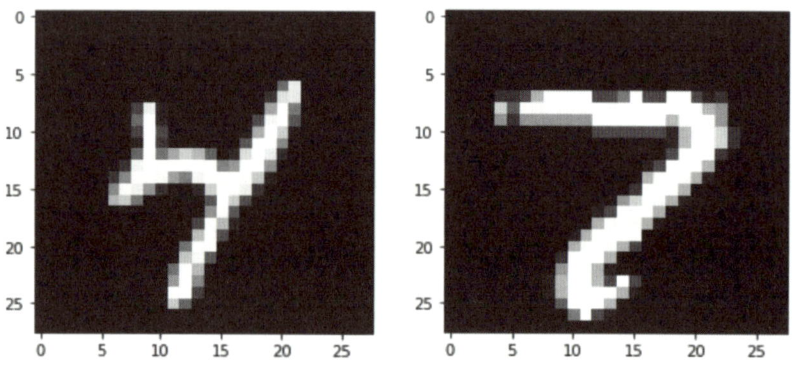

그림 12.3-10 MNIST 숫자 영상 예제

(그림 12.3-11) 드롭-아웃 함수를 사용했을 때와 사용하지 않았을 때 history.hostory에 저장된 학습 및 평가 데이터에 대한 결과를 판다스가 제공하는 선-그래프로 보여준다. 드롭-아웃의 효과를 확인할 수 있는 결과이다. 평가데이터에 대한 결과가 훈련데이터에 대한 결과보다 월등 뛰어나고 한 에폭을 거쳤을 때 벌써 높은 성능을 보여준다. 드롭-아웃을 사용하지 않은 경우에는 훈련데이터에 대한 결과가 평가데이터에 대한 결과보다 예상했던 대로 높게 나타난다.

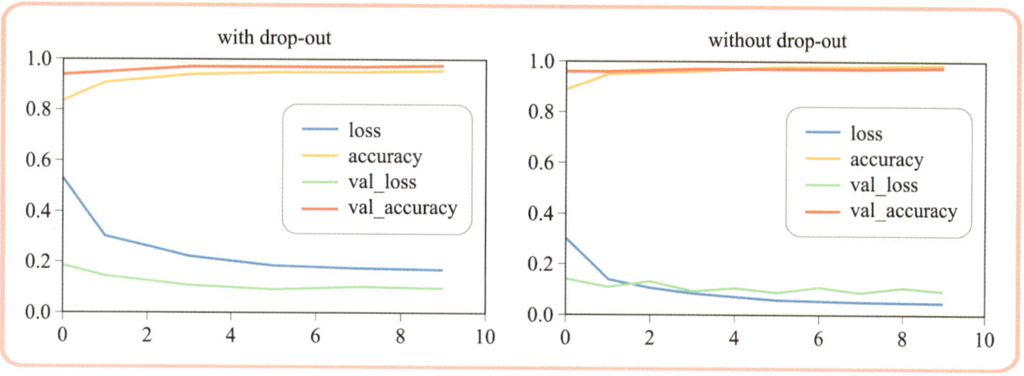

그림 12.3-11 드롭-아웃 함수 사용 효과

참고문헌

- Mohamed Elgendy, Deep Learning for Vision Systems, Manning, November, 2020
- 강영민, 으뜸 머신러닝, 생능출판, 2021
- https://keras.io/api/
- https://keras.io/examples/
- https://d2l.ai/chapter_multilayer-perceptrons/index.html

CHAPTER 13

합성곱 신경망

13.1 합성곱 신경망 구조

합성곱 신경망(Convolutional Neural Network)은 인간의 시신경 구조를 모방하여 만든 신경망이다. 후벨(David Hubel) 교수와 위젤(Torsten Wiesel) 교수팀은 1959년에 고양이 실험을 통해 다음과 같은 사실을 밝혀냈다. 이들은 시각 피질(visual cortex) 안의 시신경 세포들은 작은 로컬 수용 영역(local receptive field)을 가지며, 이는 시신경 세포들이 시야의 일부 범위 안에 있는 시각적 자극에만 반응한다는 사실이다. 로컬 수용 영역은 서로 겹칠 수 있고, 이렇게 겹쳐진 수용 영역들이 전체 시야를 이루게 된다. 뿐만 아니라 어떤 시신경 세포는 영상의 수직선에만 반응하고 또 어떤 시신경 세포는 수평선에만 반응하며 또 다른 시신경 세포는 좀 더 넓은 수용 영역을 확보하면서 일부 시신경 세포들의 반응 결과들이 조합된 복잡한 패턴에 반응한다.

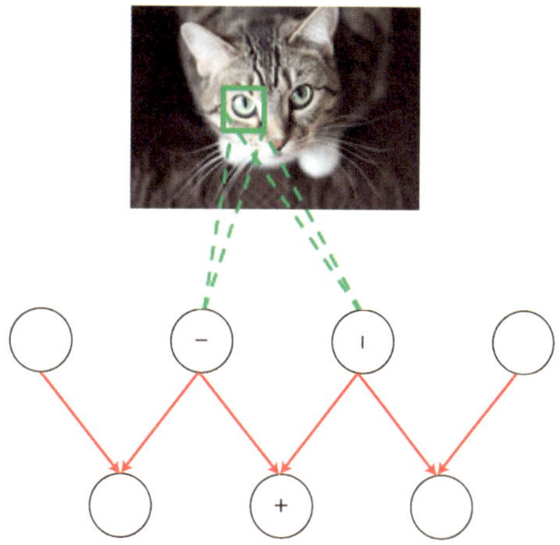

그림 13.1-1 시신경 세포의 로컬 수용영역과 반응에 대한 개념도

합성곱 신경망의 핵심은 합성곱, 즉 회선 연산(convolution)이다. 회선 연산의 동작 원리를 (그림 13.1-2)가 보여준다. 입력 영상에 커널 또는 필터라고 불리는 $n \times n$ 크기의 마스크를 영상의 좌측 상단에서 우측 하단으로 훑어가면서 커널과 겹쳐지는 부분의 영상 화소 값과 커널의 가중치를 곱해서 모두 더한 값이 활성화 함수를 거친 후 출력된다. 이처럼 영상에 합성곱 연산을 수행해 만들어진 출력을 특징 맵(feature map)이라 한다. 또 다른 커널을 사용하여 합성곱 연산을 수행하면 또 하나의 특징 맵이 만들어진다. (그림 13.1-2)의 예제에서는 3x3 커널을 사용했지만 커널의 크기는 사용자가 정할 수 있으며, 커널의 개수 역시 사용자가 정할 수 있다. 이처럼 사용자가 정할 수 있는 파라미터를 하이퍼-파라미터(hyper-parameter)라 한다. 반면에 프로그램이 학습하게 되는 커널의 가중치와 편향(bias) 값은 파라미터라 부른다.

그럼 합성곱 연산을 신경망에 도입하여 얻는 이점에 대하여 생각해 보자. 영상은 공간적인 정

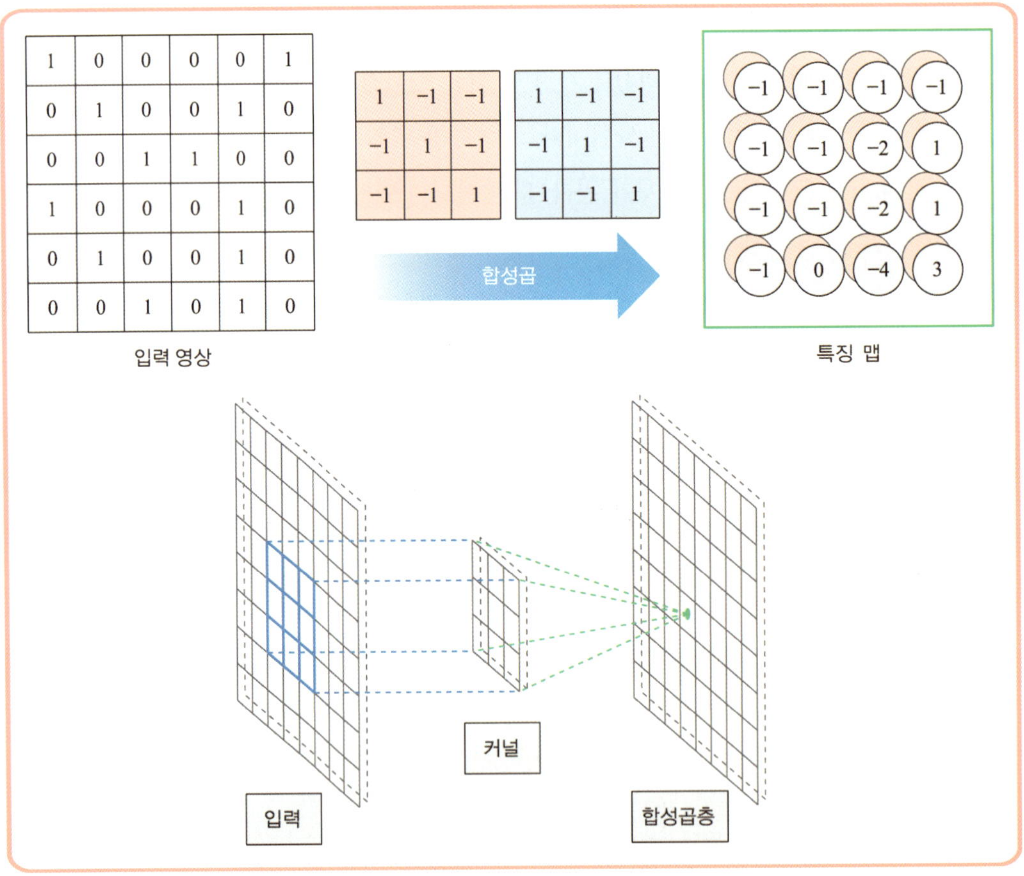

그림 13.1-2 합성곱 연산 원리

보를 포함하는 2차원 데이터다. 한 화소는 인접 화소와 색상 및 형태적인 측면에서 매우 밀접한 관계를 갖고 있다. 다층 퍼셉트론(multi-layer perceptron) 구조에서는 입력 영상을 flatten() 함수를 사용하여 1차원 배열로 펼친 후 각 화소 값에 가중치를 곱하여 은닉층에 전달한다. 인접 화소들 간의 관계를 반영하지 않는 구조다. 반면에 합성곱 연산은 커널이라 불리는 마스크를 사용하여 한 화소가 주변 화소들과 어떤 색상 분포를 갖는지 또는 어떤 구조적인 관계를 갖는지를 알려준다. 공간적 구조적 정보를 추출할 수 있다.

합성곱 연산의 또 다른 장점은 커널은 3x3 또는 5x5와 같이 비교적 작은 크기를 갖기 때문에 영상의 작은 한정된 영역만 커버한다. 이는 커널이 갖는 가중치 개수가 매우 작아, 3x3인 경우 편향을 포함하여 9+1개, 계산 복잡도가 현저히 줄어짐을 의미한다. 또한 모든 출력 노드들은 같은 가중치를 공유한다. 영상을 훑어가면서 합성곱 연산을 수행할 때 커널의 가중치가 변하지 않는다는 의미이다. (그림 13.1-2)의 예에서 입력 영상의 크기는 6x6x1 이고 3x3x1 크기의 2개의 커널을 사용하여 4x4x2 크기의 은닉층을 만드는 경우에 학습이 필요한 파라미터 수는 총 (9+1)x2=20 개가 된다. 다층 퍼셉트론 구조에서 은닉층의 한 노드가 모든 화소들과 연결되고 모든 연결에 대한 가중치를 계산해야 되는 경우와 비교하면 쉽게 이해할 수 있다.

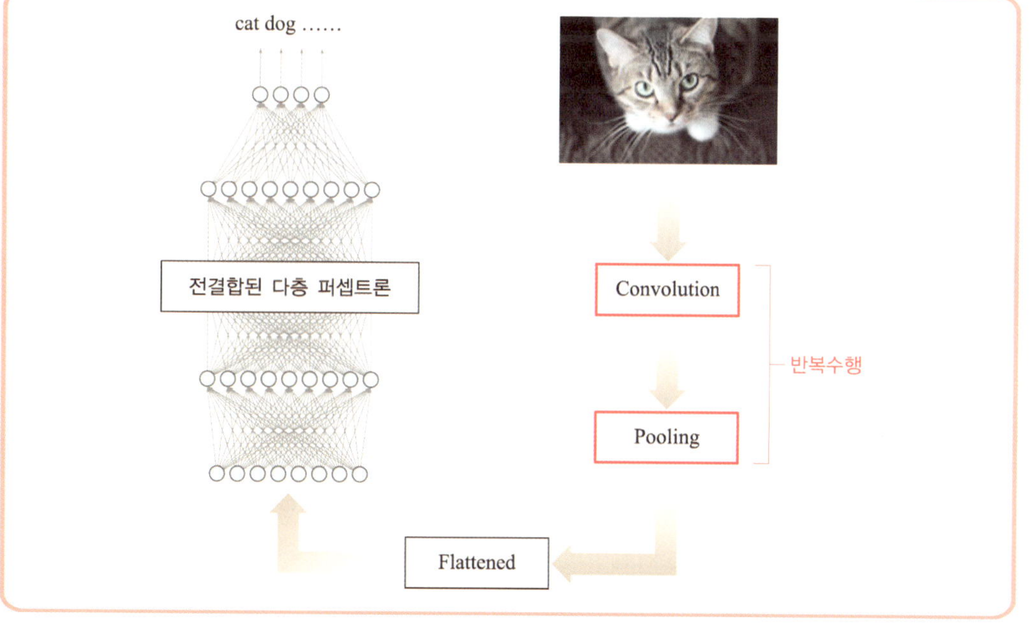

그림 13.1-3 합성 신경망 구조의 개념도

(그림 13.1-3)은 합성곱 신경망 구조를 개념적으로 보여준다. 합성곱 신경망은 입력영상을 받아 합성곱층과 풀링(pooling)층을 여러 번 반복 수행하여 필요한 특징을 추출한 후, flatten() 함수에 의해 1차원 배열로 변환된 특징이 전 결합된(fully connected) 다층 퍼셉트론에 입력되어 최종적으로 어느 클래스에 속한 영상인지를 판단한다.

(그림 13.1-2)는 입력 채널, 즉 입력 깊이를 고려하지 않은 2차원 텐서(배열)에 대한 합성곱 연산 과정을 보여준다. 그러나 실제에 있어서는 입력이 다 채널인 경우가 대부분이다. (그림 13.1-4)는 입력이 3개의 채널을 갖는 3차원 텐서인 경우에 합성곱 연산이 처리되는 과정을 보여준다. 입력이 3개의 채널을 가지므로 커널 역시 3개의 채널을 갖는다. 각 채널 간(입력 채널과 대응되는 커널 채널) 합성곱 연산을 마치고 결과는 모두 더해지고 여기에 편향까지 더해져서 하나의 특징 맵이 생성된다. (그림 13.1-4)에서는 두 개의 커널이 사용되므로 두 개의 특징 맵이 생성된다. 이 예에서 생성되는 출력은 두 개의 특징 맵으로 구성된 2x2x2 텐서이다.

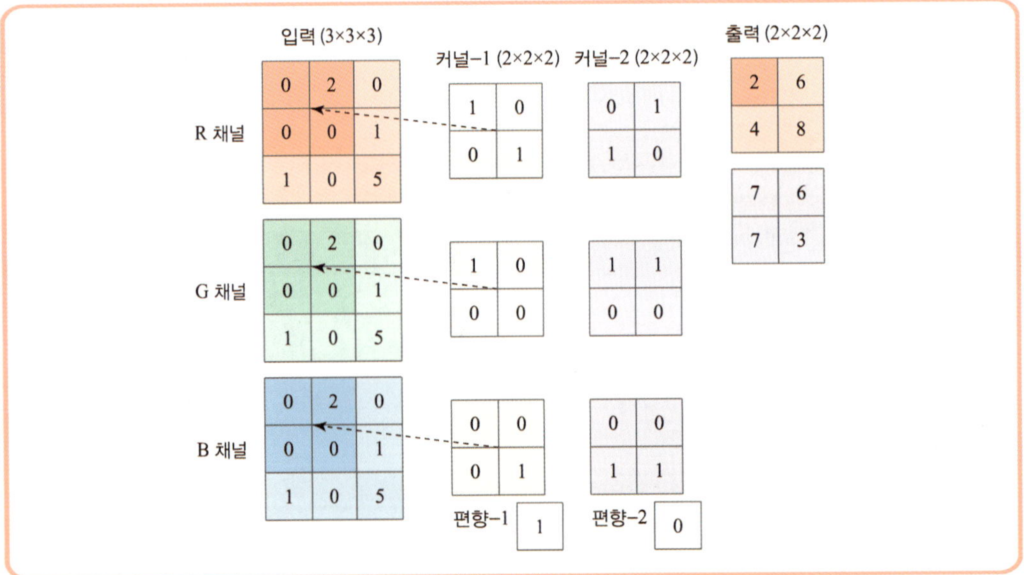

그림 13.1-4 다 채널 입력에 대한 합성곱 연산

합성곱 연산을 수행할 때 고려해야 할 몇 가지 사항들이 있다. 첫째는 입력 배열의 경계 데이터들에 대한 처리 문제이고, 둘째는 커널이 입력 배열을 훑어갈 때 몇 칸씩 이동할 것인가 하는 문제이다. 첫 번째 문제의 해결 방법은 패딩(padding)이다. 패딩은 반복적으로 합성곱 연산을 수행하면 결과 특징 맵의 크기가 점점 작아지는 것을 방지하기 위해 (그림 13.1-5)와 같이 입력 배열 주변에 0을 채우는 방법이다. (그림 13.1-5)에서 5x5 입력 배열 주변을 0으로 패딩해서 7x7 크기로 확대된 배열에 3x3 커널을 사용한 합성곱 연산 결과를 보여준다. 결과 특징 맵의 크기는 5x5로 유지됨을 확인할 수 있다.

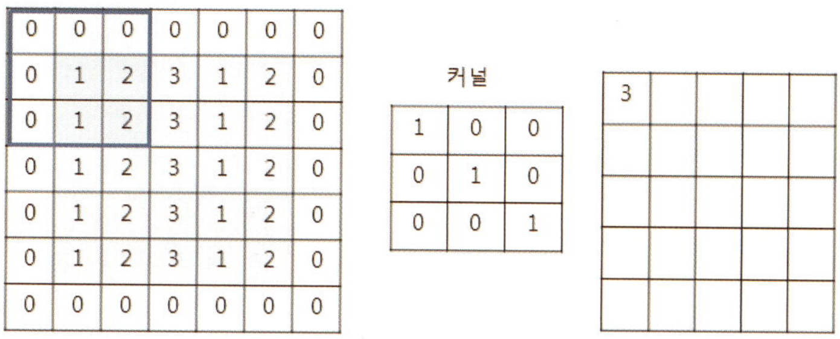

그림 13.1-5 0-패딩(padding)

두 번째 문제인 커널 이동 간격, 즉 스트라이드(stride) 크기를 얼마로 하는 가에 따라서도 결과 특징 맵의 크기가 달라진다. (그림 13.1-6)에서 스트라이드 크기를 달리하며 합성곱 연산을 수행한 결과를 보여준다. 0-패딩을 적용하지 않은 7x7 입력 배열에 스트라이들 1로 하여 합성곱 연산을 수행하면 5x5 특징 맵이 만들어지지만, 스트라이들 2로 하여 합성곱 연산을 수행하면 3x3 특징 맵이 만들어짐을 확인할 수 있다.

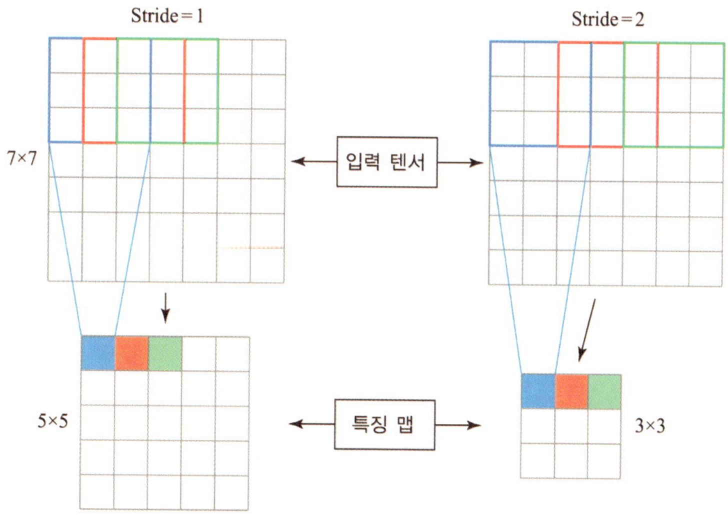

그림 13.1-6 스트라이드(stride)

(그림 13.1-3)에서 합성곱 연산을 수행해서 만들어진 특징 맵을 입력받아 이를 처리하는 풀링(pooling) 연산을 보여준다. 다운 샘플링을 수행하는 풀링 연산은 데이터의 공간적 특성은 유지하면서 크기를 줄여준다. 합성곱층 다음에 위치하는 풀링층은 전체적으로 처리해야 할 데이터양을 줄여줄 뿐만 아니라 과적합(overfitting) 문제 해결에도 도움이 된다. 풀링은 마스크가 커버하는 영역에서 값을 추출하는 방식에 따라 최대-풀링(max pooling)과 평균-풀링(averge pooling) 방식으로 구분할 수 있다.

최대-풀링은 풀링 마스크가 커버하는 영역에서 가장 큰 값을 추출하는 방식이고 평균-풀링은 마스트가 커버하는 영역의 평균 값을 추출하는 방식이다. 합성곱 연산처럼 커널 마스크를 일정한 스트라이드(stride) 크기로 이동하며 풀링 연산을 수행한다. (그림 13.1-7)은 스트라이드=2 크기로 이동하며 최대-풀링 연산을 수행하여 4x4 입력 배열을 2x2 배열로 변환하는 예를 보여준다.

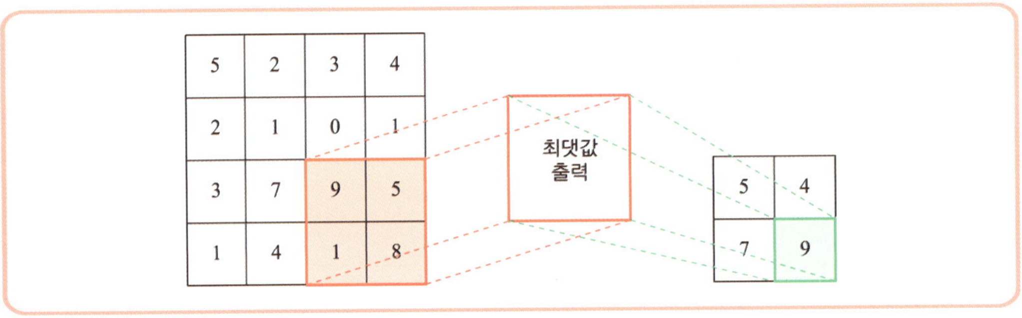

그림 13.1-7 최대–풀링 예(스트라이드=2)

풀링 연산은 커널 마스크와 스트라이드(stride) 개념이 존재한다는 점에서 합성곱 연산과 유사하지만, 합성곱 연산과의 차이점은 학습해야 할 가중치가 없으며 연산 후에 채널 수가 변하지 않는다는 점이다.

여러번의 합성곱 연산과 풀링 연산을 수행하여 최종 특징 데이터들이 만들어졌다. 즉 합성곱층과 풀링층은 특징 추출 단계에 해당된다. 추출된 특징 텐서는 flatten() 함수에 의해 1차원 벡터로 쭉 펼쳐져서 전결합된 다층 퍼셉트론(FMLP: fully connected multi layer perceptron)에 입력된다. FMLP의 역할은 분류 작업을 수행하는 것이다. FMLP 몇 개의 은닉층과 소프트맥스 함수를 활성화 함수로 갖는 출력층으로 구성되며, 각 층에서 필요한 가중치와 편향에 대한 학습이 이루어진다.

정리하면 합성곱 신경망은 특징을 추출하는 합성곱층과 풀링층으로 구성된 전반부와 그리고 분류 작업을 수행하는 FMLP로 구성된 후반부로 구성된다. 물론 FMLP 망에서도 입력된 특징을 좀 더 분류에 적합한 형태로 변환하는 작업이 수행된다고 할 수 있으나 분류 작업이 주된 역할이라고 할 수 있다.

13.2 케라스를 이용한 합성곱 신경망 구현

본 절에서는 케라스가 제공하는 시퀀스(Sequential) 모델을 사용하여 합성곱 신경망을 구축하는 과정을 설명한다. 케라스의 시퀀스모델 생성자는 레이어들이 선형으로 연결된 다층 신경망 객체를 생성한다. 케라스의 합성곱층은 Conv2D 클래스를 사용하여 생성하고, 최대 풀링은 MaxPooling2D 클래스를 사용하여, 특성 맵을 일렬로 펼칠 때는 Flatten 클래스를 사용하여, 그리고 전 결합층은 Dense 클래스를 사용하여 생성한다.

본 절에서 합성곱 신경망을 학습시키고 학습된 합성곱 신경을 테스트하기 위한 데이터 셋은 .MNIST 테이터베이스가 제공하는 패션 데이터 셋을 사용한다. 패션 MNIST 데이터 셋은 10 가지 유형의 28x28 패션 영상 총 70000 장을 포함하고 있다. 이중에서 60000 장은 훈련용으로 나머지 10000 당은 테스트용으로 사용되도록 분리되어 있다.

(예제 13.2-1) 프로그램은 케라스가 제공하는 시퀀스 모델을 사용하여 합성곱 신경망을 구현한 후 패션 MNIST 데이터 셋을 사용하여 학습과 테스트하는 과정을 보여준다. 첫 번째로 수행하는 작업은 패션 MNIST 데이터 셋을 로딩하여 읽어 들이는 작업이다. 훈련 및 테스트 데이터 셋을 읽어 들인 후 255로 나누어 각 화소 값이 0에서 1 사이의 값을 갖도록 한다. 패션 MNIST 데이터는 채널 정보가 없는 그레이 영상이다. 합성곱 신경망은 입력 데이터가 행, 열, 그리고 채널로 구성된 3차원 텐서 형태로 제공되어야 하므로, 패션 MNIST 테이터에 채널 차원을 추가하는 작업이 이루어진다.

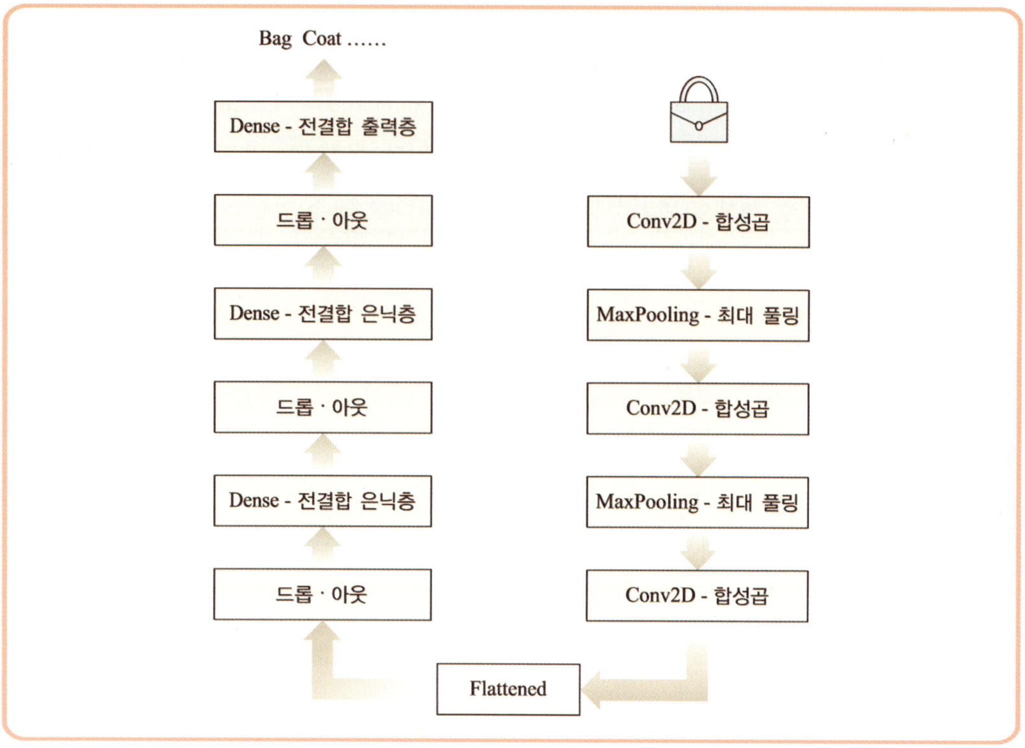

그림 13.2-1 합성곱 신경망 구조

시퀀스 모델은 (그림 13.2-1)과 같이 3개의 합성곱층을 포함하고, 합성곱층 사이에 풀링층 하나씩 총 2개의 최대-풀링층을 포함한다. 최종 합성곱층을 통과한 특징 맵들은 Flatten() 함수에 의해 1차원 배열로 변환되어 2개의 전 결합 은닉층을 통과한 후 출력층에서 소프트맥스 활성화 함수에 의해 각 클래스에 소속되는 정도를 나타내는 확률 값으로 표현된다.

합성곱 연산은 3x3 크기의 커널을 사용하여 수행하며 첫 번째 합성곱층에서는 32개, 두 번째 합성곱층에서는 64개, 그리고 마지막 합성곱층에서는 32개의 필터를 사용한다. 합성곱 연산은 0-패딩된 입력 텐서에 수행되며 합성곱 연산 결과는 렐루(ReLU) 활성화 함수를 거쳐서 출력된다.

데이터 다운샘플링 작업을 수행하는 풀링 연산은 최대-풀링 연산자를 사용하여 스트라이드=2의 크기로 진행된다. 28x28 크기의 특징-맵이 14x14 크기로 그리고 또 한 번의 풀링 연산에 의해 7x7 크기로 줄어든다.

예제 13.2-1 프로그램

```
import tensorflow as tf
from tensorflow import keras
import numpy as np
import matplotlib.pyplot as plt
import pandas as pd

#  Fashion MNIST 데이터셋 불러오기
fashion_mnist = keras.datasets.fashion_mnist
(trainX,trainY),(testX,testY)=fashion_mnist.load_data()

#  데이터 전처리
trainX, testX = trainX/255.0, testX/255.0

# 데이터셋에 채널 차원 추가
trainX = trainX.reshape((trainX.shape[0], 28, 28, 1))
testX = testX.reshape((testX.shape[0], 28, 28, 1))

class_names = ['T-shirt/top','Trouser','Pullover','Dress','Coat',
             'Sandal','Shirt','Sneaker','Bag','Ankle boot']

# 합성곱 신경망 모델 생성
model = keras.models.Sequential( [
   keras.layers.Conv2D(input_shape = (28, 28, 1), activation='relu',
             kernel_size = (3,3), padding = 'same', filters = 32),
    keras.layers.MaxPooling2D((2, 2), strides=2),
    keras.layers.Conv2D(kernel_size = (3,3), padding ='same',
                  activation='relu', filters = 64),
   keras.layers.MaxPooling2D((2, 2), strides=2),
   keras.layers.Conv2D(kernel_size = (3,3), padding = 'same',
                  activation='relu', filters = 32),
   keras.layers.Flatten(),
   keras.layers.Dropout(0.2),
   keras.layers.Dense(128, activation = 'relu'),
   keras.layers.Dropout(0.2),
   keras.layers.Dense(64, activation = 'relu'),
```

```
    keras.layers.Dropout(0.2),
    keras.layers.Dense(10, activation = 'softmax'),
])
model.summary()

model.compile(optimizer='adam',
      loss='sparse_categorical_crossentropy',metrics=['accuracy'])
history = model.fit(trainX,trainY,epochs=10,validation_split=0.25)

pd.DataFrame(history.history).plot.line(figsize = (5, 3))
plt.xlim(0,10), plt.ylim(0,1)
plt.title('\nlearning results')
plt.show()

test_loss,test_acc = model.evaluate(testX, testY, verbose=2)
print('\n\ntest_loss & test_acc:','%5.4f'%test_loss,'%5.4f'%test_acc)

# 임의의 20개 테스트영상에 대한 예측 수행
randIdx = np.random.randint(1000, 1500)
images = testX[randIdx:randIdx+20]

predictions = np.argmax(model.predict(images), axis=1)
print('\npredictins for 20 data\n', predictions)

plt.figure(figsize=(12,15))
for i in range(20):
    plt.subplot(4,5,i+1)
    plt.xticks([])
    plt.yticks([])
    plt.imshow(images[i], cmap=plt.cm.gray)
    plt.xlabel(class_names[predictions[i]])
plt.show()
```

Flattern() 함수에 의해 32개의 특징 맵들은 1차원 배열로 변환된 후 랜덤하게 20% 드롭-아웃 되어 첫 번째 전 결합된 은닉층에 전달된다. 첫 번째 은닉층 128개 노드 중에서 랜덤하게 20%

드롭-아웃, 두 번째 은닉층 64개 노드 중에서 랜덤하게 20% 드롭-아웃 작업을 반복 수행한 후 출력층 소프트맥스 함수에 전달된 텐서는 최종적으로 확률 값으로 변환되어 각 클래스에 소속 정도를 나타낸다.

(그림 13.2-2)는 생성된 시퀀스 모델을 정리한 내용이다. conv2d 층의 출력은 28x28x32 크기의 텐서이고, 이 층에서 학습되는 파라미터 개수는 3x3x1 커널의 가중치 9개와 편향 1개 그리고 총 32개의 커널이 사용되므로 도합 (9+1)x32=320개 이다. 풀링층에서는 학습이 수행되지 않아 필요한 파라미터 개수는 0이다. conv2d_1 층은 14x14x32 크기의 입력 텐서에 합성곱 연산을 수행하기 위해서는 3x3x32 크기의 커널이 필요하다. 각 커널은 1개의 편향을 포함하여 총 3x3x32+1= 289개의 파라미터가 필요하고, 이 층에서 64개의 커널이 사용되므로 conv2d_1 층은 총 289x64=18494개의 파라미터를 학습한다. dense 층은 1568x1 크기의 텐서와 128개의

```
Model: "sequential"
_________________________________________________________________
 Layer (type)                      Output Shape          Param #
=================================================================
 conv2d (Conv2D)                  (None, 28, 28, 32)       320
 max_pooling2d (MaxPooling2D)     (None, 14, 14, 32)        0
 conv2d_1 (Conv2D)                (None, 14, 14, 64)      18496
 max_pooling2d_1 (MaxPooling 2D)     (None, 7, 7, 64)       0
 conv2d_2 (Conv2D)                (None, 7, 7, 32)        18464
 flatten (Flatten)                (None, 1568)              0
 dropout (Dropout)                (None, 1568)              0
 dense (Dense)                    (None, 128)            200832
 dropout_1 (Dropout)              (None, 128)               0
 dense_1 (Dense)                  (None, 64)              8256
 dropout_2 (Dropout)              (None, 64)                0
 dense_2 (Dense)                  (None, 10)               650
=================================================================
Total params: 247,018
Trainable params: 247,018
Non-trainable params: 0
```

그림 13.2-2 시퀀스 모델 정리

노드를 연결하는 가중치 그리고 각 노드마다 1개의 편향에 대한 학습을 수행되므로 도합 1568x128+128=200832개의 파라미터에 대한 학습을 수행한다. 정리하면 생성된 시퀀스 모델은 총 247018개의 파라미터에 대한 학습을 수행하는 모델이다.

(예제 13.2-1) 프로그램은 학습을 진행하면서 점진적으로 학습률(learning rate)을 조정하는 아담(adam) 알고리즘을 사용하여 학습을 수행한다. 훈련데이터의 목표 출력 값이 클래스 인덱스로 주어지므로 손실함수는 스파스 카테고리 교차 엔트로피(sparse categorical cross entropy) 함수를 사용하고 학습과정에 훈련데이터의 25%를 따로 떼어서 평가데이터로 사용한다. (그림 13.2-3)은 10 에폭 반복하여 학습한 결과를 보여준다. 4번째 에폭을 지나면서 평가데이터에 대한 결과는 큰 차이를 보이지 않는다. 10번째 에폭을 지난 후 훈련데이터에 대한 정확도는 0.934 그리고 평가데이터에 대한 정확도는 0.917을 기록한다. 테스트 데이터에 대한 정확도는 0.914로 확인된다.

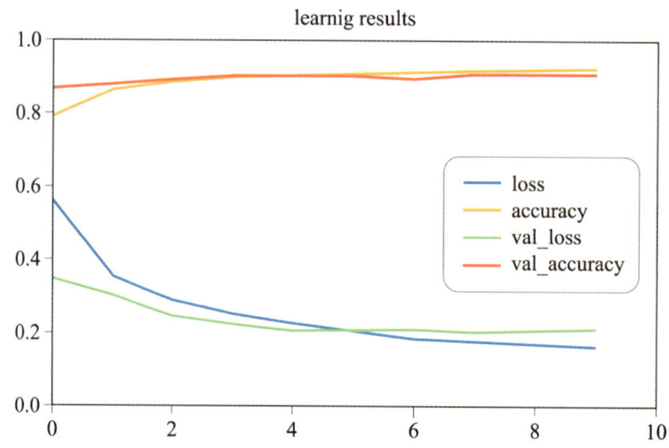

그림 13.2-3 합성곱 신경망에 대한 학습 결과

프로그램에서 사용된 패션 영상들의 모습을 확인하고, 학습된 신경망 모델의 예측과정을 보여주기 위해 다음과 같은 작업을 수행한다. 테스트데이터 셋 중에서 임의로 20개를 선택한 후, 선택된 데이터를 합성곱 신경망 모델의 predict() 함수에 적용한다. (그림 13.2-4)는 선택된 테스트 영상의 일부와 신경망 모델이 예측한 이들의 클래스 정보를 보여준다. 출력된 패션 영상들은 모두 클래스 정보가 정확히 예측되었음을 확인할 수 있다. 특히 3가지 클래스 Coat, Shirt,

T-shirt/top 로 세분된 윗옷의 클래스를 정확히 예측하고 있다.

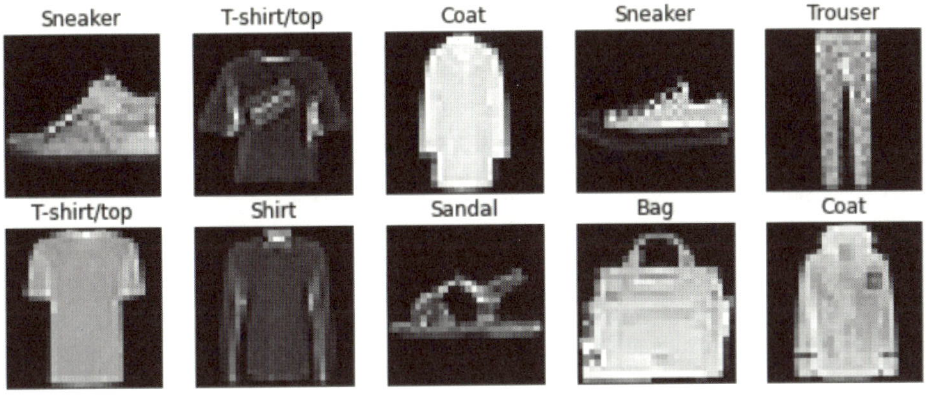

그림 13.2-4 패션 MNIST 데이터와 합성곱 신경망의 예측 결과

참고문헌

- Mohamed Elgendy, Deep Learning for Vision Systems, Manning, November, 2020
- 강영민, 으뜸 머신러닝, 생능출판, 2021
- https://d2l.ai/chapter_convolutional-neural-networks/index.html
- https://keras.io/api/
- https://keras.io/examples/
- https://www.kaggle.com/code/kanncaa1/convolutional-neural-network-cnn-tutorial
- https://www.tensorflow.org/tutorials/images/cnn?hl=ko

CHAPTER 14

고급 합성곱 신경망

14.1 LeNet-5

합성곱 신경망의 고전적 버전은 수표에 쓰인 손 글씨 숫자를 인식하기 위해 1998년 르쿤(Yahn LeCun)과 그의 동료들이 개발한 LeNet-5 이다. 합성곱 신경망 모델의 초석이 된 LeNet-5는 가중치를 가진 5개의 층(3개의 합성곱층과 2개의 전결합층)으로 구성되었기 때문에 LeNet-5란 이름이 붙었으며, 학술 논문 'Gradient-based learning applied to document recognition'을 통해 소개되었다. (그림 13.1-1)은 LeNet-5의 구조를 보여준다.

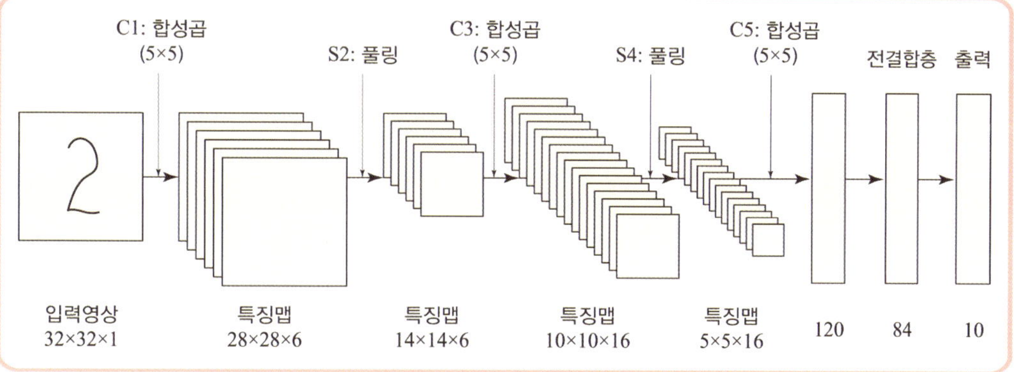

그림 14.1-1 LeNet-5 구조

C1 합성곱층에서는 32x32 크기의 입력 영상을 6개의 5x5 크기의 커널과 합성곱 연산을 수행한다. 합성곱 연산을 수행할 때 패딩을 하지 않기 때문에 28x28 크기의 특징 맵 6개가 만들어진다. 만들어진 6장의 특징 맵은 28x28x6 크기의 텐서로 표현된다. S2 풀링층에서는 28x28x6 특징 맵 텐서에 대해 평균 풀링(average pooling) 방식으로 다운샘플링을 진행한다. 2x2 커널을

스트라이드=2 크기로 이동하며 14x14 크기로 축소된 특징 맵 6장, 즉 14x14x6 크기의 텐서를 만들어낸다.

C3 합성곱층에서는 14x14x6 크기의 특징 맵 텐서와 16개의 5x5x6 크기의 커널과 합성곱 연산을 수행하여 10x10x16 크기의 특징 맵 텐서를 만들어낸다. S4 풀링층에서는 10x10x16 크기의 특징 맵 텐서에 평균 풀링 방식으로 다운 샘플링를 수행한다. S1에서와 같이 2x2 커널을 스트라이트=2 크기로 이동하며 5x5 크기로 축소된 특징 맵 16장, 즉 5x5x16 크기의 텐서를 만들어낸다.

C5 합성곱층에서는 5x5x16 크기의 특징 맵 텐서와 5x5x16 크기의 커널 120개와 합성곱 연산을 수행하여 1x1x120 크기의 텐서를 만들어낸다. 즉 120개의 출력 노드를 만들어낸다. 이어지는 전결합층의 84개의 노드와 C5 층의 120개 출력 노드는 전 결합(fully connected)되며, 전결합층의 84개 노드들의 출력 역시 최종 출력층 10개의 노드와 전 결합된다. 최종 출력층에서는 입력 영상이 속한 클래스 정보를 출력한다.

14.2 AlexNet

합성곱 신경망 모델이 각광을 받게 된 계기는 2012 ILSVRC라 불리는 이미지넷 경진대회에서 AlexNet이 압도적인 성능을 보이며 우승을 차지한 일이라 할 수 있다. 이미지넷은 스탠포드 대학의 페이페이 리(Fei-Fei Li) 교수가 주관하여 만든 오픈소스 데이터 셋으로서 총 2.2만 유형으로 구분된 1500만장의 영상으로 구성되어있다. ILSVRC 경진대회는 연구자들이 개발한 영상인식 알고리즘의 성능을 이미지넷 데이터 셋으로 평가하는 대회이다.

2012년 힌튼(Geoffrey Hinton) 교수팀은 합성곱 신경망 모델의 AlexNet으로 이 대회에 출전하여 84.7%라는 경이로운 인식률을 달성하며 우승을 차지한다. 2011년 우승팀이 달성한 인식률 74.2%를 무려 10% 이상 뛰어 넘은 충격적인 기록을 AlexNet이 만들었다. 이 후 합성곱 신경망 기술은 비약적으로 발전하여 2015년 대회에서는 마이크로소프트 팀이 ResNet을 들고 나와 인간의 인식률이라 불리는 95%를 뛰어 넘는 96% 인식률을 보여준다. (그림 14.2-1)은 2010년부터 2017년 마지막 대회까지 ILSVRC 대회 우승팀들의 성적을 보여준다.

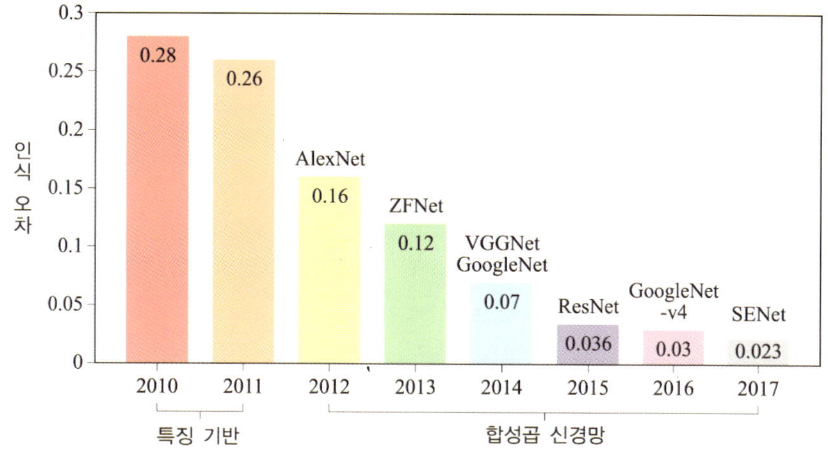

그림 14.2-1 ILSVRC 대회 우승팀 성적

AlexNet은 기존 신경망에서 사용하지 않던 새로운 기법들을 도입하여 성능 향상을 이룬다. 몇 가지 예를 살펴보면 다음과 같다. 첫째, 기존 신경망에서 활성화 함수의 표본처럼 사용되었던 시그모이드나 하이퍼 탄젠트 함수 대신에 렐루(ReLU) 함수를 사용한다. 앞에서 설명했듯이 시그모이드 함수나 하이퍼 탄젠트 함수는 함수 값이 수렴하는 영역에서 기울기 값이 너무 작아지기 때문에 기울기 소실 문제(vanishing gradient problem)를 야기해서 학습이 잘 이루어지지 않고 학습 시간도 많이 걸린다. 반면에 렐루 함수는 함수 값이 양수가 되는 영역에서 기울기는 항상 1이 되기 때문에 상대적으로 빠른 학습 시간을 보장한다.

둘째, 신경망이 과적합(overfitting)을 방지하기 위해 드롭-아웃 기법을 사용한다. 학습 과정에서 매 학습 데이터에 대해 랜덤하게 일부 노드들을 제거하는 방식으로 학습을 진행하기 때문에 다양한 구조의 신경망에 유용한 특징들이 학습되는 효과를 얻게 된다. 학습이 완료된 후 예측 과정에는 신경망의 모든 노드들이 사용된다.

셋째, 과적합을 막는 가장 좋은 방법은 학습 과정에 좀 더 많은 데이터 그리고 좀 더 다양한 데이터를 사용하는 방법이다. 이를 위해 AlexNet은 데이터 강화(data augmentation) 기법을 사용한다. 즉 주어진 한정된 데이터를 회전(rotation), 좌우반전(mirroring), 부분 자르기(cropping)와 같은 영상 편집 기법을 사용하여 훈련 데이터양을 증가시킨다.

넷째, 학습 과정에서 가중치의 수렴 속도를 높이기 위해 지역응답 정규화(local response

normalization) 기법을 사용한다. 한 노드의 출력이 큰 값을 보이면 주변 노드의 출력을 상대적으로 줄이는 방식으로 주변 노드들의 반응 값을 조절한다.

다섯째, 2개의 GPU를 사용해 병렬 연산을 수행한다. 각 층을 2개의 GPU 메모리에 분리하고 두 GPU가 서로 통신하는 방식으로 학습을 수행한다. 즉 하나의 신경망을 두 개의 GPU에 나누어 분산 학습하는 기법을 사용한다.

(그림 14.2-2)는 AlexNet의 구조를 보여준다. 가중치를 갖는 8개 층 중에서 앞에 5개는 합성곱층이고 뒤에 3개는 전결합층이다. 입력은 227x227x3 크기의 컬러 영상이다. 첫 번째 합성곱층은 96개의 11x11x3 크기 커널로 입력 영상을 합성곱 연산한다. 스트라이드(stride) 크기를 4로 설정하고, 패딩은 사용하지 않는다. 합성곱 연산 결과 55x55x96 크기의 텐서(55x55 크기의 특성 맵 96장)가 만들어진다. 만들어진 텐서는 렐루(ReLU) 활성화 함수를 통과한 후 최대-풀링 연산에 의해 크기가 줄어든다. 최대-풀링 연산은 3x3 커널을 사용하여 스트라이드 크기 2로 진행된다. 3x3 커널을 스트라이드 크기 2로 이동시키는 의미는 최댓값을 추출할 때 텐서의 일정 부분이 중복됨을 의미한다. 풀링 연산에 의해 텐서의 크기는 27x27x96로 줄어들고, 크기가 줄어든 텐서는 지역 응답 정규화(local response normalization) 작업을 거치게 된다. 이는 학습 과정에서 가중치의 수렴 속도를 높이기 위함이다.

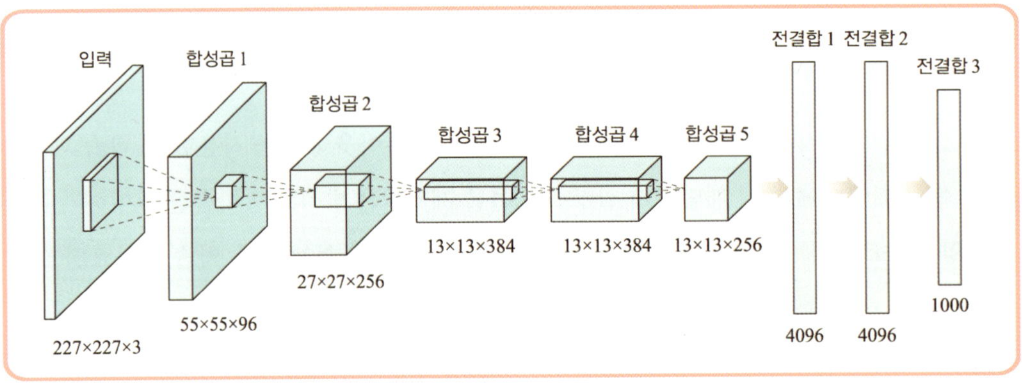

그림 14.2-2 AlexNet 구조

두 번째 합성곱층은 256개의 5x5x48 커널을 사용하여 전 단계의 특성 맵을 합성곱 연산한다. 합성곱 연산을 수행할 때 스트라이드 크기는 1로 그리고 0-패딩은 2로 설정한다. 합성곱 연산 결과 27x27x256 크기의 텐서(27x27 크기의 특성 맵 256장)가 만들어진다. 렐루 함수로 활성화된 텐서는 최대-풀링 연산에 의해 크기가 줄어든다. 최대-풀링 연산은 3x3 커널을 사용하여 스트라이드 크기 2로 진행된다. 풀링 연산에 의해 텐서의 크기는 13x13x256로 줄어들고, 크기가 줄어든 텐서는 지역 응답 정규화(local response normalization) 작업을 거치게 된다.

세 번째 합성곱층은 384개의 3x3x256 커널을 사용하여 전 단계의 특성 맵을 합성곱 연산한다. 합성곱 연산을 수행할 때 스트라이드 크기는 1로 그리고 0-패딩은 1로 설정한다. 합성곱 연산 결과 13x13x384 크기의 텐서(13x13 크기의 특성 맵 384장)가 만들어진다.

네 번째 합성곱층은 384개의 3x3x384 커널을 사용해서 전 단계의 특성 맵을 합성곱 연산한다. 합성곱 연산을 수행할 때 스트라이드 크기는 1로 그리고 0-패딩은 1로 설정한다. 합성곱 연산 결과 13x13x384 크기의 텐서(13x13 크기의 특성 맵 384장)가 만들어진다.

다섯 번째 합성곱층은 256개의 3x3x384 커널을 사용해서 전 단계의 특성 맵을 합성곱 연산한다. 합성곱 연산을 수행할 때 스트라이드 크기는 1로 그리고 0-패딩은 1로 설정한다. 합성곱 연산 결과 13x13x256 크기의 텐서(13x13 크기의 특성 맵 256장)가 만들어진다. 만들어진 텐서는 렐루(ReLU) 활성화 함수를 통과한 후 최대-풀링 연산에 의해 크기가 줄어든다. 최대-풀링 연산은 3x3 커널을 사용하여 스트라이드 크기 2로 진행된다. 풀링 연산에 의해 텐서의 크기는 6x6x256로 줄어든다.

여섯 번째 층과 일곱 번째 층은 전결합층이다. Flatten() 함수에 의해 9216 (6x6x256)개의 원소를 갖는 1차원 벡터로 변환된 텐서는 여섯 번째 전결합층의 4096개의 노드와 전결합된다. 렐루 함수로 활성화된 여섯 번째 층의 출력은 일곱 번째 층의 4096개의 노드와도 전결합된다.

여덟 번째 출력층은 1000개의 노드로 구성된다. 전 단계의 4096의 노드와 전결합되고, 출력은 소프트맥스 함수로 활성화되어 1000개의 클래스 각각에 속할 확률을 나타낸다.

총 8개 층을 갖는 AlexNet는 약 6000만 개의 파라미터를 학습해야 한다. 파라미터의 개수만큼 엄청난 양의 학습시간이 필요하지만, 학습 시간이 문제가 아니라 과연 학습이 가능한가 하는 것이 관건인데 AlexNet은 성공적인 학습과 우수한 성능을 보이는 구조를 갖고 합성곱 신경망의 새로운 전기를 마련한 점에서 높은 평가를 받는다.

14.3 VGGNet

옥스포드 대학의 VGG 연구팀에 의해 개발된 VGGNet은 2014년 이미지넷 영상인식 대회(ILSVRC)에서 준우승한 모델이지만 오히려 우승한 모델인 GoogLeNet보다 더 각광받았다. 모든 하이퍼파라미터(사용자가 지정하는 파라미터, 예를 들어 커널 크기, 스트라이드 크기 등)가 동일하게 설정되었기 때문에 신경망을 이해가기 쉽다는 점에서 깊은 인상을 받았다. VGGNet부터 신경망의 깊이가 확 깊어지기 시작한다. 2012년, 2013년 우승 모델들은 8개의 층으로 구성되었다. 반면에 2014년의 VGGNet(VGG-16)은 16층으로 구성되었고, GoogLeNet은 22층으로 구성되었다. 2015년에는 152개의 층으로 구성된 ResNet이 제안되었다.

VGG-16은 13개의 합성곱층, 5개의 풀링층, 그리고 3개의 전결합층으로 구성된다. 이 중에서 가중치를 가진 합성곱층과 전결합층이 도합 16개이므로 VGG-16이라는 이름이 붙여진다. 모든 합성곱층과 풀링층은 동일한 형식으로 규격화 되어있다. 모든 합성곱층에서는 3x3 커널과 스트라이드 크기 1 그리고 0-패딩이 사용되고 렐루 함수로 활성화된다. 모든 풀링층에서는 2x2 크기의 커널을 스트라이드 크기 2로 이동하며 최대-풀링을 수행한다. 마지막 출력층을 제외한 모든 전결합층은 렐루 활성화 함수를 사용하고 마지막 출력층에서는 소프트맥스 함수를 사용하여 각 클래스에 대한 소속 확률을 표현한다.

VGGNet은 층수는 많아졌지만 합성곱층에서 사용하는 커널의 크기를 3x3으로 축소하여 전체적인 파라미터의 수는 오히려 줄어들었다. 따라서 학습 시간을 줄이는 효과를 가져왔다. 커널의 크기를 작게 함으로써 얻는 또 다른 효과는 좀 더 세밀한 특징을 생성할 수 있는 점이다. 층수가 늘어남으로써 얻는 이점 역시 무시할 수 없다. 비선형 렐루 함수를 여러 번 거치면서 특징들이 좀 더 조직화되고 클래스 변별력이 큰 특징으로 변환되는 이점이다.

(그림 14.3-1)은 VGG-16 구조를 보여준다. 입력은 224x224x3 크기의 컬러 영상이다. 합성곱 1-1층에서는 64개의 3x3x3 커널로 합성곱 연산을 수행하여 224x224x64 크기의 텐서(224x224 특성 맵 64장)를 만든다. 합성곱 1-2층에서는 합성곱 1-1층과 동일한 작업이 수행된다. 64개의 3x3x64 커널로 합성곱 연산을 수행하여 224x224x64 크기의 텐서를 만든다. 만들어진 텐서에 2x2 커널로 최대 풀링을 수행하여 텐서 크기를 112x112x64로 줄인다.

합성곱 2-1층에서는 128개의 3x3x64 커널로 합성곱 연산을 수행하여 112x112x128 크기의 텐서를 만든다. 합성곱 2-2층에서는 128개의 3x3x128 커널로 합성곱 연산을 수행하여 112x112x128 크기의 텐서를 만든다. 만들어진 텐서에 2x2 커널로 최대 풀링을 수행하여 텐서 크기를 56x56x128로 줄인다.

합성곱 3-1층에서는 256개의 3x3x128 커널로 합성곱 연산을 수행하여 56x56x256 크기의 텐서를 만든다. 합성곱 3-2층과 합성곱 3-3층에서는 각각 256개의 3x3x256 커널로 합성곱 연산을 수행하여 56x56x256 크기의 텐서를 만든다. 만들어진 텐서에 2x2 커널로 최대 풀링을 수행하여 텐서 크기를 28x28x256로 줄인다.

합성곱 4-1층에서는 512개의 3x3x256 커널로 합성곱 연산을 수행하여 28x28x512 크기의 텐서를 만든다. 합성곱 4-2층과 합성곱 4-3층에서는 각각 512개의 3x3x512 커널로 합성곱 연산을 수행하여 28x28x512 크기의 텐서를 만든다. 만들어진 텐서에 2x2 커널로 최대 풀링을 수행하여 텐서 크기를 14x14x512로 줄인다.

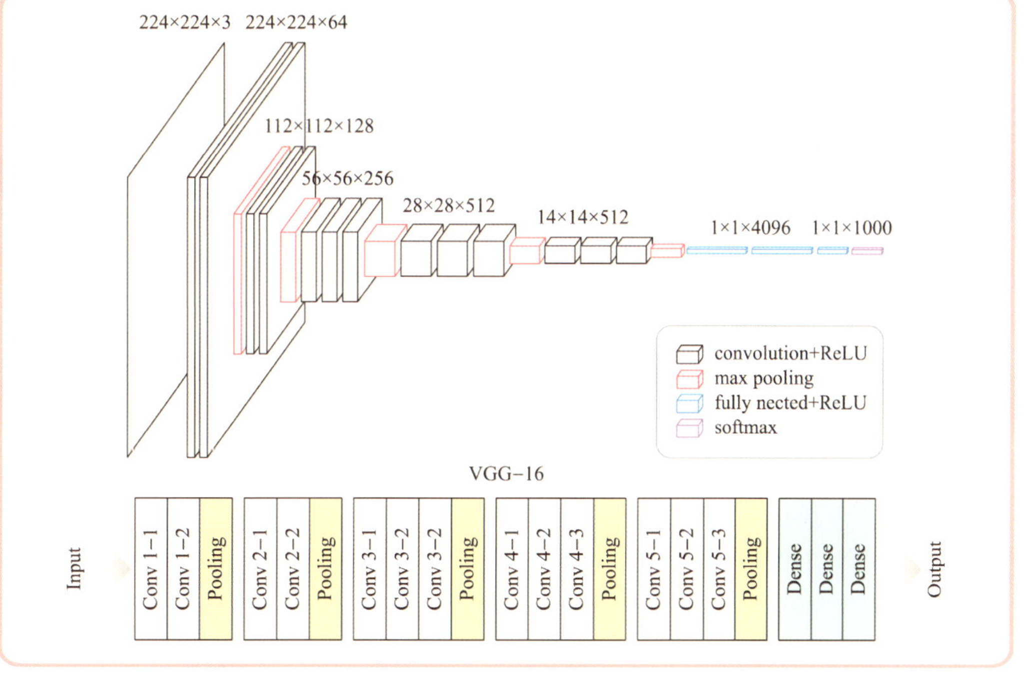

그림 14.3-1 VGG-16 구조

합성곱 5-1층, 5-2층, 그리고 5-3층에서는 각각 512개의 3x3x512 커널로 합성곱 연산을 수행하여 14x14x512 크기의 텐서를 만든다. 만들어진 텐서에 2x2 커널로 최대 풀링을 수행하여 텐서 크기를 7x7x512로 줄인다.

Flattern() 함수를 사용하여 25088(7x7x512)개의 요소를 갖는 1차원 벡터로 펼쳐진 텐서는 4096개의 노드를 갖는 전결합층과 연결된다. 이어서 같은 크기의 또 하나의 전결합층이 연결되고 최종적으로 1000개의 노드를 갖는 출력층에서 소프트맥스 함수로 활성화되어 각 클래스에 속할 확률 값이 출력된다.

VGG 연구팀을 신경망 깊이를 달리하는 VGGNet 모델을 만들어 이들의 성능을 비교하였다. 11층으로 구성된 VGG-A모델부터 19층으로 구성된 VGG-19까지 총 6개의 모델은 모두 3x3 크기의 커널을 사용하여 합성곱 연산을 수행하고 2x2 크기의 커널을 사용하여 최대-풀링 연산을 수행하도록 하였다. 단지 층수만을 달리하여 신경망의 깊이가 성능에 어떤 결과를 가져오는지를 분석했다. 분석 결과를 보고한 논문에 의하면 깊이가 11층, 13층, 16층, 19층으로 깊어지면서 분류 에러는 점점 감소한다. 깊이가 깊어질수록 신경망 성능이 좋아지는 결과를 보여준다.

14.4 GoogLeNet

구글(Google) 연구팀이 개발한 GoogLeNet은 2014년 이미지넷 영상 인식 대회(ILSVRC)에서 VGGNet(VGG-19)을 이기고 우승을 차지한 알고리즘이다. GooLeNet의 이름에 LeNet이 포함된 이유는 앞에서 설명한 LeNet-5의 업적을 기리기위함인 것 같다. GoogLeNet은 19층의 VGG-19보다 좀 더 깊은 22층으로 구성되어 있으며 매우 의미 있는 다음과 같은 기능들을 포함한다.

첫째, 특징 맵의 개수를 줄이기 위해 1x1 합성곱 연산을 수행한다. 특징 맵의 개수가 줄어든다는 의미는 그만큼 연산 양이 줄어든다는 의미이다. 이에 대한 이해를 돕기 위해서 (그림 14.4-1)을 살펴본다.

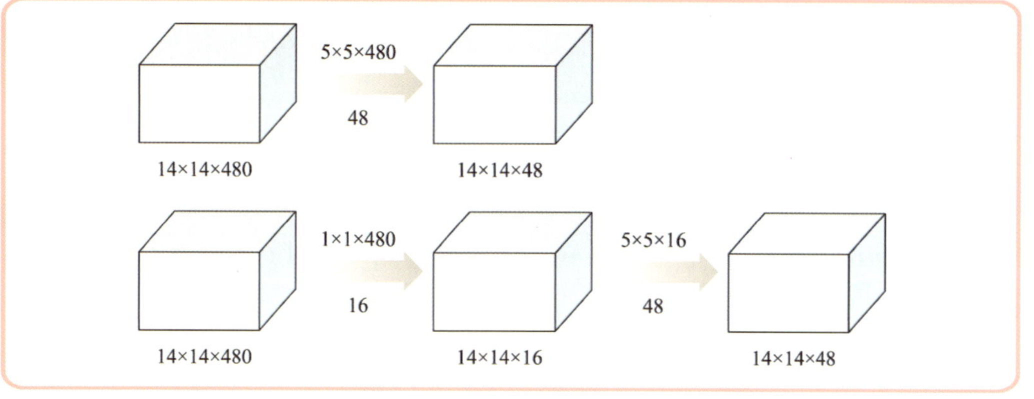

그림 14.4-1 특성 맵 개수를 줄이는 1x1 합성곱 연산

(그림 14.4-1)에서 480장의 특성 맵으로 구성된 14x14x480 텐서에 48개의 5x5x480 커널로 합성곱을 수행할 때 필요한 연산 횟수는 약 112.9M이다. 메가(M)는 10^6 을 나타내므로 엄청난 양의 곱셈 연산이 필요하다. 반면에 480장의 특성 맵으로 구성된 14x14x480 텐서에 먼저 16개의 1x1x480 커널로 합성곱 연산을 수행하여 채널수를 16으로 줄인 후 48개의 5x5x16 커널로 합성곱을 수행할 때 필요한 연산 횟수는 도합 5.3M이다. 결과적으로 만들어지는 텐서의 크기는 같으나 연산 양은 엄청나게 줄어드는 것을 확인할 수 있다. 다음에 설명할 인셉션(inception) 모듈에서 이와 같은 1x1 합성곱 연산이 사용된다.

둘째, 크기의 다른 몇 개의 합성곱층들과 풀링층이 병렬로 배치된 블록을 미리 설정한 후 설정된 블록들을 쌓아가며 신경망을 구축한다. 이처럼 여러 층(layer)들이 병렬로 구성된 블록을 인셉션 모듈이라 한다. 인셉션 모듈을 사용하여 신경망을 구축함으로써 얻는 이점은 다양한 특징 추출이 가능하고 신경망의 층수도 엄청 늘릴 수 있다는 점이다. 층수를 늘려 신경망 깊이가 깊어지면 학습 과정에서 사라지는 기울기 문제가 발생하여 학습 효율이 떨어지는데 GoogLeNet에서는 인셉션 모듈을 사용하여 이 문제를 해결한다. 병렬로 배치된 합성곱층들에 대한 학습은 순차적으로 진행되지 않고 병렬적으로 진행되기 때문이다. (그림 14.4-2)는 GoogLeNet에서 사용하는 인셉션 모듈을 보여준다.

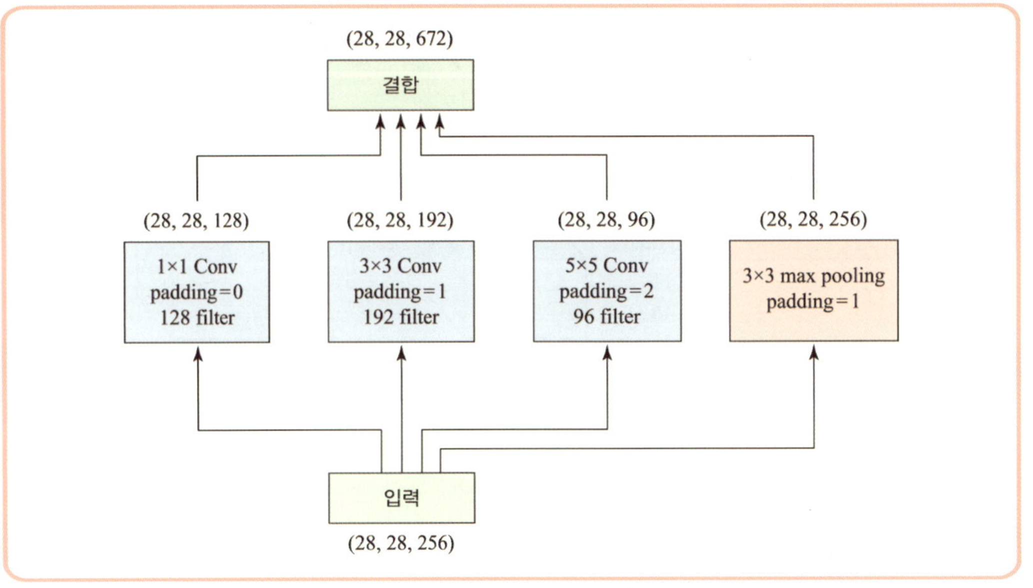

그림 14.4-2 인셉션 모듈

(그림 14.4-2)의 인셉션 모듈은 1x1 합성곱층, 3x3 합성곱층, 5x5 합성곱층, 그리고 3x3 풀링층을 포함한다. 크기가 다른 세 가지 유형의 합성곱 연산과 풀링 연산이 다양한 특징들을 만들어 낸다. 인셉션 모듈의 마지막 층은 입력되는 4개의 텐서들을 순서대로 차곡차곡 채널 축에 쌓아 하나의 텐서를 만들어낸다. 따라서 입력되는 4개의 텐서의 높이와 폭은 모두 같아야 한다.

예를 들어, 인셉션 모듈에 입력된 텐서의 크기를 28x28x256 이라 하자. 1x1 합성곱층은 128개의 1x1x256 커널을 사용하여 28x28x128 크기의 텐서를 만들고, 3x3 합성곱층은 192개의 3x3x256 커널을 사용하여 28x28x192 크기의 텐서를 만들고, 3x3 최대-풀링층은 3x3 커널을 스트라이드 1의 크기로 이동하며 28x28x256 크기의 텐서를 만든다고 가정하면, 마지막 출력층은 입력되는 4개의 텐서들을 채널 방향으로 결합하여 28x28x672 크기의 텐서를 만든다.

GoogLeNet에서 실제로 사용되는 인셉션 모듈은 (그림 14.4-3)에서 옅은 갈색으로 표시된 3개의 1x1 합성곱층이 추가된 모듈이다. 이는 (그림 14.4-1)에서 설명했듯이 연산량을 줄이기 위함이다.

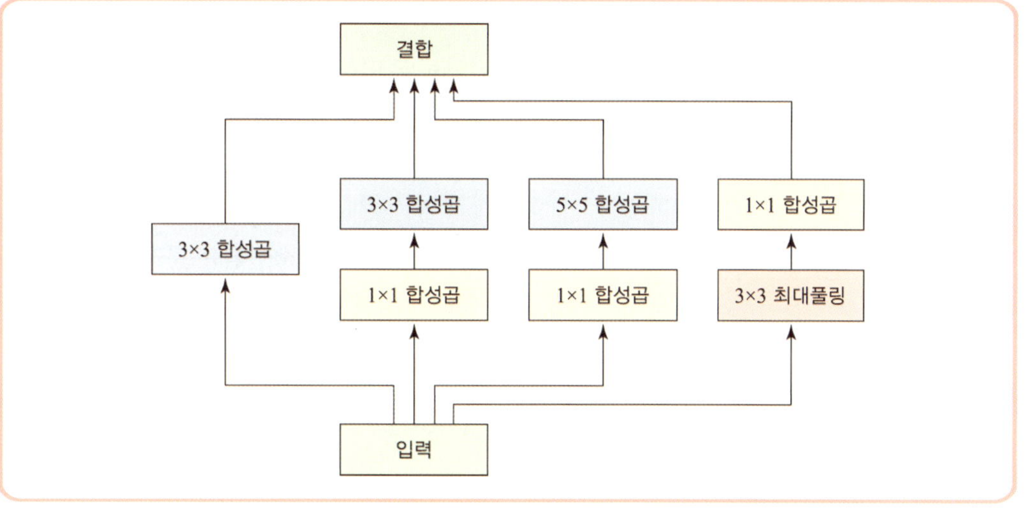

그림 14.4-3 채널수 축소 연산이 포함된 인셉션 모듈

셋째, 전역평균 풀링(global average pooling)을 사용하여 가중치 개수를 상당히 줄이고 과적합을 방지한다. 합성곱 신경망에서는 마지막 출력층에서 소프트맥스 연산을 수행하기 전에 Flatten() 함수를 사용하여 다차원 텐서를 쭉 펼쳐서 1차원 벡터로 변환한 후 전결합층과 연결한다. 이와 같은 연결은 공간적인 정보의 손실은 물론이고 Flatten() 함수의 출력과 전결합층 간의 연결 간선 수가 엄청 많아져서 학습해야할 가중치 개수가 엄청 증가한다. 이러한 문제를 극복하기 위해 googLeNet은 (그림 14.4-4)와 같은 전역평균 풀링 방법을 사용한다.

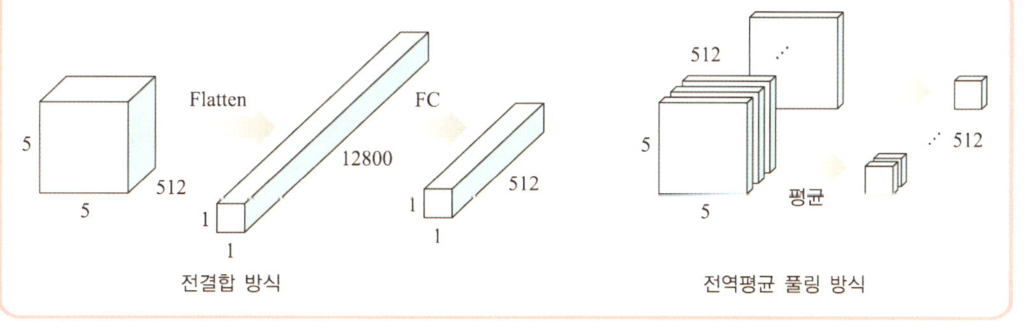

그림 14.4-4 전역평균 풀링 방식

(그림 14.4-4)에서 5x5x512 크기의 텐서를 Flattern() 함수를 사용하여 1차원 벡터로 변환하면 노드 개수는 12800개가 만들어지고 이를 512개의 노드를 갖는 전결합층과 연결하면 필요한

가중치 개수는 6.5M이다. 반면에 각 5x5 특징 맵의 평균을 전결합층의 노드에 전달하는 방식은 가중치를 전혀 필요치 않는다. 가중치가 없어진다는 의미는 학습 시간의 단축을 의미한다. 이처럼 전역평균 풀링 방식은 Flattern() 함수를 배제하고 학습 시간을 획기적으로 줄인다.

넷째, 보조 분류기(auxiliary classifier)를 사용하여 학습 시에 발생하는 기울기 소실 문제를 극복한다. 일반적으로 신경망은 모델이 점점 깊어질수록 기울기가 소실되는 문제가 발생한다. 기존의 방법에서는 신경망의 맨 마지막 층에 소프트맥스 함수를 설정하여 이곳에서 분류를 시도하고 오차를 역전파하여 학습을 수행하지만, GoogLeNet에서는 보조 분류기(auxiliary classifier)라는 추가적인 분류기를 정의하여 중간에서도 오차 역전파 학습이 진행되도록 한다. 보조 분류기를 통한 학습이 가중치 갱신에 너무 큰 영향을 주는 것을 방지하기 위해 보조 분류기에서 발생하는 오차는 30%만 최종 출력층의 손실함수 계산에 반영되도록 한다. 보조 분류기는 기울기 소실 문제를 극복하기 위한 방편으로 학습 시에만 사용되고 테스트 과정과 예측 과정에는 사용하지 않는다.

(그림 14.4-5)는 GoogLeNet의 전체적인 구조를 보여준다. 가중치를 갖고 있는 청색 블록은 합성곱 블록, 적색 블록은 풀링 블록, 황색 블록은 소프트맥스 블록을 나타낸다. 인셉션 모듈 9개, 보조 분류기 2개, 그리고 마지막 단의 분류기를 포함하여 총 22개 층(가중치를 갖고 있는 청색 블록 층)으로 구성된다.

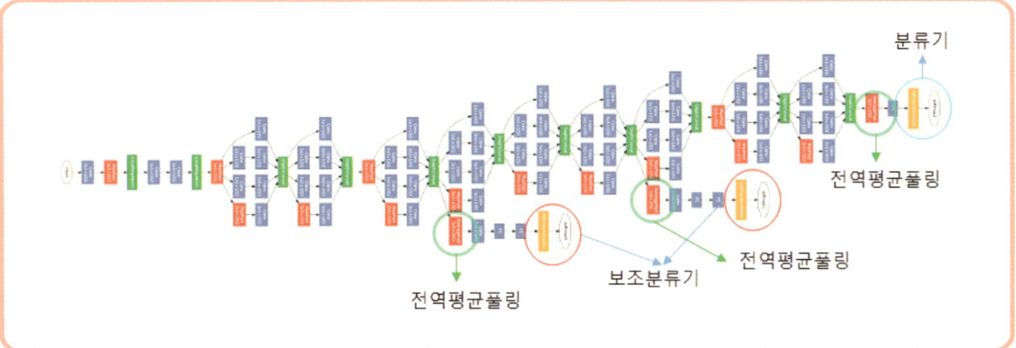

그림 14.4-5 GoogLeNet 구조

14.5 ResNet

컴퓨터 비전 분야 문제 해결에 백본 역할을 하는 ResNet(Residual Network)은 2015년 이미지넷 영상 인식 대회(ILSVRC)에서 처음으로 인간의 인식 능력을 능가하는 96.43% 인식률을 보이며 우승을 차지한 알고리즘이다. ResNet이 가져온 혁명적인 변화는 152개 층을 가진 심층 신경망의 학습이 가능해진 점이다. 2012년 ILSVRC 대회에서 우승하며 주목을 받은 AlexNet이 8개의 합성곱층으로 구성되고, 2014년의 GoogLeNet이 22개 층으로 구성된 것에 비해, ResNet은 152개 층을 갖는다. 신경망의 깊이가 AlexNetd의 19배, GoogLeNet의 약 7배나 깊어졌다.

일반적으로 합성곱을 계속 쌓아가며 신경망의 깊이를 늘려 가면 학습과정에서 기울기 소실 문제가 발생하여 원활한 학습이 이루어지지 않는다. 신경망의 깊어지면서 실제로는 20층 이상부터는 성능이 오히려 떨어지는 현상이 발생한다. 예를 들어, ResNet 연구팀은 20층을 가진 합성곱 신경망과 56층을 가진 합성곱 신경망의 성능을 비교해 보니 56층을 가진 합성곱 신경망의 성능이 오히려 떨어지는 실험 결과를 확인하였다.

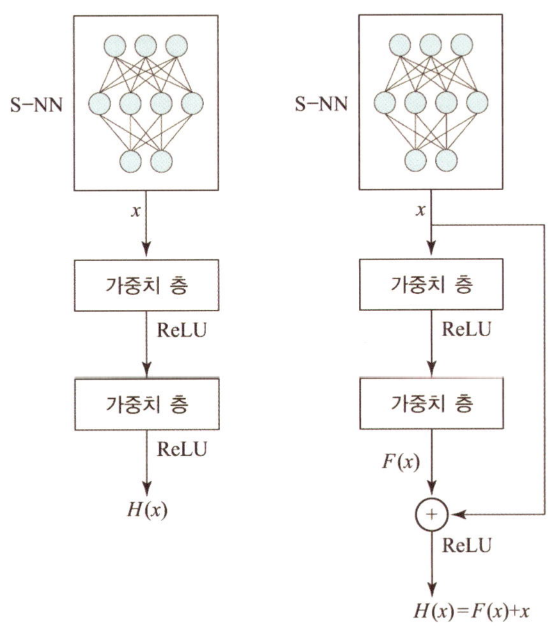

그림 14.5-1 두 가지 유형의 깊은 신경망

이러한 실험 결과를 바탕으로 ResNet 연구팀은 그들의 논문 'Deep Residual Learning for Image Recognition'에서 ResNet의 핵심 구조인 잔여블록(residual block)을 발표하고 잔여블록을 사용한 152층의 ResNet을 탄생시킨다.

(그림 14.5-1)은 잔여블록의 구조와 기능을 보여주는 그림으로서 다음과 같은 상황을 설명한다. 어떤 얕은 신경망 S-NN을 가정하자. 이 얕은 신경망에 두 개의 가중치 층을 쌓아 만든 깊은 신경망이 원래의 얕은 신경망과 동일한 기능을 갖도록 깊은 신경망을 학습하는 문제를 생각하자. 첫 번째 해결 방법은 일반적인 방법으로서 (그림 14.5-1)의 왼쪽과 같이 두 층이 추가된 신경망의 출력 $H(x)$ 가 추가된 층에 입력되는 x 와 같은 값이 되도록 두 층의 가중치를 학습하는 방법이다. $H(x)$ 는 추가된 두 층의 입력과 출력을 매핑하는 함수이다. 따라서 $H(x)$ 가 항등함수(identity function)가 되도록 추가된 두 층의 가중치를 학습하면 깊은 신경망은 원래의 얕은 신경망과 동일한 결과를 만들어낸다. 그러나 이 방법은 성공적인 결과를 기대하기 어렵다. 이유는 신경망이 깊어질수록 기울기 소실 문제는 심각해지고 따라서 학습이 잘 이루어지지 않기 때문이다.

두 번째 방법은 (그림 14.5-1)의 오른쪽과 같이 추가된 두 가중치 층의 출력 $F(x)$ 에 얕은 신경망의 출력을 더한 $H(x)=F(x)+x$ 가 x 와 같은 값이 되도록 두 층의 가중치를 학습하는 방법이다. 이 경우에 $H(x)$ 를 학습하는 문제는 다음과 같이 해석할 수 있다. $H(x)$ 는 두 부분으로 구성되는데 한 부분 값은 주어지므로 나머지 한 부분만 학습하면 된다. 즉, $F(x)$ 가 0이 되도록 추가된 두 층의 가중치를 학습하면 된다. 이러한 학습 방법을 잔여 학습(residual learning)이라 부르는 이유는 $H(x)$ 는 $F(x)$ 와 x 를 합한 값인데, $H(x)=F(x)+x$, $F(x)$ 를 $H(x)$ 의 잔여(residual) 분량으로 간주하고 $F(x)$ 를 원하는 값으로 학습하기 때문이다. 언뜻 보기에는 말장난 같지만 ResNet 개발팀은 잔여블록 구조를 사용한 잔여학습이 기울기 소실 문제를 해소하며 좋은 성능을 보임을 실험을 통해 확인시켜 주었다.

(그림 14.5-1)에서 $H(x)$ 에 입력되는 x 는 두 개의 가중치 층을 건너뛰고 연결된다. 이처럼 잔여블록 구조에서 건너뛰는 연결을 스킵연결(skip connection) 또는 지름길연결(shortcut connection)이라 한다. (그림 14.5-2)는 지름길연결을 갖는 잔여블록 구조의 구현과정을 보여준다.

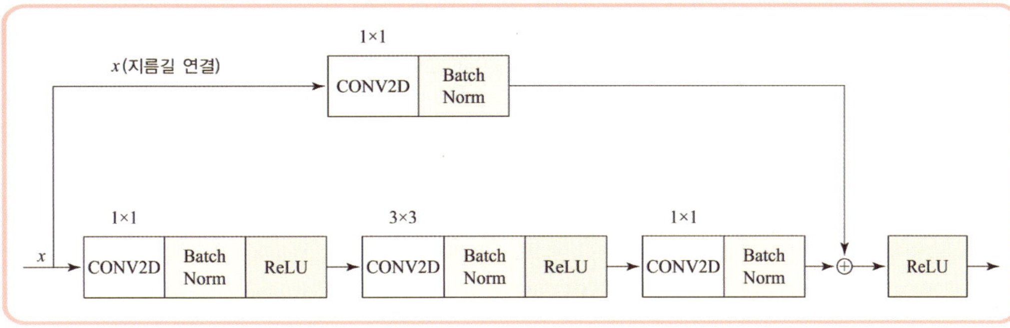

그림 14.5-2 잔여블록의 주연결과 지름길연결

지름길연결은 텐서를 순방향(forward direction)으로 전달하는 과정에서 몇 개 층을 건너뛰고 l 번째 층에서 $l+t\,(t \geq 2)$ 번째 층으로 전달한다. 학습과정에서 목표 출력 값과 실제 출력 값 간의 오차를 역방향(backward direction)으로 전달할 때 역시 오차의 일부는(실제로는 많은 부분) 몇 개 층을 건너뛰면서 $l+t\,(t \geq 2)$ 번째 층에서 l 번째 층으로 전달된다. 이처럼 껑충껑충 건너뛰며 역방향으로 전달되는 오차는 소실 기울기 문제의 피해를 상대적으로 덜 받는다.

(그림 14.5-2)에서 주연결과 지름길연결을 통해 전달된 입력은 합쳐져서 렐루 활성화 함수에 입력된다. 잔여블록에는 풀링층이 없다. 인셉션 모듈에서처럼 입력된 텐서의 채널수를 줄이기 위해 1x1 합성곱을 수행한다. 3x3 합성곱을 수행하기 전과 수행 후에 1x1 합성곱을 수행하여 채널수를 두 번 조절한다. 이처럼 1x1 합성곱 연산을 수행하여 채널수를 조절하는 잔여블록을 병목잔여블록(bottleneck residual block)이라 한다.

배치 정규화(bach normalization) 작업은 좀 더 안정적인 학습이 이루어지도록하기 위해서, 각 층의 출력이 활성화 함수에 입력되기 전에 이들의 평균과 분산이 일정한 값이 되도록 정규화하는 작업을 말한다. 지름길연결을 통과하는 텐서와 주연결을 통과하는 텐서를 더하려면 두 텐서의 채널수가 같아야 한다. 따라서 지름길연결을 통과하는 텐서도 1x1 합성곱 연산에 의해 채널수가 조절되고 배치 정규화 작업에 의하여 크기가 조절된 후에 주연결을 통과한 텐서와 합쳐진다.

(그림 14.5-3)은 34개 층을 갖는 ResNet 구조를 보여준다. 입력된 영상에 대해서 7x7x64 크기의 커널을 스트라이드 크기 2로 이동하며 합성곱 연산을 수행하는 합성곱층 1개, 3x3 커널을 스트라이드 2의 크기로 이동하며 최대-풀링을 수행하는 층, 3x3x64 크기의 커널을 사용하여

합성곱 연산을 수행하는 합성곱층 2개로 구성된 잔여블록 3개, 3x3x128 크기의 커널을 스트라이드 크기 2로 이동하며 합성곱 연산을 수행하는 합성곱층 2개로 구성된 잔여블록 4개, 3x3x256 크기의 커널을 스트라이드 크기 2로 이동하며 합성곱 연산을 수행하는 합성곱층 2개로 구성된 잔여블록 6개, 3x3x512 크기의 커널을 스트라이드 크기 2로 이동하며 합성곱 연산을 수행하는 합성곱층 2개로 구성된 잔여블록 3개, 전역평균연산을 수행하는 층, 그리고 1000개의 노들를 갖고 전결합을 수행하며 출력을 소프트맥스 함수로 활성화하는 출력층으로 구성된다. 도합 34개의 가중치 층으로 구성된다.

그림 14.5-3 ResNet 구조(34층)

참고문헌

- Christian Szegedy, "Going Deeper with Convolutions," IEEE Conference on Computer Vision and Pattern Recognition (CVPR), June 2015
- Y. Lecun, "Gradient-Based Learning Applied to Document Recognition," Proceedings of the IEEE, November 1998
- Alex Krizhevsky, "ImageNet Classification with Deep Convolutional Neural Networks," Advances in Neural Information Processing Systems 25 (NIPS 2012)
- Karen Simonyan, "Very Deep Convolutional Networks for Large-Scale Image Recognition," ICLR 2015
- Kaiming He, "Deep Residual Learning for Image Recognition," EEE Conference on Computer Vision and Pattern Recognition (CVPR), 2016
- https://d2l.ai/chapter_convolutional-modern/index.html
- https://keras.io/api/applications/

CHAPTER 15

전이학습

15.1 전이학습(Transfer Learning) 원리

컴퓨터비전 문제를 심층 신경망 기반의 딥러닝 모델을 사용하여 해결하려면 방대한 양의 데이터를 준비하고 일일이 레이블을 할당하고 또 많은 시간을 들여 학습해야 한다. 그러나 이미 많은 딥러닝 연구자들이 엄청난 시간과 노력을 투자하여 구축한 심층 신경망 모델들이 오픈 소스 형태로 제공되고 있는 상황에서, 이들이 구축한 심층 신경망을 활용하여 주어진 문제를 해결할 수 있다면 이야기는 달라진다.

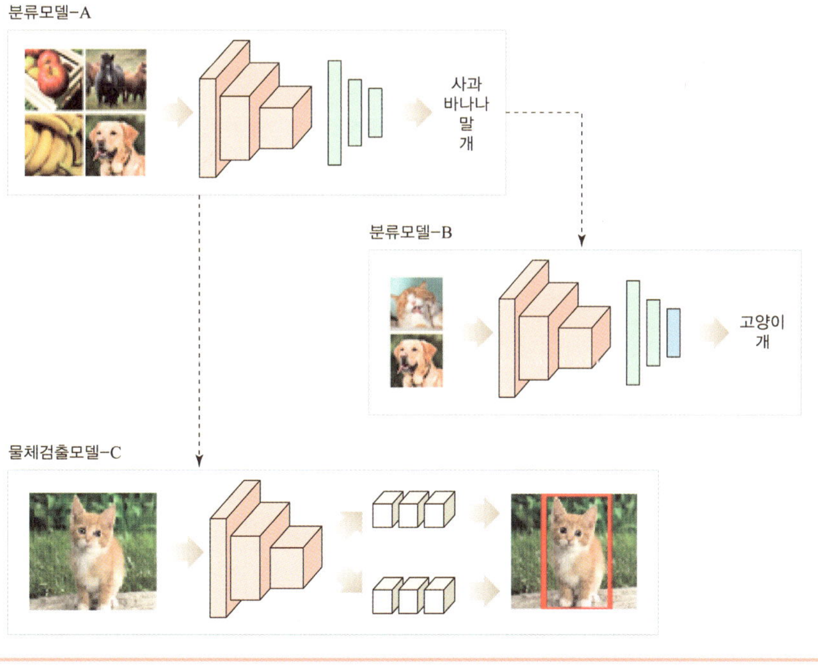

그림 15.1-1 전이학습(Transfer Learning) 원리

경망 모델을 다른 문제를 푸는데 재사용하는 기법을 말한다. 새로운 모델을 만들 때 기존에 만 전이학습(Transfer Learning)은 특정한 문제(분류, 검출, 분할 등)를 풀기위해 학습된 심층 신 들어진 모델을 사용하여 학습을 빠르게 하고 성능도 더 높이는 방법이다.

(그림 15.1-1)은 전이학습의 개념을 보여주는 그림이다. 우리가 원하는 작업은 개와 고양이를 분류하는 신경망 분류모델-B를 생성하는 작업이다. 이를 위해서 이미지 넷으로 잘 훈련된 구글 Inception V3 분류모델-A을 가져와서 훈련된 가중치를 재사용한다. 분류모델-A는 1000개의 클래스를 분류하도록 훈련되어 있으므로 출력층의 구조를 변경하고 출력층의 가중치는 새로 학습한다. 이번에는 물체검출모델-C를 생성하는 문제를 생각하자. Inception V3 분류모델-A에서 특징을 추출하는 층들과 이들의 가중치는 재사용한다. 특징을 추출하는 층들은 그대로 사용하지만, 물체 검출 작업을 수행하는 몇 개의 층을 새로 만들고 이들의 가중치를 학습한다. 이처럼 전이학습은 기존에 학습된 비슷한 모델의 하위층(lower layer), 특히 특징을 추출하는 층들을 가져와 재사용하는 방법이다.

전이학습의 가장 큰 장점은 이미지 넷 등과 같이 검증된 대규모 데이터 셋으로 학습된 최고 수준의 심층 신경망 모델의 가중치를 재사용함으로써 모델 구축에 드는 수고와 비용, 데이터 모집에 드는 수고와 비용, 그리고 학습에 드는 수고와 비용을 절감할 수 있다는 점이다.

전이학습의 또 다른 장점은 모델의 과적합을 방지하고 일반화 기능을 향상시키는 점이다. 재사용하기 위해 가져온 대부분의 모델은 비슷한 유형의 문제를 풀기위해 학습된 모델이다. 비슷한 문제를 풀기위해 학습된 모델은 오히려 다양한 상황 그리고 예상치 못한 상황에 대처하는 능력을 높이는 역할을 한다. 예를 들어, 개와 고양이를 분류하는 신경망을 실무에 투입하는 경우를 생각하자. 실제 상황은 훈련 데이터에서 보지 못한 영상들을 분류해야 하는 경우가 대부분일 것이다. 해결해야할 문제영역과 정확히 일치하지는 않지만 유사한 상황을 표현하는 영상들로 학습된 모델을 가져와 전이학습을 하면 오히려 이러한 실제 상황에 도움이 될 수 있다.

케라스(keras)는 이미지 넷 경진대회에서 성능이 입증된 수많은 합성곱 신경망을 제공한다. 이들을 이용한 전이학습은 컴퓨터 비전 문제 해결을 쉽게 할 수 있도록 도와준다. (예제 15.1-1) 프로그램은 케라스가 제공하는 Inception V3 모델의 일부를 가져와서 전이학습을 통해 필기체 숫자 인식하는 모델을 생성하는 예를 보여준다.

첫 번째로 수행하는 작업은 MNIST 데이터 셋을 로딩하여 읽어 들이는 작업이다. 훈련용 60000장과 테스트용 10000장으로 분리된 데이터 셋을 읽어 들인 후 255로 나누어 각 화소 값이 0에서 1 사이의 값을 갖도록 한다. MNIST 데이터는 채널 정보가 없는 28x28 크기의 그레이 영상이다. Inception V3 신경망은 입력 데이터의 최소 크기가 75x75x3 크기의 행, 열, 그리고 채널로 구성된 3차원 텐서 형태로 제공되어야 하므로, MNIST 데이터의 크기를 조정하는 작업이 이루어진다.

두 번째로 수행하는 작업은 가중치를 포함한 Inception V3 신경망의 오픈소스를 불러와 기반 모델(base_model)을 생성한다. 입력 영상은 84x84x3 크기로 설정하고, include_top 값을 False로 설정하여 마지막 전결합층은 불러오지 않는다. weights 값을 'imagenet'으로 설정하며 사전 학습된 가중치를 불러와서 기반 모델에 할당한다. 만약 이 값을 None으로 설정하면 사전에 학습된 가중치를 불러오지 않는다.

```
from keras.applications.inception_v3 import InceptionV3

# 인셉션 모델 불러오기
base_model = InceptionV3(input_shape=(height, width, channel),
                         include_top=False, weights='imagenet')
base_model.summary()
print('\n\n')
```

base_model.summary() 함수를 수행하여 기반 모델, 즉 Inception V3의 구조를 살펴보면 (그림 15.1-2)와 같다. 벽돌을 쌓듯이 인셉션 모듈을 차곡차곡 쌓아가며 모델이 구성되고 각 모듈에서는 배치 정규화 작업이 수행된다. 총 파라미터 개수는 21,802,784개다. 2100만개가 넘는다. 이중에서 학습 가능한 파라미터 개수는 21,768,352개 그리고 학습이 불가능한 파라미터 개수는 34,432개다. 학습이 불가능한 파라미터는 배치 정규화를 위해 사용되는 평균과 표준편차와 같이 각 층의 출력 값으로부터 그 값이 구해지는 파라미터를 의미한다.

```
Model: "inception_v3"

____________________________________________________________________________
 Layer (type)          Output Shape      Param #     Connected to
============================================================================


                        ______________________________


 conv2d_12 (Conv2D)       (None, 8, 8, 64)  16384      ['mixed0[0][0]']
 conv2d_14 (Conv2D)       (None, 8, 8, 64)  76800      ['activation_13[0][0]']
 conv2d_17 (Conv2D)       (None, 8, 8, 96)  82944      ['activation_16[0][0]']
 conv2d_18 (Conv2D)       (None, 8, 8, 64)  16384     ['avg_pooling2d_1[0][0]']
 batch_normalization_12 (None, 8, 8, 64)    192       ['conv2d_12[0][0]']
 batch_normalization_14 (None, 8, 8, 64)    192       ['conv2d_14[0][0]']
 batch_normalization_17 (None, 8, 8, 96)    288       ['conv2d_17[0][0]']
 batch_normalization_18 (None, 8, 8, 64)    192       ['conv2d_18[0][0]']
 activation_12           (None, 8, 8, 64)     0       ['batch_norm_12[0][0]']
 activation_14           (None, 8, 8, 64)     0       ['batch_norm_14[0][0]']
 activation_17           (None, 8, 8, 96)     0       ['batch_norm_17[0][0]']
 activation_18           (None, 8, 8, 64)     0       ['batch_norm_18[0][0]']

 mixed1(Concatenate)     (None, 8, 8, 288)    0       ['activation_12[0][0]',
                                                       'activation_14[0][0]',
                                                       'activation_17[0][0]',
                                                       'activation_18[0][0]']


                        ______________________________


mixed10 (Concatenate)  (None, 1, 1, 2048)    0      ['activation_85[0][0]',
                                                     'mixed9_1[0][0]',
                                                     'concatenate_1[0][0]',
                                                     'activation_93[0][0]']
============================================================================
Total params: 21,802,784
Trainable params: 21,768,352
Non-trainable params: 34,432

____________________________________________________________________________
```

그림 15.1-2 Inception V3 구조의 일부분

세 번째로 수행하는 작업은 기반 모델이 갖고 있는 이미지 넷으로 학습된 가중치를 변화시키지 않고 받아온 값 그대로 사용할 것을 지시하는 작업이다. 기반 보델 모든 층의 layer.trainable 변수 값을 False로 지정한다.

```
# base_model의 기존 가중치 사용
for layer in base_model.layers :
    layer.trainable = False
```

네 번째로 수행하는 작업은 기반 모델을 일부 수정하는 작업이다. 내려 받은 기반 모델의 어느 층까지 사용할 지를 정하고 또 추가될 층들을 정의하는 작업이다. (예제 15.1-1) 프로그램에서는 기반 모델의 8번째 인셉션 모듈 'mixed8'까지 사용한다. 'mixed8' 이후의 층들은 사용하지 않고 버린다. 이러한 작업을 구현하기 위해 get_layer() 함수를 사용하여 'mixed8' 층을 불러온 후 이 층의 출력을 last_output 변수에 할당한다. 'mixed8' 층 다음에 분류 작업을 수행할 두 개의 전결합층을 추가한다. keras.layers 클래스가 제공하는 Flatten 클래스 그리고 Dense 클래스를 사용하여 새로운 층을 생성하고 이들을 연결한다. 케라스를 사용하여 새로운 층을 쌓아가는 과정은 전 단계 층의 출력을 다음 단계 층의 입력으로 설정하면 된다. 마지막 출력 층은 소프트맥스 활성화 함수를 갖는 10개의 노드로 구성되고, 마지막 출력 층 바로 앞에 위치한 전결합층은 렐루 활성화 함수를 갖는 256개의 노드로 구성된다.

```
# base-model 마지막 층 결정
last_layer = base_model.get_layer('mixed7')
last_output = last_layer.output

# 새로운 층 추가
x = keras.layers.Flatten()(last_output)
x = keras.layers.Dense(256, activation='relu')(x)
x = keras.layers.Dense(10, activation='softmax')(x)
```

다섯 번째로 수행하는 작업은 기반 모델과 추가된 층으로 구성된 새로운 신경망 모델을 완성하고 완성된 모델의 학습 방법, 즉 최적화 방법과 손실함수 등을 설정한다. 케라스가 제공하는 여러 형태의 모델 중에서 Model 클래스를 사용하여 입력과 출력을 지정함으로써 새로운 모델 model을 생성한다. 최적화 방법은 'adam' 알고리즘을 사용하고 손실함수는 'sparse_caegorical_crossentropy" 그리고 정확도를 측정하는 척도는 'accuracy'를 사용한다.

```
# 모델 입출력 설정
model = keras.models.Model(base_model.input, x)

# 학습 방법 설정
model.compile(optimizer='adam',
          loss='sparse_categorical_crossentropy',
          metrics=['accuracy'])
model.summary()
print('\n\n')
```

```
Model: "model"
__________________________________________________________________________________
 Layer (type)          Output Shape      Param #     Connected to
==================================================================================
                              ____________________________

mixed8 (Concatenate)    (None, 1, 1, 1280)   0     ['activation_71[0][0]',
                                                     'activation_75[0][0]',
                                                     'max_pooling2d_3[0][0]']
flatten (Flatten)         (None, 1280)       0      ['mixed8[0][0]']
dense (Dense)             (None, 256)      327936   ['flatten[0][0]']
dense_1 (Dense)           (None, 10)        2570    ['dense[0][0]']
==================================================================================
Total params: 11,005,354
Trainable params: 330,506
Non-trainable params: 10,674,848
__________________________________________________________________________________
```

그림 15.1-3 model 구조의 일부분

model.summary() 함수를 수행하여 새로 생성된 모델, 즉 model의 구조를 살펴보면 (그림 15.1-3)와 같다. 인셉션 모듈 'mixed8'에 이어서 flatten 층 그리고 dense 층과 dense_1 층으로 구성된다. 총 파라미터 개수는 11,005,354개다. 약 1100만개 이상의 파라미터 중에서 학습되어질 파라미터의 개수는 330,506개 이다.

예제 15.1-1 프로그램

```
import cv2
import tensorflow as tf
from tensorflow import keras
import matplotlib.pyplot as plt
import numpy as np
import pandas as pd
from keras.applications.inception_v3 import InceptionV3

width = 84
height = 84
channel = 3

# MNIST 데이터 로딩
mnist = tf.keras.datasets.mnist
(x_train, y_train), (x_test, y_test) = mnist.load_data()
x_train, x_test = x_train / 255, x_test / 255  # 입력값 정규화

# 인셉션 입력 배열 초기화
x_train_tuned = np.zeros((x_train.shape[0], height, width, channel),
                              dtype=np.float32)
# 훈련 데이터를 인셉션 입력크기로 변형
for i, img in enumerate(x_train):
    img1 = cv2.resize(img, dsize=(width, height),
                    interpolation=cv2.INTER_LINEAR)
    x_train_tuned[i] = cv2.merge((img1, img1, img1))

# 인셉션 입력 배열 초기화
x_test_tuned = np.zeros((x_test.shape[0], height, width, channel),
                             dtype=np.float32)
```

```
# 검증 데이터를 인셉션 입력크기로 변형
for i, img in enumerate(x_test):
    img1 = cv2.resize(img, dsize=(width, height),
                      interpolation=cv2.INTER_LINEAR)
    x_test_tuned[i] = cv2.merge((img1, img1, img1))

# 인셉션 모델 불러오기
base_model = InceptionV3(input_shape=(height, width, channel),
                    include_top=False, weights='imagenet')
base_model.summary()
print('\n\n')

# 기반모델의 기존 가중치 사용
for layer in base_model.layers :
    layer.trainable = False

# 기반모델의 마지막 층 결정
last_layer = base_model.get_layer('mixed8')
last_output = last_layer.output

# 새로운 층 추가
x = keras.layers.Flatten()(last_output)
x = keras.layers.Dense(256, activation='relu')(x)
x = keras.layers.Dense(10, activation='softmax')(x)

# 모델 입출력 결정
model = keras.models.Model(base_model.input, x)

model.compile(optimizer='adam',
            loss='sparse_categorical_crossentropy',
            metrics=['accuracy'])
model.summary()
print('\n\n')

# 학습
history = model.fit(x_train_tuned, y_train, epochs=10,
```

```
              validation_data=(x_test_tuned, y_test))

# 학습 결과 출력
pd.DataFrame(history.history).plot.line(figsize = (5, 3))
plt.xlim(0,10), plt.ylim(0,1)
plt.title('\nLearning results')
plt.show()
```

(그림 15.1-4)는 (예제 15.1-1) 프로그램을 수행결과를 보여준다. 기반 모델은 1000개의 클래스를 갖는 이미지 넷으로 이미 학습되어 있고, 추가된 2개 층의 가중치를 MNIST 손글씨 숫자 데이터를 사용하여 학습한다. 10 에폭 반복하여 학습한 결과를 라인 플롯으로 보여준다. 첫 번째 에폭을 통과한 후 훈련데이터의 인식률 95.2% 테스트데이터의 인식률 97.8%를 달성한다. 테스트데이터에 대한 인식률이 오히려 높다. 전이학습이 일반화에 탁월한 효과를 보이고 있음을 확인할 수 있다. 에폭 횟수가 증가하면서 훈련데이터에 대한 인식률은 꾸준히 증가하지만, 테스트데이터에 대한 인식률은 약간의 등락을 보이며 최종적으로 훈련데이터 인식률 99.1% 테스트데이터 인식률 98.1%를 달성한다.

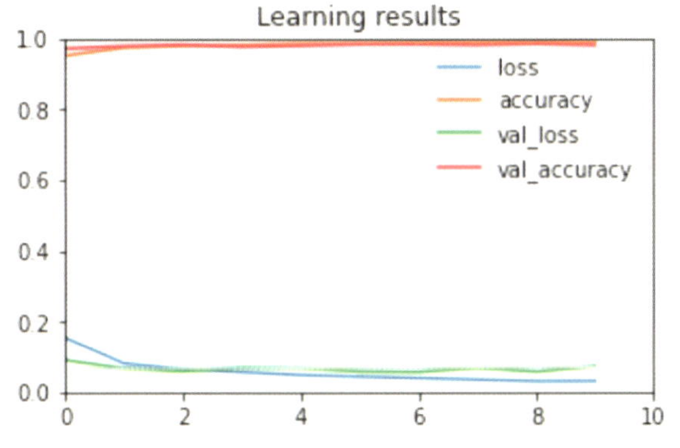

그림 15.1-4 전이학습 수행결과

15.2 전이학습 유형

전이학습 방식은 추가적으로 수행하는 학습의 정도에 따라 크게 네 가지 유형으로 구분할 수 있다. 첫째는 신경망의 구조만 사용하면서 가중치는 자신의 데이터 셋으로 새로 학습시키는 방식이다. 풀고자하는 문제영역의 데이터 유형이 사전 학습된 신경망이 사용한 데이터 유형과 매우 상이하면서 동시에 가용한 데이터 셋의 크기가 충분한 경우에는 이 방식이 효과적이다.

둘째는 신경망의 구조는 그대로 사용한다. 가중치의 경우에는 신경망의 앞쪽에 위치한 합성곱층들의 가중치는 사전 학습된 가중치 그대로 사용하고 나머지 층들의 가중치는 새로 학습하는 방식이다. 이처럼 신경망의 앞쪽에 위치한 가중치와 뒤쪽에 위치한 가중치에 차별을 두는 이유는 앞쪽 층들은 문제 영역에 독립적인 특징들을 추출하고 뒤쪽 층들을 문제 영역에 의존적인 특징들을 추출하기 때문이다. 풀고자하는 문제영역의 데이터 유형이 사전 학습된 신경망이 사용한 데이터 유형과 매우 상이하면서 동시에 가용한 데이터 셋의 크기가 충분하지 않은 경우에는 이 방식이 효과적이다.

셋째는 신경망의 구조는 그대로 사용한다. 가중치의 경우에는 신경망의 합성곱층들의 가중치는 사전 학습된 가중치 그대로 사용하고 나머지 전결합층들의 가중치는 새로 학습하는 방식이다. 일반적으로 신경망의 합성곱층은 특징을 추출하는데 사용되고 전결합층은 분류 작업을 하는데 사용된다. 특징 추출 과정은 사전 학습된 가중치를 사용하고 분류 과정에서 문제 영역에 특화된 가중치를 학습하는 전략이다. 풀고자하는 문제영역의 데이터 유형이 사전 학습된 신경망이 사용한 데이터 유형과 매우 비슷하면서 동시에 가용한 데이터 셋의 크기가 충분한 경우에는 이 방식이 효과적이다.

넷째는 신경망의 구조는 그대로 사용하고 가중치도 그대로 사용하는 방식이다. 추가적인 학습을 전혀 하지 않는다. 현재 풀고자하는 문제에 가장 적합한 신경망을 선택하고, 선택된 신경망을 그대로 사용하여 새로운 입력 영상에 대한 처리를 추가 학습 없이 수행한다. 풀고자하는 문제영역의 데이터 유형이 사전 학습된 신경망이 사용한 데이터 유형과 매우 비슷하면서 동시에 가용한 데이터 셋의 크기가 충분하지 않은 경우에는 이 방식이 효과적이다. 다음 절에서 설명할 OpenCV를 이용한 전이학습이 이러한 방식의 대표적인 경우이다. (그림 15.2-1)은 위 네 가지 방식의 전이학습 과정을 도식적으로 보여준다.

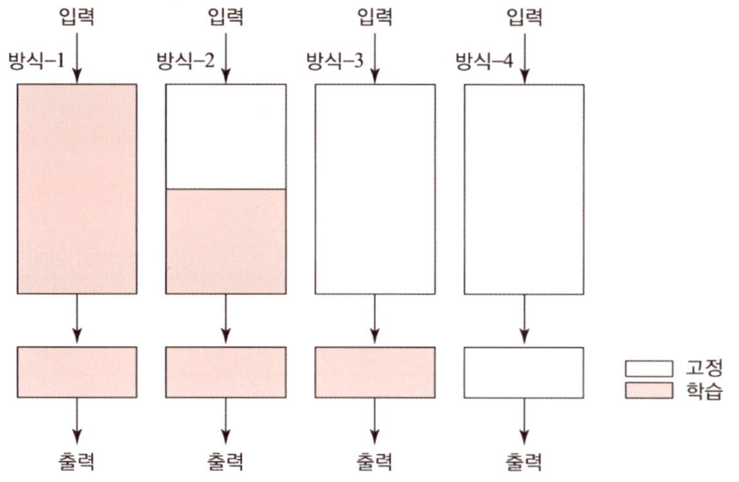

그림 15.2-1 네 가지 유형의 전이학습

15.3 OpenCV.dnn 모듈을 사용한 전이학습

컴퓨터 비전 문제 해결을 위한 최고의 라이브러리인 OpenCV는 컴퓨터 비전 분야의 거의 모든 알고리즘을 지원하기 때문에 OpenCV 없이 컴퓨터 비전을 이야기하는 것은 무의미할 정도이다. OpenCV는 버전 3.1부터 심층 신경망을 수행할 수 있는 dnn(deep neural network) 모듈을 제공한다. dnn 모듈은 사전에 학습된 신경망 모델을 불러와서 추론작업을 수행하는 기능을 갖고 있다. caffe, tensorflow, torch 등의 프레임워크에서 학습된 모델과 ONNX(Open Neural Network Exchange) 파일 형식으로 저장된 모델을 불러와 영상 분류, 물체 검출, 사람의 포즈인식, 얼굴인식 등의 작업을 수행한다. 예를 들어, 영상 인식 분야에서 잘 알려진 AlexNet, GoogLeNet, VGGNet, ResNet, MobileNet이 OpenCV.dnn에서 수행되고, 물체 검출에 뛰어난 성능을 보이는 VGG-SSD, MobileNet-SSD, YOLO, YOLOv3, 사람 포즈를 인식하는 OpenPose, 사람 얼굴인식하는 OpenFace 신경망 모델이 OpenCV.dnn 모듈에 의해 쉽게 사용된다.

OpenCV.dnn의 또 다른 장점은 인텔 프로세서에 최적화 되어있다는 점이다. 실시간 비디오 영상에서 물체 검출 또는 영상 분할과 같은 작업에 대해서 높은 fps(frames per second) 처리율을 보인다. 예를 들어, 텐서플로우(Tensorflow) 또는 파이토치(PyTorch)와 같은 프레임워크와 비교하더라도 상대적으로 빠른 처리 속도를 보인다. (그림 15.3-1)은 OpenCV.dnn이 지원하는 각 응용분야의 신경망 프레임워크들을 보여준다.

framework	model 파일 확장자	config 파일 확장자
Caffe	*.caffemodel	*.prototxt
Tensorflow	*.pb	*.pbtxt
Torch	*.t7 또는 *.net	
Darknet	*.weights	*.cfg
DLDT	*.bin	*.xml
ONNX	*.onnx	

그림 15.3-1 OpenCV이 지원하는 신경망 프레임워크

OpenCV.dnn 모듈을 사용하여 심층 신경망을 실행하기 위해서는 다음과 같은 일련의 작업을 순차적으로 진행한다.

(1) 신경망 객체 생성
(2) 입력 블롭 생성
(3) 신경망 객체의 입력 설정
(4) 순방향 추론

신경망 객체 생성은 cv2.dnn.readNet() 생성자(constructor) 함수를 사용하여 수행된다. 생성자 함수는 신경망 구조에 관한 정보를 수록한 config 파일과 학습된 가중치를 저장한 model 파일 그리고 framework 이름을 전달받아 해당되는 신경망 객체를 생성한다. model 파일에 학습된 가중치와 신경망 구조에 대한 정보가 함께 저장되어 있는 경우에는 config 파일을 생략할 수 있다. model 또는 config 파일 확장자를 통해 프레임워크 구분이 가능하다면 framework 이름도 생략할 수 있다.

```
cv2.dnn.readNet(model, config=None, framework=None)

    model : 학습된 가중치를 저장하고 있는 이진 파일
    config : 신경망 구성에 대한 정보를 저장하고 있는 텍스트 파일
    framework : 모델 파일을 생성한 프레임워크 이름
```

예를 들어, bvlc(Berkeley Vision and Learning Center)에서 Caffe 프레임워크를 사용하여 구현한 GoogLeNet의 model 파일은 bvlc_googlenet.caffemodel이고 config 파일 이름은 bvlc_googlenet.prototxt이다.

생성된 신경망 객체는 블롭(blob)이라 불리는 4차원 행렬로 표현된 데이터를 입력받도록 설계되어있다. 따라서 2차원 영상을 NCHW(N: 데이터 개수, C: 채널 수, H: 영상의 세로 크기, W: 영상의 가로 크기) 정보를 표현하는 블롭 구조로 변환한다. 신경망 객체의 입력 블록 생성 작업은 cv2.dnn.blobFromImage() 함수를 사용하여 수행한다.

```
cv2.dnn.blobFromImage(image, scalefactor, size, mean, swapRB, crop,
                      ddepth=None)

    image : 입력 영상
    scalefactor : 기본값=1, 입력영상 화소 값에 곱할 값
    size : 기본값=(0, 0), 출력 블롭의 크기
    mean : 기본값=(0.0, 0.0), 입력영상의 각 채널에서 뺄 평균값
    swapRB : 기본값=True, R 채널과 B 채널을 바꿀 것인지를 결정
    crop : 기본값=False, 영상크기 조절 후에 자르기 작업 수행여부 결정
    ddepth : 기본값=CV 32F, 출력 블롭의 깊이, CV_32F 또는 CV_8U
```

cv2.dnn.blobFromImage() 함수는 4차원 블롭 객체를 반환한다. 각 신경망 모델마다 고유의 입력 블롭 크기가 정해져 있으므로 이에 맞게 size 값을 설정해야 한다. 예를 들어, bvlc_googlenet 모델은 224x224 크기의 입력을 요구하므로 (224, 224)로 size 값을 설정한다. scalefacter 값은 불러온 신경망 모델이 학습 과정에서 영상 화소 값의 범위를 어떻게 설정했는가에 따라 달라진다. 만약 화소 값 범위를 0에서 1사이의 값으로 정규화하여 학습했다면 scalefactor 값을 1/255

로 설정한다. mean은 입력 영상의 각 화소 값에서 추가로 뺄 값을 설정한다. 불러온 신경망 모델이 사용한 컬러영상 채널 순서가 RGB 순서이면, swapRB를 True로 설정한다. 이는 OpenCV는 BGR 순서의 컬러 채널을 사용하기 때문이다.

cv2.dnn.blobFromImage() 함수가 생성한 블롭 객체를 cv2.dnn.readNet() 함수가 생성한 신경망 객체의 입력으로 설정하는 작업은 setInput()를 사용하여 수행한다.

```
setInput(blob, name, scalefactor, mean)

    blob : 블롭객체 이름
    name : 입력층 이름
    scalefactor : 추가적으로 화소 값에 곱할 값
    mean : 추가적으로 화소 값에서 뺄 평균값
```

setInput() 함수는 scalefactor와 mean을 사용하여 추가적으로 화소 값을 조절할 수 있다. setInput() 함수가 반환하는 블롭, 즉 신경망 객체에 입력되는 블롭은 다음과 같은 형태로 설정된다.

$$input(n,c,h,w) = scalefactor \times (blob(n,c,h,w) - mean)$$

신경망 객체의 입력을 설정한 후에는 순방향 추론을 진행하여 결과를 생성한다. 신경망 객체는 이미 학습이 완료된 가중치와 신경망 구조에 대한 정보를 갖고 있으므로 지루한 학습과정 없이 바로 예측 과정이 진행된다. 예측 결과를 생성하는 추론 작업은 forward() 함수가 수행한다.

```
forward(outputName)

    outputName : 출력층 이름
```

forward() 함수는 설정된 입력 블롭을 순방향(forward direction)으로 전달하며 신견망 모델을 실행하여 outputName으로 지정된 층의 출력을 반환한다. ouputName이 지정되지 않은 경우에는, 즉 특정한 출력층이 지정되지 않은 경우에는, 전체 신경망 모델의 실행 결과를 반환한다. 반환되는 행렬의 구조는 cv2.dnn.readNet() 함수가 불러온 신경망 모델에 따라 다르므로, 신경망 모델에 대한 이해가 필요하다. 예를 들어, bvlc_googlenet 모델은 1000개의 클래스에 대한

120만장의 영상 데이터를 포함한 이미지 넷(ImageNet) 데이터 셋을 사용하여 학습된 모델이다. bvlc_googlenet 모델이 수행한 영상인식 작업의 결과는 형태(shape)가 (1, 1000)인 2차원 행렬로 반환된다.

(예제 15.3-1) 프로그램은 OpenCV.dnn 모듈이 사전 학습된 bvlc_googlenet 신경망 모델을 사용하여 영상인식 작업을 수행하는 예를 보여준다. 앞에서 설명했듯이 bvlc_googlenet 모델은 Caffe 프레임워크를 사용하여 생성된 모델로서 2014년 이미지넷 경진대회에서 우승을 차지한 모델이다. 인셉션 모듈 9개를 포함해 총 22개 층으로 구성되어 있다. 이 모델을 학습하기 위해 사용된 데이터 셋은 1000개의 클래스에 대한 영상 120만장이 수록된 이미지 넷이다.

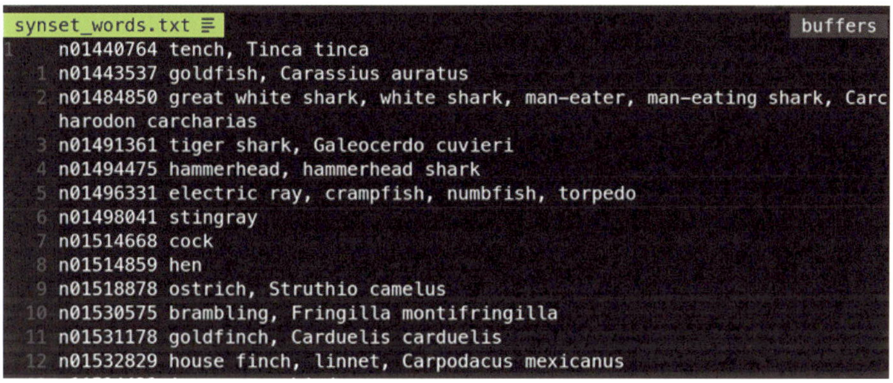

그림 15.3-2 synset_words.txt 파일 내용

(그림 15.3-2)는 synset_words.txt 파일이 수록하고 있는 1000개의 클래스에 대한 정보를 보여준다. 각 줄에 클래스 id 그리고 클래스 이름을 나타내는 몇 개의 동의어를 수록한 1000개의 줄로 구성되어 있다. 예를 들어, id = n01140764 인 클래스는 'tench' 또는 'Tinca tinca'라고 불리는 물고기를 나타낸다. 파일의 앞부분과 뒷부분에는 의미 없는 여백(white space)이 있고 각 줄의 구분은(delimiter)은 '\n'으로 표시된다. 따라서 아래 명령문은 파일을 오픈하고, 읽고, 위아래 여백을 제거하고 구분자 '\n'을 사용해 줄 단위 분리 작업을 수행한다.

```
allRows = open('synset_words.txt').read().strip().split('\n')
```

수행 결과로 만들어지는 리스트 allRows는 각 클래스에 대한 정보를 수록한다. 예를 들어, allRows[0]은 파일의 첫 번째 줄의 문자열 'n01140764 tench, Tinca tinca' 을 값으로 갖는다. 리스트 classes는 allRows에서 클래스 id를 제거한 리스트이다.

프로그램 내 대부분의 명령문들은 앞에서 설명한 내용들이고, 순방향 추론 결과로 만들어진 2차원 행렬 out은 입력영상이 각 클래스에 속할 확률 값을 갖는다. 확률 값 내림차순으로 색인을 정렬하여 확률 값이 큰 톱-5 클래스에 대한 정보를 출력한다.

예제 15.3-1 프로그램

```
import numpy as np
import cv2

# 입력영상 읽기
image = cv2.imread('mountain.jpg')

cv2.imshow('input', image)
key = cv2.waitKey(0)
cv2.destroyAllWindows()

# 클래스 정보 수록한 synset_words.txt 파일 읽어와 클래스 리스트 생성
allRows = open('synset_words.txt').read().strip().split('\n')

# 클래스 id 제거
classes = [r[r.find(' ')+1:] for r in allRows]

# bvlc_googlenet 신경망 객체 생성
net = cv2.dnn.readNet('bvlc_googlenet.prototxt',
                      'bvlc_googlenet.caffemodel')

# 입력 블롭 생성
blob = cv2.dnn.blobFromImage(image, 1, (224,224))

# 신경망 객체 입력 설정
net.setInput(blob)
```

```
# 순방향 추론하여 넘파이 배열 out 반환
out = net.forward()

# 확률값이 큰 톱5 클래스 색인
idx_asc = out.argsort()
idx_desc = np.fliplr(idx_asc)
idx_top5 = idx_desc[0,:5]

# 최종 결과 출력
for i, id in enumerate(idx_top5):
    print("{}. {} ({}): Prob = {:.3}%".format(i+1, classes[id], id,
                                              out[0][id]*100))
```

(그림 15.3-3)은 (예제 15.3-1) 프로그램 실행 결과를 보여준다. 입력 영상은 세계에서 10번째로 높은 안나푸르나(Annapurna) 영상이다. 프로그램은 93.8% 확률로 alp(알프스 산맥)라고 인식하고 있다. 학습에 사용된 1000개의 클래스(synset_words.txt) 안에 안나푸르나(Annapurna)라는 클래스가 없어서 같은 산(mountain)에 해당되는 alp를 가장 신뢰하는 클래스로 인식한 것 같다.

```
1. alp (970): Prob = 98.3%
2. volcano (980): Prob = 0.715%
3. valley, vale (979): Prob = 0.451%
4. promontory, headland, head, foreland (976): Prob = 0.189%
5. cliff, drop, drop-off (972): Prob = 0.0899%
```

그림 15.3-3 (예제 15.3-1) 프로그램 실행 결과

참고문헌

- Mohamed Elgendy, Deep Learning for Vision Systems, Chapter6, Manning, November, 2020
- 강영민, 으뜸 머신러닝, 생능출판, 2021
- M. Oquab, "Learning and transferring mid-level image representations using convolutional neural networks," in: Proc. of the IEEE Conference on Computer Vision and Pattern Recognition, 2014
- https://en.wikipedia.org/wiki/Transfer_learning
- https://learnopencv.com/deep-learning-with-opencvs-dnn-module-a-definitive-guide/
- https://d2l.ai/chapter_computer-vision/fine-tuning.html
- https://www.kaggle.com/code/chandankumarsarkar/transfer-learning-inceptionv3/

CHAPTER 16

YOLO를 이용한 객체검출

16.1 객체검출 모델

객체 검출(object detection) 기술은 감시 시스템(surveillance system), 자율주행 차량(self driving cars), 로보틱스(robotics) 등 다양한 응용 분야에 적용되는 컴퓨터 비전의 핵심 기술로서, 영상 내에서 객체의 위치를 찾고 또 객체가 어떤 객체인지 분류하는 기술이다. 객체 분류(object classification) 작업의 경우에는 영상에 객체가 하나만 있다고 가정하고 객체의 카테고리를 식별한다. 그러나 대부분의 영상은 여러 객체를 포함하고 또 포함된 객체의 수가 일정하지 않으므로 포함된 객체들의 위치를 모두 찾아서 각 객체의 클래스를 식별하는 작업은 난이도가 제법 높은 작업이다. (그림 16.1-1)은 객체 검출 작업이 객체 위치 확인 작업(object localization)과 객체 분류 작업(object classification)으로 구성되어 있음을 직관적으로 보여준다.

그림 16.1-1 객체 검출

객체 검출 방법은 객체 후보 영역을 제안하는 작업(region proposal)과 객체 분류(object classification) 작업이 순차적으로 이루어지는 두-단계 객체 검출 방식(two stage object detection)과 객체 후보 영역을 제안하는 작업과 객체 분류 작업이 동시에 이루어지는 단일-단계 객체 검출 방식(one stage object detection)으로 분류된다.

두-단계 객체 검출 방식의 첫 번째 작업인 객체 후보 영역을 제안하는 작업을 살펴보자. 객체 후보 영역을 제안하는 가장 쉬운 방법은 마스크를 영상의 좌측 상단에서 우측 하단 방향으로 슬라이딩하면서 마스크 안의 화소 값들을 분석하여 객체 후보 영역을 찾는 방식이다. 이 방식은 영상의 모든 영역을 다양한 마스크를 사용하여 탐색하여야 하므로 비효율적인 방법이다. 좀 더 개선된 방법은 객체를 포함할 가능성이 높은 영역을 선택적 탐색(selective search)하는 방법이다. 색상, 모양, 질감이 유사한 화소들을 계층적 군집화(hierarchical clustering) 방식으로 모아서 객체 후보 영역을 찾아가는 탐색 방법이다. 많은 알고리즘들이 선택적 탐색 방법을 사용하여 객체 후보 영역을 제안한다.

두 번째 작업인 객체 분류 작업은 첫 번째 작업에서 제안된 후보 영역들을 처리하여 객체를 포함하는 경계 박스(bounding box)를 만드는 작업과 객체의 클래스를 식별하는 작업을 수행한다. 경계 박스는 튜플 (x, y, w, h) 로 표시된다. x 와 y 는 경계 박스의 중심점 좌표이고, w 와 h 는 경계 박스의 너비와 높이다. 객체가 속할 클래스는 소프트맥스 함수를 사용하여 확률 값으로 표시된다. 두-단계 객체 검출 방법은 단일-단계 객체 검출 방법보다 정확도는 높지만 계산 시간은 많이 걸리는 방법이다. 이 방법에 속하는 대표적인 알고리즘은 R-CNN(Region-based CNN)이다. (그림 16.1-2)는 두-단계 객체 검출 방식의 작업 흐름을 보여준다.

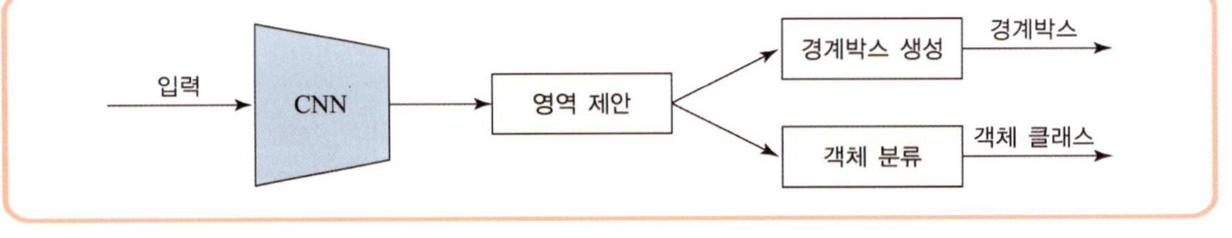

그림 16.1-2 두-단계 객체 검출 방식의 작업 흐름

단일-단계 객체 검출 방식에서는 객체 위치를 찾는 작업과 객체 분류 작업이 동시에 이루어진다. 학습데이터를 분석하여 만들어진 시나리오를 바탕으로 작업이 이루어진다. 이 방식은 정해진 위치에서 정해진 크기의 객체를 찾아가며 동시에 객체가 특정 클래스에 속할 확률 값도 계산한다. 입력 영상을 적절한 크기의 그리드 셀(grid cell)들로 분할하고, 각 그리드 셀에서 형태와 크기가 미리 예측된 객체를 추출한다.

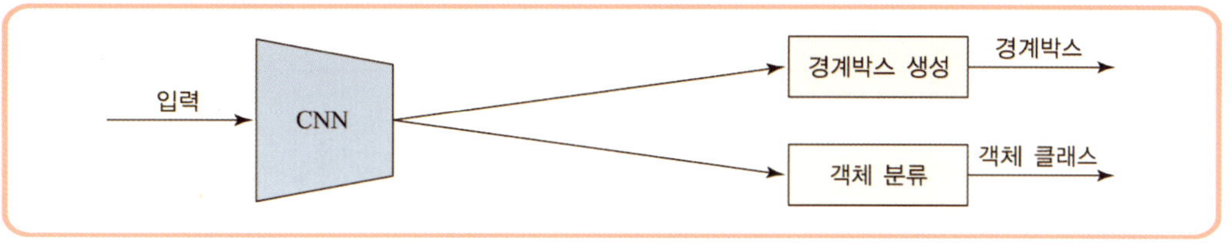

그림 16.1-3 단일-단계 객체 검출 방식의 작업 흐름

단일-단계 객체 검출 방식은 정확도는 다소 떨어지지만 처리 속도가 엄청 빨라서 실시간을 요구하는 응용에 적합한 방식이다. 이 방식에 속하는 대표적인 알고리즘은 YOLO(You Only Look Once)다. (그림 16.1-3)은 단일-단계 객체 검출 방식의 작업 흐름을 보여준다.

객체 검출 모델의 성능을 평가하는 3가지 유형의 척도를 살펴보자. 첫 번째 척도는 객체 검출 속도를 평가하는 척도로서 초당 처리하는 프레임 수를 나타내는 fps(frames per second)다. 일반적으로 초당 30 프레임 정도를 처리하면 실시간(real time) 처리 능력을 갖추고 있다고 한다.

두 번째 척도는 모든 클래스에 대한 평균 정밀도를 나타내는 mAP(mean Average Precision)다. 평균 정밀도 AP를 계산하기 위해서 정밀도(precision), 검출율(recall) 그리고 정밀도-검출율 곡선(PR Curve)에 대해 설명한다. 정밀도와 검출율은 각 클래스별로 계산되는 척도다. 정밀도는 검출된 객체 중에서 클래스에 속하는 객체가 몇 퍼센트인지를 나타낸다. 검출율은 클래스에 속하는 총 객체 중에서 클래스가 맞게 검출된 객체가 몇 퍼센트인지를 나타낸다. (식 16.1-1)에서 TP (true positive)는 소속 클래스가 맞게 검출된 객체 개수를 나타내고, FP (false positive)는 소속 클래스가 틀리게 검출된 객체 개수를 나타내고, FN (false negative)는 클래스에 속하면서 검출되지 않은 객체 개수를 나타낸다.

$$\text{정밀도} = \frac{TP}{TP + FP} \qquad \text{(식 16.1-1)}$$

$$\text{검출율} = \frac{TP}{TP + FN} \qquad \text{(식 16.1-2)}$$

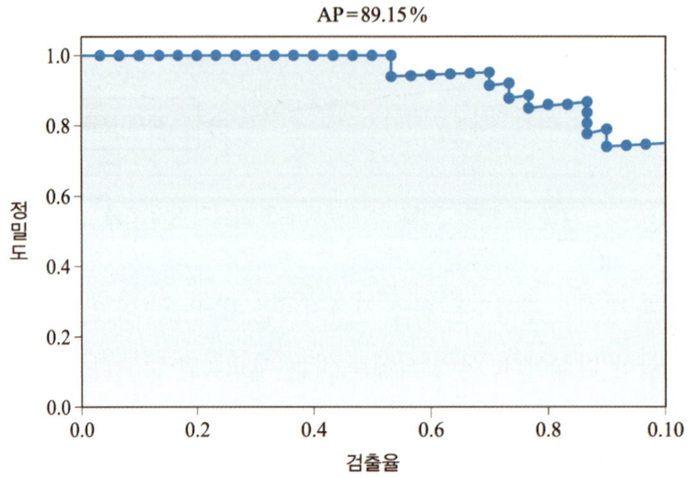

그림 16.1-4 PR-그래프

일반적으로 정밀도와 검출율은 서로 상반되는 관계를 갖는다. 정밀도를 높이면 검출율은 떨어지고 반대로 검출율을 높이면 정밀도는 떨어진다. 따라서 검출율의 변화에 따른 정밀도의 변화를 확인해야 한다. 즉 정밀도-검출율 그래프(PR graph) 전체를 보며 성능 평가가 이루어져야 한다. 예를 들어, (그림 16.1-4)와 같은 정밀도-검출율 그래프에서 평균 정밀도(Average Precision)는 각 검출율에서 만들어진 정밀도를 모두 더한 값, 즉 PR-그래프의 아래 부분인 옅은 하늘 색으로 표시된 면적에 해당된다. 각 클래스에 대한 평균 정밀도가 구해지면 이들을 평균한 값 mAP을 객체 검출 모델의 성능 척도로 사용한다. 이 값이 클수록 좋은 모델이라고 할 수 있다.

세 번째 척도는 중첩률(IoU: Intersection over Union)을 나타내는 척도다. (그림 16.1-5)와 같이 정답 경계박스와 예측된 경계박스의 합집합을 분모로 그리고 이들의 교집합을 분자로 해서 계산된 값이 중첩률이다. 중첩률이 클수록, 1에 가까운 값을 가질수록, 예측된 경계박스는 정답에 가까운 경계박스로 판단될 수 있다. 일반적으로 중첩률이 0.5 또는 0.75 이상인 경우에만 생성된 예측 경계박스를 의미 있는 경계박스로 간주한다.

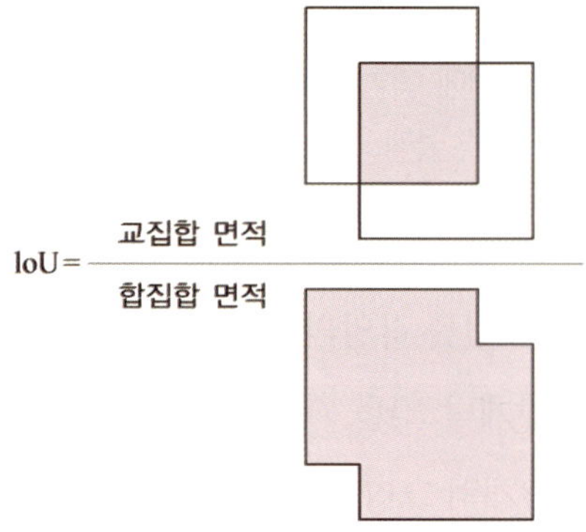

그림 16.1-5 중첩률 계산

16.2 YOLO v1

YOLO는 2015년 조셉 레드몬(Joseph Redmon)이 그의 논문 'You Only Look Once: Unified real-time object detection'에서 제안한 이후 수차례에 걸쳐 새로운 버전이 만들어 졌다. 버전-1에서는 객체 검출을 위한 전체적인 틀이 만들어졌고, 버전-2에서는 경계박스 생성을 위해 미리 정의된 앵커박스라는 틀을 사용하여 정확도와 효율성을 높였고, 버전-3에서는 다양한 크기와 다양한 형태의 앵커박스를 사용하고 새로운 신경망을 도입하여 모델의 성능을 한층 강화했다. 본 절에서는 첫 번째 버전에 대해 설명한다.

논문 제목 'You Only Look Once'에서 YOLO는 객체 검출을 위해 '입력 영상을 한번 본다'는 점을 강조하고 있다. 이는 입력 영상이 신경망을 한번 통과하며 처리되어 객체 검출의 전 과정이 완성된다는 점이다. 부제에서 사용된 'Unified'의 의미는 객체의 위치를 나타내는 경계박스를 생성하는 작업과 객체 분류 작업이 하나의 작업으로 통합되어 처리된다는 의미이고, 'real-time'의 의미는 말 그래도 실시간 처리를 위해 제안된 모델이라는 점이다.

YOLO v1은 객체 검출 문제를 단일 회귀 문제(regression problem)로 재구성한다. 슬라이딩 마스크나 선택적 탐색과 같은 방법을 사용하여 경계박스를 생성하는 대신에 입력 영상을 7x7 그리드(grid)로 나누고, 그리드의 각 셀에서 2개의 경계박스를 정의한다. 총 98개의 경계박스가 만들어지며 각 경계박스는 다음과 같은 값들로 구성된다.

(1) 경계박스의 중심 좌표 (x, y), 너비와 높이 (w, h)
(2) 경계박스가 객체를 포함할 가능성에 대한 신뢰도
(3) 경계박스가 포함하는 객체가 20개 클래스 각각에 소속될 조건부 확률

(그림 16.2-1)은 YOLO v1의 객체 검출 작업의 흐름을 보여준다. 각 그리드 셀은 중심이 셀 안에 위치한 객체(객체를 포함한 경계박스)를 최대 2개까지 예측한다. 예측을 위한 학습 과정은 뒤에서 설명하기로 한다. 7x7=49개의 그리드 셀들이 예측한 객체에 정보는 7x7x30 크기의 텐서로 표현된다. 각 그리드 셀을 대표하는 1x30 크기의 텐서(채널 벡터)는 경계박스-1의 위치 및 크기 정보와 신뢰도를 나타내는 5개, 경계박스-2의 위치 및 크기 정보와 신뢰도를 나타내는 5개, 그리고 그리드 셀이 포함하는 객체가 20개 클래스 각각에 소속될 조건부 확률 값 20개 도합 30개 값으로 구성된다.

경계박스의 중심 좌표 (x, y)는 그리드 셀 크기로 정규화 되어 0에서 1 사이의 값을 갖는다. 즉 (0, 0)이면 그리드 셀의 좌측 상단, (1,1)이면 그리드 셀의 우측 하단 위치를 나타낸다. 경계박스의 너비와 높이 역시 영상의 너비와 높이로 정규화 되어 0에서 1 사이의 값을 갖는다. 예를 들어, (1/7, 1/7)이면 그리드 셀과 같은 크기이고, (1/7, 2/7)이면 너비는 셀의 너비와 같고 높이는 셀 높이의 2배이다. 두 경계박스의 크기와 모양은 서로 비슷할 수도 있고 다를 수도 있다. 이들은 학습된 신경망의 상태와 입력 영상의 상태에 의해 결정된다.

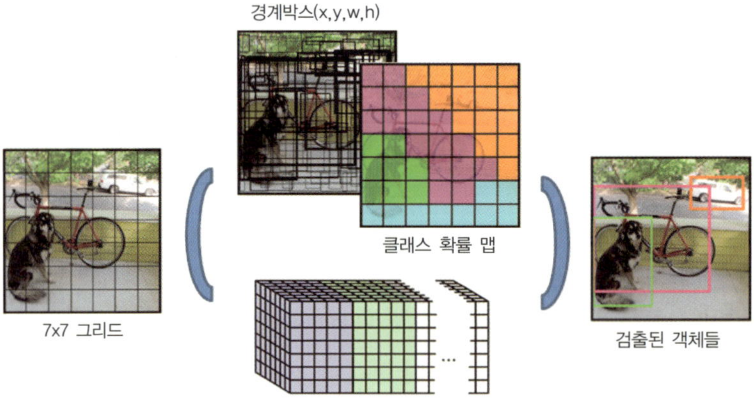

그림 16.2-1 YOLO v1 작업 흐름도

20개 클래스 각각에 대한 조건부 확률 값은 만약 해당 그리드에 객체가 존재한다면 그 객체가 20개 클래스 각각에 소속될 확률 값이다. 각 그리드 셀은 두 개의 경계박스를 갖는데, 각 경계박스마다 해당 객체가 속할 클래스에 대한 조건부 확률 값을 정의하지 않는다. 그리드 셀에 대해서 하나의 조건부 확률 값을 사용한다. 이는 각 그리드 셀에서 하나의 객체만을 검출하겠다는 의도다.

(그림 16.2-1)의 맨 좌측 그림은 입력 영상을 7x7 그리드로 분할한 모습을 보여주고, 가운데 위 그림에는 각 그리드 셀이 예측한 경계박스들과 각 그리드 셀에서 소속 클래스 조건부 확률 값이 가장 높은 클래스에 해당되는 컬러를 보여준다. 예를 들어 녹색 컬러는 'dog'을 대표하는 컬러고 자주색 컬러는 'bicycle'을 대표하는 컬러다. 가운데 아래 그림은 YOLO v1이 만들어낸 7x7x30 크기의 텐서를 보여주고, 맨 오른쪽 그림은 비최대치 억제(NMS: Non-Maximum Suppression) 과정을 수행한 후 최종적으로 검출된 객체들을 보여준다. 비최대치 억제 과정에 대해서는 뒤에서 설명한다.

(그림 16.2-2)는 YOLO v1 모델의 구현에 사용된 신경망 구조를 보여준다. 기본적으로는 GoogLeNet 구조와 유사하지만 인셉션 모듈 대신에 1x1 합성곱과 3x3 합성곱을 결합하여 채널 개수를 줄이는 작업을 수행한다. 총 24개의 합성곱층과 2개의 전결합층으로 구성되며, 합성곱층은 특징 추출하는 작업을 수행하고 전결합층은 클래스 확률 값과 경계박스의 좌표 값을 예측하는 작업을 수행한다. 최종 출력 텐서의 크기는 7x7x30이다. 최종 출력층은 선형 활성화 함수를 갖고 나머지 층들은 렐루(ReLU) 활성화 함수를 갖는다.

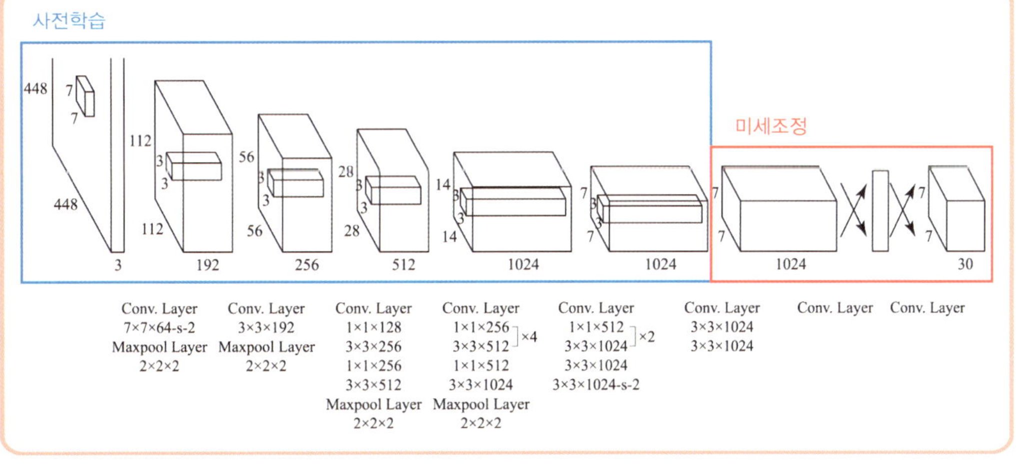

그림 16.2-2 YOLO v1 신경망 구조

YOLO 신경망의 학습은 두 단계로 나누어 진행된다. (그림 16.2-2)에서 청색 상자 안의 20개 합성곱 층은 1000개의 클래스를 갖는 이미지넷(ImageNet) 데이터 셋을 사용하여 사전 학습된 (pretrained) 층들이다. 사전 학습에 사용된 입력영상의 해상도는 224x224이고 20개 합성곱 층 뒤에 평균-풀링 층과 전결합 층을 연결하여 사전 학습을 수행한다. 두 번째 단계는 미세 조정 (fine tuning) 단계다. 이미지넷은 영상 분류 작업을 위한 데이터 셋이므로 객체 검출을 위해서 학습된 20개 층 뒤에 (그림 16.2-2)에서 빨간색 상장 안의 4개의 합성곱 층과 2개의 전결합 층을 추가하고 추가된 층들을 PASCAL VOC 데이터 셋을 사용하여 학습한다. 추가된 층들을 학습하기 위해 사용된 입력 영상의 해상도는 448x448이다.

PASCAL VOC 2012 데이터 셋은 객체 검출, 영상 분류, 영상 분할 작업을 위해 공개된 대표적인 데이터 셋으로서 20개 클래스에 대한 훈련영상 5717장 그리고 검증영상 5823장으로 구성된다. 각 영상에는 복수(약 2.4개)의 객체가 존재하고 각 객체의 소속 클래스 그리고 경계박스에 대한 정보는 주석(annotation) 파일에 수록되어 있다.

학습 과정에서 목표 출력과 실제 출력과의 오차를 계산하는 손실함수는 (식 16.2-1)에서와 같이 경계박스의 위치에 대한 오차와 객체의 소속 클래스 확률에 대한 오차로 구성된다.

$$\begin{aligned}
&\lambda_{coord} \sum_{i=0}^{S\times S} \sum_{j=0}^{B} 1_{ij}^{obj} \left[(x_i - \hat{x_i})^2 + (y_i - \hat{y_i})^2 \right] \\
&+ \lambda_{coord} \sum_{i=0}^{S\times S} \sum_{j=0}^{B} 1_{ij}^{obj} \left[(\sqrt{\omega_i} - \sqrt{\hat{\omega_i}})^2 + (\sqrt{h_i} - \sqrt{\hat{h_i}})^2 \right] \qquad \text{(식 16.2-1)} \\
&+ \sum_{i=0}^{S\times S} \sum_{j=0}^{B} 1_{ij}^{obj} (C_i - \hat{C_i})^2 \\
&+ \lambda_{noobj} \sum_{i=0}^{S\times S} \sum_{j=0}^{B} 1_{ij}^{noobj} (C_i - \hat{C_i})^2 \\
&+ \sum_{i=0}^{S\times S} 1_{i}^{obj} \sum_{c\in classes} (p_i(c) - \hat{p_i}(c))^2
\end{aligned}$$

(식 16.2-1)에서 $(x_i, y_i, \omega_i, h_i, C_i, \boldsymbol{p}_i)$는 i-번째 그리드 셀의 목표 출력, 즉 훈련영상의 주석 파일에 수록된 값들을 나타낸다. 훈련영상의 대부분 그리드 셀은 객체를 포함하지 않으므로 C_i=0 으로 설정되고 나머지 값들은 의미 없는 값들이 된다. i-번째 그리드 셀이 클래스 id = k

인 객체를 포함하는 경우에는 C_i=1, $p_i(c=k)$=1, $p_i(c \neq k)$=0, 그리고 $(x_i, y_i, \omega_i, h_i)$는 객체를 포함하는 경계박스 값으로 설정된다.

각 그리드 셀은 두 개의 경계박스를 예측하지만, 학습 과정에서는 예측된 두 개의 경계박스 중에서 목표 경계박스, 즉 훈련영상의 주석 파일에 표시된 경계박스, 와 가장 많이 겹치는(IoU 값이 가장 큰) 경계박스만을 선택하여 학습을 수행한다. 선택된 경계박스를 책임 있는(responsible) 경계박스라 부른다. 선택된 경계박스의 값은 (식 16.2-1)에서 $(\hat{x}_i, \hat{y}_i, \hat{\omega}_i, \hat{h}_i, \hat{C}_i, \hat{p}_i)$로 표시한다.

이제 손실함수의 각 항이 무엇을 의미하는지 살펴보자. 지시자(indicator) 1_{ij}^{obj} 는 훈련영상에서 객체가 존재하는 i-번째 그리드 셀에서 IoU 값에 의해 선택된 j-번째 경계박스에 대한 오차를 계산할 때는 값 1, 그 외의 경우는 값 0을 갖는다. 지시자 1_{ij}^{noobj} 는 훈련영상에서 객체가 존재하지 않는 i-번째 그리드 셀에서 j-번째 경계박스에 대한 오차를 계산할 때는 값 1, 그 외의 경우는 값 0을 갖는다. 지시자 1_{i}^{obj} 는 훈련영상에서 객체가 존재하는 i-번째 그리드 셀에서는 값 1, 그 외의 경우는 값 0을 갖는다. 훈련영상에서 객체가 i-번째 그리드 셀에 존재한다는 의미는 객체의 중심이 i-번째 그리드 셀 내부에 위치한다는 뜻이다.

따라서 손실함수의 첫 번째 항과 두 번째 항은 IoU 값에 의해 선택된 예측 경계박스와 목표 경계박스의 위치 오차에 대한 손실 값을 나타낸다. 세 번째 항은 IoU 값에 의해 선택된 예측 경계박스의 신뢰도 오차에 대한 손실 값을 나타낸다. 네 번째 항은 객체가 예측되지 말아야할 그리드 셀에서 예측되는 경우에 대한 벌금 형태의 손실 값을 나타내고, 다섯 번째 항은 훈련 객체가 존재하는 셀에서 예측 객체의 조건부 클래스 확률에 대한 오차를 나타낸다.

손실함수 각 항의 크기가 균형을 갖도록 상수 λ_{coord} 와 λ_{noobj} 를 사용한다. 일반적으로 영상에서 객체가 없는 그리드 셀이 객체가 있는 그리드 셀보다 훨씬 많으므로 상대적으로 작은 λ_{noobj} 을 사용한다. 예를 들어, λ_{coord} =5 와 λ_{noobj} =0.5를 사용하여 균형을 맞춘다.

YOLO v1 모델은 학습과정에서 과적합(overfitting)을 방지하기 위해 다양한 노력을 시도한다. 첫 번째 전연결층 노드의 50% 정도를 드롭-아웃하며 학습을 수행하고 또 데이터 증강(data augmentation) 기법을 사용 데이터양을 늘린다. 원본 데이터를 랜덤하게 크기와 위치 변환하는 방식의 데이터 증강 기법을 사용하여 추가적인 데이터를 생성한다.

객체를 예측하는 추론과정에서 만들어지는 수많은 중복 경계박스들은 비최대치 억제 (non-maximum suppression) 기법으로 처리되어 최종적인 객체 검출 작업이 이루어진다. 비최대치 억제 기법은 소속 클래스 확률 값이 가장 높은 경계박스와 겹치는 경계박스들을 제거하는 기법이다. 조셉 레드몬의 논문에서는 소속 클래스 확률 값을 'class specific confidence score'라고 부르고 (그림 16.2-3)에서와 같이 각 경계박스마다 계산한다.

그리드 셀의 각 경계박스의 신뢰도는 해당 박스에 객체가 존재할 확률 $p(obj)$ 을 나타내고, 각 그리드 셀을 대표하는 1x30 텐서의 마지막 20개 값은 객체가 존재한다는 전제하에서 객체가 20개 클래스 각각에 소속될 조건부 확률 $p(class|obj)$ 을 나타낸다. 따라서 경계박스의 객체가 각각의 클래스에 소속될 확률 $p(class)$ 는 두 값을 곱한 값이 된다.

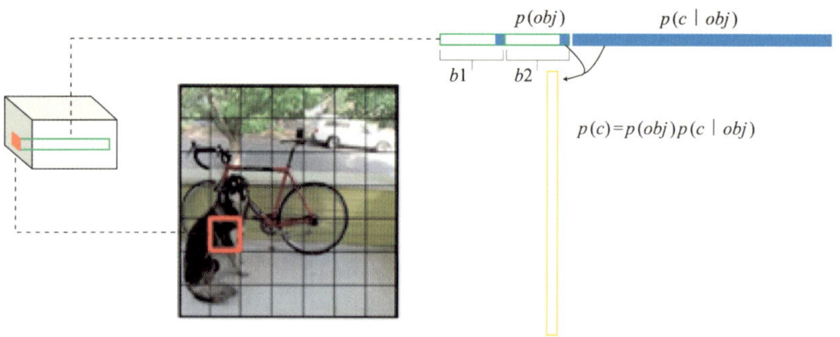

그림 16.2-3 각 경계박스의 클래스 소속 확률 계산

비최대치 억제에 의한 중복 경계박스 제거 작업은 클래스별로 진행된다. 이를 위해 각 예측 경계박스마다 20개 클래스 각각에 소속될 1x20크기의 확률 벡터를 (그림 16.2-3)과 같이 구한다. 총 7x7x2=98개의 확률 벡터가 구해진다. 구해진 98개의 확률 벡터를 사용하여 비최대치 억제 작업이 진행되는 과정을 처리 단계별로 정리하면 다음과 같다.

(1) 확률 벡터의 최댓값이 일정 임계값 이하인 경계박스는 제거

(2) 각 클래스마다 해당 클래스 소속 확률 값 순으로 확률 벡터를 정렬

  (2-1) 소속 확률 값이 가장 높은 확률 벡터를 선정

  (2-2) 선정된 확률 벡터의 경계박스와 다른 경계박스와의 IoU를 계산

  (2-3) IoU 값이 특정 임계값을 넘는 경계박스들을 제거

  (2-4) 소속 확률 값이 다음으로 가장 높은 확률 벡터를 선정

  (2-5) (2-2)로 진행

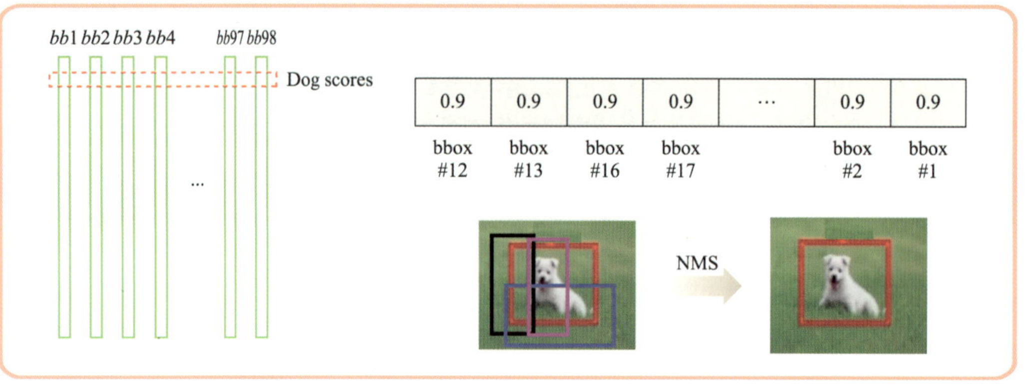

그림 16.2-4 비최대치 억제 작업

(그림 16.2-4)는 비최대치 억제 작업의 예를 보여준다. 98개의 확률 벡터를 "Dog" 클래스 확률값 순으로 정렬한 경우, 그림에서와 같이 경계박스 #12이 가중 큰 값을 갖고 다음이 경계박스 #13 순으로 정렬된다고 하자. 경계박스 #12와 경계박스 #13의 IoU가 임계값을 넘어서 경계박스 #13은 제거된다. 마찬가지로 결경박스 #16과 경계박스 #17도 제거되어 최종적으로 경계박스 #12만 남게 되는 예를 보여준다.

PASCAL VOC 2007과 2012 데이터 셋으로 학습한 YOLO v1 모델의 성능 분석 결과를 보면 정밀도는 63.4mAP로 다소 떨어지지만 처리 속도 측면에서는 GPU 장착한 Titan 그래픽 카드에서 초당 45 프레임을 처리하는 능력을 보이며 경량화된 버전(fast version)은 150 fps의 놀라운 능력을 보인다(실시간 기준: 30 fps). 각 그리드 셀에서 한 개의 객체만을 예측하도록 설계되어 있는 점과 합성곱 연산을 통해 만들어진 특징 맵으로부터 경계박스를 직접 예측하도록 설계되어 객체 위치가 다소 부정확하게 예측되는 한계를 갖고 있다.

16.3 YOLO v2

바람직한 객체 검출 모델은 정확하게, 빠르게, 그리고 다양한 유형의 객체를 검출할 수 있어야 한다. 객체 검출에 심층 신경망 모델이 도입되면서 빠르고 정확하게 객체를 검출할 수 있는 가능성이 열리고 있으나 두 가지 목표를 동시에 달성하는 것은 쉬운 일이 아니다. 정확하게 검출하려면 시간이 많이 걸리고 실시간 처리가 가능하도록 하려면 정확성이 떨어진다. 특히 검출할 수 있는 객체의 다양성 측면에서는 아직 많이 부족하다. 이유는 객체 검출용 학습데이터가 충분하지 못하기 때문이다.

객체 검출 학습데이터를 만드는 작업은 영상에 존재하는 각 객체에 대한 경계박스를 찾고 또 클래스 레이블 할당하는 작업을 수반하므로 비용이 많이 드는 작업이다, 가장 많이 사용되는 객체 검출 학습데이터 셋인 PASCAL VOC는 20개 클래스에 속하는 객체 영상들로 구성되고, MS COCO 데이터 셋은 80개 클래스에 속하는 객체 영상들로 구성되어 있다. 반면에 객체 인식(object recognition)을 위해서는 수 만 클래스에 속하는 객체 영상들로 구성된 다양한 데이터 셋이 준비되어 있다.

조셉 레드몬(Joseph Redmon)은 그의 논문 'YOLO9000: Better, Faster, Stronger'에서 두 개의 객체 검출 모델을 제안한다. 하나는 한정된 학습데이터 셋을 활용하여 9000개 이상의 클래스에 속하는 객체들을 검출하는 YOLO9000이고 다른 하나는 YOLO v1의 문제점을 보완하여 좀 더 정확하게 객체 위치를 확인하고 처리 속도를 높인 YOLO v2이다. 본 절에서는 그의 본문에서 제안된 YOLO v2에 대해 자세히 살펴본다.

YOLO v2는 PASCAL VOC 2007 데이터 셋에서 정확도 78.6 mAP 그리고 처리 속도 40 fps의 성능을 만들기 위해 다양한 기능들을 추가한다. 추가된 기능들을 정리하면 다음과 같다.

(1) 배치 정규화
(2) 고해상도 영상을 사용한 사전학습
(3) 앵커박스
(4) 고해상도 특징 맵
(5) 객체인식 데이터 셋을 사용한 사전학습
(6) 객체검출 데이터 셋을 사용한 미세조정

배치 정규화(batch normalization)

모든 합성곱층에서 배치 정규화 작업을 수행하여 mAP 값이 2% 정도 향상되고 드롭-아웃을 사용하지 않아도 과적합(overfitting)이 방지됨을 확인한다.

고해상도 영상을 사용한 사전학습

버전-1에서는 Darknet의 앞부분에 위치한 20개 합성곱층을 224x224 크기의 객체인식 데이터 셋을 사용하여 사전 학습시키고 뒤에 붙는 4개의 합성곱층과 2개의 전결합층은 448x448 크기의 객체검출 데이터 셋을 사용하여 미세 조정하는 두 단계 학습방법을 사용한다. 미세 조정 단계에서 학습 영상의 해상도를 높이는 이유는 객체 검출의 정확도를 높이기 위함이고, 사전 학습 단계에서 학습 영상의 해상도를 낮추는 이유는 학습 시간을 단축하기 위함이다. 사전 학습 단계에서 사용되는 영상의 해상도와 미세 조정 단계에서 사용되는 영상의 해상도가 달라 객체 검출 작업을 학습하면서 동시에 새로운 입력 영상 해상도에 적응해야 하는 어려움이 있었다.

그림 16.3-1 고해상도 영상을 이용한 사전학습

YOLO v2에서는 Darknet의 앞부분을 사전 학습할 때 마지막 10 에폭을 448x448 고해상도 영상으로 사전학습한 후 Darknet의 뒷부분에 대한 미세조정 작업을 수행한다. 뒷부분 미세조정 작업은 416x416 크기의 영상으로 진행한다. 이처럼 고해상도 영상을 이용한 Darknet 전반부 사전 학습은 mAP 값을 4% 정도 향상시키는 것으로 확인된다.

앵커박스

YOLO v2에서 가장 큰 변화는 앵커박스의 사용이다. YOLO v1에서는 경계박스의 좌표 값은 랜덤하게 초기 설정된 후 학습을 통해 최적의 값으로 수렴하게 된다. 만약 학습데이터를 사전에 분석해서 경계박스 좌표 값에 대한 후보들을 결정할 수 있고, 이 후보 값들이 학습 과정에 활용될 수 있다면 좀 더 빨리 좀 더 정확하게 경계박스를 예측할 수 있다. 특히 경계박스의 크기

(너비와 높이)는 문제 영역에서 특정한 패턴을 갖는 경우가 많다. 예를 들어, 자율 주행 문제 영역에서 주로 검출하게 되는 '사람' 객체와 '자동차' 객체의 너비와 높이는 특정한 비율을 갖는다. 이러한 발상에 기초해서 제안된 방법이 앵커박스(anchor) 사용이다.

(그림 16.3-2)는 학습데이터 셋에 포함된 객체 경계박스들의 너비와 높이에 대하여 k-평균 클러스터링을 수행하여 5개의 중심 너비와 높이가 만들어진 예를 보여준다. 이처럼 만들어진 너비와 높이가 5개 앵커박스의 너비와 높이가 된다. 모델의 복잡도와 검출율 간의 상관관계를 분석한 결과는 앵커박스의 개수를 5개로 했을 때 객체 검출이 비교적 쉽게 이루어짐을 확인한다.

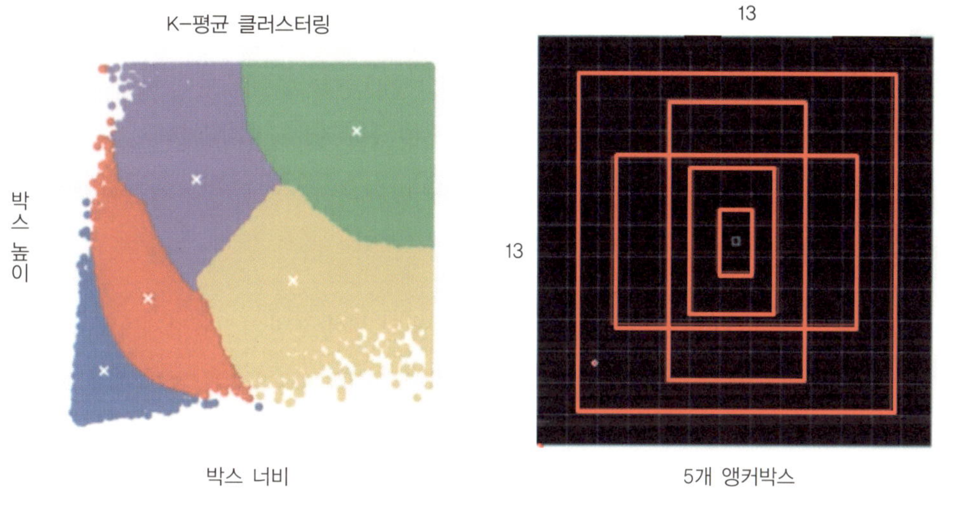

그림 16.3-2 앵커박스

k-평균 클러스터링을 수행할 때 사용되는 거리 척도는 각 클러스터 센터의 (너비, 높이) 값과 객체 경계박스의 (너비, 높이) 값 간의 유클리디안 거리를 사용하지 않고, 대신에 IoU 거리를 사용한다. 즉, 클러스터 센터가 대표하는 박스와 학습데이터 경계박스 간의 IoU 값이 클수록 거리는 작아지는 척도를 사용한다. 예를 들어, (그림 16.3-3)의 왼쪽 경우는 두 박스 간의 IoU가 약 0.6 정도가 되서 거리는 1−0.6 = 0.4이고, 오른쪽 경우는 두 박스 간의 IoU가 0이므로 거리는 1이다.

$$d(\text{경계박스, 클러스터 센터}) = 1 - \text{IoU}(\text{경계박스, 클러스터 센터}) \qquad \text{(식 16.3-1)}$$

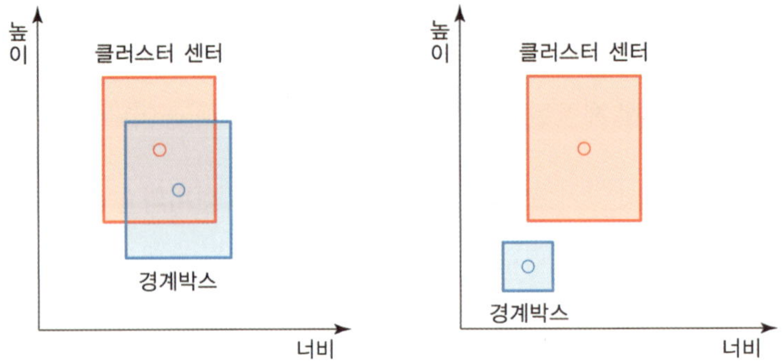

그림 16.3-3 k-평균 클러스터링에서 사용되는 거리 척도

YOLO v1은 입력 영상을 7x7 그리드 셀로 나누고 각 셀별로 2개의 경계박스를 예측하여 총 98개의 경계박스를 예측하지만, YOLO v2는 입력 영상을 13x13 그리드 셀로 나누고 각 셀에서 5개의 앵커박스를 사용하여 5개의 경계박스를 예측하여 총 845개의 경계박스를 예측한다. 각 셀에서 사용하는 5개 앵커박스는 (그림 16.3-2)에서 만들어진 동일한 앵커박스이고, 각 앵커박스의 중심 위치는 셀의 중심이다.

(그림 16.3-4)는 13x13x125 크기의 최종 출력 텐서와 각 셀에 포함된 5개 경계박스에 대한 정보를 보여준다. 각 경계박스는 위치 및 크기 정보와 신뢰도를 나타내는 5개, 그리고 경계박스가 포함하는 객체가 20개 클래스 각각에 소속될 조건부 확률 값 20개 도합 25개 값으로 구성된다.

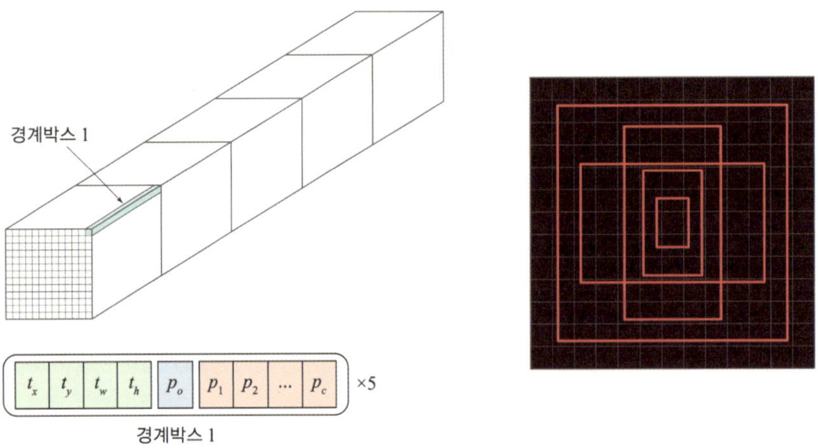

그림 16.3-4 YOLO v2 출력 텐서

한 개의 그리드 셀에 5개의 앵커박스, 즉 5 개의 경계박스가 포함되고 각 경계박스마다 객체가 속할 20개 클래스에 대한 조건부 확률 값이 수록되도록 설계되어서, 각 그리드 셀은 최대 5개까지의 객체를 검출할 수 있다.

(그림 16.3-5)는 YOLO v2가 텐서의 출력 값 (t_x, t_y, t_w, t_h)에서 경계박스의 중심 위치 (b_x, b_y) 그리고 너비와 높이 (b_w, b_h)를 추정하는 과정을 보여준다. (그림 16.3-5)에서 $(C_x,\ C_y)$는 앵커박스의 중심이 위치한 그리드 셀의 좌측 상단 인덱스를 나타내고, (p_w, p_h)는 경계박스에 할당된 앵커박스의 너비와 높이를 나타내고, (b_x, b_y)는 (t_x, t_y)로부터 추정된 경계박스의 중심 좌표를 나타내고, (b_w, b_h)는 (t_w, t_h)로부터 추정된 경계박스의 너비와 높이를 나타낸다.

YOLO v2는 앵커박스 너비와 높이 값 (p_w, p_h), 그리고 경계박스 너비와 높이 값 (b_w, b_h)의 단위를 그리드의 크기로 정규화 한다. 즉 이 값들은 0에서 13 사이의 값을 갖는다. 예를 들어, (p_w, p_h)=(1, 2) 값은 앵커박스의 너비는 그리드 셀 너비와 같고 앵커박스의 높이는 그리드 셀 높이의 2배임을 나타낸다. 마찬가지로 (b_x, b_y)=(0.8, 1.2) 값은 경계박스의 너비는 그리드 셀 너비의 0.8배 그리고 경계박스의 높이는 그리드 셀 높이의 1.2배임을 나타낸다.

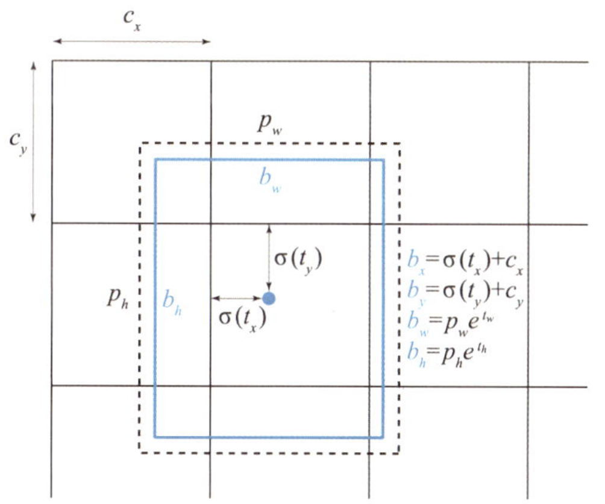

그림 16.3-5 앵커박스를 이용한 경계박스 추정

경계박스의 중심 위치에 대한 텐서 출력 값 (t_x, t_y)는 그리드 셀의 좌측 상단에서 떨어져 있는 정도, 즉 오프셋 정도를 나타내고, 경계박스의 너비와 높이에 대한 텐서 출력 값 (t_w, t_h)는 앵커박스의 너비와 높이에 대한 상대적인 값을 나타낸다. $\sigma()$ 함수는 논리 함수로서 함수 값이 0

에서 1 사이의 값을 갖도록 한다. 즉 (b_x, b_y) 값이 그리드 셀 안에 위치하도록 한다.

이제 학습과정에서 신경망의 출력 텐서에 포함된 각 경계박스의 목표 값을 설정하는 문제를 생각하자. 설정된 목표 값과 실제 출력 값 간의 오차를 역전파하면서 가중치 갱신이 수행된다. 객체 검출에 사용되는 학습데이터 영상은 다음과 같은 정보를 갖고 있다. 학습영상에 포함된 객체들의 클래스 이름과 객체들을 포함하는 경계박스의 위치와 크기에 대한 정보를 갖고 있다. 신경망의 출력 텐서에 포함된 각 경계박스의 목표 값을 설정하는 방법은 먼저 출력텐서 각 경계박스를 대표하는 앵커박스와 학습데이터 영상 경계박스와의 대응 쌍(corresponding pair)을 찾는다. 찾아진 대응 쌍에서 학습영상 경계박스의 위치 정보, 학습영상 경계박스 크기와 앵커박스 크기 사이의 비율(ratio) 정보, 그리고 학습영상 경계박스가 포함하는 객체 클래스 정보 등을 앵커박스가 대표하는 출력텐서 경계박스의 목표 값으로 설정한다. 설명이 다소 장황해졌는데 대응 쌍을 찾는 과정을 알고리즘 형태로 정리하면 다음과 같다.

출력 텐서의 i번째 그리드 셀에 포함된 앵커박스를 A_1, A_2, ..., A_5 로 표시하고, 학습영상에 포함된 객체의 경계박스 중에서 그 중심이 i번째 그리드 셀 안에 위치한 경계박스를 B_1, B_2, ..., B_{n_b} 로 표시한다. 일반적으로 $n_b < 5$ 관계가 성립한다. 크기가 5x n_b 인 매트릭스 X 의 i번째 행(row)과 j번째 열(column)의 원소 x_{ij} 는 앵커박스 A_i 와 경계박스 B_j 사이의 IoU 값을 갖도록 매트릭스의 모든 원소 값을 계산한다.

(1) 매트릭스 X 에서 가장 큰 값을 갖은 원소를 선택한다. 선택된 원소의 행 인덱스를 i_1 그리고 열 인덱스를 j_1 라 하자. 경계박스 B_{j_1} 를 앵커박스 A_{i_1} 에 대응 쌍으로 할당하고 i_1 번째 행과 j_1 번째 열에 있는 모든 원소들을 제거한다. 앵커박스 A_{i_1} 가 경계박스 B_{j_1} 에 가장 근접하고 크기도 가장 비슷한 앵커박스일 것이다.

(2) 남아있는 원소들 중에서 가장 큰 값을 갖은 원소를 선택한다. 선택된 원소의 행 인덱스를 i_2 그리고 열 인덱스를 j_2 라 하자. 경계박스 B_{j_2} 를 앵커박스 A_{i_2} 에 대응 쌍으로 할당하고 i_2 번째 행과 j_2 번째 열에 있는 모든 원소들을 제거한다.

(3) 같은 방법으로 매트릭스 X 의 모든 열에 있는 경계박스들이 대응되는 앵커박스에 할당될 때까지 반복한다.

(4) 단계(1) - 단계(3) 작업을 모든 그리드 셀에 대해 수행한다.

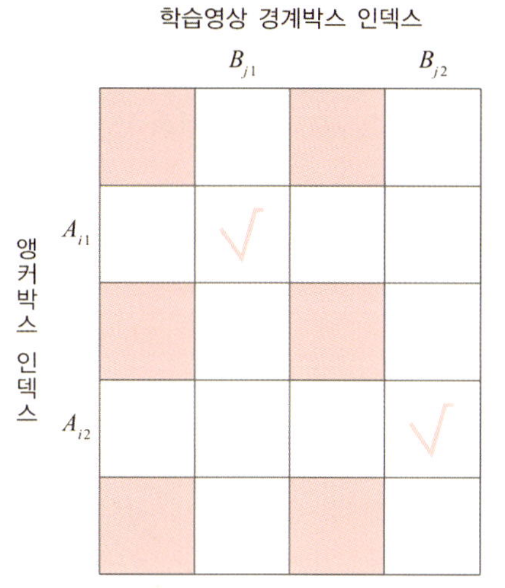

그림 16.3-6 앵커박스와 학습데이터 경계박스와의 대응 쌍 찾는 과정

각 앵커박스에 대응되는 학습영상 경계박스의 너비와 높이를 (b_w, b_h), 중심 좌표를 셀의 좌측 상단에서의 오프셋을 표시하는 0에서 1 사이의 값을 (b_x, b_y), 포함된 객체 클래스 인덱스를 b_c로 표시하고, 앵커박스의 너비와 높이를 (p_w, p_h)로 표시하자. 각 앵커박스가 대표하는 출력 텐서 경계박스 목표 값은 다음과 같이 설정된다.

$$\hat{t_x} = b_x \quad \hat{t_y} = b_y \quad \hat{t_w} = \log(b_w / p_w) \quad \hat{t_h} = \log(b_h / p_h)$$

$$\hat{p_o} = 1$$

$$\hat{p}_{(c = b_c)} = 1 \quad \hat{p}_{(c \neq b_c)} = 0$$

대응 쌍을 갖지 못한 앵커박스가 대표하는 출력 텐서 경계박스 목표 값은 $\hat{p_o} = 0$ 그리고 $\hat{p}_{(all\ classes)} = 0$ 으로 설정한다.

고해상도 특징 맵

YOLO v2는 13x13x125 크기의 특징 맵을 출력한다. 특징 맵의 공간 해상도가 13x13으로 줄어들었기 때문에 큰 객체는 예측하기 용이한 반면 작은 객체는 예측하기 어렵다는 문제가 있다. 이러한 문제를 해결하기 위해 마지막 풀링 연산 바로 앞 단에 위치한 26x26x512 특징 맵을 통과-경로(pass-through)를 통해 끄집어내어 (그림 16.3-7)과 같이 채널 크기는 유지하면서 4개로 분할한 후 이들을 채널 축으로 결합(concatenation)하여 13x13x2048 크기의 특징 맵을 만든다. 이러한 특징 맵은 실질적으로는 26x26 크기의 공간 해상도를 유지하므로 보다 작은 객체에 대한 정보를 함축하고 있다. 이를 몇 단 너머 위치한 13x13x1024 특징 맵에 채널 축 방향으로 결합하여 13x13x3072 크기의 특징 맵을 생성한다.

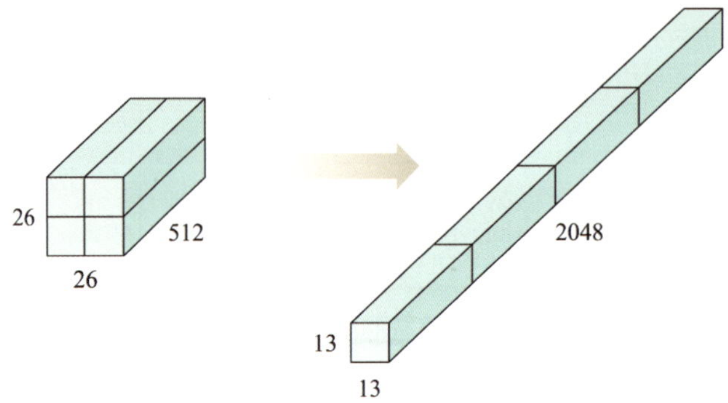

그림 16.3-7 특징 맵 분할 후 채널 축 방향으로 결합

결합된 13x13x3072 크기의 특징 맵에 3x3 합성곱 연산과 1x1 합성곱 연산을 적용하여 13x13x125 크기의 출력 특징 맵을 생성한다. 출력 특성 맵의 125 채널은 각 그리드 셀이 갖는 5개의 경계박스 그리고 각 경계박스가 갖는 25개의 채널을 나타낸다(클래스 조건부 확률 20개, 신뢰도 1개, 경계박스 위치 및 크기 정보 4개). 이와 같은 고해상도 특징 맵은 1% 정도의 mAP 향상을 가져온다. (그림 16.3-8)은 YOLO v2의 전체적인 구조를 보여준다.

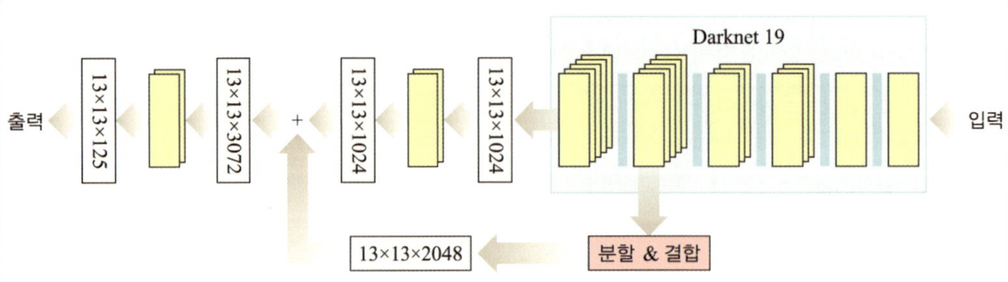

그림 16.3-8 YOLO v2 구조

18개의 합성곱 층과 5개의 맥스-풀링 층으로 구성된 Darknet-19은 13x13x1024 크기의 텐서를 출력한다(원래 Darknet-19는 19의 합성곱 층으로 구성되는데 마지막 1x1 합성곱 연산을 수행하는 층은 제외됨). 이어지는 두 개의 합성곱 층은 각각 1024개의 3x3x1024 커널을 사용하여 합성곱 연산을 수행한다. 통과-경로를 통해 전달된 13x13x2048 크기의 텐서와 결합된 13x13x3072 크기의 텐서는 1024개의 3x3x3072 커널을 사용한 합성곱 연산에 의해 13x13x1024 커널로 변환되고, 이어서 125개의 1x1x1024을 사용한 합성곱 연산에 의해 최종적으로 13x13x125 텐서로 출력된다,

객체인식 데이터 셋을 사용한 사전학습

Darknet-19는 클래스 수가 1000개인 이미지넷(imagenet) 데이터 셋을 통해 학습이 진행된다. (그림 16.3-8)의 Darknet-19 신경망이 출력하는 13x13x1024 크기의 텐서에 1000개의 1x1x1024 커널을 사용한 합성곱 연산을 수행한 후, 이어서 전역평균 풀링(global average pooling) 연산을 수행하여 만들어지는 1000개 클래스 각각의 소속 확률 값을 사용하여 학습한다.

객체검출 데이터 셋을 사용한 미세조정

YOLO v2는 객체검출 작업을 위한 학습은 클래스 개수가 20개인 PASCAL VOC 데이터 셋을 사용하여 진행한다. 이를 위해 Darknet-19의 마지막 1x1 합성곱층을 제거하고 3x3 합성곱층과 1x1 합성곱층을 추가하여 13x13x125 텐서를 출력한다,

16.4 YOLO v3

YOLO의 기본 철학은 실시간 객체 검출이나. 정확한 성능보나는 로보틱스, 사율주행 등과 같은 실시간 응용에 적용하기 위한 빠른 속도의 알고리즘에 초점을 맞추고 있다. 2015년 YOLO v1이 제안된 이후 2016년에는 YOLO v2가 제안되었고 2018년 YOLO v3가 제안되었다. v1 모델은 단일-단계 객체 검출(one stage object detection)을 위한 기본 틀을 제공한다. 비록 정확도는 낮지만 빠른 속도로 실시간 객체 검출이 가능함을 보인다. v2 모델은 v1 대비 속도와 정확도를 높이기 위해 앵커박스를 도입하고 다양한 학습방법과 새로운 신경망 모델을 제시한다. v3

모델은 v2 대비 속도는 다소 느리지만 정확도를 향상시킨다. 이를 위해 신경망 구조를 개선하고 다양한 크기의 객체 검출이 가능하도록 피라미드 형태의 특징 맵 구조를 사용한다. 본 절에서는 YOLO v3의 특성들에 대해 살펴본다.

YOLO v2에서는 Darknet-19를 사용하여 특징 추출 작업을 수행하지만, YOLO v3에서는 Darknet-53이라 불리는 새로운 신경망을 도입하여 특징 추출 작업을 수행한다. YOLO v3 모델의 앞부분에 위치하는 Darknet-53은 1x1 커널과 3x3 커널로 구성된 23개의 잔여블록(residual module)을 포함하여 총 53개의 합성곱 층으로 구성된다. YOLO v3 모델의 뒷부분에 위치하는 53개 층은 3 단계 스케일에서 객체 검출하는 작업을 수행한다. (그림 16.4-1)은 총 106개 층으로 구성된 YOLO v3의 전체적인 구조를 보여준다.

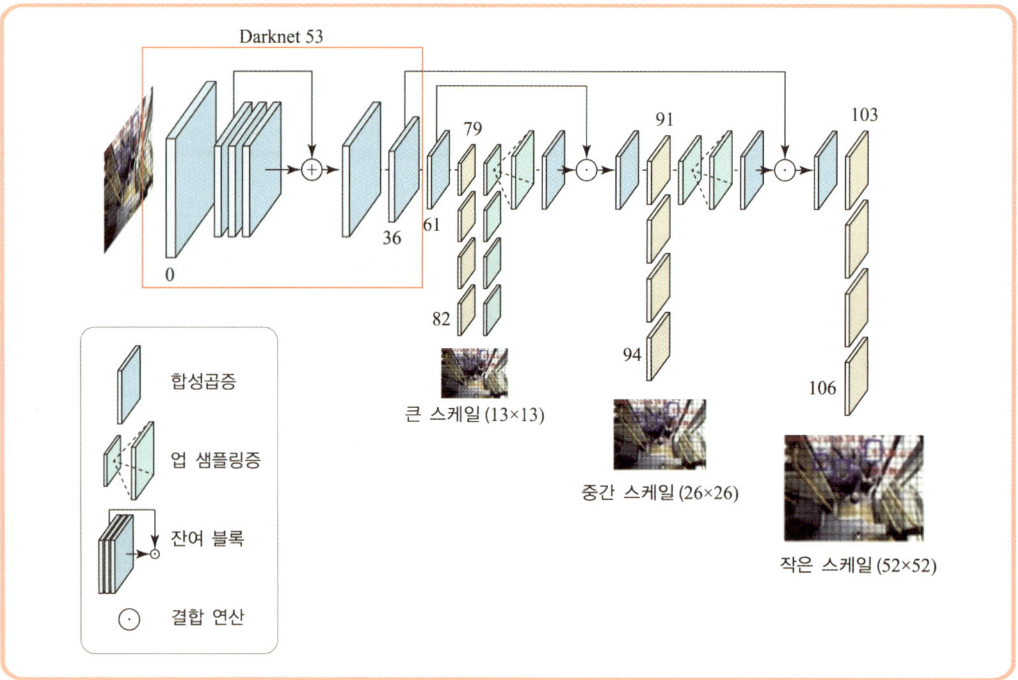

그림 16.4-1 YOLO v3 구조

합성곱 연산을 수행할 때 사용되는 스트라이드(stride)는 텐서의 공간 해상도를 낮춘다. 스트라이드 크기가 2인 합성곱 연산을 5번 반복하면 416x416 크기의 공간 해상도가 13x13 그리드로 변환된다. 해상도와 스케일은 서로 반비례 관계다. 텐서의 공간 해상도가 낮아지면 스케일은 커져서 큰 객체의 검출이 쉬워지지만 크기가 작은 객체의 검출은 어려워진다. 반대로 텐서의 공간 해상도가 높아지면 스케일은 작아져서 작은 객체의 검출이 쉬워지지만 크기가 큰 객체의 검출은 어려워진다.

YOLO v3는 다양한 크기의 객체를 검출하기 위해 3개의 서로 다른 스케일에서 객체 검출 작업을 수행한다. 스케일을 조정하기 위해 사용되는 업-샘플링 연산은 스케일은 1/2로 줄이고 해상도는 2배로 늘린다. YOLO v3는 텐서의 해상도를 높이는 작업을 두 단계로 진행한다. 먼저 텐서를 업-샘플링하여 해상도를 높인다. 이어서 앞 단에 있는 높은 해상도의 텐서를 가져와 업-샘플링된 텐서에 더해 텐서 해상도를 높이는 작업을 완료한다. 82번 층은 스케일이 큰 (해상도가 낮은) 13x13 그리드에서 검출된 경계박스를 출력하고, 94번 층은 스케일이 중간인 (해상도가 중간인) 26x26 그리드에서 검출된 경계박스를, 그리고 106번 층은 스케일이 작은 (해상도가 높은) 52x52 그리드에서 검출된 경계박스를 출력한다.

YOLO v2는 13x13 그리드 각 셀에서 5개의 앵커박스를 사용하여 5개의 경계박스를 예측하여 총 845개의 경계박스를 예측한다. 반면에 YOLO v3는 출력 그리드의 각 셀에서 3개의 앵커박스를 사용하여 3개의 경계박스를 예측한다. 13x13 출력 그리드에서 507개 경계박스, 26x26 출력 그리드에서 2028개 경계박스, 그리고 52x52 출력 그리드에서 8112개 도합 10647개의 경계박스를 예측한다.

각 그리드에서 사용되는 앵커박스는 COCO 데이터 셋에 포함된 객체 경계박스들의 너비와 높이에 대하여 k-평균 클러스터링을 수행하여 생성된다. 스케일 단위로 3개씩 도합 9개의 앵커박스를 생성한다. 생성된 앵커박스는 각 스케일의 그리드에서 3개씩 사용된다. 스케일이 큰 13x13 그리드에서 사용되는 앵커박스의 너비와 높이는 116x90, 156x198, 373x326, 스케일이 중간인 26x26 그리드에서는 30x61, 62x45, 59x119, 그리고 스케일이 작은 52x52 그리드에서 사용되는 앵커박스의 너비와 높이는 10x13, 16x30, 33x23이다. 너비와 높이를 표시하는 단위는 416x416 영상을 기준으로 한 크기다. 따라서 13x13 그리드에서는 32로 나누고, 26x26 그리드에서는 16, 52x52 그리드에선 8로 나눈 값이 셀 단위 크기가 된다.

출력 그리드의 각 셀은 (5+80)x3=255 크기의 채널 축을 갖는다. 각 셀은 3개의 경계박스를 포함하고, 포함된 각 경계박스는 위치 및 크기 정보와 신뢰도를 나타내는 5개, 그리고 경계박스가 포함하는 객체가 80개 클래스 각각에 소속될 조건부 확률 값 80개 도합 85개 값으로 구성된다. (그림 16.4-2)는 13x13x255 크기의 출력 텐서와 각 셀에 포함된 3개 경계박스에 대한 정보를 보여준다.

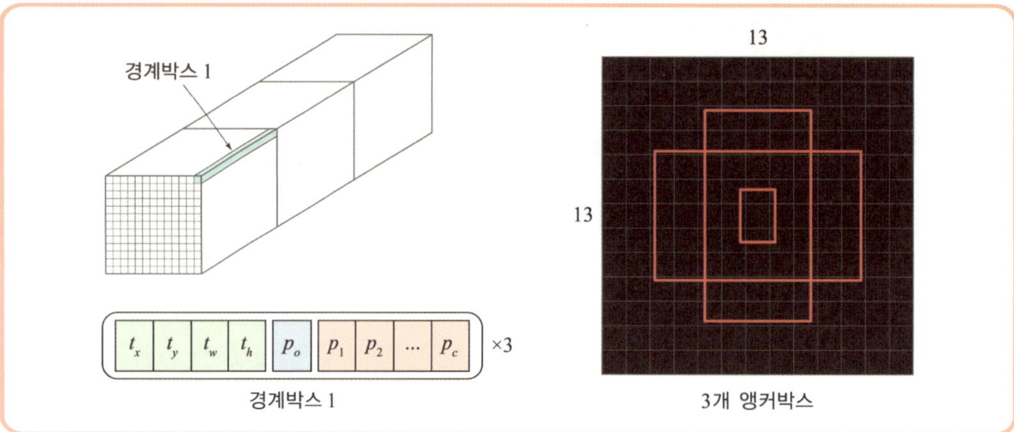

그림 16.4-2 YOLO v2 출력 텐서

YOLO v3의 또 다른 특징은 각 객체가 소속될 클래스에 대한 해석이다. 대부분의 분류기(classifier)는 분류 대상 클래스들이 상호 독점적이고 배제적인(exclusive) 레이블을 갖는다고 가정하고 소프트맥스(softmax) 함수를 분류기의 출력층에 적용한다. 예를 들어, '사과'라는 레이블은 '바나나'라는 레이블과 공통적인 속성이 없는 서로 다른 클래스라고 전제하고 입력된 과일 객체를 두 클래스로 분류하는 작업을 수행한다. 그러나 분류 대상 클래스 레이블이 '사과'와 '과일'인 경우에는 얘기가 달라진다.

YOLO v3는 다양한 레이블에 대한 분류 작업을 수행하며 분류 결과를 복수의 클래스 레이블로 출력할 수 있다. 예를 들어, 분류 결과는 '보행자'이고 '어린이'라고 출력할 수 있다. 이 경우 두 레이블에 대한 출력 값의 합은 당연히 1을 넘을 것이다. 이러한 상황을 대비하여 YOLO v3는 출력층에서 소프트맥스 함수 대신에 시그모이드 함수(sigmoid)와 같은 논리 함수를 사용하여 입력이 각 클래스 레이블에 소속될 가능성을 나타내도록 한다.

YOLO v3의 학습 과정에 사용되는 손실 함수의 기본 틀은 YOLO v1에 사용된 손실 함수와 같다. 다만, (식 16.2-1)의 다섯 번째 항이 다음과 같이 바뀐다.

$$\sum_{i=0}^{S\times S}\sum_{j=0}^{B}1_{ij}^{obj}\sum_{c\in classes}\left(-p_{ij}(c)\log\widehat{p_{ij}}(c)-(1-p_{ij}(c))\log(1-\widehat{p_{ij}}(c))\right)$$

위 식은 각각의 클래스에 대한 이진교차엔트로피(binary cross entropy)를 나타낸다. 맨 바낕쪽 합연산은 모든 셀에 대해서, 가운데 합연산은 모든 경계박스에 대해서, 그리고 맨 안쪽 합연산은 각 경계박스의 모든 클래스에 대해 계산된 이진교차 엔트로피를 더한다.

COCO 데이터 셋을 사용하여 YOLO v3의 성능을 SSD 모델과 비교한 결과는 정확도 측면에서 SSD 모델과 비슷한 mAP를 보이지만 속도 측면에서는 거의 3배 빠른 결과를 보인다. (예제 16.4-1) 프로그램은 OpenCV dnn 모듈이 사전 학습된 yolov3 신경망 모델을 사용하여 객체 검출 작업을 수행하는 예를 보여준다. yolov3 모델 구조에 대한 정보가 수록되어 있는 'yolov3.cfg' 파일과 사전 학습된 가중치가 저장된 'yolov3.weights' 파일은 https://pjreddie.com/darknet/yolo/ 사이트에서 다운받을 수 있다.

사전학습에 사용된 COCO 2017 데이터 셋은 80개 객체들에 대한 영상 16만4천장을 수록하고 있다. 'coco.names' 파일은 80개의 줄로 구성되어 있고, 각 줄에는 클래스 이름이 수록되어 있다. 예를 들어, 처음 5개 줄에 수록된 객체 이름은 'person', 'bicycle', 'car', 'motorbike', 'aeroplane'이다. 데이터 셋이 제공하는 주석파일(annotations)은 영상파일 이름 및 크기와 같은 기본적인 설명과 더불어 영상 내부에 존재하는 객체의 경계박스 및 클래스 아이디 등과 같은 정보가 수록되어 있다.

(예제 16.4-1) 프로그램은 def 키워드를 사용하여 정의된 5개의 함수로 구성된다. 각 함수의 기능을 살펴보자.

```
def get_objects_predictions(img):
   height, width = img.shape[:2]
   blob = cv2.dnn.blobFromImage(img,scalefactor=1/255, size=(416,416),
                                 mean=(0,0,0), swapRB=True,crop=False)
   net.setInput(blob)
   predictions = net.forward(output_layers)
   return predictions,height,width
```

get_objects_predictions() 함수는 입력 영상의 높이와 너비 정보를 추출하고 입력 영상을 신경망 객체가 원하는 4차원 구조의 blob 으로 변환한다. 변환된 blob은 사전 학습된 yolov3 객체 net에 입력되고, 이어서 순방향 처리가 진행되어 3개의 출력층에서 예측된 모든 경계박스를 반환한다. 예를 들어 (그림 16.4-3)의 ‘dog.jpg’ 입력영상은 (576, 768, 3) 크기를 갖는다. (416,416) 크기로 변환된 blob는 신경망을 통과하여 'yolo_82', 'yolo_94', 'yolo_106'에서 출력된다. 각 출력 층에서 반환되는 predictions를 정리하면 다음과 같다.

- 출력층 ‘yolo_82’

  경계박스 개수 = 507

  객체 신뢰도가 가장 큰 경계박스 번호 = 332

  √객체 신뢰도 = 1.0, 클래스 신뢰도 = 0.99, 클래스 이름 = ‘dog’

- 출력층 ‘yolo_94’

  경계박스 개수 = 2028

  객체 신뢰도가 가장 큰 경계박스 번호 = 395

  √객체 신뢰도 = 0.11, 클래스 신뢰도 = 0.00, 클래스 이름 = ‘person’

- 출력층 'yolo_106’

  경계박스 개수 = 8112

  객체 신뢰도가 가장 큰 경계박스 번호 = 1420

  √객체 신뢰도 = 0.09, 클래스 신뢰도 = 0.00, 클래스 이름 = ‘person’

```
def get_box_dimensions(predictions,height,width,confThreshold=0.5):
    class_ids = []
    confidences = []
    boxes = []
    for out in predictions:
        for detection in out:
            scores = detection[5:]
            class_id = np.argmax(scores)
            confidence = scores[class_id]
            if confidence > confThreshold:
                center_x = int(detection[0] * width)
                center_y = int(detection[1] * height)
                w = int(detection[2] * width)
                h = int(detection[3] * height)
```

```
            x = int(center_x - w / 2)
            y = int(center_y - h / 2)
            boxes.append([x, y, w, h])
            confidences.append(float(confidence))
            class_ids.append(class_id)
    return boxes,confidences,class_ids
```

get_box_dimentions() 함수는 클래스 신뢰도가 confThreshold=0.5 이상인 경계박스의 좌측 상단 좌표 (x,y), 너비와 높이 (w,h) 정보를 boxes 리스트 저장하여 반환한다. 반환되는 경계박스의 클래스 신뢰도 중에서 가장 큰 값을 confidences 리스트에 그리고 해당 클래스 번호를 class_ids 리스트에 저장하여 반환한다. 'dog.jpg' 입력 영상에 대한 처리 결과를 정리하면 다음과 같다.

클래스 신뢰도가 confThreshold 이상인 경계박스 개수 = 14

- 0-번째 경계박스

  √클래스 이름 = 'truck', 클래스 신뢰도 = 0.94, 출력층 = 'yolo_82'

  √경계박스 위치 및 크기 [x,y,w,h] = [472, 86, 219, 79]

- 1-번째 경계박스

  √클래스 이름 = 'truck', 클래스 신뢰도 = 0.86, 출력층 = 'yolo_82'

  √경계박스 위치 및 크기 [x,y,w,h] = [489, 87, 212, 80]

- 2-번째 경계박스

  √클래스 이름 = 'truck', 클래스 신뢰도 = 0.84, 출력층 = 'yolo_82'

  √경계박스 위치 및 크기 [x,y,w,h] = [468, 96, 225, 76]

- 3-번째 경계박스

  √클래스 이름 = 'bicycle', 클래스 신뢰도 = 0.91, 출력층 = 'yolo_82'

  √경계박스 위치 및 크기 [x,y,w,h] = [107, 111, 470, 297]

·
·
·

총 14개 경계박스 중에서 'truck' 경계박스가 3개 'bicycle' 경계박스가 7개, 그리고 'dog' 경계박스가 4개다.

```
def non_max_suppression(boxes,confidences,confThreshold=0.5,
                         nmsThreshold = 0.4):
    return cv2.dnn.NMSBoxes(boxes,confidences,confThreshold, nmsThreshold)
```

non_max_suppression() 함수는 IoU가 중복되는 경계박스들 중에서 클래스 신뢰도가 최댓값이 아닌 경계박스들을 제거한다. 제거하는 과정은 다음과 같다.

1) 클래스 신뢰도 순으로 경계박스를 정렬한 후, 클래스 신뢰도 크기가 confThreshold=0.5 이하인 경계박스들은 버린다.
2) 클래스 신뢰도가 가장 큰 경계박스부터 시작해서 클래스 이름이 같고 IoU 값이 nmsThreshold = 0.4 이상인 인접 경계박스들을 버린다.
3) 모든 경계박스에 대한 처리가 끝날 때까지 2)를 반복한다,

14개 경계박스 중에서 비최대치억제 함수를 통과하고 살아남은 경계박스는 3개고, 이들을 정리하면 다음과 같다.

- 경계박스 위치 및 크기 [x,y,w,h] = [122 223 197 320]
  클래스 이름 = 'dog', 클래스 신뢰도 = 0.99
  출력층 = 'yolo_82'
- 경계박스 위치 및 크기 [x,y,w,h] = [117 124 452 307]
  클래스 이름 = 'bicycle', 클래스 신뢰도 = 0.99
  출력층 = 'yolo_82'
- 경계박스 위치 및 크기 [x,y,w,h] = [472 86 219 79]
  클래스 이름 = 'truck', 클래스 신뢰도 = 0.93
  출력층 = 'yolo_82'

```python
def detect_objects(image):
    predictions,height, width = get_objects_predictions(image)
    boxes,confidences,class_ids = get_box_dimensions(predictions, height,
                                                     width)
    nms_indexes = non_max_suppression(boxes,confidences)
    outImage = draw_bounding_boxes(image,boxes,confidences, class_ids,
                                   nms_indexes,colors)
    return outImage
```

detect_objects() 함수는 앞에서 정의한 함수들을 호출하며 객체 검출 작업을 수행한다. 1) 예측 작업을 수행하고, 2) 예측된 경계박스들 중에서 클래스 신뢰도가 작은 경계박스들을 제거하고, 3) 비최대치 억제 작업을 수행하고, 4) 최종적으로 살아남은 경계박스들을 그리는 작업을 수행한다.

예제 16.4-1 프로그램

```python
import numpy as np
import cv2

#  read in pretrained yolov3 weights and configuration
net = cv2.dnn.readNet("yolov3.weights", "yolov3.cfg")

#  get output layers
output_layers = net.getUnconnectedOutLayersNames()

#  read in 80 classes from coco.names file.
classes = []
with open("coco.names", "r") as f:
    # strip() 함수는 문자열 시작과 끝에 있는 공백 제거
    classes = [line.strip() for line in f.readlines()]

# assign a color to each class
colors = np.random.uniform(0, 255, size=(len(classes), 3))
```

```
# predictions has attributes of bounding boxes of all output layers
def get_objects_predictions(img):
    height, width = img.shape[:2]
    blob = cv2.dnn.blobFromImage(img,scalefactor=1/255,size=(416,416),
                                 mean=(0,0,0),swapRB=True,crop=False)
    net.setInput(blob)
    predictions = net.forward(output_layers)
    return predictions,height,width

# boxes - coords of b-box whose max class confidence > o.5
# confidences- max class confidence of corresponding box
# class_ids - class indexes of boxes with the max class confidence
def get_box_dimensions(predictions,height,width,confThreshold=0.5):
    class_ids = []
    confidences = []
    boxes = []

    for out in predictions:
        for detection in out:
            scores = detection[5:]
            class_id = np.argmax(scores)
            confidence = scores[class_id]
            if confidence > confThreshold:
                center_x = int(detection[0] * width)
                center_y = int(detection[1] * height)
                w = int(detection[2] * width)
                h = int(detection[3] * height)
                x = int(center_x - w / 2)
                y = int(center_y - h / 2)
                boxes.append([x, y, w, h])
                confidences.append(float(confidence))
                class_ids.append(class_id)
    return boxes,confidences,class_ids

# ignore boxes whose class confidence is less than 0.5
# ignore boxes whose class confidence is non-maximun and
```

```
# whose IoU with maximum class confidence box > 0.4
def non_max_suppression(boxes,confidences,confThreshold=0.5,
                        nmsThreshold = 0.4):
    return cv2.dnn.NMSBoxes(boxes,confidences,confThreshold,
                            nmsThreshold)

# draw the bounding boxes
def draw_bounding_boxes(img,boxes,confidences,class_ids,
                        nms_indexes,colors):
    for i in range(len(boxes)):
        if i in nms_indexes:
            x, y, w, h = boxes[i]
            label = str(classes[class_ids[i]]) + ' :'
            label = label+ str(int(confidences[i]*100)) + '%'
            color = colors[i]
            cv2.rectangle(img,(x, y),(x + w, y + h),color,3)
            font = cv2.FONT_HERSHEY_PLAIN
            cv2.putText(img,label,(x, y - 15),font,
                        2, (0,0,0), 3)
    return img

# perform object detection calling related functions
def detect_objects(image):

    predictions,height, width = get_objects_predictions(image)
    boxes,confidences,class_ids = get_box_dimensions(predictions,
                                                     height, width)
    nms_indexes = non_max_suppression(boxes,confidences)
    outImage = draw_bounding_boxes(image,boxes,confidences,class_ids,
                                   nms_indexes,colors)
    return outImage

# read-in test image
image = cv2.imread('dog.jpg')
cv2.imshow("input-image" , image)
```

```
# detect objects in read-in image
outImage = detect_objects(image)
cv2.imshow('detected objects',outImage)

cv2.waitKey(0)
cv2.destroyAllWindows()
```

(그림 16.4-3)은 (예제 16.4-1) 프로그램 수행 결과를 보여준다. 'dog', 'bicycle', 그리고 'truck' 객체가 검출되었고 이들의 클래스 이름과 클래스 신뢰도가 경계박스 위에 표시된다.

그림 16.4-3 객체 검출 결과

참고문헌

- Joseph Redmon, "You Only Look Once:Unified, Real-Time Object Detection," cvpr, 2016
- Joseph Redmon, "YOLO9000: Better, Faster, Stronger," cvpr, 2017
- Joseph Redmon, "YOLOv3: An Incremental Improvement," cvpr, 2018
- https://stackoverflow.com/questions/tagged/yolo
- https://pjreddie.com/media/files/yolov3.weights
- https://raw.githubusercontent.com/pjreddie/darknet/master/cfg/yolov3.cfg
- https://www.kaggle.com/code/raajparekh/object-detection-with-opencv-yolov3/

CHAPTER 17

적대적 생성 신경망

17.1 적대적 생성 신경망 원리

적대적 생성 신경망(GAN: Generative Adversarial Networks)은 2014년에 굿펠로우(Ian Goodfellow)에 의해 발표된 논문 'Generative Adversarial Nets'에서 처음 소개되었다. GAN을 설명하면서 가장 많이 인용되는 시나리오가 위조지폐범과 경찰관 이야기다. 위조지폐범은 잡음(noise)이라는 재료를 사용하여 위조지폐를 만든다. 경찰관은 위조지폐와 진짜지폐를 비교해가면서 판별 능력을 익힌다. 위조지폐범의 목표는 경찰관을 속일 수 있는 완벽한 위조지폐를 만드는 것이고, 경찰관의 목표는 진짜지표와 위조지폐를 정확하게 판별하는 것이다. 첫 번째 시도에서는 경찰관이 위조지폐를 잘 판별할 수 있을 정도의 허술한 위조지폐가 만들어질 수 있다. 위조지폐범은 훈련을 거듭하면서 점차 진짜지폐에 가까운 위조지폐를 만들어 간다. 경찰관 역시 판별기술을 개선해가면서 판별능력을 높인다. 이러한 과정이 반복되면서 어느 순간 완벽한 위조지폐가 만들어 진다.

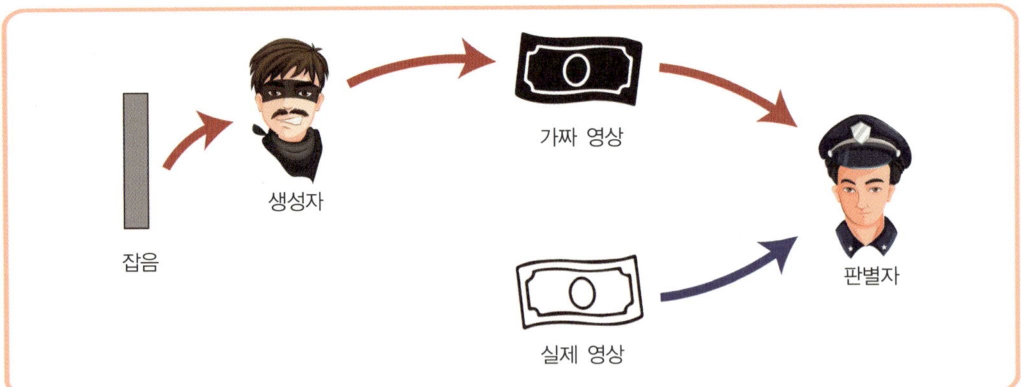

그림 17.1-1 GAN - 생성자와 판별자의 상반되는 목표

GAN은 기존의 신경망과는 다른 학습 방법을 활용하여 사람이 보기에 진짜와 구분하기 힘들 정도로 정교한 가짜 영상을 만들어 내는 기술이다. 두 개의 신경망이 서로 경쟁하면서 더 나은 결과를 만들어내는 일종의 강화학습(reinforcement learning)을 수행한다.

GAN은 생성자(Generator)와 판별자(Discriminator)로 구성된다. 생성자는 거짓영상을 만들어내는 모델이다. 생성자는 자신이 생성한 거짓영상을 판별자가 실제 영상으로 착각하도록 학습한다. 반면에 판별자는 실제영상과 생성자가 생성한 거짓영상을 판별하는 모델이다. 두 모델이 서로 경쟁을 하다보면, 생성자는 진짜 같은 영상을 생성하게 되고, 판별자는 실제영상과 거짓영상을 더욱 잘 구분하게 되도록 학습이 이루어진다. 학습과정에 대한 자세한 설명은 17.2절에서 다룬다.

굿펠로우(Ian Goodfellow)가 처음 제안한 GAN은 다층 퍼셉트론(MLP)을 이용한 단순한 형태로 학습과정에서 수렴이 잘되지 않는 불안정한 문제를 보였다. 이러한 불안정한 학습 문제를 해결하고자 많은 연구가 이루어 졌고, 특히 2016년 구글에서 불안정성 문제를 해결하는 DCGAN(Deep Convolutional GAN)을 발표하였다. DCGAN은 현재 개발되고 있는 여러 GAN 모델의 기초가 되는 구조다. (그림 17.1-2)는 CNN 구조의 생성자 신경망과 판별자 신경망을 보여준다.

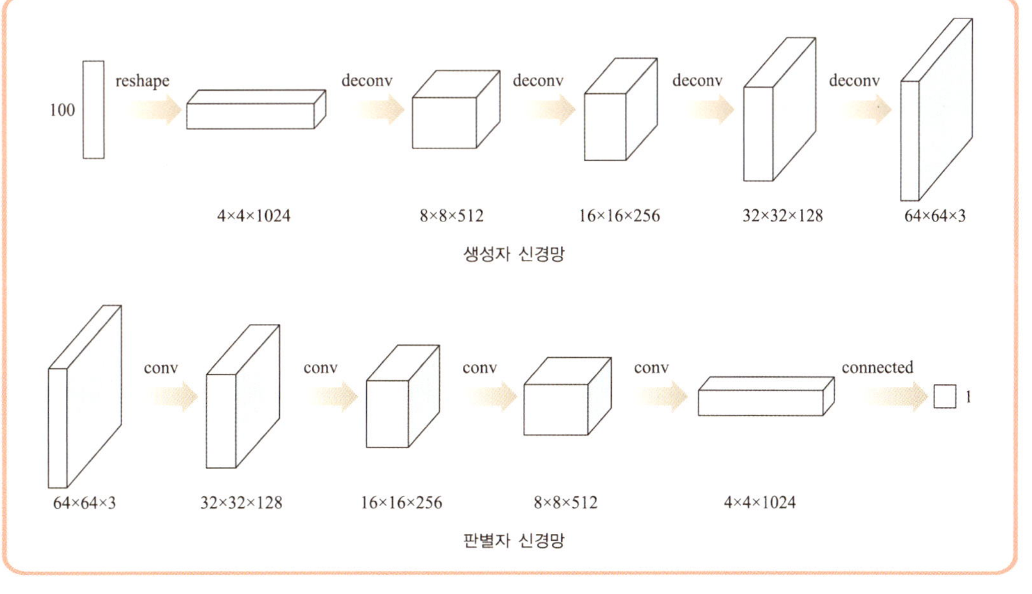

그림 17.1-2 DCGAN의 생성자 및 판별자 신경망 구조

생성자 및 판별자 신경망은 미분이 불가능한 맥스-풀링 연산을 제거하고 합성곱(convolution) 연산만을 사용하여 학습의 안정성과 성능 향상을 이룬다. 생성자 신경망의 입력은 랜덤하게 생성된 잡음(noise)으로 구성된 1차원 벡터다. 전결합층을 거쳐 크기가 늘어난 1차원 벡터는 reshape() 함수를 적용하여 3차원 텐서로 변환된다. 이어지는 역-합성곱(deconvolution) 또는 전치-합성곱(transposed convolution) 연산은 텐서의 공간 해상도를 점진적으로 늘리면서 채널 크기는 줄여간다. 마지막에는 일정 크기의 영상을 만든다. 반면에 판별자 신경망의 입력은 일정 크기의 영상이다. 합성곱 연산에 의해 텐서의 공간 해상도는 점진적으로 줄어들고 채널의 크기는 늘어난다. 마지막에는 flatten() 함수를 적용하여 1차원 벡터를 만들고 출력 노드가 1개인 전결합층을 연결하여 0 에서 1 사이의 값을 출력한다. 출력된 값이 0에 가까우면 거짓영상으로 1에 가까우면 실제영상으로 판별한다.

생성자 신경망에서 이루어지는 텐서의 공간해상도를 늘리는 작업을 살펴보자. 가장 간단한 방법은 업-샘플링 방법이다. 업-샘플링은 텐서의 가로 축 그리고 세로 축 방향으로 데이터를 두 번씩 반복하여 해상도를 두 배로 늘린다. 채널 크기는 변하지 않는다.

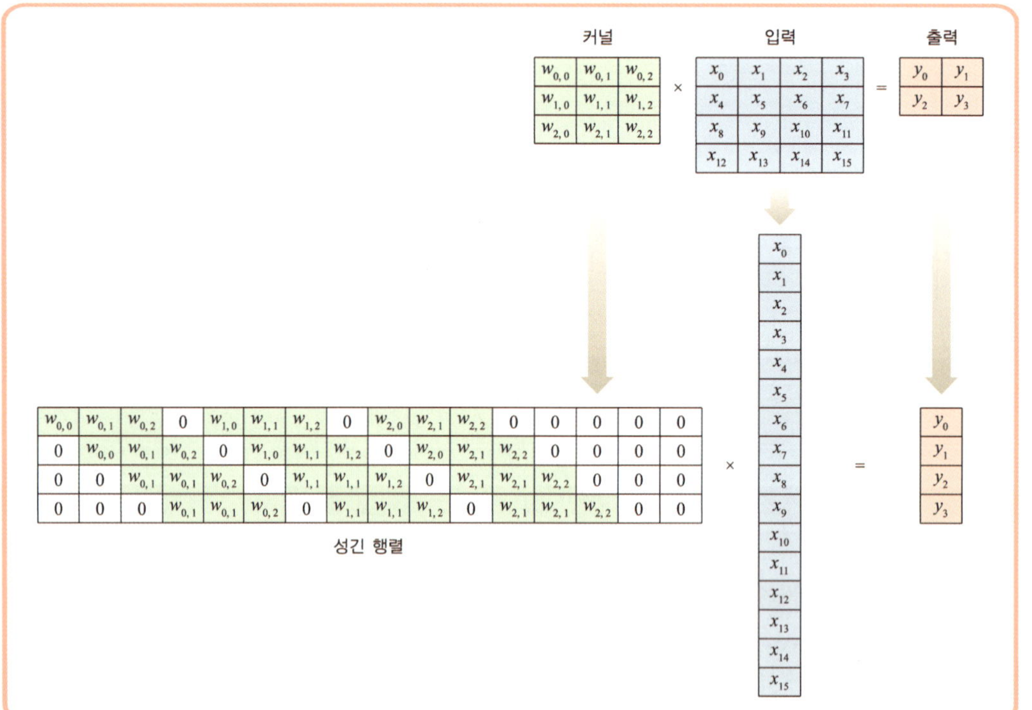

그림 17.1-3 합성곱 연산을 행렬 곱셈 연산으로 변환

생성자 신경망에서 수행되는 전치-합성곱(transposed convolution) 연산은 합성곱 연산의 입력과 출력을 뒤바꾸는 연산으로 해석될 수 있다. 합성곱 연산이 텐서의 공간 해상도를 줄여가는 연산이라면 전치-합성곱 연산은 텐서의 공간 해상도를 늘려가는 연산이다. (그림 17.1-3)은 합성곱 연산을 행렬 곱셈 연산으로 변환하는 과정을 보여준다.

4x4 크기의 입력을 직렬화하여 16x1 크기로 변환한다. 행렬 곱셈 연산을 수행하기 위해서는 커널 크기가 Nx16으로 변환되어야 한다. 직렬화된 출력의 크기가 4x1이므로 4x16 크기의 성긴-행렬(sparse matrix)로 변환한다. 변환된 행렬의 구조를 살펴보면 입력의 크기와 스트라이드(stride)를 참조하여 구성되어 있음을 알 수 있다. 첫 번째 행은 출력 Y_0 를 만들기 위해 배치된 커널 값들로 구성되고, 다음 행은 스트라이드 크기만큼 이동하여 배치된 커널 값들로 구성된다.

전치-합성곱 연산은 커널과 입력을 합성곱하는 것이 아니고 커널과 출력을 합성곱하여 입력을 복원하는 작업으로 해석할 수 있다. 전치-합성곱에 의해 원래의 입력이 재생되지는 않지만 크기는 원래의 입력 크기와 같게 된다. (그림 17.1-4)는 전치-합성곱 연산을 행렬 곱셈 연산으로 변환하는 과정을 보여준다.

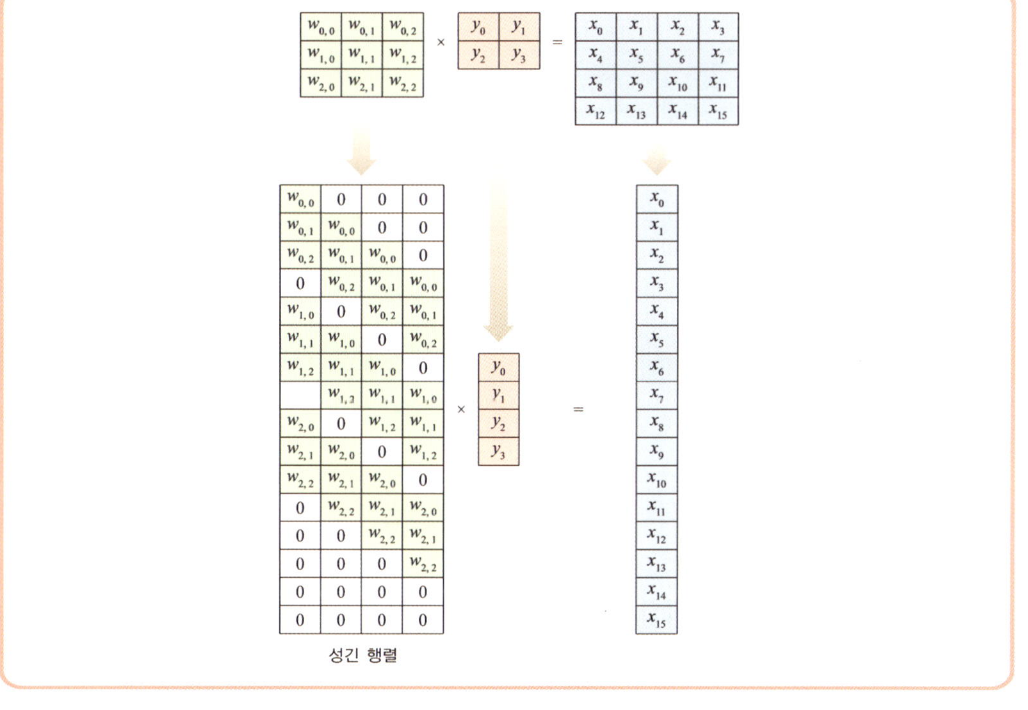

그림 17.1-4 전치-합성곱 연산을 행렬 곱셈 연산으로 변환

(그림 17.1-4)의 성긴-행렬(16x4)는 (그림 17.1-3)의 성긴-행렬(4x16)을 전치시킨 행렬이다. 전치-합성곱 연산은 합성곱 연산의 출력을 입력으로 받아서 역으로 합성곱 연산의 입력을 출력하는 작업으로 해석할 수 있다. 텐서의 공간해상도를 늘리는 방법으로 사용될 수 있다.

17.2 적대적 생성 신경망 학습

GAN의 학습 과정은 두 가지 서로 다른 주체(생성자와 판별자)가 적대적으로 자신의 기능을 강화하는 과정이다. 판별자(discriminator)에 대한 학습 과정은 일반 지도학습 과정과 동일하다. 생성자(generator)가 만든 가짜 영상과 훈련데이터 셋에서 뽑은 실제 영상을 레이블과 함께 학습에 사용한다. 시그모이드 함수를 사용하여 만들어진 판별자 출력을 레이블과 비교하여 손실(loss)을 계산하고 계산된 손실을 최소화하는 방향으로 판별자를 개선한다. (그림 17.2-1)은 생성자와 판별자로 구성된 적대적 신경망(adverserial net) 구조에서 판별자에 대한 학습과정을 개념적으로 보여준다. 판별자에 대한 학습이 진행되는 동안에는 생성자에 대한 학습은 정지 상태이다.

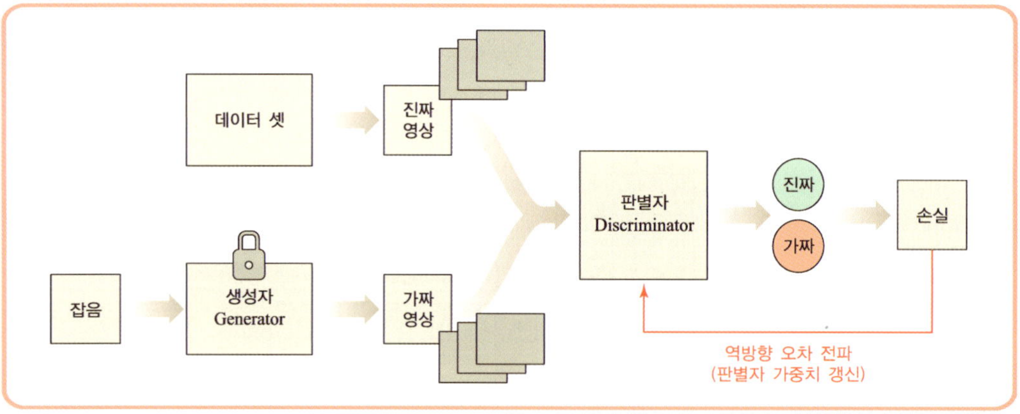

그림 17.2-1 판별자 학습

생성자에 대한 학습은 조금 복잡하다. 생성자 신경망에 대한 학습은 판별자 신경망처럼 단독으로 진행되지 않는다. 생성자 신경망에 대한 학습이 이루어지려면 생성자가 만든 가짜 영상이 진짜인지 가짜인지를 판별해줄 판별자가 필요하다. 생성자와 판별자를 통합한 적대적 신경망에서 학습이 진행된다. (그림 17.2-2)는 생성자와 판별자로 구성된 적대적 신경망 (adverserial net) 구조에서 생성자에 대한 학습과정을 개념적으로 보여준다. 생성자에 대한 학습이 진행되는 동안에는 판별자에 대한 학습은 정지 상태이다.

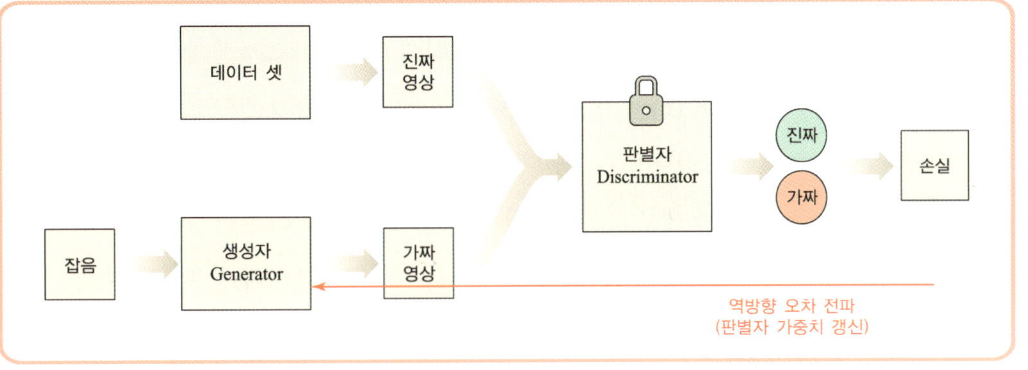

그림 17.2-2 생성자 학습

판별자에 대한 학습과 생성자에 대한 학습은 번갈아가며 진행된다. 생성자와 판별자가 서로 경쟁하면서, 생성자는 가짜 영상을 더 진짜처럼 생성하게 되고 판별자는 가짜 영상을 더 잘 판별할 수 있도록 학습된다. (그림 17.2-3)은 학습이 진행되는 과정을 개념적으로 보여준다.

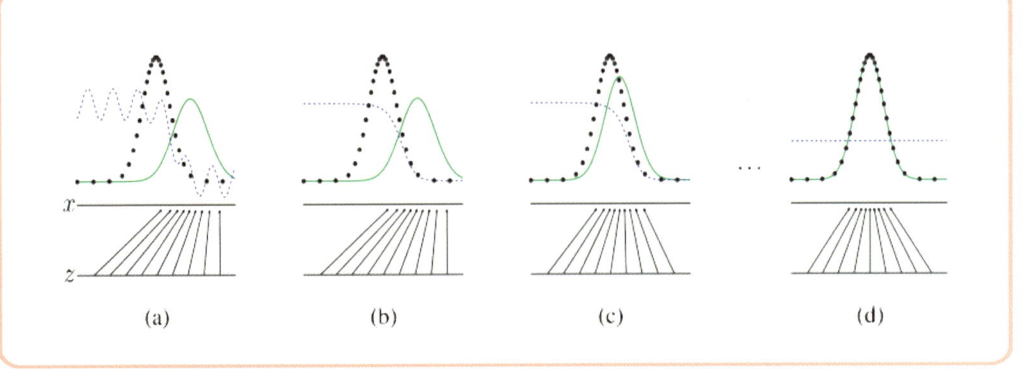

그림 17.2-3 학습이 진행되는 과정에서 GAN의 상태 변화

(그림 17.2-3)에서 검정 점선으로 표시된 곡선은 실제 영상 x 의 확률분포를 나타내고, 녹색 실선으로 표시된 곡선은 생성자가 생성한 가짜 영상 z 의 확률분포를 나타낸다. z 에서 x 로 가는 화살표는 랜덤하게 생성된 z 가 갖는 값을 의미한다. 청색 점선으로 표시된 곡선은 판별자의

출력 분포를 표시한다. 실제 영상의 확률이 가짜 영상의 확률보다 높은 값을 보이는 x 영역에서는 1에 가까운 값을 갖고, 반대로 가짜 영상의 확률이 실제 영상의 확률보다 높은 값을 보이는 x 영역에서는 0에 가까운 값을 갖는다.

(그림 17.2-3)의 (a)는 적대적 신경망의 초기 상태를 나타낸다. 생성자가 생성한 영상은 진짜와는 많은 차이를 보이고 판별자는 생성자가 생성한 영상이 진짜인지 가짜인지를 개략적으로 판별하고 있는 상황을 나타낸다. (b)는 판별자에 대한 학습이 이루어져서 영상이 진짜인지 또는 가짜인지를 잘 판별하고 있는 상태를 나타낸다. (c)는 생성자에 대한 학습이 이루어져서 생성자가 생성한 영상이 실제 영상과 매우 유사하게된 상태를 나타낸다. (d)는 판별자와 생성자에 대한 학습이 반복되면서 충분한 학습이 이루어진 상태를 나타낸다. 생성자가 생성한 영상이 실제 영상과 아주 유사해져서 판별자는 진짜인지 가짜인지 판별하기 어려워진 상태를 나타낸다.

GAN을 학습하는 문제는 두 명의 상대자가 서로를 이기려는 게임, 즉 한 사람이 이기면 다른 사람이 지는 제로섬 게임 틀 안에서 균형을 찾아가는 문제로 해석할 수 있다. 예를 들어, 두 참가자 G 와 D 가 진행하는 게임의 전체 상황을 함수 $V(D,G)$ 로 표시하면, 참가자 D 의 목표는 함수 $V(D,G)$ 가 최댓값을 갖도록 하는 것이고, 반대로 참가자 G 의 목표는 함수 $V(D,G)$ 가 최솟값을 갖도록 하는 것이다. 함수 $V(D,G)$ 를 GAN의 목적함수 또는 손실함수라 부른다. 분류 모델을 학습할 때 사용되는 이진 교차엔트로피(binary cross entropy) 형태로 $V(D,G)$ 를 정의하면 (식 17.2-1)로 표현된다.

$$\min\max V(D,G) = E(\log D(x)) + E(\log(1 - D(G(z))) \qquad \text{(식 17.2-1)}$$

(식 17.2-1)에서 x 는 실제 영상을 나타내고 z 는 랜덤하게 만들어진 잡음을 나타낸다. $D(x)$는 입력받은 x 에 대한 판별자의 출력을 나타내고 $G(z)$ 는 생성자가 생성한 영상을 나타낸다. 첫 번째 항은 실제 영상 x 에 대한 판별자의 출력 $D(x)$에 $\log$ 를 취한 값들의 평균(기댓값)을 나타내고 두 번째 항은 생성자가 생성한 영상에 대한 판별자의 출력을 1에서 뺀 값에 $\log$ 를 취한 값들의 평균을 나타낸다.

판별자에 대한 학습은 실제영상과 가짜영상을 잘 판별해서 실제영상에 대해서는 1을 출력하고 가짜영상에 대해서는 0이 출력되도록 학습한다. (식 17.2-1)의 첫 번째 항은 0이 되도록 그리고 두 번째 항 역시 0 값을 갖도록 학습한다. $V(D,G)$ 가 최댓값이 되도록 학습한다. 학습과정은 다음과 같다.

(1) 각 스텝에서 m 개의 생성자가 생성한 가짜 영상과 실제 영상을 준비한다.
(2) 판별자 가중치에 대한 미분 값이 증가하도록 판별자 가중치를 갱신한다.

$$\nabla_{\theta_d} \frac{1}{m} \sum_i \left[\log D(x_i) + \log(1 - D(G(z_i))) \right]$$

(3) 단계(2)를 N 스텝 반복한다.

생성자에 대한 학습은 판별자를 잘 속여서 생성자가 생성한 영상을 판별자가 진짜 영상이라고 판별하여 1의 값을 출력하도록 학습한다. (식 17.2-1)의 첫 번째 항은 판별자에 관한 항이므로 무시하고, 두 번째 항은 -∞ 값을 갖도록 학습한다. $V(D, G)$ 가 최솟값이 되도록 학습한다. 학습과정은 다음과 같다.

(1) 각 스텝에서 m 개의 랜덤하게 생성된 잡음을 준비한다.
(2) 생성자 가중치에 대한 미분 값이 감소하도록 생성자 가중치를 갱신한다.

$$\nabla_{\theta_g} \frac{1}{m} \sum_i \left[\log(1 - D(G(z_i))) \right]$$

(3) 단계 (2)를 N 스템 반복한다.

(예제 17.2-1) 프로그램은 케라스(keras)를 이용하여 GAN 모델을 구축한 후 MNIST 데이터 셋에서 가져온 진짜 영상과 랜덤 잡음에서 생성된 가짜 영상으로 학습을 진행한다. 학습이 진행되면서 만들어지는 가짜영상이 점진적으로 MNIST 숫자 영상을 닮아가는 것을 확인할 수 있다. (그림 17.2-4)는 예제 프로그램에서 사용한 생성자 신경망과 판별자 신경망의 구조를 보여준다.

판별자는 28x28x1 크기의 MNIST 숫자 영상을 입력받아 64개의 5x5 커널을 이용한 스트라이드=2인 합성곱 연산을 수행하여 14x14x64 텐서를 만든다. 이후 계속되는 합성곱 연산에 의해 텐서의 공간 해상도는 점진적으로 줄이고 채널 크기는 늘린다. 각 합성곱 연산의 출력은 리키렐루(LeakyLeRU) 함수로 활성화되고 드롭-아웃 함수에 의해 40% 정도의 연결을 끊은 후에 다음 합성곱 연산에 입력된다.

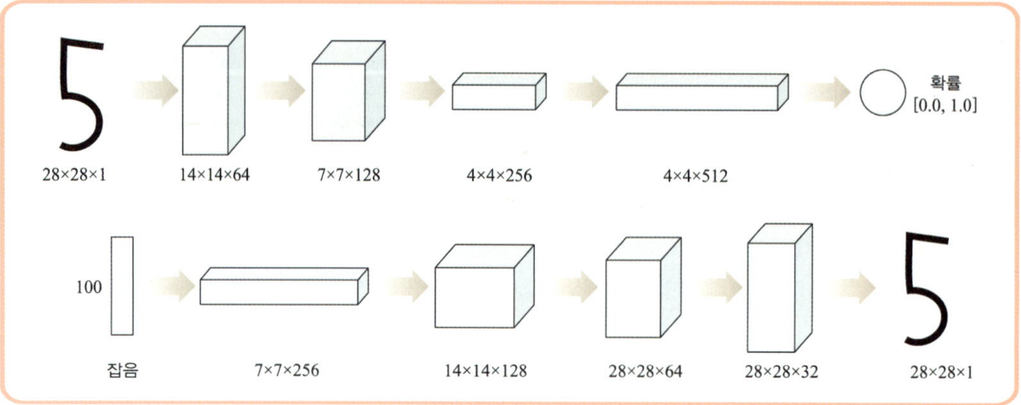

그림 17.2-4 예제 프로그램에서 사용된 판별자 및 생성자 구조

생성자는 랜덤하게 생성된 1x100 크기의 -1에서 1 사이의 숫자로 구성된 입력을 12544(7x7x256)개의 노드를 갖는 전결합층에 연결한다. 전결합층의 출력은 배치 정규화(batch normalization)되고 이어서 렐루(ReLU) 함수로 활성화된다. 배치 정규화를 위해 계산되는 평균과 분산은 모멘텀(momentum) 0.9를 사용하여 갱신된다. 예를 들어, 새로 갱신되는 평균은 기존 평균에 0.9를 곱하고 새로 계산된 평균에 0.1를 곱한 값을 더해서 얻어진 값이 된다. 즉 계속 진행되어온 관성을 0.9 정도 반영한다는 의미이다. 앞에서도 설명했듯이 배치 정규화는 평균과 분산을 일정한 값으로 맞추어 데이터가 표류하는 현상을 방지하고 과적합(overfitting)을 해소하기 위함이다.

생성자는 텐서의 공간해상도를 점진적으로 늘리기 위해서 업-샘플링을 수행한다. 업-샘플링 이후 전치-합성곱 연산이 수행된다. 이러한 과정이 반복되면서 공간해상도는 늘어나고 채널 크기는 점진적으로 줄어들어 최종적으로 28x28x1 크기의 영상이 출력된다.

예제 17.2-1 프로그램

```
import numpy as np
import matplotlib.pyplot as plt
import tensorflow as tf
from tensorflow import keras
from keras.models import Sequential
from tensorflow.keras import layers
from keras.optimizers import Adam
```

```
class GAN:

 def __init__(self, img):

   self.img = img
   self.rows,self.cols,self.channels = img.shape[1],img.shape[2],img.shape[3]
   self.noise_size = 100

   # 생성 - 판별자모델 Discriminator & 생성자모델 Generator
   self.create_discriminator()
   self.create_generator()

   # 컴파일 - 판별자모델 Discriminator
   optimizer = Adam(learning_rate=0.0008)
   self.Discriminator.compile(loss='binary_crossentropy',
                     optimizer=optimizer, metrics=['accuracy'])

   # 생성 및 컴파일 - 적대적모델 Adversarial
   self.Adversarial = Sequential(
     [
         self.Generator,
         self.Discriminator,
     ])
   optimizer = Adam(learning_rate=0.0004)
   self.Discriminator.trainable = False
   self.Adversarial.compile(loss='binary_crossentropy',
                   optimizer=optimizer, metrics=['accuracy'])

 def create_discriminator(self):
   depth, dropout = 64, 0.4
   self.Discriminator = Sequential(
     [
         keras.Input(shape=(self.rows, self.cols, self.channels)),
         layers.Conv2D(depth*1, 5, strides=2, padding='same'),
         layers.LeakyReLU(alpha=0.2),
         layers.Dropout(dropout),
```

```
            layers.Conv2D(depth*2, 5, strides=2, padding='same'),
            layers.LeakyReLU(alpha=0.2),
            layers.Dropout(dropout),
            layers.Conv2D(depth*4, 5, strides=2, padding='same'),
            layers.LeakyReLU(alpha=0.2),
            layers.Dropout(dropout),
            layers.Conv2D(depth*8, 5, strides=1, padding='same'),
            layers.LeakyReLU(alpha=0.2),
            layers.Dropout(dropout),
            layers.Flatten(),
            layers.Dense(1, activation='sigmoid'),
        ])
    self.Discriminator.summary()
    return self.Discriminator

  def create_generator(self):
    dim, depth, dropout = 7, 256, 0.4  # 256=64+64+64+64
    self.Generator = Sequential(
        [
            keras.Input(shape=(self.noise_size,)),
            layers.Dense(dim*dim*depth),
            layers.BatchNormalization(momentum=0.9),
            layers.Activation('relu'),
            layers.Reshape((dim, dim, depth)),
            layers.Dropout(dropout),
            layers.UpSampling2D(),
            layers.Conv2DTranspose(int(depth/2), 5, padding='same'),
            layers.BatchNormalization(momentum=0.9),
            layers.Activation('relu'),
            layers.UpSampling2D(),
            layers.Conv2DTranspose(int(depth/4), 5, padding='same'),
            layers.BatchNormalization(momentum=0.9),
            layers.Activation('relu'),
            layers.Conv2DTranspose(int(depth/8), 5, padding='same'),
            layers.BatchNormalization(momentum=0.9),
            layers.Activation('relu'),
```

```
            layers.Conv2DTranspose(1, 5, padding='same'),
            layers.Activation('sigmoid'),

        ])
    self.Generator.summary()
    return self.Generator

  def train(self, batch_size=100):
    # 랜덤하게 배치 단위 MNIST 영상 가져오기
    images_train = self.img[np.random.randint(0, self.img.shape[0],
                   size=batch_size), :, :, :]

    # 잡음을 입력하여 가짜영상 생성
    noise = np.random.uniform(-1.0, 1.0,
                              size=[batch_size, self.noise_size])
    fake_images = self.Generator.predict(noise)

    # 판별자 Discriminator 학습
    x = np.concatenate((images_train, fake_images))
    y = np.ones([2*batch_size, 1])
    y[batch_size:, :] = 0
    self.Discriminator.trainable = True
    d_loss = self.Discriminator.train_on_batch(x, y)

    # 생성자 Generator 학습 - 판별자가 fake을 real로 판단하도록
    y = np.ones([batch_size, 1])
    self.Discriminator.trainable = False
    a_loss = self.Adversarial.train_on_batch(noise, y)

    return d_loss, a_loss, fake_images   # end of class GAN

#
#  MNIST 훈련데이터 읽어와서 정규화 수행
mnist = tf.keras.datasets.mnist
(x_train, _), (_, _) = mnist.load_data()
x_train = x_train.astype('float32') / 255.0
```

```
rows, cols, channels = 28, 28, 1
x_train = x_train.reshape(x_train.shape[0],rows,cols,channels)

# GAN 객체 생성 및 초기화
gan = GAN(x_train)

# 파라미터 세팅
epochs, sample_size, batch_size = 20, 10, 100
train_per_epoch = x_train.shape[0] // batch_size

### 학습 및 출력
for epoch in range(0, epochs):

  ## 학습
  for batch in range(0, train_per_epoch):
    d_loss, a_loss, fake_images = gan.train(batch_size)
    d_record = (d_loss[0],100*d_loss[1])
    a_record = (a_loss[0],100*a_loss[1])
    print('\nepoch num =', epoch," and batch num =", batch)
    print("[D loss: %.3f, acc.:%.2f%%]"%d_record)
    print("[A loss: %.3f, acc.:%.2f%%]"%a_record)

  ## 생성된 영상 출력
  fig, ax = plt.subplots(1, sample_size, figsize=(sample_size, 1))
  for i in range(0, sample_size):
    ax[i].set_axis_off()
    ax[i].imshow(fake_images[i])
  plt.show()
```

(예제 17.2-1) 프로그램은 클래스 GAN을 정의한다. 클래스 GAN의 객체를 생성할 때 객체의 초기 값을 정의하는 생성자(constructor) 메소드 __init__()에서 생성자 모델 Generator와 판별자 모델 Discriminator 그리고 적대적 신경망 모델 Adversarial을 만들고 이들에 대한 컴파일(compile) 설정 작업까지 수행한다. 컴파일 설정에서 최적화 함수는 Adam으로 그리고 손실함수는 이진 교차엔트로피 함수로 정한다. 적대적 신경망모델 Adversarial에서 'self.Discriminator.trainable =

False'로 지정하여 적대적 신경망모델 Adversarial을 학습 시에 판별자 신경망의 가중치 갱신이 이루어지지 않도록 한다.

클래스 GAN의 메소드 train() 함수는 각 에폭(epoch)에서 train_per_epoch 만큼 호출된다. 즉 60000 ÷ 100 = 600번 호출된다. MNIST 데이터 셋에서 훈련영상이 총 60000장이고 배치 크기를 100으로 설정해서 600번 호출된다. 한번 호출될 때 마다 생성자는 가짜 영상을 생성하고, 생성된 가짜 영상과 MNIST 데이터 셋에서 랜덤하게 가져온 숫자 영상을 사용하여 판별자를 학습한다. fit() 함수를 사용하여 학습하지 않고 train_on_batch() 함수를 사용하여 학습한다. fit() 함수는 전체 훈련데이터 셋을 입력받아 지정된 에폭 횟수만큼 자체적으로 학습을 반복한다. 반면에 GAN을 학습할 때는 매번 가중치를 갱신할 때마다 품질이 향상된 가짜 영상이 만들어지고 만들어진 가짜 영상을 다시 판별자 학습에 사용해야 하기 때문에 배치 단위 학습을 수행하는 train_on_batch() 함수를 사용하여 학습한다. 생성자 모델에 대한 학습은 적대적 신경망 모델 안에서 수행된다.

(그림 17.2-5)는 (예제 17.2-1) 프로그램을 수행하여 만들어진 가짜 영상, 즉 학습된 생성자가 만든 영상을 보여준다. 첫 번째 줄은 에폭=1에서 생성된 영상을, 두 번째 줄은 에폭=5에서 생성된 영상, 그리고 세 번째 줄은 에폭=15에서 생성된 영상을 보여준다. 에폭=1에서 이미 숫자 모습이 나타나고 있음을 확인할 수 있다 에폭이 거듭될수록 점진적으로 MNIST 숫자 영상을 닮은 영상이 만들어지고 있으나 그 정도 차이는 크지 않다. 아마도 GAN 모델은 학습 과정에서 수렴이 잘 이루어지지 않는 문제점을 갖고 있고 또 MNIST 손 글씨 숫자 영상 자체가 변화 폭이 크기 때문인 것 같다.

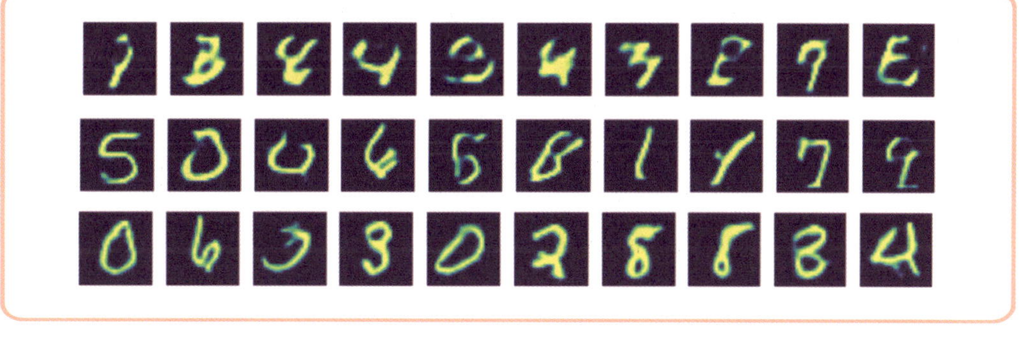

그림 17.2-5 DCGAN이 생성한 MNIST 숫자 영상

17.3 적대적 생성 신경망 응용분야

GAN에 대한 연구는 최근 큰 발전을 이루어 여러 응용분야에서 활용되고 있다. GAN은 영상을 생성하는 것이 주된 역할이므로 문장으로부터 영상 생성, 고해상도 영상 생성, 영상대 영상 변환을 수행하는 모델들이 속속 소개되고 있다. 본 절에서는 대표적인 응용 사례들을 살펴본다.

문장으로 상황을 설명하면 그 상황을 담은 고해상도 영상을 생성하는 작업은 컴퓨터비전의 오랜 꿈이었다. 이제 그 꿈이 현실로 실현되고 있다. 문장에서 영상을 생성하는 대표적인 모델은 2021.11월에 NVIDIA에서 발표한 고갱2(GauGAN2)와 2022년 4월에 OpenAI가 발표한 달리2(DALL-E2)다. 엔비디아가 만든 고갱(GauGAN)은 그림판에 대충 그림을 그리면 이를 분석해 사진처럼 완성도 높은 영상을 만들었는데 고갱2는 텍스트를 입력하면 이에 합당한 영상을 만든다. (그림 17.3-1)의 (a)는 고갱2가 입력된 'sunshine in a tall tree forest' 문장을 해석해서 만든 영상을 보여준다.

OpenAI가 만든 달리2(DALL-E2)는 자연어 처리와 컴퓨터 비전을 결합한 모델이다. 달리는 GTP-3에서 시작된 모델이다. 문장을 해석하고 영상을 생성하는데 토큰(token)을 사용한다. GAN 모델을 기반으로 하면서 CLIP(Contrastive Learning-Image Pre-training) 방법을 사용하여 영상과 텍스트를 동시에 학습한다. (그림 17-3-1)의 (b)는 달리2가 입력된 'dog fighting with cat' 문장을 해석해서 만든 영상을 보여준다.

(a) sunshine in a tall tree forest　　(b) cat fighting with dog

그림 17.3-1 문장으로부터 영상생성

두 번째로 주목할 만한 응용분야는 초고해상도(super-resolution) 영상 생성이다. 영상의 해상도를 높이는 가장 쉬운 방법은 인접 화소간의 보간(interpolation)을 통한 방법이다. 반면에 GAN의 영상 생성 원리를 이용하면 초고해상도 영상을 생성할 수 있다. 기본 원리는 매우 단순하다. 원본 영상과 해상도를 낮춘 영상들을 준비하여 GAN을 학습시킨 후 학습에 사용되지 않았던 저해상도 영상을 입력하면 초고해상도 영상이 만들어지는 원리다. (그림 17.3-2)는 GAN을 이용하여 만들어진 초해상도 영상과 최근접 이웃 보간법을 사용하여 확대한 영상을 보여준다. 해상도 차이를 확실히 확인할 수 있다.

그림 17.3-2 GAN을 이용한 초고해상도 영상 생성

세 번째로 의미 있는 GAN의 응용은 입력 영상을 원하는 형태로 변형시키는 응용이다. 즉, 영상을 또 다른 형태의 영상으로 변환하는 작업이다. 예를 들어, 그레이 형상(gray image)을 컬러 영상(color image)으로 변환하거나, 햇빛이 비치는 풍경 영상을 밤의 풍경 영상으로 변환하는 작업이다. 이러한 변환을 수행하는 기본 원리 역시 고초해상도 영상 생성 원리와 유사한다. (그림 17.3-3)은 GAN을 이용하여 그레이 영상을 칼라 영상으로 그리고 낮의 풍경 영상을 밤의 풍경 영상으로 변환한 예를 보여준다.

그림 17.3-3 GAN을 이용한 영상 변환

원본과 구별하기 어려운 위조 영상을 만든다는 아이디어에서 출발한 GAN은 이제 다양한 분야로 확장 가능하다. 최근에는 보안 및 신약 개발에도 활용되고 있다. GAN의 구조 및 새로운 응용에 대한 연구는 창조 영역으로 확장되어 컴퓨터 비전을 새로운 지평을 열 것으로 기대된다.

참고문헌

- I. Goodfellow, "Generative adversarial nets," in NIPS, 2014.
- A. Radford, "Unsupervised Representation Learning With Deep Convolutional Generative Adversarial Networks," in ICLR, 2016.
- Phillip Isola, "Image-to-Image Translation with Conditional Adversarial Networks," CVPR, 2018
- https://blogs.nvidia.com/blog/2022/03/01/what-is-gaugan-ai-art-demo/
- https://d2l.ai/chapter_generative-adversarial-networks/index.html
- https://github.com/eriklindernoren/Keras-GAN#dcgan
- https://openai.com/blog/dall-e/
- https://www.extremetech.com/extreme/132950-csi-style-super-resolution-image-enlargment-yeeaaaah
- https://www.kaggle.com/code/vincentman0403/dcgan-on-mnist

APPEDIX

A 오픈-소스 데이터 셋

컴퓨터 비전이 급속하게 성장할 수 있었던 이유는 많은 연구자들의 연구 결과가 인터넷에서 공유되고 특히 각종 데이터 셋이 인터넷에 공개되고 있기 때문이다. 공개된 데이터 셋을 활용하여 개발한 모델에 대한 벤치마크 평가가 이루어지고 또 평가 결과가 공유되면서 문제점 및 개선책들이 활발히 논의되고 있다. 본 부록에서는 컴퓨터 비전 커뮤니티에서 가장 널리 사용되는 주요 데이터 셋을 소개한다. 깊이 있는 소개보다는 각 데이터 셋의 특성을 설명하는데 주안점을 둔다.

A.1 MNIST

MNIST(Modified National Institute of Standards and Technology) 데이터 셋은 얀 리쿤(Yann LeCun) 교수가 미국 정부기관인 NIST 데이터 셋을 재구성하여 만들면서 이름을 MNIST, 즉 수정된 NIST라고 붙였다. 손으로 쓴 0에서 9까지 숫자로 이루어진 영상 데이터 셋으로서, 각 영상은 28x28x1 크기의 그레이 영상이다. MNIST 데이터 셋은 분류 알고리즘의 성능을 평가하기 위한 벤치마크 데이터 셋으로 오랜 기간 사용되어 왔으며, 60000장의 훈련 영상 집합(training set)과 10000장의 테스트 영상 집합(test set)으로 구성된다. 영상 집합과 더불어서 각 영상이 어떤 숫자인지를 나타내는 레이블(label) 데이터도 제공한다. (그림 A.1-1)은 MNIST 영상의 일부를 보여준다.

그림 A.1-1　MNIST 숫자 영상 데이터

A.2 Fashion-MNIST

Fashion-MNIST 데이터 셋은 MNIST 데이터 셋을 대체하기 위한 만들어졌다. MNIST가 비교적 단순한 형태인 숫자 영상들로 구성된 반면에 Fashion-MNIST 데이터 셋은 좀 더 복잡한 10개의 클래스에 속한 영상들로 구성된다. 각 클래스 별로 6000장의 훈련 영상과 1000장의 테스트 영상, 도합 60000장의 훈련 영상 집합과 10000장의 테스트 영상 집합으로 구성된다. 각 영상은 28x28x1 크기의 그레이 영상이다. 데이터 셋이 포함하는 10개 클래스는 티셔츠(T-shirt/top), 바지(Trouser), 풀오버(Pullover), 드레스(Dress), 코트(Coat), 샌들(Sandal), 셔츠(Shirt), 운동화(Sneaker), 가방(Bag), 단화(Ankle boot)이다. (그림 A.2-1)은 Fashion-MNIST 영상의 일부를 보여준다.

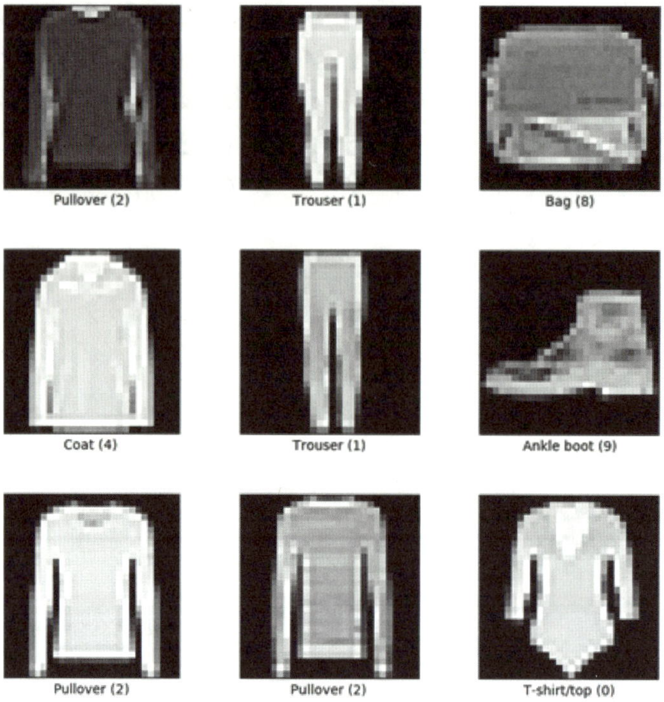

그림 A.2-1 Fashion-MNIST 영상 데이터

A.3 CIFAR

CIFAR(Canadian Institute For Advanced Research) 데이터 셋은 MNIST 데이터 셋 보다 좀 더 복잡한 영상으로 구성된다. 32x32 크기의 컬라 영상으로 구성된다. CIFAR 데이터 셋은 규모가 작은 CIFAR-10과 규모가 큰 CIFAR-100 두 종류가 있다. CIFAR-10은 10개 클래스(airplane, automobile, bird, cat, deer, dog, frog, horse, ship, truck)에 속한 32 x 32 크기의 컬러 영상으로 구성되며, 각 클래스 마다 6000장의 영상을 포함한다. 훈련용 50000장의 영상과 테스트용 10000장으로 구성된다. (그림 A.3-1)은 CIFAR-10 영상의 일부를 보여준다.

그림 A.3-1 CIFAR-10 영상 데이터

CIFAR-100은 CIFAR-10을 확장한 데이터 셋이다. 32 x 32 크기의 60000장의 컬러 영상으로 구성되며, 100개의 클래스 각각은 600장의 영상을 포함한다. 600장 영상 중에서 500장은 훈련용 영상이고 나머지 100장은 테스트용 영상이다. 100개의 클래스들은 20개의 슈퍼 클래스로 그룹지어진다. 따라서 각 영상은 두 개의 레이블, 슈퍼 클래스 레이블과 일반 클래스 레이블을 갖는다. 각 슈퍼 클래스 레이블과 이에 속한 일반 클래스 레이블의 예는 다음과 같다.

Superclass	Classes
aquatic mammals	beaver, dolphin, otter, seal, whale
fish	aquarium fish, flatfish, ray, shark, trout
flowers orchids	poppies, roses, sunflowers, tulips
food containers	bottles, bowls, cans, cups, plates

A.4 ImageNet

이미지넷은 2007년 페이 페이 리(Fei-Fei Li) 교수의 제안에 의해 만들어진 대규모(large scale) 오픈-소트 영상 데이터 셋이다. 2만2천 클래스에 속하는 영상 1400만장을 포함하고 있다. 웹에서 영상을 수집하고 아마존 크라우드소싱(crowdsourcing) 도구인 미케니컬 터크(Mechanical Turk)을 사용하여 일반 대중들이 참여하여 수동으로 레이블을 할당했다. 이 데이터 셋은 ILSVRC (ImageNet Large Scale Visual Recognition Challenge)로 잘 알려진 영상인식 경진대회에서 사용된 데이터 셋으로도 유명하다.

경진대회에서 사용되었던 데이터 셋은 ILSVRC 2012 데이터 셋으로서 1000개의 클래스로 구성되며 총 백만 개가 넘는 영상 데이터를 포함한다. 약 120만 장의 영상은 훈련(training)에 쓰이고, 5만장의 영상은 검증(validation)에 사용된다. 훈련데이터 셋 용량은 약 138GB, 검증데이터 셋 용량은 약 6GB이다. 클래스 레이블 정보는 JSON 파일에 수록되어 있다. (그림 A.4-1)은 JSON 파일에 수록된 클래스 레이블 정보의 일부와 ILSVRC 2012 영상의 일부를 보여준다.


```
[
    "tench, Tinca tinca",
    "goldfish, Carassius auratus",
    "great white shark, white shark, man-eater, man-eating shark, '
    "tiger shark, Galeocerdo cuvieri",
    "hammerhead, hammerhead shark",
    "electric ray, crampfish, numbfish, torpedo",
    "stingray",
    "cock",
    "hen",
    "ostrich, Struthio camelus",
    "brambling, Fringilla montifringilla",
```

그림 A.4-1 ILSVRC 2012 영상 데이터

A.4 VOC

VOC(Visual Object Classes)는 대표적인 객체 검출(object detection) 데이터 셋이다. PASCAL VOC라는 객체 검출 경진대회가 2005년부터 2012년까지 진행되었으며 VOC 데이터 셋이 경진대회에서 사용되었다. 현재는 VOC2007과 VOC2012가 가장 많이 사용되는 데이터 셋이다. VOC 데이터 셋은 다음과 같은 5개의 구성요소를 갖고 있다.

```
VOC
├──── Annotations
├──── ImageSets
├──── JPEGImages
├──── SegmentationClass
└──── SegmentationObject
```

JPEGImages는 jpg 확장자를 가진 영상 파일들을 담고 있고, Annotations는 jpg 영상과 같은 이름의 xml 파일들을 담고 있다. 각 xml 파일에는 jpg 영상에 포함된 객체들이 속성(클래스 레이블, 영상 크기, 경계박스 크기 등) 정보가 수록되어 있다. ImageSets는 테스트용, 훈련용, 검증용 영상 그룹에 대한 정보와 각 클래스에 속한 영상들에 대한 정보가 포함되어 있다.

VOC2007 데이터 셋은 20개 클래스에 속한 총 9,963장의 주석이 달린(annotated) 영상을 포함한다. 이 중에서 5,011장의 영상이 훈련영상(training image)이고, 4,952장의 영상이 테스트영상(test image)이다. VOC2012 데이터 셋은 20개 클래스에 속한 총 11,540장의 주석이 달린 영상을 포함한다. 이 중에서 5,717장의 영상이 훈련영상이고 5,823장의 영상이 검증영상이다. 20개 클래스는 크게 4그룹으로 나뉘고 그 안에서 다시 세분화된다. (그림 A.4-1)은 VOC 영상의 일부를 보여준다.

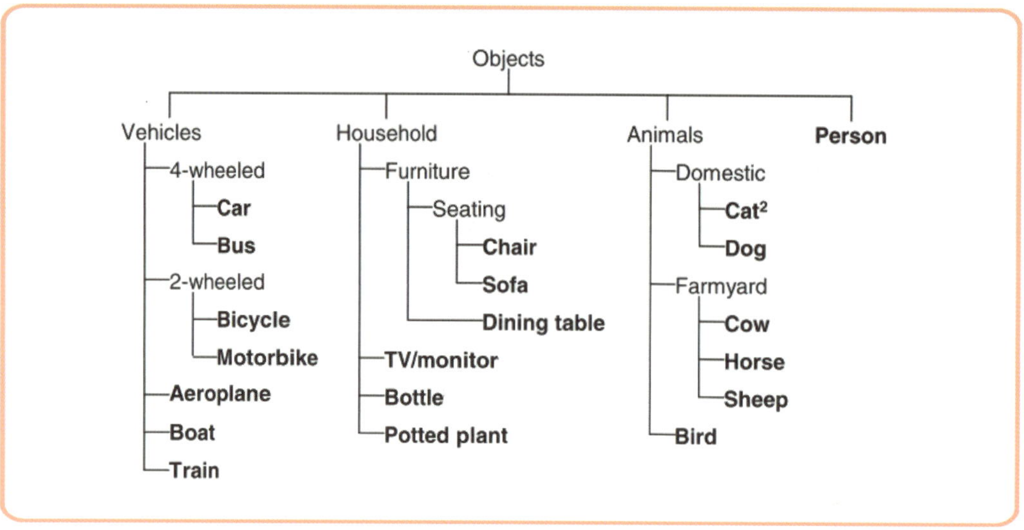

그림 A.4-1 VOC 영상 데이터

A.5 MS COCO

COCO(Common Objects in COntext)는 객체 검출(object detection), 세그먼테이션(segmentation), 그리고 영상에 캡션을 생성하는 작업을 위한 대규모 데이터 셋이다. COCO 데이터 셋은 두 개의 그룹으로 나누어진다. 객체(object)에 대한 데이터 그룹과 물질(stuff)에 대한 데이터 그룹이다.

물질에 대한 데이터 그룹은 'sky', 'tree', 'road' 등과 같은 배경 또는 주변 환경을 나타내는 91개 클래스에 속한 영상들로 구성된다. 물질에 대한 클래스 정보는 영상이 어떤 장면을 나타내고 있는지, 영상에 어떤 객체들이 나타날 가능성이 높은지 등과 같은 문맥정보(context information)를 제공하는 중요한 역할을 한다.

객체에 대한 데이터 그룹은 'person', 'car', bicycle' 등과 같은 80개 클래스에 속하는 영상으로 구성되며, 각 영상은 영상 장면을 설명하는 5개의 캡션 정보 그리고 포함된 객체에 대한 라벨 정보를 제공한다. 객체데이터 셋은 크게 두 파트, 영상데이터 셋과 영상에 대한 주석데이터(annotation) 셋으로 구성된다. 영상데이터 셋은 훈련영상 데이터 셋, 평가영상 데이터 셋, 그리고 테스트영상 데이터 셋으로 나누어지고, 주석데이터는 JSON 파일 포맷으로 제공되며 각 영상에 대해 다음과 같은 정보를 포함한다.

- 영상 파일이름
  - √ 000032427.jpg
- 영상크기(width, height)
  - √ "height": 334, "width": 500,
- 포함된 객체 리스트 (각 객체는 객체가 속한 클래스이름, 경계박스, 세그멘테이션 마스크(다각형 꼭지점), 키-포인트 정보 포함)
  - √ "category_id": 1, "category_name": "person“
  - √ "bbox": [196.51, 183.36, 23.95, 53.02]
  - √ "segmentation": [216.7, 211.89, 216.16, 217.81, ... 212.16]
- 영상 장면을 설명하는 5개 캡션을 수록한 파일
  - √ captions_train2017.json

그림 A.5-1 영상 장면을 설명하는 캡션

그림 A.5-2 객체 클래스 및 경계박스

person	fire hydrant	elephant	skis	wine glass	broccoli	dining table	toaster
bicycle	stop sign	bear	snowboard	cup	carrot	toilet	sink
car	parking meter	zebra	sports ball	fork	hot dog	tv	refrigerator
motorcycle	bench	giraffe	kite	knife	pizza	laptop	book
airplane	bird	backpack	baseball bat	spoon	donut	mouse	clock
bus	cat	umbrella	baseball glove	bowl	cake	remote	vase
train	dog	handbag	skateboard	banana	chair	keyboard	scissors
truck	horse	tie	surfboard	apple	couch	cell phone	teddy bear
boat	sheep	suitcase	tennis racket	sandwich	potted plant	microwave	hair drier
traffic light	cow	frisbee	bottle	orange	bed	oven	toothbrush

그림 A.5-3 80개 객체 클래스

참고문헌

- http://host.robots.ox.ac.uk/pascal/VOC/
- https://cocodataset.org/#home
- Xinlei Chen, "Microsoft COCO Captions: Data Collection and Evaluation Server," eprint arXiv:1504.00325, April 2015
- http://www.cs.toronto.edu/~kriz/cifar.html
- http://yann.lecun.com/exdb/mnist/

찾아보기